知识产权管理研究丛书
中细软知识产权管理研究出版基金资助

知识产权+互联网：知识产权服务新业态

顾金焰　孔军民　古　赟　李晓翠　著

科学出版社
北　京

内 容 简 介

知识产权服务于创新，而知识产权行业本身也需要创新发展。“互联网”改变了包括科技服务业在内的许多行业，带来了众多传统行业的颠覆式创新、跨界创新。本书着眼于研究知识产权+互联网服务创新的演化历程，试着全景式描述其现状，探讨其创新理念、产品、技术与服务模式，并探寻其可能的发展趋势与内在规律。

本书适合企业、高校、科研机构和政府的管理者、技术开发和管理人员、教师和学生等阅读参考。

图书在版编目(CIP)数据

知识产权+互联网：知识产权服务新业态 / 顾金焰等著. —北京:科学出版社, 2021.7(2023.3 重印)

(知识产权管理研究丛书)

ISBN 978-7-03-069372-3

Ⅰ. ①知… Ⅱ. ①顾… Ⅲ. ①知识产权-公共服务-互联网络-建设-研究-中国 Ⅳ. ①D923.404

中国版本图书馆 CIP 数据核字(2021)第 142274 号

责任编辑：莫永国/ 责任校对：彭 映

责任印制：罗 科 / 封面设计：墨创文化

科学出版社出版

北京东黄城根北街16 号

邮政编码：100717

http://www.sciencep.com

四川煤田地质制图印务有限责任公司印刷

科学出版社发行 各地新华书店经销

*

2021 年 7 月第 一 版 开本：787×1092 1/16

2023 年 3 月第二次印刷 印张： 18

字数：400 000

定价：149.00 元

(如有印装质量问题,我社负责调换)

丛书编委会

“知识产权管理研究丛书”序一

创新驱动发展战略需要知识产权“双轮”驱动

人类经济增长的源泉均来自知识的重大突破，包括技术革命和制度创新。这些突破被人类称为划时代的里程碑，如石器、青铜、铁、蒸汽机、计算机，以及封建、资本、企业、跨国公司等。现代社会并存着各种经济发展模式，如不同密集程度的资源型、资金型、技术型、劳动力型等。其中，数字技术所主导的信息与远程通信技术极大地提高了新知识在世界范围的传播和扩散速度，人类社会作为一个整体，其生活方式的更新速度大大加快，周期大大缩短。这促进了经济全球化、规则一体化的进程。在统一市场的调配下，以创新型国家引领的全球化产业链，以及按照知识、技术含量为标准的产业上下游分工模式，已成为当代占统治地位的国际经济发展模式。主要依靠技术与制度创新作为经济增长手段的“创新驱动发展”模式，已经成为人类迄今为止最高层级的经济发展形态。

在中国，“创新驱动发展战略”是党的十一届三中全会确立的以经济建设为中心的正确路线的继续。其不仅意味着中国经济增长方式的转型，而且表明中国正朝着高阶经济发展形态努力，事关中华民族伟大复兴。据统计，目前世界上大约有 20 多个创新型国家。中国要建成创新型国家，并非循规蹈矩依赖西方国家的现有路径，复制已有的模式就可以奏效的。“创新驱动发展战略”的设计本身就是一个创新，需要经过考察、学习、比较、判断、选择、综合、设计、修正、试错、纠错等手段，量体裁衣，开拓新路，才可实现。

创新是人的本能。制度是孕育、涵养一切技术、艺术，决定人的创新与劳动激情能否有效发挥以及发挥程度的土壤和温床。一个国家创造财富的能力既取决于它的技术水平，也取决于借助于创新体系将技术转化为财富的能力。国家创新体系是一个包括技术、各种制度、机制等要素的复杂系统，其整合、匹配所形成的创造财富的能力是由其短板决定的。中国的短板是知识产权法治相对落后，没有发挥市场对资源配置的决定作用，对科技成果运用不当，保护不力，就可能不能完全适应技术的高速进步和与时俱进的经济发展，拖了经济发展的后腿。中国的短板还在于创新主体的知识产权管理行为“异化”和知识产权管理能力“弱化”。前者如部分企业的专利申请行为与其市场竞争需要脱节，商标“驰名”曾出现的乱象等；后者如企业知识产权积累与发展战略的错位，知识产权运营和保护能力还无法保障企业经营安全等。知识产权法治和知识产权管理的双重短板，使得中国企业在全球竞争中抢滩涉水时难以获得知识产权“炮火”的有力支持。从这个意义上说，中国的知识产权法治建设和知识产权管理能力提升，是漫漫“长征”，还有很长的路要走。

“创新驱动发展战略”的实施，需要“知识产权强国”的有力支撑，需要知识产权法制建设和知识产权管理实践“双轮”驱动。当前，中国知识产权法制建设和管理实践领域存在一系列问题，急待从不同角度开展理论研究，厘清关系。比如创新与守成的关系、知识产权与民法的关系、知识产权领域政府和市场的关系、成文法与判例法的关系、全球化与本土化的关系、知识产权司法保护与行政执法的关系、知识产权司法体制改革问题、转型时期的知识产权教育问题、知识产权与技术及经济的关系以及社会利益的多元化与知识产权学者立场问题。既然知识产权法学的兴起是人们思考和研究知识产权制度发展诉求的理论产物，那么，对知识产权管理实践提出的理论问题的积极回应，是否也可以视为知识产权管理成为工商管理新兴学科发展方向的契机？只要顺应时代发展的需求，并付诸持续的努力，涓滴意念也是有可能汇成奔涌江河的。

由电子科技大学中细软知识产权管理研究中心学术委员会和科学出版社共同策划的“知识产权管理研究丛书”，正是对实施“创新驱动发展战略”和建设“知识产权强国”的积极回应。期待该丛书著作的出版，有助于推动中国的知识产权管理理论探索和实践总结。

是为序。

刘春田
中国人民大学知识产权学院教授、院长
2016年秋

“知识产权管理研究丛书”序二

抓住与世界同步“机会窗”，推动中国知识产权管理实践与理论发展

近四十年来，如果说是改革开放和加入世界贸易组织的需要，使得知识产权制度这个舶来品在中国生根发芽，那么，“创新驱动发展战略”的实施和“大众创业、万众创新”局面的形成，正促使知识产权制度在中华大地上开花结果，持续推动着中国特色知识产权制度的内生和知识产权管理实践的发展。中国知识产权管理实践和理论探索迎来了前所未有的、与世界同步发展的“机会窗”。

世界银行统计数据表明，近年来二十国集团主要国家和地区研究与开发(research and development，R&D)占 GDP 比重总体呈明显增加趋势。其中，中国的 R&D 费用占 GDP 的比重先后超过意大利、英国和加拿大，已经达到欧盟的整体水平。与此相一致，中国的知识产权创造能力也得到持续提升。世界知识产权组织(WIPO)统计数据显示，加入世界贸易组织以后，中国国家知识产权局受理的发明专利申请量十二年间增幅达到十三倍，年均增长近四分之一，先后超过韩国、欧盟、日本和美国，自 2011 年起连续五年居世界第一。同时，来自中国的《专利合作条约》(PCT)专利申请也先后超过英国、法国、韩国和德国，仅次于美国和日本，位居全球 PCT 专利申请第三位。此外，中国国家工商行政管理总局商标局受理的商标申请更是连续十四年全球排名第一。由此可见，随着 R&D 占 GDP 比重的增加和社会主义市场经济的发展，特别是企业技术创新和市场拓展的全球化，中国专利和商标等知识产权创造活动已经位列世界主要国家之一。

当知识产权积累到一定量级之后，如何有效萃取知识产权资源的商业价值，有力支撑企业或组织赢得创新所得和持续竞争优势，就成为创新主体的紧迫任务。在这一实际背景下，中国关于知识产权创造、运营、保护和治理等知识产权管理系统的实践探讨和理论研究也就明显活跃起来，而且正在吸引着世界知识产权界的目光和国际国内其他专业领域的关注。比如，中国专利信息年会、中美知识产权高峰论坛、中欧知识产权论坛、金砖国家知识产权论坛、上海知识产权国际论坛、亚太知识产权峰会，等等，业已成为中外政府、企业界、学术界广泛交流与沟通的平台；同时，诸多创新、战略、金融等管理经济领域的重要国际国内学术会议，也将知识产权的相关议题纳入，显现出知识产权在其他专业领域的渗透能力和重要程度的提升。中国知识产权管理实践和理论探索的活跃，既表现出知识产权制度具有很强的时代性，比如，面对互联网技术和商业模式的变革，面对基因和蛋白质等现代生物技术带来的管理经济和社会伦理挑战，等等，需要世界各国知识产权界共同

面对；同时也表明，相对于物力资源、财务资源、人力资源等企业资源的管理理论而言，有关知识产权资源的管理理论方兴未艾，除专利许可等特定领域外，欧美知识产权管理理论也还处于建构和发展时期。随着中国在世界技术进步和经济发展中地位的提高，特别是中国融入全球经济的步伐加快和程度加深，中国的知识产权事业已经成为世界知识产权的重要组成部分，中国政府、企业界和学术界急需也有机会通过共同努力，抓住与世界同步的“机会窗”，推动中国知识产权管理实践和理论发展。

正是基于上述认知和考量，经与科学出版社协商，拟出版“知识产权管理研究丛书”，以期为建设“知识产权强国”事业尽绵薄之力。丛书选题不仅涉及知识产权管理基础理论的探索，而且关注中国知识产权管理实践的总结；不仅涉及知识产权管理理论框架的建构，而且面向创新创业给出知识产权管理的“工具箱”；不仅涉及知识产权管理一般理论分析，而且关注战略性新兴产业技术领域的知识产权管理专题研究。丛书著作作者的共同特点是，既有知识产权法基础，也有理工或经济管理背景。感谢丛书编委会各位委员，在百忙之中抽出时间审阅书稿，提出中肯的建设性意见；感谢中细软知识产权管理研究出版基金共襄盛举，使“知识产权管理研究丛书”的著作得以陆续与读者见面。

是为序。

朱雪忠
同济大学知识产权学院教授、院长
2016年初夏

“知识产权管理研究丛书”序三

支持知识产权管理理论探索是中细软的重要社会责任

变者，法之至也。《孟子·公孙丑下》曰：“彼一时，此一时也。”《孙子兵法》曰：“兵无常势，水无常形，能因敌变化而取胜者，谓之神！”商业竞争亦复如是。

关于与农业社会和工业社会相异，自从人类社会迈入信息时代，以知识产权为代表的无形资产在企业资产结构中的比重就与日俱增，知识产权业已成为企业、产业乃至国家的战略性资源和竞争“利器”。美国 Ocean Tomo 对标准普尔 500 指数里的上市公司资产结构统计结果显示，上述公司的资产结构越来越“轻量”化。比如，1975 年上述公司无形资产占企业总资产的比重仅为 17%，1995 年即已上升至 68%，2015 年更是上升至 84%。可见，以知识产权为代表的无形资产价值潜力已然超过厂房、土地等有形资产，“知本”概念逐渐深入人心。环环相扣的知识产权布局，不仅是国际商业“大鳄”在竞争对手面前树立起的一道道屏障，而且也在社会公众心中埋下了知识产权文化种子。无论是传统产业代表，如通用、IBM、丰田、飞利浦，还是新经济产业代表，如谷歌、甲骨文、苹果等，都深谙“知本”运作之道，攻防兼备，在一次次知识产权竞争和交易中获取高额利润。诸多商业实践表明，谁在全球竞争中拥有领先于对手的专利技术和品牌商标等知识产权，谁就有可能掌握商业竞争主动话语权和规则制定权。

在过去三十余年里，作为“后来者”的中国制造企业如华为、中兴通讯、TCL、联想等，一次次在外国领先企业的知识产权“围追阻截”中突围，以“奋斗者”的姿态践行着他们的商业使命，并在“跟跑”欧美和日韩企业的追赶过程中逐渐积累起相应的知识产权能力和竞争优势。当前，全球新一轮科技革命和产业变革蓄势待发，以互联网、云计算、人工智能、石墨烯新材料等为代表的新兴技术蓬勃发展，中国企业迎来了与欧美和日韩企业“并跑”甚至“领跑机会窗”。面对新的发展“机会窗”，如何顺应党中央和国务院实施“创新驱动发展战略”和建设“知识产权强国”的时代要求，切实有效地积累知识产权数量、提升知识产权质量和萃取知识产权价值，通过构建知识产权优势参与甚至引领全球新兴商业生态发展，并在这一过程中获得可持续竞争优势，是中国已有的“在位”企业和“新生代”企业需要共同面对的课题。中国企业在世界商业舞台上的角色转换，向知识产权制度和知识产权管理提出了诸多新的理论诉求，急需学界积极回应并展开正面的研究。

受惠于近年来中国企业的创新和商业实践，中国知识产权服务行业迎来了前所未有的发展机遇。就中细软而言，以 2002 年创立的中华商标超市网为起点，中细软现已发展成为中国领先的大型综合性知识产权科技服务云平台，致力于为中国创新提供系统解决方案和信息服务，即借助互联网技术、云计算技术、人工智能技术等手段，为企业、科研机构、大学、个人的知识产权创造、运用、保护提供高质量的系统解决方案。截至 2015 年 12 月 31 日，中细软拥有专业知识产权服务人员 1200 余人，全年营业收入超过 3 亿元人民币；公司总部位于北京市房山区中细软科技产业园，在圣地亚哥、成都、洛阳、天津和深圳等地拥有子公司。反躬自思，中细软的成长和发展，离不开国内外优秀学者的鼎力相助。早在 2004 年，中华商标超市网的优化设计和改版就得到电子科技大学老师们的大力支持；2006 年，中华商标超市网第三次改版上线，业务量大幅提升。2010 年 1 月，中细软开发的知识产权管理软件正式面世；同年 6 月，中华专利超市网正式上线。2013 年，中细软闲置商标盘活量已经连续十年居全国第一。

在公司持续发展的同时，管理层一直在思考如何以实际行动回馈中国知识产权管理理论研究和人才培养。机缘巧合，2014 年 12 月，电子科技大学中细软知识产权管理研究中心成立。今年年初，研究中心学术委员会与科学出版社共同策划“知识产权管理研究丛书”，得到了知识产权法学界和经济管理学界诸位前辈和老师的大力支持，刘春田教授、朱雪忠教授、陈向东教授、范晓波教授、顾新教授、黄灿教授、李雨峰教授、童文锋教授、王岩教授、银路教授、曾磊研究员、张米尔教授、朱谢群教授等欣然应允出任丛书编委会委员，从著作选题到审稿都作出积极的卓越贡献。借此机会谨向电子科技大学中细软知识产权管理研究中心学术委员会和丛书编委会各位学者表达深深的谢意！

立身以立学为先，立学以读书为本。衷心希望科学出版社陆续出版的“知识产权管理研究丛书”能够有助于各行业人士加深对知识产权管理的理解，为中国富强崛起、企业辉煌超越共谋前程！

孔军民

北京中细软网络科技有限公司创始人、董事长

2016 年秋日

前　言

知识产权服务于创新，知识产权行业本身也需要创新发展。

关于创新的话题或许自约瑟夫·熊彼特开始就已经被人们不断追问与研讨。学术界关于创新中知识产权的作用、价值、意义，以及知识产权本身的创造、保护、管理和运用方面的研讨也有很多，但关于知识产权行业本身创新发展的讨论却并不多见。

知识产权行业是一个相对小众的行业，却又是一个服务于众多产业、服务于知识经济的新兴行业。专利与技术服务，关系到几乎所有的高新技术产业和企业；商标与品牌服务，关系到所有企业的品牌与商业活动；版权与作品方面，关系到所有企事业单位的作品、文化创意产业乃至整个社会知识产品的创造、保护、传播与运用。

幸运的是，在市场经济环境中，知识产权行业作为市场经济中的重要一环，也有越来越多的创业者、企业家投身其中，相关资本、技术、管理、理念也日新月异。

“互联网”改变了许多行业，这其中就包括科技服务业在内。知识产权服务行业因其法律服务、商业服务、科技创新服务的属性，既受传统影响较深，演进比较缓慢，又因为本身就是服务于创新驱动经济的发展而备受关注和期待。

“互联网+”也带给知识产权行业新的发展和新的改变。在这里，你将会看到许许多多先行者作出许多新的尝试，有跨界创新、商业模式创新，也有技术创新、产品创新。他们中有的推出新平台，希望借助互联网思维改造整个知识产权行业；有的运用互联网技术，推出知识产权电子商务新的交易平台；有的运用区块链技术，想要在知识产权维权、取证等方面打造新模式；有的运用云计算与大数据，一举想要颠覆或垄断整个行业。他们会成功吗？他们创新的努力难道不值得记录、跟踪和研讨吗？他们能够成功地融合知识产权与互联网吗？他们能够改变知识产权服务业，营造新的知识产权服务生态吗？

一切才刚刚开始。马斯克正在研究脑机接口和人类移民火星的可能性；华为和苹果的新一代智能设备、通信技术正在演进和改变行业生态；而知识产权行业的创新也才刚刚开始。这是一本驶入“无人区”的“小册子”，或许既没有哲学家式的精深理论，也没有投资家那样明确的商业模型计算。本书只是想要研究一下知识产权+互联网服务创新的历程，试着全景式扫述其现状，探讨其创新理念、产品、技术与服务模式，旨在探寻其可能的发展规律与生态趋势。

知识产权即创新，知识产权行业本身的创新也需要总结和升华。让我们就从“知识产权+互联网”这个话题开始一段新的探索旅程。

目　　录

第一章　绪论：“知识产权+互联网”向何处去？……1

1.1　“知识产权+互联网”还是“互联网+知识产权”？……1

1.1.1　“互联网+”与“知识产权+互联网”……1

1.1.2　“互联网+知识产权”与“知识产权+互联网”……1

1.1.3　“知识产权+互联网”……2

1.2　背景与意义：为何研讨知识产权+互联网？……2

1.2.1　知识产权+互联网是知识产权强国战略的重要支撑……2

1.2.2　知识产权+互联网是中国知识产权制度的亮点和突破点……3

1.2.3　知识产权+互联网是知识产权服务业的发展方向……4

1.2.4　新技术为知识产权+互联网服务模式带来新机遇……4

1.3　研究综述：业内学者如何看知识产权+互联网？……5

1.4　问题提出：知识产权+互联网服务模式创新之路走向何方……8

第二章　概论：知识产权+互联网服务创新的历程与特点……9

2.1　知识产权+互联网服务创新的环境：适得其时的服务创新……9

2.1.1　时代背景——知识经济时代呼唤科技创新……9

2.1.2　国际环境——国际贸易离不开知识产权……10

2.1.3　国内需要——知识产权助力中国实现创新驱动……11

2.1.4　技术驱动——互联网信息技术颠覆各行各业……12

2.1.5　行业发展——中国知识产权事业蓬勃发展……13

2.2　发展历程：从萌芽发展期到重新洗牌期……14

2.2.1　知识产权+互联网 1.0——萌芽发展期……14

2.2.2　知识产权+互联网 2.0——激烈竞争期……15

2.2.3　知识产权+互联网 3.0——重新洗牌期……16

2.3　知识产权+互联网服务模式的多维分类……17

2.3.1　按服务性质划分……17

2.3.2　按主营业务划分……18

2.3.3　按服务内容划分……19

2.4　知识产权+互联网服务机构的服务创新的特点……19

2.4.1　业务范围或全面或精细……20

2.4.2　机构主体强而优……20

2.4.3 经营模式快而好……20
2.4.4 经营规模专而大……20
2.5 知识产权+互联网服务的利弊分析……21
2.5.1 优势……21
2.5.2 弊端……27
第三章 行业：知识产权+互联网服务行业分析……31
3.1 知识产权行业发展的总体态势……31
3.1.1 知识产权确权市场……32
3.1.2 知识产权交易市场……44
3.1.3 知识产权维权市场……47
3.1.4 知识产权金融市场……50
3.2 知识产权行业的竞争态势……56
3.2.1 竞争者分析……56
3.2.2 知识产权+互联网服务行业中的产品创新……57
3.2.3 知识产权+互联网服务行业中的技术创新……72
3.2.4 知识产权代理行业竞争态势分析……75
3.3 知识产权行业人才……78
3.3.1 知识产权人才现状分析……78
3.3.2 知识产权人才供需分析……82
3.4 知识产权行业投融资……89
3.4.1 知识产权行业投融资情况……89
3.4.2 知识产权行业上市或准上市公司……92
第四章 监管：知识产权+互联网服务创新的政策与监管……94
4.1 知识产权+互联网服务的行业宏观政策……94
4.1.1 “互联网+”政策……94
4.1.2 知识产权+互联网服务相关鼓励政策……96
4.2 知识产权+互联网服务监管政策……98
4.2.1 专利监管政策……99
4.2.2 商标代理监管政策……100
4.3 知识产权+互联网服务监管案例……101
4.3.1 专利代理处罚案……101
4.3.2 商标代理处罚案……104
4.4 小结：政策建议……105
第五章 公共服务：知识产权+互联网公共服务创新……107
5.1 概述……107

5.2 行政机关中的知识产权+互联网服务……107
5.2.1 中国知识产权+互联网的行政服务……107
5.2.2 美国知识产权+互联网的行政服务……112
5.2.3 欧洲知识产权+互联网的行政服务……113
5.2.4 日本专利局……115
5.2.5 韩国知识产权局……115
5.2.6 国际组织知识产权+互联网的行政服务……116
5.3 中国司法机关中的知识产权+互联网服务概况……117
5.3.1 最高人民法院的知识产权+互联网服务……117
5.3.2 知识产权专门法院/法庭的知识产权+互联网服务……122
5.3.3 互联网法院的创新实践……124
第六章 信息服务：知识产权+互联网信息服务创新……128
6.1 概述……128
6.2 基础知识产权信息服务：公益、免费、开放……129
6.2.1 专利信息基础服务……129
6.2.2 商标信息基础服务……137
6.3 商用知识产权信息服务：深度、共享、有偿……139
6.3.1 专利信息商用服务……139
6.3.2 商标信息商用服务……150
第七章 确权服务：知识产权+互联网确权服务创新……153
7.1 概述……153
7.2 电商+知识产权服务黑马平台……153
7.2.1 特点优势……153
7.2.2 典型案例……154
7.3 创新科技服务云平台的特点优势与典型案例……158
7.3.1 创新科技服务云平台特点与优势……158
7.3.2 典型案例……158
7.4 知识产权服务众包平台的特点、优势与典型案例……162
7.4.1 知识产权服务众包平台的特点与优势……162
7.4.2 典型案例……163
7.5 知识产权服务界的“Uber 平台”……165
7.5.1 特点优势……165
7.5.2 知识产权服务界的 Uber 平台案例——权大师……166
7.6 知识产权服务界的“360 模式”……167
7.6.1 知识产权服务界的“360 模式”的特点与优势……167

7.6.2 知识产权服务界的“360 模式”典型案例——知果果……168
7.7 知识产权服务传统机构“互联网化”……169
7.7.1 知识产权服务界的老牌机构“互联网化”的特点与优势……169
7.7.2 知识产权服务界的老牌机构“互联网化”的典型案例……169
第八章 交易服务：知识产权+互联网交易服务创新……172
8.1 概述……172
8.2 商标交易平台……174
8.2.1 中华商标超市网……174
8.2.2 鱼爪网……176
8.2.3 高航网……177
8.2.4 尚标网……177
8.2.5 标天下网……178
8.3 专利交易平台……178
8.3.1 美国国家技术转移中心……179
8.3.2 美国 Yet2.com（网络技术交易平台）……180
8.3.3 韩国技术交易所……181
8.3.4 中国技术交易所——技 E 网……181
8.3.5 中国浙江网上技术市场……182
8.3.6 Ocean Tomo 公司……182
8.3.7 高智发明……183
8.3.8 国际知识产权交易所……184
8.4 版权交易平台……185
8.4.1 红纺文化……186
8.4.2 阿里鱼……186
8.4.3 MF+即视……187
8.4.4 云莱坞……188
8.5 小结：知识产权+互联网交易服务平台特点……188
8.5.1 交易服务的无边性……188
8.5.2 交易方式的多样性……189
8.5.3 线上线下的集成性……189
8.5.4 平台服务的集合性……190
第九章 维权服务：知识产权+互联网维权服务创新……191
9.1 概述……191
9.2 知识产权+互联网维权调查服务……192
9.3 知识产权+互联网取证服务……193

9.4 知识产权+互联网投诉平台服务……197
9.4.1 电商类平台在知识产权投诉方面所做的工作……198
9.4.2 资讯类平台在知识产权投诉方面所做的工作……211
9.4.3 视频类平台在知识产权投诉方面所做的工作……218
9.5 知识产权+互联网维权援助服务……220
9.5.1 中国知识产权维权援助中心……222
9.5.2 各地知识产权维权援助中心……223
9.5.3 海外知识产权维权援助中心……225
9.6 知识产权+互联网诉讼服务……227
9.6.1 无讼——诉讼服务全生命周期管理平台……227
9.6.2 LegalZoom——律师事务所的互联网模式……228
9.6.3 其他平台……228
9.6.4 小结……230
第十章 运营服务：知识产权+互联网运营服务创新……232
10.1 概述……232
10.2 全国知识产权公共运营平台及各地分中心的平台建设及运营情况……233
10.2.1 国家知识产权公共运营平台的平台建设及运营情况……233
10.2.2 科学技术部与科学技术协会相关平台的建设和运营情况……235
10.3 各地特色产业知识产权运营平台的运营服务……243
10.3.1 军民融合知识产权运营平台的运营服务……243
10.3.2 金融创新知识产权运营平台的运营服务……245
10.3.3 集成电路知识产权运营平台的运营服务……247
10.3.4 中国汽车产业知识产权投资运营中心的运营模式……248
10.4 科研院所的知识产权运营平台的服务状况……249
10.4.1 中国科学院系统的服务状况……249
10.4.2 江苏产业技术研究院的服务状况……250
10.5 各城市知识产权运营体系建设情况……252
10.5.1 城市知识产权运营体系建设……252
10.5.2 天津模式：“科研众包”……254
10.5.3 南京模式：一核两翼多平台……255
10.6 高校知识产权运营平台的运营状况和模式……255
10.6.1 总体概况……255
10.6.2 山东理工大学的知识产权运营模式与特点……256
10.7 国外知识产权运营平台概况与事例……257
10.7.1 简述……257

10.7.2 技术孵化模式：以 EdisonNation 公司为例……258
10.7.3 技术转移模式：TTO(技术转移办公室)……258
10.7.4 专利池运营模式：MPEG LA 为例……259
10.7.5 专利实体模式：NPE……260
结语：“知识产权+互联网”到“知识产权+”……262
参考文献……263
后记……265
彩图版……267

第一章　绪论：“知识产权+互联网”向何处去?

1.1　“知识产权+互联网”还是“互联网+知识产权”？

1.1.1　“互联网+”与“知识产权+互联网”

“互联网+”，是指以互联网技术为核心，结合互联网、大数据(big data)、云计算、区块链(block chain)、人工智能等技术手段，形成的互联网+各行业，它可以打破传统企业的商业模式、管理思维和营销方式等，为各行业带来颠覆式指数级成长。

“知识产权+互联网”，即知识产权行业加上互联网的力量，运用互联网、大数据、云计算、区块链、人工智能等技术手段支持知识产权创造、保护、管理、使用，进而改变传统知识产权服务模式。它可以为知识产权行业发展提供新技术、新模式和新思维，进一步优化知识产权商业模式，提升运营效率，促进知识产权服务升级和发展。

1.1.2　“互联网+知识产权”与“知识产权+互联网”

如果要把“知识产权+互联网”与“互联网+知识产权”这两个概念放在一起比较，有人可能会觉得没什么差别，就是词语的顺序不同，终归就是“知识产权”和“互联网”这两项事务的融合。没错，两个概念的组成主要元素都是“互联网”和“知识产权”，但彼此的融合程度、运行的商业模式、内在的思维方式还是存在一定的不同。

“知识产权+互联网”与“互联网+知识产权”的落脚点不同。“互联网+知识产权”的落脚点在于“互联网”，而“知识产权+互联网”的落脚点在于“知识产权”。因此，从本质上来讲，其实“知识产权+互联网”，是以互联网技术为核心，以移动互联网、云计算、大数据、物联网来驱动，深植互联网思维，服务于知识产权行业发展，能够打破传统知识产权服务企业或传统企业中知识产权部分的组织架构、商业模式、生产制造、管理思维，是一种对知识产权业务、组织、思维、流程和人才等工作集成优化乃至颠覆配置的一种生态系统。

当然或许有人会说，“互联网+知识产权”，就是传统的知识产权服务机构或企业的知识产权部分，运用互联网技术、宣传、方法等，来提升知识产权业务、组织、流程和人才等工作的工作效率和服务质量，这种提升，未必能很大程度地改变行业结构、组织构架和思维方法，它只是一种物理结构的优化。“互联网”仅是提高产品和服务的生产、销售、售后效率和品质的一种工具和技术。其实无论是“知识产权+互联网”，还是“互联网+

知识产权”，至少都证明了一点，互联网对于传统知识产权行业乃至于科技服务业、科技创新本身的影响和改变都是深远的。

1.1.3 “知识产权+互联网”

基于以上，作者认为对于“知识产权+互联网”或“互联网+知识产权”的研究都有一定意义，但名称只是一个代号，一个称呼。也有一些叫“互联网+”的机构或企业，只是披着互联网的“外衣”，“裹着”传统服务代理机构内核，比如只是简单地建一个互联网网站，利用互联网进行广告宣传和引流等。

我们有必要在研究知识产权相关平台和机构案例之前，明确“知识产权+互联网”和“互联网+知识产权”这两个概念的区别。我们或许需要透过名称或宣传用语的“外表”，透视其内在的逻辑和本质，看其是否真的是以互联网技术为核心，以知识产权服务为本质，是否真的依靠移动互联网、云计算、大数据技术、物联网、区块链等来驱动，是否真的打破了传统知识产权服务代理平台或机构的组织架构、商业模式、生产制造和管理思维。

本书中，“知识产权+互联网”与“互联网+知识产权”属于同一概念范畴，只是更多地用“知识产权+互联网”来凸显知识产权的特色。

1.2 背景与意义：为何研讨知识产权+互联网？

1.2.1 知识产权+互联网是知识产权强国战略的重要支撑

近年来，中国出台并推动“大众创业、万众创新”政策措施，加快知识产权强国战略建设，落实“互联网+”行动计划，一系列的政策都对知识产权的战略部署和进一步发展指明了方向。

2008 年 6 月，国务院印发了《国家知识产权战略纲要》。自国家知识产权战略实施以来，中国知识产权创造运用水平大幅提高，保护状况明显改善，全社会的知识产权意识普遍增强，知识产权工作取得长足进步，对经济社会的发展起到了重要作用。

在此基础上，国家继续深入实施国家知识产权战略，加快实施知识产权强国推进计划。2015 年 7 月，国务院印发《关于积极推进“互联网+”行动的指导意见》，其中明确提到：强化知识产权战略。加强融合领域关键环节专利导航，引导企业加强知识产权战略储备与布局。加快推进专利基础信息资源开放共享，支持在线知识产权服务平台建设，鼓励服务模式创新，提升知识产权服务附加值，支持中小微企业知识产权创造和运用。加强网络知识产权和专利执法维权工作，严厉打击各种网络侵权假冒行为。增强全社会对网络知识产权的保护意识，推动建立“互联网+”知识产权保护联盟，加大对新业态、新模式等创新成果的保护力度”。同年 12 月，国务院印发的《关于新形势下加快知识产权强国建设的若干意见》提到：“加强互联网、电子商务、大数据等领域的知识产权保护规则研究，推动完善相关法律法规”。互联网的创新成果与经济社会各领域深度融合，推动技术进步、效率提升和组织变革，提升实体经济创新力和生产力，形成更广泛的以互联网为基础设施和创新要素的经济社会发展新形态。

2018 年 8 月，国家知识产权局印发《“互联网+”知识产权保护工作方案》，旨在充分运用“互联网+”相关技术手段创新知识产权保护方式，提升保护水平与效果。同年 11 月，国务院知识产权战略实施工作部际联席会议办公室发布《2018 年深入实施国家知识产权战略 加快建设知识产权强国推进计划》，提出 109 条具体举措，该《计划》提到：“制定‘互联网+’知识产权保护工作方案，指导开展‘互联网+’知识产权保护行动”。

由此可见，一方面说明“互联网+”在落实过程中离不开知识产权的保护和运用，另一方面说明知识产权+互联网模式是知识产权强国战略的重要支撑。

1.2.2　知识产权+互联网是中国知识产权制度的亮点和突破点

有了国家层面对知识产权+互联网融合发展的推动，知识产权+互联网的模式开始席卷全国，市场上出现了高举知识产权+互联网大旗、推出各类创新应用和服务的各类企业。以北京中细软网络科技有限公司（简称中细软）、猪八戒股份有限公司（简称猪八戒）、知果果（北京）知识产权代理有限公司（简称知果果）、权大师等为代表的知识产权+互联网服务机构，借着“互联网+”和双创的风口，迅速抢占市场的一席之地。虽然这些都是知识产权+互联网的代表，但是它们的发展路径却各有不同，如中细软是以创新服务平台为定位，为客户提供覆盖知识产权和创新全产业链的一站式服务平台；知果果是以低价或免费模式迅速抢占市场，想要再通过后期增值及个性化服务获取盈利；权大师以商标检索技术和低价自助式商标注册吸引用户。

据了解，目前中国现有的很多知识产权+互联网服务平台模式，在国外还比较少见。其原因有几个方面。一是中国近年来鼓励创新，鼓励互联网+各行业发展，知识产权服务的巨大市场需求直接推动了知识产权+互联网行业迅速发展。二是国内企业和个人早先自己办理知识产权确权业务时，手续烦琐，流程复杂，从而催生了代理服务，虽然在政府推行简政放权政策后，手续和流程简化，但仍有很多客户选择代理服务，愿意通过付出不高的代办服务费，为自己节省时间和精力。三是这些平台都是开放的服务生态，积极运用取得的用户和流量优势，引入上下游服务资源，完成客户和数据流量共享，能够带动全产业链快速发展，形成巨大的影响力。四是国外从事知识产权代理服务的大多数为律师事务所，特点是每个事务所的人员不多，更多依靠单打独斗，深耕线下，依靠口碑传播，收费较贵。不像中国其他行业的热门企业和应用，在国外都能找到其借鉴的模板，如微信对标 FB+WhatsApp+Skype、微博对标 Twitter、支付宝对标 PayPal、视频对标 YouTube、百度地图对标 Google Maps 等。国外虽有一些类似知识产权+互联网服务机构的案例，但中国这样基于中国市场的、大量涌现的知识产权+互联网平台商业案例却难以找到对标的商业模式。这可以说是中国知识产权制度的亮点和突破点，是中国特色的、世界少见的制度创新的体现。

1.2.3 知识产权+互联网是知识产权服务业的发展方向

在经济全球化的大背景下，中国越来越多的优秀企业选择走出国门，去与国外企业竞争，开拓世界市场。在这个过程中，需要避免侵犯其他企业的知识产权，同时也需要进行知识产权布局来保护自身的知识产权不被侵犯，加上各行业的国际知识产权纠纷层出不穷，都让中国企业的知识产权保护意识越来越高。然而，传统知识产权服务机构的发展速度远远跟不上市场上日益增长的需求。一方面，企业对知识产权的需求越来越迫切，越来越复杂，而传统的知识产权服务机构不能完全满足其需求，尤其是知识产权交易和运营方面的综合需求，导致企业在申请了商标、专利等知识产权后，将其束之高阁无法付诸实际使用；另一方面，只是单纯用于打击市场侵权，未能进一步发挥知识产权应有的市场作用，撬动更多的资本资源。

知识产权+互联网服务机构大多数凭借知识产权服务全产业链、知识产权大运营、知识产权与大数据人工智能等跨界合作，通过打造一些专业、全面、高效的知识产权行业平台，为用户提供最新最全的产品和服务，为知识产权行业伙伴和用户提供最新、最及时的知识产权行业资讯，分享最实用的行业方法和经验，能够帮助客户将知识产权快速确权和获得更多价值。如中细软集团在 2006 年发布中华商标超市网，目前该网已经连续十余年全国商标交易和闲置商标盘活量处于全国领先。知识产权+互联网服务机构不但能降低知识产权确权和运营等的时间成本，提高工作效率，还能快速帮助客户知识产权确权，通过互联网化的商标交易业务，帮助客户获取知识产权的商业价值。

1.2.4 新技术为知识产权+互联网服务模式带来新机遇

创新改变时代，模式引领未来。在经过知识产权+互联网的时代风潮后，全球市场迎来了人工智能、大数据和区块链等新技术发展带来的新机遇，全球经济与贸易环境发生了巨大变化，新一轮科技革命和产业变革蓬勃兴起，大数据、区块链、人工智能等新技术引领的第四次工业革命给知识的创造、传播和利用带来前所未有的影响。

中国的经济贸易环境和知识产权市场发展，在时代新机遇之下，已经逐步变成依靠市场驱动、技术驱动(移动互联网、人工智能、大数据和区块链等新技术)、创新投资驱动。这些新技术和新模式，会进一步推动中国知识产权服务模式和经济贸易水平向前发展。

近年来，已有知识产权服务机构与技术研发公司携手探索人工智能、大数据和区块链技术与知识产权行业进行初步结合，开展专利数据库、专利地图、专利分析等专利管理系统服务，以及文献搜索、知识产权战略规划、流程优化、业务培训等管理咨询服务。知识产权与大数据、人工智能辅助提升效率，专业化服务流程建设保证质量。跨界融合是知识产权电子商务化的首要特点，知识产权+互联网的服务模式吸收和运用了传统知识产权行业的作业理念，并与互联网进行有效的融合，采取线上线下结合的方式，大幅提升工作效率和用户体验。如阿里知识产权在知识产权+互联网的流程创新方面，做到线上浏览、线上订单、线上支付、线上管理知识产权，形成用户自主完成和知识产权顾问协助完成两种模式，使互联网与知识产权完美结合。

随着技术的发展，该领域未来会开展深度结合，涌现出更快更高更强的服务生态。以后，可能会变成人工智能、大数据和区块链等新技术驱动、创新投资驱动等因素驱动知识产权市场。

人工智能和大数据技术将从以下几个方面对知识产权产业产生影响。第一，通过技术手段提高工作效率。通过与互联网/人工智能/大数据/写作助手/智能翻译等与知识产权相关的智能服务技术结合，建立与知识产权相关的整套服务工具，例如商标检索、专利撰写帮助、法律文件撰写辅助工具等，以提高工作效率，打造建立知识产权+互联网服务平台的核心优势。第二，改变员工销售管理方式。例如，使用人工智能工具捕获顾问与客户之间通信的语音或文本记录，并进行分析和比较以确定顾问的专业知识和服务态度是否满足企业的要求和标准，并采取针对性纠正培训，以提高客户满意度。第三，改变服务形象和方式。未来，人工智能和全息技术将在一定程度上得到发展，例如使用客户服务机器人代替人工客户服务，或者实现顾问在客户面前全息投影，可以突破距离障碍，并实现顾问专家的一对一服务体验。

1.3　研究综述：业内学者如何看知识产权+互联网？

从研究背景与意义可以看到，随着知识产权和科学技术在国际和国内竞争中地位的上升，以及互联网、人工智能、区块链技术、大数据技术等一系列技术风暴对各行业的变革，许多人都在积极推动知识产权+互联网服务模式。国内，目前知识产权服务业具体处于什么状况，运用互联网、人工智能、区块链技术、大数据技术等一系列技术的水平怎样，该如何继续推动知识产权+互联网融合的水平，我们主要对国内《中国优秀硕博士学位论文数据库》《中国期刊全文数据库》《万方系列数据库》等数据库的相关论文进行了检索，发现学界对知识产权相关话题进行研究的文献较多，但对知识产权细分领域，如服务模式的研究文献却较少，对于在"互联网＋"情景下知识产权服务模式的创新研究则更少。本节首先研讨一些学者对互联网+、中国知识产权服务业、知识产权+互联网等课题的研究成果。以下将有代表性的学者观点一一介绍，为本书研究知识产权+互联网服务模式奠定基础。

首先，什么是"互联网＋"？"互联网+"与创新驱动有什么关系？"互联网+"能够解决各行各业的什么问题？又该如何解决？姜奇平(2015)认为，"互联网+"的过程是创新驱动转型的过程。"互联网+"与创新驱动的交集在市场导向，市场在服务化中，通过差异化需求，自然而然地产生对创新的需求。创新就是差异化的供给，没有服务化显示需求目标，创新就会陷入盲目。以往政府导向的创新，往往与应用、需求脱节，主要就是因为没有与服务化结合，片面强调产业化，造成供给导向而非需求导向。互联网产业从出生起，就与市场需求紧密结合，由市场获得创新的动力源。“互联网+”将进一步发挥互联网产业所长，将需求导向的创新驱动，注入所结合的各行各业。在“互联网+”中以市场创新为主、技术研发为辅，解决结构优化中的高附加值问题。

众所周知，中国知识产权在近年来获得了不菲的成绩，包括知识产权立法、知识产权文化、知识产权管理和行政执法、知识产权维权和司法保护、知识产权行业数据等各个方面。2018 年，著名知识产权专家、中南财经政法大学原校长吴汉东教授曾说“中国知识产权 40 年，进步快、变化大”，并提出两点原因。第一个原因是中国的知识产权立法从无到有，比如 1982 年 8 月 23 日第五届全国人民代表大会常务委员会第二十四次会议通过的《中华人民共和国商标法》，1984 年 3 月 12 日第六届全国人民代表大会常务委员会第四次会议通过的《中华人民共和国专利法》，1990 年 9 月 7 日第七届全国人民代表大会常务委员会第十五次会议通过的《中华人民共和国著作权法》，1993 年 9 月 2 日第八届全国人民代表大会常务委员会第三次会议通过的《中华人民共和国反不正当竞争法》，1997 年中华人民共和国国务院令（第 213 号）公布的《中华人民共和国植物新品种的保护条例》，2001 年国务院第 36 次常务会议通过的《集成电路布图设计保护条例》等。世界知识产权组织前总干事鲍格胥博士也评价说，中国用了不到二十年的时间，走过了西方国家两百年的历史进程，这是举世瞩目的成就。第二个原因是，中国的知识产权文化不断提升，从四十年前中国的老百姓不知道什么是知识产权，到今天，知识产权成为老百姓生活中的热词，成为大家工作中的关键词，版权意识、品牌观念、专利思维在不断增强，从政治家、企业家到普通百姓都在认知知识产权、了解知识产权①。在知识产权管理和行政执法方面，近年来中国积极推动知识产权的快速审查、快速确权、快速维权，推动知识产权行政保护“一站式”服务，如在全国建立了多个知识产权保护中心。2018 年中国重新组建国家知识产权局，更是实现了专利、商标、地理标志等知识产权保护的集中管理，加强了知识产权管理和行政执法能力。在知识产权维权和司法保护方面，人民法院系统不断健全知识产权专门化审判体系、不断完善知识产权诉讼制度、不断加强知识产权审判队伍建设，立足审判职能，推进了知识产权审判体系和审判能力现代化进程。在知识产权行业数据方面，中国商标、专利、著作权登记申请量飞速地增长，如专利申请量已连续多年居世界首位，中国在 2019 年全球创新指数中的排名已提升至第 14 位，2019 年中国通过《专利合作条约》（Patent Cooperation Treaty，PCT）途径提交专利申请 5.9 万件，跃居世界第一。

在中国知识产权行业蓬勃发展之下，知识产权服务机构的数量也极速增加，商标服务代理机构、专利服务代理机构、版权服务代理机构、知识产权相关的律师事务所、知识产权信息服务提供商等如雨后春笋，层出不穷。随着数量的激增，知识产权服务业的问题和不足也开始显现。

陈希和殷倩倩（2015）认为，总体来讲，知识产权服务业还存在着“小”“单”“散”的

---

①中华人民共和国国务院办公室，吴汉东，[2020-09-20]. 中国知识产权进步快、变化大，http://www.scio.gov.cn/xwfbh/xwbfbh/wqfbh/37601/39412/zy39416/Document/1643319/1643319.htm.

情况。具体来说：一是数量少、规模小。除了“北上广”等个别地区知识产权服务机构数量较多和规模较大之外，在全国多数地区，都存在着知识产权服务机构规模小、数量少的情况。二是服务方式单一。一些服务机构的服务内容存在同质化现象，其提供的知识产权服务主要是在专利、商标、版权代理及信息检索等传统服务领域，未能灵活依据企业需求来定制个性化服务。三是“各自为政”。各个服务机构之间的联系较为松散，未能形成合力。

黄建和王华清(2019)研究了在“互联网+”环境下，知识产权服务业存在的问题。他们认为主要有以下几点。①知识产权服务资源和信息资源不均等。由于各个地区间经济发展不平衡，知识产权服务机构和服务内容呈现发展不均等的状态。在信息资源方面，信息资源平台、数据库及共享平台建设(尤其是专利信息资源)还有很大提升空间，区域信息资源尚未上升到国家级中心资源平台，很多地区对优质信息资源的获取存在障碍，信息资源一体化还有很长一段路要走。②知识产权服务供需信息不对称。由于缺乏互联网科技服务平台的支撑，信息资源的不均等直接导致了信息的不对称。知识产权服务业高度依赖知识产权信息资源，但中国目前知识产权信息处于“条块分割”状态，流动和共享存在障碍。③服务不适配。由于缺乏互联网科技服务平台的支撑，企业的知识产权服务需求和知识产权服务机构之间没有良性互动，服务机构不能快速有效地获取企业需求。基于企业的市场定位，不同的企业在知识产权的创造、运用、管理与保护这四个方面的侧重点是不同的，因此需要知识产权服务机构提供更加个性化的服务。但由于个性化的知识产权服务往往需求量少、盈利小而不被知识产权服务机构重视，导致知识产权服务的同质化现象严重，企业个性化服务不能得到满足，进而造成知识产权服务的不适配。

基于中国知识产权服务业本身存在的问题，以及在互联网时代背景下凸显的问题，势必要将知识产权与互联网进行融合，来使得知识产权服务业更加符合互联网时代特征，促进其更快地发展。进一步来讲，互联网和知识产权应该如何融合？“知识产权+互联网”与“互联网+知识产权”是一样的吗？

刘庆新(2018)认为，“+互联网”与“互联网+”是有区别的。“+互联网”是指在不改变行业结构、组织构架的前提下运用互联网提升企业的工作效率和服务质量，本质上是一种物理结构的再优化。供给侧产品是“+互联网”的核心，互联网仅是一种提高产品生产、销售、售后效率的工具和技术。而“互联网+”是指以互联网技术为核心，以移动互联网、云计算、大数据、物联网来驱动，打破传统企业的组织架构、商业模式、生产制造、管理思维，本质上是一种集成和优化配置社会资源的生态系统。同时他指出要构建互联网+知识产权特色生态新模式，互联网+知识产权的新思维的关键在于兼顾独占权保护与信息共享之间的平衡发展；互联网+知识产权的新技术包括基于大数据技术建立知识产权基本信息数据库，以及利用区块链的时间戳[①]技术处理知识产权纠纷；互联网+知识产权新平台应该能提供知识产权基础服务、政府知识产权政策咨询服务、企业级知识产权定制付费服务(刘庆新，2018)。

① 时间戳，通常是一个字符序列，唯一地标识某一刻的时间。每个加盖时间戳生成的区块都独一无二。区块链中的时间戳从区块生成的一刻起就存在于区块链中，它对应的是每一次交易记录的认证，证明交易记录的真实性。时间戳是直接写在区块链中的，而区块链中已经生成的区块不可篡改，一旦篡改，生成的哈希值就会发生变化，从而变成一个无效的数据。

此外，当知识产权与互联网结合后，是如何保证高效运行，如何进行线上、线下的合理交互和转换？也是需要探讨和研究的问题。

许玲(2018)认为，“互联网+”知识产权运营平台构建，一是基于知识产权运营产业链横向衍生的C2B2B(customer to business to business)模式，即平台以用户需求为导向，借助互联网在横向上更好地实现知识产权产业链的延展和优化。“互联网+”知识产权运营平台使得平台各节点实现跨时空的高度链接和快速交互。二是以互联网技术为中心纵向衍生的 O2O(online to offline)模式，包括线上和线下两个部分，线上知识产权运营平台集聚知识产权相关用户，发掘用户需求，线下专注于提供产品和服务。知识产权运营线上平台作为线下决策入口，汇聚大量的知识产权相关用户，引发用户需求。

中细软创始人兼董事长孔军民(2016)在《中国知识产权交易机制研究》一书中，提到中细软的O3(online to offline to online)①知识产权服务模式。O3知识产权服务模式是在知识产权服务业务中，买方与平台顾问通过多次线上线下沟通，最终完成知识产权服务的过程。在服务过程中，能够提炼并标准化的环节都设计在线上完成，非标准流程通过线下实现，以提高效率和提升体验感受。传统的知识产权服务一般在线下进行，个别服务机构进行了电子商务化尝试，但未能与互联网较好融合，只是在互联网上发布了知识产权服务信息来寻求客户。

在知识产权服务行业的实际案例中，近年来涌现出许多颇具特色和亮点的知识产权服务机构、平台和企业，研究和总结它们的经验，有利于本书脱离纯理论化的研究。

1.4 问题提出：知识产权+互联网服务模式创新之路走向何方

本书主要立足于中国市场和情境，基于诸多学者的研究，通过研究知识产权+互联网服务模式的背景与发展、分类与特点、数据情况、经典案例等相关内容，总结出知识产权各个方面服务机构颇具特色和亮点的平台和企业经验，探索“知识产权+互联网服务模式创新之路走向何方”，探索新业态、新发展。

① 中细软在中华商标超市网和细软知产超市网积累了多年实战经验，经过反复推敲和提炼，在2015年提出了O3知识产权服务模式。2016年，中细软整合线上及线下产品资源、客户数据和运营流程，进一步推出O3知识产权服务模式实践落地的细软网。

第二章　概论：知识产权+互联网服务创新的历程与特点

2.1　知识产权+互联网服务创新的环境：适得其时的服务创新

2.1.1　时代背景——知识经济时代呼唤科技创新

21世纪是科学技术飞速发展的时代，是知识经济（knowledge-based economy）的时代。20世纪80年代初，知识经济开始被提出来，强调了知识在现代经济发展中的重要作用。1996年，经济合作与发展组织（Organization for Economic Co-operation and Development，OECD）在《以知识为基础的经济》报告中，为知识经济做出了定义："知识经济是指建立在知识和信息的生产、分配和使用之上的经济"。在知识经济中，财富创造越来越依赖于创新，这相应地增加了知识产权的重要性（Amable，2010）。

王捍政（2019）认为，知识经济在现代社会中又被称为"新经济"。它与社会其他经济相比有以下六个主要特征：信息型经济，品牌文化的经济，智力支撑型经济，可持续发展型经济，以文化生产力为核心的经济，见效快、收益高的经济。其中，智力支撑型经济说明的是，知识经济是智力经济，人类社会的发展进入到一定阶段，整个智力资源占有一定的优势，在产品生产的整个过程中，是充满知识的过程，从产品配置，生产流程，直到出品、分配、使用，消费宣传每一过程，都展示着知识，这些元素体现着知识经济的时代特征。这一时代的主要标志就是"科学技术是第一生产力"，在知识经济的时代，人们的潜能、智慧、智力、知识、信息都是无形资产的投入，其占有也就成为经济发展的一种决定性因素，整个社会财富和权力的象征最终取决于所拥有的社会各类信息、知识和智力。智力资源也就成为社会最重要的资源，无论是企业还是党政机关、事业单位，谁掌握了智力资源，谁就拥有了社会财富，也就拥有了事业发展、人类进步、科技发展的进步权。智力资源的基础仍然是人才，所以人才的培养、人力资源的开发利用，显得更为重要。

进入21世纪以来，全球科技创新进入空前密集活跃的时期，新一轮科技革命和产业变革正在重构全球创新版图，重塑全球经济结构，创新和知识产权贸易成为现代社会最显著的标志之一。据统计，20世纪70年代专利技术贸易额占世界贸易总额的比重为0.67%，发展到21世纪初期已接近5%。20世纪80年代，跨国公司运作了近70%的国际技术转移（郑杰，2014）。

而创新这一因素，正是经济高质量发展的决定性力量之一，可以说没有创新就没有真正意义上的发展，就没有高质量、高效益、可持续、有活力的发展。在各个方面的创新中，科技创新是贯穿了各个行业最为重要的因素。约瑟夫·熊彼特(Joseph Alois Schumpeter)(1990)在他的著作《经济发展理论》中对这个问题作出回应，他将创新理解为经济发展的本质，指出创新可以通过不断地提高单一或者综合要素的生产率来抵消生产要素报酬递减的趋势，同时通过生产要素的新组合来突破经济发展中由要素或资源的短缺所造成的瓶颈。迈克尔·波特(2002)(Michael E.Porter)在《国家竞争优势》一书中把经济发展划分为四个阶段：第一阶段是廉价劳动力、自然资源等“生产要素驱动发展阶段”；第二阶段是大规模投资、改善技术装备成为支撑经济发展主要因素的“投资驱动发展阶段”；第三阶段是创新能力及其水平成为驱动经济发展主要动力的“创新驱动发展阶段”；第四阶段是“财富驱动发展阶段”。其中创新驱动指推动经济增长的动力和主要依靠生产要素和投资驱动转向依靠自主研发创新，以及知识的生产创新。创新的实质是知识产权运营，科技创新的源头和科研院所的科技新发现所产生的原创性创新关键是引进先进技术，并能消化吸收进行创新。

创新驱动的两个关键：一是市场主体投入大量的资源及人力研发和设计能否形成知识产权，可以说知识产权是检验创新的唯一标准；二是知识产权的运用环节，市场形成的知识产权能否为企业打造核心竞争力，从而创造出财富，财富形成资本，进而再投入到研发领域，如此往复，形成闭环，这就像人的两条腿，缺一不可。

2.1.2 国际环境——国际贸易离不开知识产权

2018 年是国际金融危机全面爆发 10 周年，也是世界经济格局大发展、大变革、大调整的一个重要转折点。美国等主要发达经济体经济增速已经达到甚至超过其潜在增长率，美国当前的相对强劲增长伴随着通胀率明显上升。美国通过“货币政策正常化+保护主义+规则高标准化”的政策组合，全球资本正在向美国流动，以新规则为基础强化发达经济体“统一战线”，这对发展中国家形成“资本流出+规则边缘化”的双重压力。2019 年，世界经济仍然处在国际金融危机后的深度调整期：主要国家间经济、科技、金融等领域博弈加剧；国际经济秩序加速重构。世界大变局加速演变的特征更趋明显。可以说，当前世界经济呈现动能趋缓、分化明显、下行风险上升、规则调整加快的特点。

在这种情况下，新一轮科技创新和产业变革的重大突破以及知识产权的竞争就显得格外重要。当今世界正朝着智慧地球、智慧国家、智慧城市、智慧企业的方向和趋势发展，而推动这一进程高速发展的新能源、医药、互联网、信息技术等智慧产业的高速成长，都依靠科学技术和知识产权来保护和固化。

当代发达国家的商业世界中，知识产权扮演着举足轻重的地位。一是在国际商业竞争舞台上，企业与企业的市场竞争主要通过知识产权诉讼来实现，比如苹果公司和三星公司的诉讼即是如此；二是国际上大型跨国企业的兼并重组，主要是知识产权资产的重组，比如：谷歌兼并摩托罗拉、微软兼并诺基亚；三是企业无形资产占总资产的比例越来越大，轻资产重知产的企业越来越迎来发展的春天。这些都展示出国际和中国知识产权行业的趋势和未来。

由于西方国家的知识产权法律保护历史源远流长，企业重视知识产权的程度相当之高，其知识产权服务行业发展已经取得了长足的进步，例如：高智发明公司就是由微软公司的首席技术官创办，通过持有专利募集资金赚取利润，又如专门为客户提供公司知识产权情报检索服务的汤森路透公司，再如已在美国上市的 RPX 等诉讼型的公司，经过了多年的发展，都已经非常成熟和完善。

2.1.3 国内需要——知识产权助力中国实现创新驱动

随着中国的发展以及逐步融入世界规则，国家在发现以往发展模式和路径带来的问题后，及时采取了举措，退耕还林、植树造林、保护资源、保护知识产权等，进一步实现了经济的快速增长。然而近年来，受全球经济环境变化和中美贸易战等影响，中国经济环境压力和挑战进一步加大。

从外部而言，国际贸易环境趋于保守化、对知识产权规则的理解及保护力度的不统一等因素都一定程度上影响了中国经济的发展；从内部来看，中国科技领域仍然存在一些亟待解决的突出问题，比如科技在视野格局、创新能力、资源配置、体制政策、机制和环境等方面还存在一些不适应的地方，影响了中国科技进步与科技创新。总体来看，中国科技领域核心技术受制于人的局面并未得到根本改变。

随着全球经济环境不确定性的增强，国家拥有自主核心技术将显得尤为重要，科技创新领域将同时面临新的机遇与挑战。因此，中国政府、企业、科研院所等都进一步加大了对自主知识产权和核心技术的研发与保护力度。加大保护的成果从全球创新指数排行榜就可窥见，世界知识产权组织有关报告及数据显示，中国在 2019 年全球创新指数中的排名提升至第 14 位，较 2018 年上升 3 位，稳居中等收入经济体首位，科技创新水平实力有目共睹，如华为 5G 技术表现抢眼，与全球 30 多个国家签署贸易合作，成为受到世界关注的年度重大科技事件。

中国进入新时代，发展优势已发生转变，经济发展阶段已从高速增长转向高质量发展。现在的中国，是通过自主研发、自主创新、自主设计、形成知识产权，来推动社会发展。所以中国的创新驱动也有两个关键环节。第一个环节是知识产权结晶。自主设计和自主研发要有结果，自主研发的技术创新活动只有形成了知识产权，才是真正的创新。技术创新活动没有知识产权目的不行，没有形成知识产权结果也不行。知识产权制度是世界上最好的制度之一，因为它让发明创造、推动社会进步的人得到了财富。第二个环节是知识产权的运用。形成了知识产权，要予以实际应用，才能打造出企业的核心竞争力，产生应有的科研和商业价值，进而转变为财富，就像企业生产了产品却没有卖出去，那就没有产生价值。当知识产权通过运用，产生了财富，再投入新一轮的技术研发中，形成新的知识产权，才能形成创新驱动的闭环。

可见在创新驱动中，所有要素都围绕知识产权而发展，知识产权的确立和运用形成创新驱动的闭环，环环相扣，持续发展。明白了知识产权对于科技创新的重要性，就明白了我们未来的地位。正如2016年5月30日，习近平在全国科技创新大会、两院院士大会、中国科协第九次全国代表大会上发表重要讲话时强调的所说，“科技创新是核心，抓住了科技创新就抓住了牵动我国发展全局的牛鼻子”。中国未来30年的发展趋势，必然是围绕科技创新展开的知识产权的竞争，抓住了知识产权，就抓住了科技创新的关键部位。

因此，充分认识科技创新和知识产权的重要性和必要性，把推动科技创新、建设科技强国、保护知识产权摆在更加重要的战略地位，找准着力点，持续聚焦发力，汇聚创造创新的磅礴伟力。

2.1.4　技术驱动——互联网信息技术颠覆各行各业

1996年起，中国互联网进入蓬勃发展的加速期，民间力量开始大量进入，呈现为互联网商业化和应用化，一些中国互联网大鳄都是在这一时期诞生的。如成立于1997年的网易(杭州)网络有限公司，成立于1998年的北京新浪互联信息服务有限公司、北京搜狐互联网信息服务有限公司、深圳市腾讯计算机系统有限公司，成立于1999年的阿里巴巴网络技术有限公司(简称阿里巴巴)等。到1999年，上市的中国互联网公司受到资本市场过分“追捧”，导致股价远高于营业额及实际价值，而这一现象又不断催化更多的中国互联网公司竞相上市，但是当时中国互联网公司缺乏成熟的盈利模式，无法回报预期收益，最终导致互联网泡沫破裂。然而随着互联网进一步普及，中国网民规模进一步增加，中国互联网在2002年进入可持续发展的商业价值发展期，探索出更多的盈利模式，通过网络广告营收如搜狐和新浪；通过网络游戏营收如上海盛大网络发展有限公司和网易游戏；通过搜索引擎营收如北京百度网讯科技有限公司；通过电子商务营收如阿里巴巴网络技术有限公司、天猫、淘宝网、北京京东世纪贸易有限公司等。

随着社会经济的快速发展，当今社会已进入信息化时代。信息技术、微电子技术快速发展是知识经济的主要基础，也是社会信息化的主要产物，是信息社会的经济新形态。信息技术的快速发展带来了信息产业的快速发展，改变着传统产业，促使人类社会进步的经济增长方式发生新的变化。通俗来说“互联网+”就是“互联网+各个传统行业”，但这并不是简单的两者相加，而是利用信息通信技术以及互联网平台，让互联网与传统行业进行深度融合，创造新的发展生态，可以说互联网信息技术颠覆了各行各业，可以给每个行业带来效率的大幅提升。

根据第六届世界互联网大会发布的《中国互联网发展报告2019》报告显示，截至2019年6月，中国网民规模为8.54亿人，互联网普及率达61.2%，网站数量518万个①。可以说，在巨大的网民规模利好和社会各界呼唤培育发展新动能的推动下，互联网正在引领着社会生产力实现不断突破和飞跃，日益成为驱动经济社会发展的重要引擎。互联

①新京报，[2020-09-20]. 中国互联网发展报告2019：中国网民规模达8.54亿，http://www.bjnews.com.cn/feature/2019/10/20/639061.html.

网的发展，离不开核心技术的研发和应用技术的推广，而技术突破的前提则是知识产权的保护和运用。

而对于知识产权服务行业，随着信息网络技术的发展和完善，技术既是知识产权交易的对象，同时也促成了新型知识产权交易方式的产生，如知识产权+互联网交易模式。严格意义上讲，知识产权+互联网交易并非一种独立的交易方式，只是因为此种交易方式在现代逐渐普遍，不受时间、地点等传统交易方式限制因素的制约，广泛地渗透到知识产权交易行为及其流程环节中。西方发达国家的实践表明，电子式知识产权交易具有广阔的发展前景，例如网上著作权和商标权的交易(吴洁仑和王智源，2010)。知识产权电子商务服务网站与其他电子商务网站有很多不同，其中比较显著的一点是，知识产权+互联网交易平台要求确保网站信息的准确、完备、权威，也就是说网站提供信息的数据库应该是权威可靠的，应该是以相关政府部门建立的数据库为基础，确保平台的权威性(钟佳佳，2007)。此外，杨建锋和张磊提出在新加坡有一些知识产权交易市场中介机构，开发了世界上信息最为丰富的专利数据库，并以交易双方的现实需要为基础，推出特色化服务，深度挖掘客户与交易产品信息，为买卖双方提供了更多的交易撮合机会(杨建锋和张磊，2013)。但是，知识产权交易平台和普通的电子商务平台在商业模式的选择上又有很多共同性，和普通的电子商务平台相比，知识产权交易平台有着自身的特征：交易商品的特殊性、参与主体和交易流程的复杂性、交易平台的专业性(耿逸冰，2015)。

2.1.5 行业发展——中国知识产权事业蓬勃发展

中华人民共和国成立以来，中国的知识产权事业也实现了从无到有、从小到大的根本转变。在改革开放以后，中国知识产权事业真正发展起来，并逐步实现了历史性跨越，成为一个名副其实的知识产权大国，不仅成功赶上了时代，顺应了时代，还有力地支撑了时代的发展。

从政策上来看，中国知识产权事业蓬勃发展离不开中国颁布的重要知识产权政策。如国务院 2008 年发布的《国家知识产权战略纲要》明确提出，实施知识产权战略，要“按照激励创造、有效运用、依法保护、科学管理的方针”——标志着知识产权战略首次上升为国家战略，该纲要不仅是中国知识产权事业发展的指南，也是建设创新型国家的纲领性文件。

从数量上来看，中国知识产权各项指标极速增长，并在世界上占有一席地位。近年来，随着新兴“互联网+”知识产权服务平台的崛起、商标注册便利化改革扎实推进、全国企业商标品牌和技术保护意识显著增强，商标和专利申请注册量增长幅度较大。

从行业竞争上看，中国知识产权服务机构数量逐年上升，竞争激烈。商标代理机构方面，截至 2020 年 5 月，在工商总局商标局备案的商标代理机构总数达到 49515 家；专利代理机构方面，2019 年，专利代理机构数量达到 2619 家。

综上，从时代背景、国家背景、技术背景、行业背景多个方面来看，中国知识产权产业与创新产业市场前景广阔，需求量巨大，知识产权+互联网的发展方兴未艾。

2.2 发展历程：从萌芽发展期到重新洗牌期

2.2.1 知识产权+互联网 1.0——萌芽发展期

早先，在中国政府服务方面也有对互联网和知识产权服务结合的尝试，如建设了较完备的知识产权信息数据库——国家知识产权局商标局、国家知识产权商标局官方网站等，在这些网站上能够免费进行商标申请、商标查询、专利申请、专利检索、专利审查信息查询、PCT 申请等，但是这些网站更多的是把互联网作为一个信息公开、提高效率的官方数据库工具。其实，来源于官方的知识产权行业数据涵盖着非常丰富的信息，一度未被多加利用，其商业价值被严重低估和忽视。

进入 2000 年以来，在知识产权服务行业上占据绝对主流地位的是传统知识产权服务机构，这些传统知识产权服务机构，有的原是官办机构或国有单位，后来随着改制逐渐转为民营机构，有的是政府参股或背书支持的代理机构。随着知识产权在社会上的普及，以及企业提高了对知识产权的重视，在市场上涌现出大量知识产权服务代理机构，大多数为民营的中小企业，这些传统知识产权服务机构有以下特点(表 2-1)。

表 2-1 传统知识产权服务机构特点

	业务内容	运营思维	经营模式	经营规模	信息化程度	服务质量
大多数	服务领域有限，多为传统和低附加值的知识产权业务，如知识产权申请和诉讼	产品和服务思维较固化，不易做出适合市场发展和客户需求的改变，导致客户很多需求点未能得到关注和支持	依靠关系营销和口碑营销，采用线下运营方式，以客户运营为主	规模小，受机构本身服务规模和人员数量限制，一般为本地化服务机构，或采取在各地开分公司、连锁店、加盟店的形式	信息化程度低，资料来源和分析都依赖于官方，自身业务系统不够完善，容易产生监控遗漏	服务质量良莠不齐，发展历程较短、专业知识不扎实
少数	业务内容、运营思维、经营模式、经营规模、信息化程度同上，但在服务质量上，由官办机构向民营机构转型、历史悠久的传统服务机构及个别后期出现的传统代理机构，不断积累和提高专业知识，在发展中逐步积累客户和口碑，在行业中崭露头角，并能以较高水平的代理质量和长期积累的良好口碑在业内赢得优势地位					

在这个传统知识产权服务机构为主流的阶段，知识产权服务机构面临了第一次挑战，需要思考如何在众多传统知识产权服务机构中脱颖而出，如何突破现有传统知识产权服务机构的局限，如何利用新兴的互联网技术和工具来解决自身效率问题。下面以中细软的早期发展经历为例进行分析。

2002 年，出于对商标代理的良好发展前景的判断，中细软创始人孔军民与三位同事在成都创办了成都京顺知识产权代理有限公司，开始了创业之路。随着公司经营业绩逐步从稳定走向上升，公司关注到活跃的酒业商标交易，随即果断进入这一领域，此后便一直牢牢占据着中国最大商标交易平台的行业地位。在 2004 年，孔军民带着对行业对公司的问题及思考，通过与业内专家教授学习，了解到了前沿互联网电子商务知识，深深感觉到电子商务可能带来的知识产权行业颠覆，于是开始研究商标交易的电子商务化，并聘请专家对公司的电子商务业务进行论证和规划，修订商业计划书，并于 2006 年完成了公司旗下 xntm.com（西南商标网）向 gbicom.cn（中华商标超市网）的商业升级[①]。而在那个时候行业内的大部分知识产权服务代理机构仍在专业化和市场化上努力，仅专注于开拓线下知识产权代理市场，并未涉及互联网化，因此可以说，中细软是国内较早触及“互联网+”的知识产权服务的代理机构。

2.2.2 知识产权+互联网 2.0——激烈竞争期

进入 2010 年以来，随着知识产权行政审查便利化改革扎实推进，全国企业知识产权保护意识显著增强，知识产权申请注册量增长幅度加大，便捷度和服务水平不断提高，更多知识产权+互联网服务平台崛起，如猪八戒、权大师、知果果、快法务等。

随着知识产权+互联网服务机构数量的快速增多，彼此之间的行业竞争也日趋白热化，知识产权+互联网服务机构面临了第二次重要挑战，那就是如何实现差异化竞争，增强自身与客户黏性，在流量为王的时代进而获取行业领先地位。而知识产权+互联网服务机构，各凭所长，依靠互联网思维、技术手段解决了一个又一个行业痛点。

由于知识产权+互联网服务机构深刻理解传统知识产权与互联网场景，可以创新高效地处理海量订单、高质量完成顾客需求，企业发展速度快，快速构建品牌能力强，数据检索和分析能力有所提高，凭借专业化程度高和互联网电商辅助，加上能够吸引大量的风险投资帮助进一步发展。凭借以上优势，知识产权+互联网服务机构迅速占领了国内大部分知识产权服务市场份额，挤压了其他知识产权服务机构的生存空间。

作者选取了这个时期其中一个行业排名来看，如 IPRdaily 2017 年 11 月发布的全国商标代理机构申请量排名，中细软以 109765 件的申请量名列第一，八戒知识产权以 104201 件的申请量名列第二，权大师以 92058 件的申请量名列第三。榜单前十名中，有九名都是知识产权+互联网服务机构（中细软、八戒知识产权、权大师、知果果、超凡网、393 商标网、汇桔网、尚标、快法务）[②]。可见知识产权+互联网已经对传统知识产权服务行业产生了巨大影响，市场大部分客户和流量已被知识产权+互联网服务机构占据（表 2-2）。

①孔军民，[2020-04-28]. 繁华过境千帆始会逢知产万木春，http://www.idmgt.uestc.edu.cn/article/content/201709/216/1.html.
②IPRdaily，[2017-11-27]. 2017 全国商标代理机构申请量排名（前 100 名），https://mp.weixin.qq.com/s/Y9lNGezbZNEKG2u3NV4Aug.

表 2-2 2017 年 1～10 月全国商标代理机构前十五名 （单位：件）

序号	代理名称（简称）	申请总量
1	北京细软智谷知识产权代理有限责任公司（中细软）	109765
2	重庆猪八戒知识产权服务有限公司（八戒知识产权）	104201
3	北京梦知网科技有限公司（权大师）	92058
4	北京知果科技有限公司（知果果）	90117
5	北京超凡知识产权代理有限公司（超凡网）	64139
6	厦门叁玖叁科技有限公司（393 商标网）	32827
7	湖南和协知识产权代理有限公司	24567
8	广州联瑞知识产权代理有限公司（汇桔网）	24402
9	上海尚标知识产权代理有限公司（尚标）	24178
10	北京快又好信息技术有限责任公司（快法务）	23886
11	北京集佳知识产权代理有限公司	22303
12	北京贵都商标代理事务所有限公司	17378
13	山东欧赛网络科技有限公司	16645
14	北京中诚联信知识产权代理有限公司	16609
15	杭州电商互联科技有限公司	16560

资料来源：IPRdaily。

注：原排名为前 100 名，此次仅列举前 15 名；数据提取时间范围为 2017 年 1 月 1 日～10 月 31 日。

2.2.3 知识产权+互联网 3.0——重新洗牌期

在知识产权行业质量增长的新态势下，简单的知识产权数量增长已经无法满足中国经济、科技、社会发展的实际需要。进入 2015 年以来，一是原有的电商平台巨鳄跨行业的竞争，进一步推动了新资本、新技术与知识产权的结合，促使知识产权行业产生跨领域合作及创新产品的爆发，如阿里巴巴作为知名零售电商平台对知识产权行业的跨界竞争，就已经在近两年呈现颠覆和重整知识产权服务行业的趋势；二是政府政务互联网化，如浙江知识产权交易中心、七弦琴等，属于政府整合多方力量，共同打造集技术成果交易、中介服务、咨询服务、项目孵化等为一体的公共创新服务平台，以达到方便知识产权业务办理、促进科技成果在平台上交易转化等功能（这部分将在后面章节详细论述）。加上宏观经济增速放缓以及 2020 年新冠肺炎疫情影响，各行各业受到不同程度的打击，可以说知识产权+互联网服务行业将引来重新洗牌期。

既然电商平台阿里巴巴开始进入知识产权服务行业，可能引起行业的重新洗牌，那我们就来看看阿里巴巴进入知识产权服务行业的简要情况及所获成绩。2017 年阿里云旗下的万网开始布局商标服务，2018 年 9 月 19 日阿里云新上线一项知识产权服务项目——阿里云商标服务，这是一款提供商标在线注册和在线管理等服务的产品，商标服务集中于商标注册和商标管理两大板块，商标注册为主要板块。随后，阿里巴巴正式开启阿里巴巴知识产权服务市场，作为阿里巴巴旗下商家服务市场。服务内容包括商标服务、版权服务、公证服务、线上维权几个大类，可见阿里巴巴知识产权服务市场已经布局了除专利之外较全的知识产权服务。而且其作为平台构建，可为各大知识产权服务机构进驻提供具体服务。考虑到阿里巴巴强大的品牌效益、优秀的各项资源、先进的科技技术、强大的数据分析功能及强大的客户流量，已成为不容小觑的竞争对手，且将产生巨大的行业影响：一是会分流一大部分潜在的知识产权客户资源；二是会冲击其他知识产权服务机构的盈利模式，压缩其他服务机构的利润空间。而据有关数据显示，阿里巴巴知识产权在2019年商标代理量为576462件①，位于全国各商标代理机构榜首，比第二名北京梦之网科技有限公司的265978件多310484件，比第三名中细软的140519件多435943件。可见阿里巴巴凭借其极强的平台流量优势，不仅分割了现有知识产权+互联网服务机构的市场蛋糕，更拉开了和传统知识产权服务机构的较大距离(表2-3)。

表2-3　全国商标代理机构申请量排名(TOP10)表

排名	代理名称	2019年申请总量/件
1	阿里巴巴科技(北京)有限公司	576462
2	北京梦知网科技有限公司	265978
3	北京细软智谷知识产权代理有限责任公司	140519
4	杭州知协网络技术有限公司	61831
5	广州联瑞知识产权代理有限公司	61184
6	厦门叁玖叁科技有限公司	59951
7	北京知果科技有限公司	53050
8	重庆猪八戒知识产权服务有限公司	52511
9	上海尚标知识产权代理有限公司	46244
10	北京知呱呱科技服务有限公司	43233

2.3　知识产权+互联网服务模式的多维分类

按不同分类方式，可将中国知识产权+互联网服务模式进行划分。一是按照服务性质进行划分，可将知识产权+互联网服务分为知识产权公共服务类和知识产权商业服务类。二是按照主营业务进行划分，可分为知识产权+互联网类和互联网+知识产权类。三是按照服务内容，可分为知识产权信息类、知识产权确权类、知识产权交易类、知识产权维权类和知识产权运营类。

2.3.1　按服务性质划分

按照服务性质，可将知识产权+互联网服务模式分为知识产权公共服务类和知识产权商业服务类。其中，公共服务类多为国家公益性质机构和模式，如知了网、七弦琴、各地

①权大师，[2020-09-20]. 代理机构2019年全年排行，
https://www.quandashi.com/bi-report/agency-pm?regionId=3347&yearDate=2019&regionLevel=0.

方知识产权信息公告服务平台和知识产权交易平台等；知识产权商业服务类多为市场上涌现出的民营的大中小型企业服务机构。

(1) 从特点和优势来看，知识产权公共服务类有以下几个特点：一是该类服务大多数由国家政府部门及相关机构提供；二是服务内容以知识产权基础业务为主，如数据检索、政策搜索、平台搭建、论坛举办等；三是因公益性质而具有免费的优势。而知识产权商业服务类则大多数由民营企业或律师事务所等市场化成立并运作，服务内容包括基础业务的知识产权全产业链服务，且根据具体内容有不同的收费模式和标准。

(2) 从成立方式来看，知识产权公共服务类平台或机构由国家机关发文成立，有的以知识产权运营平台等名义，但会注册成立公司；有的是由行业协会或知识产权类协会进行主管并运行；有的是由民营企业类型的服务代理公司发起搭建。

(3) 从成立条件来看，不管是知识产权公共服务类还是知识产权商业服务类平台或机构，一般都要遵循国家规定，具备一定的成立条件，如股东、资质、场所、资本等。如拿中国专利代理机构的市场准入方面来举例。根据《专利代理管理办法》的规定，合伙企业形式的专利代理机构申请办理执业许可证的，应当具备下列条件：有符合法律、行政法规和本办法第十四条规定的专利代理机构名称；有书面合伙协议；有独立的经营场所；有两名以上合伙人；合伙人具有专利代理师资格证，并有两年以上专利代理师执业经历。有限责任公司形式的专利代理机构申请办理执业许可证的，应当具备下列条件：有符合法律、行政法规和本办法第十四条规定的专利代理机构名称；有书面公司章程；有独立的经营场所；有五名以上股东；五分之四以上股东以及公司法定代表人具有专利代理师资格证，并有两年以上专利代理师执业经历。律师事务所申请办理执业许可证的，应当具备独立的经营场所、两名以上合伙人或者专职律师具有专利代理师资格证。

2.3.2 按主营业务划分

按照主营业务不同，可将知识产权+互联网服务模式分为知识产权+互联网类和互联网+知识产权类。①知识产权+互联网类指的是本身就是知识产权服务企业，后转型为具备互联网技术和思维的知识产权服务机构，业务以知识产权为主，具备知识产权行业多年实践经验。知识产权+互联网类平台有很多，如超凡网、集佳知识产权等。②互联网+知识产权类主要是指本身为非知识产权的互联网企业，随着业务领域扩展，开始涉足知识产权领域，其非知识产权业务占比较多，知识产权业务及服务较少，专业度不够。比如阿里云，作为创立于 2009 年的云计算及人工智能科技公司，其优势是人工智能计算和数据处理能力，背后拥有阿里巴巴集团旗下的商户资源和资金支持。从开始的为全球客户提供计算支持、解决方案，发展到专门开设企业应用中心，提供包括商标和版权的知识产权服务。又比如猪八戒网，作为一个 2005 年创立的威客、众包服务网站，旗下运营的业务包罗万象，包括品牌设计、工商财税、营销推广、IT 软件等，自 2014 年开始试水知识产权业务，并于次年开始运营八戒知识产权——知识产权综合服务平台。以上两类只是其本身侧重点不一样，都将纳入本书研究范围，后面章节会具体举例详谈。

2.3.3 按服务内容划分

按照服务内容，将知识产权+互联网服务模式可分为知识产权信息类、知识产权确权类、知识产权交易类、知识产权维权类和知识产权运营类。

(1) 知识产权信息类指的是以数据和信息资源为基础，提供大数据分析、信息评价体系、行业资讯等的平台机构，如商标注册信息网上查询方面有中国商标网，专利信息查询方面有知识产权出版社的知了网等。

(2) 知识产权确权类指的是以知识产权确权为主营业务的代理机构，可提供的服务领域相对集中，服务内容大多数属于传统的和低附加值的知识产权业务，如大多数知识产权代理服务机构进行商标注册、专利申请、版权登记等服务。其中商标和版权的确权服务属于门槛较低的业务，因此绝大多数知识产权代理服务平台都可以承接。相对商标和版权确权服务而言，专利的确权服务因涉及专利代理行政许可、专利代理人资格、专业技术门槛等因素，数量要远少于商标和版权确权服务机构。

(3) 知识产权交易类指的是可提供的商标、专利、版权等知识产权相关产品转让、许可等交易服务的平台。一般包括商标交易平台、专利交易平台和版权交易平台。比较有意思的是，由于商标、专利、版权的特性和门槛不同，很多商标交易平台不仅仅从事商标交易服务，有的规模较大的平台，能够承接包括商标、专利、版权的知识产权交易业务，甚至还会横跨知识产权确权、知识产权管理、知识产权运营等业务，如中华商标超市网、鱼爪网、高航网等；有的则专注于做商标业务，以商标交易和确权为主，如尚标网。而专利交易平台一般专注于做专利交易运营和技术转移转化业务，如中国技术交易所、中国浙江网上技术市场、Ocean Tomo、高智发明等。此外版权交易平台也会专注于做版权交易和授权运营业务，如阿里鱼、MF+即视、云莱坞等。

(4) 知识产权维权类指的是提供知识产权维权调查、取证、投诉、援助、诉讼等方面服务的平台。其中，维权调查平台如新净信；取证平台如纸贵版权、版权家、亿书、快版权等；投诉中心包括电商平台如阿里巴巴、天猫，包括资讯类平台如微信、今日头条，包括视频类平台如抖音、爱奇艺等；诉讼服务平台包括无讼、LegalZoom 和各大律所等。

(5) 知识产权运营类指的是搭建运营和交流网络，建立产业知识产权数据库，开展产业知识产权分析，提供知识产权运营服务、解决方案等服务的平台。该类主要包括全国和各地方知识产权公共运营平台、各地区特色产业知识产权运营平台、科研院所知识产权运营平台、高校知识产权运营平台等。

2.4 知识产权+互联网服务机构的服务创新的特点

与传统的知识产权服务机构或平台相比较，知识产权+互联网服务机构的服务创新的特点有以下几点。

2.4.1 业务范围或全面或精细

在业务内容上，知识产权+互联网服务机构可提供的产品和服务领域相对丰富，业务范围几乎可以涵盖知识产权全产业链，包括知识产权代理服务(指各类知识产权的申请、注册、登记、复审、无效、涉外代理等)、知识产权法律服务(指为企业提供资格审查、法律援助、涉外维权等)、知识产权信息服务(指知识产权信息检索分析、数据加工管理等)、知识产权商业化服务(指知识产权价值评估、交易转化、质押融资、运营托管、保险证券化等)、知识产权咨询服务(指知识产权战略政策咨询、运营咨询、实务咨询等)、知识产权培训服务(指针对知识产权从业人员、企业管理人员等对象围绕知识产权知识和业务的培训)。服务内容既包括了传统的和低收入的引流明星产品，如商标申请、logo 设计等，又涵盖了新兴的和高附加值的知识产权服务产品，如专利交易、知识产权质押融资等。其凭借互联网出身对行业讯息和市场风向的敏感性和快速反应力，加上对产品和服务追求更高效、更便捷、更专业的追求，能够非常迅速地做出适合市场发展和客户需求的改变。

2.4.2 机构主体强而优

在机构主体上，知识产权+互联网服务机构大多数是具有互联网技术背景和知识产权专业能力的民营企业，小部分是国家官方机构支持的国有企业；行业中代理成绩优异、口碑优秀的知识产权+互联网服务机构在发展的不同阶段都能够得到资本的青睐，成为投资界少见的投资蓝海，获得数额不等的行业天使轮以及 A、B、C 轮投资，甚至部分可能实现上市。

2.4.3 经营模式快而好

在经营模式上，与传统知识产权服务机构相比，知识产权+互联网服务机构可利用技术优势、运用互联网新模式达到更高的信息传播速度和工作流程效率，以及更全方位的客户覆盖和更优化的企业内部经营管理，如通过 SaaS 模式切入更多客户，利用大数据 AI 等新技术开发系统平台。知识产权+互联网服务机构大部分是口碑营销，采用线上线下结合交互的方式深度服务客户，通常建立互联网平台聚集众多渠道商，既能迅速在全国各地设立分支机构占领市场，又能通过筛选优质服务供应商提升服务效率和用户体验。

2.4.4 经营规模专而大

在经营规模上，知识产权+互联网服务机构借助互联网的快速传播、内部流程的严谨优化、专业人才的高质服务得以迅速发展。知识产权+互联网服务机构将人才培养作为发展的工作重点和传统优势，很多都会在内部制定一系列人才激励机制，即根据每个人的贡献大小给予报酬，并在每年的年底召开表彰大会，对有重大贡献者给予表彰，此类举措能够大大激励员工的工作积极性以及形成人才吸引的“最佳雇主魅力”。同时，知识产权+互联网服务机构还会配备完善的内部培训制度，面向员工进行专业培训和继续教育，不断提升他们的业务能力。

知识产权+互联网服务机构深刻理解传统知识产权与互联网场景，企业发展速度快，快速构建品牌能力强，凭借专业化程度高和互联网电商辅助，加上能够吸引大量的风险投资帮助进一步发展。凭借以上优势，知识产权+互联网服务机构迅速占领了国内大部分知识产权服务市场份额，其他知识产权服务机构则很有可能要么转型，要么逐步缩小减弱。

2.5　知识产权+互联网服务的利弊分析

2.5.1　优势

1. 效率提升、节约时间

⑴从政府角度来说，在世界范围内有不少国家行政机关在知识产权+互联网服务上有创新表现，这些行政机关将知识产权业务流程网络化、电子化，消除了知识产权业务办理环节的信息不对称，减少了中间环节，使得各项流程能够实现 7×24 小时无间断-衔接和透明。其次，还加快了知识产权行政事务的办理效率，提升了知识产权审查件数和审查质量，如 2019 年中国商标审查量为 825.3 万件，同比增长 2.62%；商标注册实质审查抽检合格率 96.08%，高于 2018 年的 95.77%。

⑵从企业角度来说，企业客户商标、专利、版权等知识产权业务的申请周期缩短，如 2019 年，中国高价值发明专利审查周期压缩至 17.3 个月，商标注册平均审查周期压缩至 4.5 个月，超额完成国务院确定的年度目标任务，这有利于企业加快知识产权防护和布局，在市场竞争中快速获得优势；此外，企业自己办理知识产权业务可以通过政府线上线下平台办理，也可以通过代理平台直接询价、比价、优选服务机构，业务办理过程都比过去方便、快速，真正做到足不出户就能获得知识产权服务。

⑶从代理角度来说，通过知识产权+互联网平台、相关搜索引擎、大数据后台分析等技术，服务代理机构的获客渠道变得更加丰富和快捷，还可以通过互联网受理异地委托、实现便捷接单、开展在线服务、进度实时跟踪、远程指导培训等，节省了代理机构没有互联网技术时搜索和定位客户、上门展示和游说、争取客户信任的时间。代理机构从接单到服务过程、再到提交材料到国家知识产权局，中间的时间缩短了，办理效率大大提高。比如，中细软集团于 2016 年提出行业首创的“商标极速注册”服务，能够在工作日确保在 59 分钟内将客户的商标注册申请提报到商标局，并且在 1 个工作日内给予客户商标注册号，就是为了进一步满足客户对商标注册紧迫性的需求，借助互联网技术提升内部效率和颠覆行业常规的结果；又如中细软在某年“双十一”活动中，成功为客户代理 22987 件知

识产权业务，相当于河南省一个月代理量；在某年司庆日“518 活动”中，成功为客户代理 21407 件知识产权业务，相当于国家商标局单日代理量。

2. 成本降低、降低费用

在 2016 年，国家知识产权局商标局曾发生过一件有意思的事件，那就是国家知识产权局商标局被媒体曝光有七个月时间没能发出一张商标注册证，引得全国商标代理机构和注册商标成功的客户急得像热锅上的蚂蚁的事件。而背后原因竟然是商标局“打印注册证的纸没有了，打印不出来”，而没有纸导致无法发放商标注册证的官方说法是“由于采购环节手续烦琐、部门衔接不畅等问题，导致商标注册证发放延误”。不了解此事件的读者可能会问，白纸到处都有，怎么会没有打印纸了呢？那么商标注册证的打印纸到底有什么特殊之处？据业内人士介绍，商标注册证所用的纸还真不是一般的纸，而是带有防伪功能的一种特殊纸张。而商标注册证的作用也很大，它既是产品的“身份证”，也是企业塑造自主品牌的“名片”，更是保护知识产权的法宝：一是商标注册证是商品获准进入商场等平台销售的凭证，商品要有商标注册证才能上架；二是中国商标维权的途径有行政途径与司法途径两种，前者是向各地工商行政部门及公安局提交投诉，后者是向法院起诉他人侵犯自己商标权，但无论哪一种都离不开商标注册证，有证才能维权；三是商标本身也是一种无形资产，可对其价格进行评估，可以通过转让、许可或质押来实现其价值，但也是要有商标注册证才能转让。后来在 2018 年 11 月，商标局发布公告称已建设完成商标注册证明公示系统，并宣称同时上线了商标电子注册证，从此以后，社会公众可从中国商标网上登录商标注册证明公示系统，通过商标注册号、申请人名称、商标名称等条件进行检索，了解商标注册证和优先权证明、商标变更、转让、续展证明等证明类文件的基本信息。

从以上商标局从“无纸”到“无纸化”的事件，我们可以看出，其实知识产权+互联网服务使得整个社会的成本降低了、效率提高了。

具体来说，对政府而言，中国国家知识产权局通过采取深化知识产权领域“放管服”改革和推进无纸化办公，通过推广专利电子申请系统、上线商标网上服务系统等，优化了办事流程、减少了证明文件、压缩了审批周期，还多次降低了官方收取的费用，降低了行政成本，缓解了部分业务费用过高的问题。

对企业而言，有了互联网技术和知识产权+互联网服务平台，企业能通过网上比价、比较资质，优选最适合自己需求的代理机构，节约代理费和沟通时间。此外，企业还能够在办理知识产权相关业务时节约成本，具体包括打印费、邮寄费、交通费、差旅费等成本。因为在过去，当商标申请人在商标申请过程中遭遇商标驳回或商标异议时，需要将材料打印出来，通过邮寄的方式将材料寄到国家商标局，个别特别重视的商标申请人还会乘坐飞机或高铁从外地到北京，亲自将相关材料交到国家知识产权局商标局。

对代理而言，有了互联网技术和知识产权+互联网服务平台，代理机构能够节约运营成本，加速市场竞争。关于代理费用这一块，有意思的是，北京市专利代理师协会根据北京市人社局公布的 2019 年度北京市全口径城镇单位就业人员平均工资，对专利申请代理服务的成本进行了核算，并于 2020 年 8 月公布了北京 2020 年专利代理服务成本。北京 2020 年专利代理服务成本如表 2-4 所示。

与 2019 年公布的北京专利申请服务成本相比，专利申请代理服务成本增加了 12.6%(2019 年机械类发明服务成本 12735 元、电学 13584 元、化学 14433 元、实用新型 7216.5 元和外观设计 2971.5 元)。那么北京 2020 年专利代理服务成本这个数据是怎么来的呢？据说是依据以下条件进行调研和核算的：①按照本技术领域合格的一般代理师(3 年执业经验)完成服务项目所需时间计算；②专利申请和辅助查新检索服务时间是在客户提供全面、完整、客观、准确的相关技术资料情况下所花费的时间；③专利申请和辅助检索服务时间是针对一般难度的申请案所花费的时间；④发明专利申请到授权的过程中有且只有一次答复审查意见的步骤。

表 2-4　北京 2020 年专利代理服务成本

序号	专利申请代理类型	服务成本	
		时间成本/h	折算价格/元
1	机械类发明	30	14340
2	电学类发明	32	15296
3	化学类发明	34	16252
4	实用新型	17	8126
5	外观设计	7	3346

看了专利申请服务成本数据，我们再来看看目前专利代理市场的均价，拿发明专利来说，大概也就是几千元，和北京市专利代理师协会统计的专利申请服务成本相差巨大。那么为什么会出现这么大的差距？其原因主要有以下几点。一是国家政府对授权的专利申请业务的减免等补贴、对 PCT 专利的补助、对获奖专利的奖励。据统计，2019 年中国全年累计减免的专利商标相关费用高达 79.3 亿元。二是在知识产权服务代理上中国与国际的差距、知识产权行业内激烈的竞争形势、中国代理机构不甘落于人后的拼搏精神，都在倒逼代理机构不断修炼内功，挖掘降低成本和提升效率的潜力。三是互联网技术和知识产权融合碰撞出新的机会，如在中国的商标申请业务，以前代理机构的业务递交量可能每天只有 20 件左右，一件商标申请业务在送达到商标局之前的工作流程需要 2～3 天。而应用互联网技术之后，一些代理机构的商标申请业务递交量每天可以达到 3000 件左右，送达到商标局之前的工作流程缩减到只需要半天。

可以看出，政府的减免、补贴和奖励只是短期内能够使知识产权业务蓬勃发展、代理费用降低；从长远来说，知识产权行业内的良性竞争、代理机构的拼搏精神、知识产权+互联网的融合对降成本和降费用的作用和重要性更大。

3. 信息共享，管理透明

在知识产权信息服务方面，主要分为基础知识产权信息服务和商用知识产权信息服务。其中，基础知识产权信息服务的特点是公益、免费、开放；商用知识产权信息服务的特点是深度、共享、有偿。表 2-5 从服务提供者、服务提供内容、服务面向对象、服务收取费用几个角度来分析这两种知识产权信息服务。

表 2-5 基础知识产权信息服务和商用知识产权信息服务的区别

类别	服务提供者	服务提供内容	服务面向对象	服务收取费用
基础知识产权信息服务	绝大多数是由国家政府部门及相关事业单位提供	大多数是从商标、专利等知识产权基础注册申请的数据和审批流程出发，而延伸出来的相关服务	所有社会大众，不仅包括商标和专利等知识产权的所有人和申请人，还包括对商标和专利等知识产权事务感兴趣的任何一个普通民众	公益性质，因此绝大多数都属于免费且公开的知识产权信息服务
商用知识产权信息服务	绝大多数是由市场上的服务机构或企业提供	大多数也是从商标、专利等知识产权基础注册申请的数据和审批流程出发，而延伸出来的相关服务	大部分是有商标、专利等知识产权信息检索、分析、咨询等服务需求的大中小企业、知识产权从业人员、技术研发人员、行业学者等	收费服务，会根据不同的服务类别、内容、难度、规模等划分为不同的收费项目和档次

以前，想要了解知识产权相关信息，都要通过纸质出版的商标公报、专利公报，而且需要付费订阅。而现在中国不管是基础还是商用的知识产权信息化服务建设，都比十几年前有很大进展，开发了很多数据开放系统，搭建了信息公开的网络平台，向社会公开现有知识产权存量数据，使得数据信息更加公开透明。如专利数据库、商标注册信息网上服务、商标评审信息网上服务、裁判文书网等，全免费公开，让审查员、代理人乃至社会公众都能免费查询，为全社会各个角色带来了便利。

4. 流程规范，服务贴心

在“互联网+服务”新业态影响下，知识产权服务机构为了适应新的市场环境变化，提升新环境下的市场竞争能力和应变能力，提供的服务势必会朝着专业化、标准化、可定制化等方向发展，包括对从业人员的服务标准、过程文件的格式标准、不同材料的收费标准等都将趋于统一和规范。当知识产权行业透过互联网的平台，将各项业务和服务内外全流程都透明规范时，服务速度、服务质量都将更加看得见摸得着，服务方式也将更贴心。

以快递和外卖行业来举例和比较，现在每个人都可以从电脑端和手机端查询自己的快递和外卖的业务流程节点，如在京东购买东西的时候，我们能看到快递包裹到了哪个站点，并且能看到到货的预测时间，这是因为京东等较大的实力电商平台可通过商业协议，要求入驻商户遵守货品出库和到货的规则要求。那么现在知识产权的业务能做到类似这样吗？

目前来说，知识产权业务绝大多数能够做到流程规范透明，能通过网络查询到包括法律状态、信息数据等信息，做到过程公开和结果公开，但暂时只能做到显示业务流程所在节点，如材料已经通过代理机构审核、已提交政府相关部门，但还不能做到预估下个节点时间。这也是知识产权界的电商和普通货物电商很大的区别所在，那就是所出售货物的特殊性——知识产权的特殊性。知识产权因涉及政府审查流程，其“货品”的质量、“到货”的时间都会受到公权力服务的影响，是会受制于行政机关的，而一般情况下，因受理量过于庞大和提交质量的参差不齐，行政机关也不会给出“一定审查通过”或“下个月一定审核完毕”等类似承诺。但国家知识产权局会有每年审查件数的计划，一般也会超额完成，所以也不是完全不能预测时间，未来也是有机会能像普通的电商商品一样能够预测更多信息。

要知道，放在以前，如果知识产权业务申请人想要了解当下的业务进展，是需要拨打国家知识产权局、商标局热线电话或咨询电话去询问的，或者是委托知识产权代理人通过其他渠道去打听。然而热线电话有经常占线、不容易接通等问题。而现在，只要登录知识产权类的信息服务平台，不管是政府部门主办的，还是市场上代理机构主办的，都能够获得流程规范、服务贴心的数据信息搜索服务，快速便捷地获得相关信息。

5. 技术进步，快速迭代

我们所处的时代，是大发展、大变革、大调整的时代，这是放眼全球各个国家都面临机会和挑战的巨变时代。所谓的巨变是指新一轮科技革命和产业革命的孕育和成长，包括了信息通信技术高速迭代创新，也包括以 5G、物联网、工业互联网、卫星互联网为代表的通信网络基础设施蓬勃发展，还包括了 2018 年以来刮起的以人工智能(artificial intelligence)、区块链、云计算(cloud computing)、大数据为代表的新科技风口。这些技术进一步丰富了网络连接万物的适用范围和效率，不断推动人类社会向信息化加速迈进，颠覆了众多行业的传统做法和思维方式，加速构建了人、机、物全面互联的互联网+传统行业，推动了很多看得见和看不见的变革，使全球的互联网+传统行业朝着万物互联的趋势发展。

在知识产权服务领域，这新一轮科技革命也带来了知识产权服务领域的行业革命。在科技革命到来之前，人们想要了解知识产权行业最新信息，只能自己登录政府的官方网站如国家知识产权局、商标局、国家版权局等去查询政府相关公告，或者花钱购买拥有官方数据源信息的软件。而现在，不管是政府部门还是市场上的代理机构，都运用各项技术手段和互联网渠道，推出大量优秀的免费数据库服务，为大众提供信息免费查询、数据和文件下载、分析报告出具等功能。而这些功能都是技术进步的成果体现。

随着技术的进一步开发和进步，知识产权+互联网服务的功能也在快速迭代和更新，体现出从简单到复杂、从常规到定制、从烦琐到自动的特点。

从商标检索分析来说，如果想要进行商标注册前的相同或近似检索，以前需要对疑似的一件件商标去进行人工排查，现在则可以通过免费或商用数据库，利用系统对商标的近似性、显著性、合法性等进行快速的比对判断。商标代理人和审查员等用户在操作上只需要点击检索网站上的高级检索功能，针对类别、法律状态、申请日期等条件添加后进行自动检索，得出自助查询分析的结果和判断建议。在商标检索分析上的技术迭代体现在，从人工发展到系统智能，又从电脑网站端发展到手机端 App 或小程序，进而从文字商标智能比对发展到图形商标也可以智能比对。

从专利检索分析来说，对专利的新颖性、创造性和实用性等判断虽然还是以人工比对为主，但是辅助检索判断的系统和软件的功能也强大了，可帮助自动查找出相似度更高的专利，并在这个基础上快速分析，如 Patentics 就可以根据用户输入的专利进行专利相似度排序，并进行专利侵权比对，自动对比和判断专利是否侵权。

从知识产权数据下载和报告出具来说，数据和文件下载功能从只支持单个文件下载，发展到支持多个文件批量下载；分析报告出具功能从只支持系统默认模板内容的分析，发展到支持用户选择内容的定制化分析，提供的分析报告不再是千篇一律，而是根据用户的实际应用需要，更加有针对性地提供分析建议。

从知识产权分析评议来说，从单纯为政府、企业和科研院所搜索、代理和统计知识产权情况，发展为能够通过检索到同行最新技术、绘制专利地图、分析技术趋势等方式对研发起到指引的前瞻作用。知识产权分析评议就是综合运用情报分析手段，对经济科技活动所涉及的知识产权，尤其是与技术相关的专利等知识产权的竞争态势进行综合分析，对活动中的知识产权风险、知识产权资产的品质价值及处置方式的合理性、技术创新的可行性等进行评估、评价、核查与论证，根据问题提出对策建议，为政府和企事业单位开展经济科技活动提供咨询参考。专利地图为企业指明技术发展方向，总结并分析技术分布态势，企业不仅将专利地图用于进行知识产权管理，而且还应用于营销管理与技术创新管理，以及用于对竞争对手专利技术分布情况进行监视，使企业做到“知己知彼”。

6. 网络效应，规模商业

网络效应是以色列经济学家奥兹•夏伊(Oz Shy)在《网络产业经济学》(*The Economics of Network Industries*)中提出的。网络效应也称网络外部性或需求方规模经济、需求方的范围经济(与生产方面的规模经济相对应)，是指产品或服务的价值会随着购买这种产品或服务的消费者数量的增加而增加。简单来说就是——“用的人越多，产品越好用”。举一个简单的例子，在聊天工具方面，当人们都不使用 QQ、微信时，拥有 QQ 或微信账号的价值就很小，而当 QQ 或微信越普及，使用的人数越多，拥有 QQ 或微信账号的价值就越高。在互联网、传媒、航空运输、金融等行业中普遍存在网络效应。

从很多网络效应的实际案例来看，企业的品牌或产品的价值与用户数量是成指数级增长的。因为用户越多，越有价值；越有价值，用户越多。也因为这种网络效应的特性，在具有网络效应的产业中，往往会产生“赢家通吃”(winner-takes-all)和“先下手为强”(first-mover advantage)的局面。而网络效应使得优异者拥有护城河的属性，可见的是少数知识产权+互联网服务平台和机构作为先进入的角色，通过技术研发，提升后台系统和服务，改变了以前小作坊的状态，换回了口碑的传播和客户的急剧增长，因此也有了平台化的可能，得以进一步开始规模商业的拓展，通过降低产品和服务的单价，在全国各重要城市复制成功模式；在获得投资资本的青睐后，产生新的商业模式，进行团队、技术和资源整合，涌现出新平台或新产品，这些新平台或新产品最终凭借网络效应和自身实力，成为行业内的佼佼者。

2.5.2　弊端

1. 效率提高，数量激增，质量不齐

得益于国家政府对知识产权的重视，塑造了良好的营商环境，以及知识产权基础服务和商业服务不断增加技术手段提升知识产权申请和保护效率，推动了高水平的知识产权服务和保护措施，使得近年来中国知识产权得以蓬勃发展，申报和审核效率提高，知识产权数量激增。根据世界知识产权组织（World Intellectual Property Organization，WIPO）2019年发布的最新报告，2018年中国的专利申请量为154万件，占全球专利申请量的46.4%，远超美国的59万件、日本的31万件，连续8年位列世界第一；根据世界知识产权组织2020年发表的新闻公报，2019年中国在该组织PCT框架下提交了58990件专利申请，超过美国提交的57840件，成为提交国际专利申请最多的国家，从而打破了美国长达40年的专利申请霸主地位。就拿PCT专利申请来说，中国在1999年向世界知识产权组织提交的专利申请仅有276件，到2019年，这一数字飙升至58990件，20年间增长了200倍。

从以上数字能明显看到中国在知识产权+互联网大背景下，专利数量上的巨大进步。然而这个数量激增真的能说明中国已经是知识产权强国，科技实力已经是全球第一了吗？

除了看专利申请的数量，我们还要看的是专利申请类型的占比。中国的专利大致分为三种：发明专利、实用新型专利、外观设计专利。世界上的国家也基本上都是以这三种类型来划分专利，可能专利的叫法会有些偏差，如美国专利分别叫发明专利、植物专利、外观设计专利。但相同的是，不管在哪个国家，发明专利被认为是衡量一个国家核心竞争力的重要指标之一，其价值要远高于其他两种专利类型，也更能代表创新实力。据中国专利数据统计及分析公司PatSnap智慧芽对1978～2017年美国、英国、日本、法国和德国的专利申请的统计分析显示，美国申请专利中90.43%的为发明专利，发明专利占比英国为72.27%、日本为82.92%、法国为68.81%、德国为80.5%；而中国申请专利中发明专利仅占35.53%（最高时也未能达到40%），且无效专利占所有专利的48.75%（接近1/2）。由此看到，在发明专利方面，中国仅是美国的39%、德国的44%、日本的43%、法国的51.6%；英国的49%，其中与美国的差距最大①。并不是说实用新型专利和外观设计专利就没有价值，实际上有些实用新型和外观设计专利也是高价值专利，但是高新技术、核心技术和关

①虎嗅网，孙永杰，[2020-09-20]. 仅有数量是不够的：中国申请专利数跃居全球第一的冷思考，https://www.huxiu.com/article/349570.html.

键技术的发明专利更能代表一个企业和国家的自主知识产权水平和核心竞争力，这也是当今各国以国家利益为宗旨的激烈竞争所在。

此外还要看专利的质量。专利的质量也可以说是专利的价值，但由于专利价值的评估难度较大，跨技术类别的专利难以有公平比较的标准，但可以从专利产生的方式这一侧面来了解中国专利是否有“专利泡沫”的情况和趋势。那么如何从专利产生的方式来了解实际情况呢？可以从国家知识产权局下发的《专利代理惩戒决定书》窥见一斑。2019 年，某知识产权代理事务所收到国家知识产权局下发的《专利代理惩戒决定书》，该决定书指出，该知识产权代理事务所(普通合伙)在2017年4月～2018年7月为多名申请人代理提交了不同部件、材料简单替换的专利申请，其中 101 件已构成非正常专利申请；同时，该机构所代理的两对专利申请的技术方案完全相同，泄露了委托人发明创造内容，属于非正常目的的编造专利申请；国家知识产权局决定对该知识产权代理事务所(普通合伙)予以“责令停止承接新的专利代理业务 12 个月”的处罚。

但同时，近年来，经过中国知识产权行业内专家和从业人士不断呼吁，也从国家知识产权局下发的《专利代理惩戒决定书》可以看出，中国政府相关部门已经开始重视知识产权质量问题，并举国之力开始改善这一问题，知识产权相关政策也正在发生微妙而深刻的变化，从国家到地方，主管部门开始行动，包括取消数量资助、收紧审查尺度、鼓励有价值创新、挤出数量泡沫，让知识产权制度更好地为创新服务。

2. 技术平台，违规违法需监管

正如前面提到的，知识产权+互联网服务的好处有很多，有了技术的融合和加持，知识产权服务代理产生了规模商业，促进了效率的提升，产生了如自助监测、快速申请等新式产品和服务。就在知识产权+互联网服务行业凭借技术平台的优势宣称更快速、更高效、更便捷的时候，相应的知识产权内部审核是否到位了，是否能够满足中国对知识产权科学发展的要求呢？

以商标注册申请举例，2020 年初新冠肺炎疫情防控期间，国家知识产权局高度重视与疫情相关的非正常商标申请注册问题，继 3 月 3 日依法驳回“火神山”“雷神山”“钟南山”等 63 件恶意商标注册申请后，3 月 5 日，国家知识产权局对“李文亮”等 37 件恶意商标注册申请集中作出驳回决定，管控了“火神山”“李文亮”等与疫情相关的商标注册申请，并对参与相关代理业务的商标代理机构进行了筛查。此次驳回的 37 件商标注册申请均以易造成社会不良影响，适用商标法第十条一款八项依法予以驳回。其中，这 37 件“李文亮”商标申请中，就有 20 件由阿里巴巴集团旗下知识产权电商平台——阿里巴巴科技(北京)有限公司代理，而且，该公司代理的共计 20 件被驳回的“李文亮”相关商标申请中，有不少是商标名称、商品类别和申请人完全一致的重复申请。进一步了解发现，在此前国家知识产权局驳回的疫情相关恶意商标注册申请中，阿里巴巴科技(北京)有限公司也代理了一件“吹哨人”商标申请。

可见这类申请量庞大、拥有自动化技术的知识产权+互联网平台，因技术自信，在分析判断的专业性和人工审查方面处于劣势，平台在方便商标申请者的同时也会存在一些漏洞，可能产生大量的非正常商标注册申请，在应对政府严厉管控商标行业方面面临极大的挑战。

这类平台应该思考，智能系统是否能在第一时间针对恶意商标注册申请进行自动拦截，如果自动拦截功能不能及时实现，是否能够有专业人员着手进行人工排查，并在发现相关商标注册申请后及早与申请人沟通，协商取消申请订单。只有做到及时反应，才能更好地在未来合法合规地利用技术平台红利促进知识产权事业蓬勃发展。

3. 商业竞争，劣币良币鱼龙混杂

2012 年，有媒体报道，某地部分机构和个人为了骗取地方政府对专利的财政补助，疯狂作假，胡乱申报，甚至随便拍张市场上的产品照片，编纂几份材料，就敢向知识产权相关部门申请外观专利。那么究竟是怎么一回事呢？

有媒体记者假装企业代表去当地咨询知识产权代理机构，针对专利造假事件进行了暗访，并从当地知识产权代理机构口中获取了专利申请的相关信息。

(1) 专利申请造假花样多——在当地如果申请外观设计专利，只要形状、图案、颜色不一样，就能单独算一个外观设计专利，申报一百个、一千个都没问题，产品形形色色，可以包括打火机、钱包、手表、手机等。

(2) 专利审查形式简单——外观设计和实用新型专利的审查只需过一下形式，只要交了材料，符合要求就可以通过授权，要审查的只有发明专利。

(3) 专利申请流程快捷——将产品拿来拍照，签约后，提交企业营业执照和机构代码，一般缴费后，6～8 个月就能拿到证书了。

(4) 专利申请成本和补助奖励差额大——申报外观专利的费用是 1100～1200 元不等，量大往往还可以优惠，这笔钱需要个人或企业先行垫付。根据当地的政策，对当年授权的企业发明专利、实用新型、外观专利，每件分别奖励 2 万元、2000 元和 1000 元，其中发明专利，只要提出申请，即使最终没有通过，也有 5000 元的奖励，各镇另外还有其他奖励。换句话说，每成功申请一个专利，即使该专利不产生任何经济效益，光靠政府补贴，至少能赚 400 元到 500 元。

(5) 政府部门专利指标压力大——更加让人咋舌的是，当地个别政府部门为了完成年度地方专利申请量和授权量的指标，乡镇官员与部分专利中介一起向企业压指标，美其名曰普及知识产权意识。

在媒体报道的前几年，当地的专利申请量和授权量从数字上看实现了迅速的增长：2008 年，当地的专利申请量 3494 件，授权量 2502 件；2009 年，申请量 4287 件，授权量 3274 件；2010 年，申请量 5147 件，授权量 5173 件；2011 年，申请量 10073 件，授权量 8042 件。最突出的是 2010～2011 年，短短一年里，申请量增长了近 100%，授权量也增

长了 55.46%。2011 年，当地专利年申请量达 10073 件，同比增长 95.7%。其中，发明专利申请 596 件，同比增长 66.5%；实用新型专利申请 3481 件，同比增长 41.6%；外观专利申请 5996 件，同比增长 147.8%。这些好看的数据之中，有多少是虚假专利，就不得而知了。

让人眼花缭乱的专利申请造假手段、形同虚设的专利审查形式、快捷的申请流程、高额的补助和奖励利益诱惑、政府下派的专利指标，都是产生此类畸形专利申请和泡沫专利的原因。而虚假专利占用了指标名额并得到奖励和资助，必然也会使真正有含金量的专利失去获得奖励和补助的机会，也就使得在知识产权申请上产生了劣币得利的问题。但这些都是市场竞争当中的不正当竞争行为，可以由工商行政部门根据反不正当竞争法和反垄断法来规范和处理，该部分内容会在后面章节进行专门讨论。

从这一角度，我们发现，在中国当下产生和存在的专利中，存在着大量虚假和泡沫专利，进一步折射出中国知识产权商业竞争白热化、劣币得利、知识产权质量有待提高的问题。这个问题的背后，主要是国内政府、企业、高校、科研院所对专利“数量至上”的激励资助补贴政策和评价导向导致的。

只怕此类事件只是冰山一角、管中窥豹，其他省份是否也有类似事件？作者认为，肯定有，但是我们既不能把对知识产权奖励、资助、补贴的事情一竿子打死，也不能放任自流。首先，奖励、补贴和资助的金额是否需要以及需要那么高？高到足以让企业舍本逐末去追求补贴而不是钻研创新。其次，资助、补贴、奖励的条件需要上调门槛，要弱化对数量的补助，要鼓励对高价值专利进行奖励。最后，专利资助、补贴、奖励的兑现条件要更加严格，登记和公开专利人和专利信息，在兑现前，由相关部门对知识产权质量进行审核等。

第三章　行业：知识产权+互联网服务行业分析

3.1　知识产权行业发展的总体态势

近年来，中国实施创新驱动发展战略、强化科技创新引领作用、大力推进创新创业政策、深入推进创新事业，经济得到持续发展。党的十八大以来，以习近平同志为核心的党中央把创新摆在国家发展全局的核心位置，高度重视科技创新，围绕实施创新驱动发展战略、加快推进以科技创新为核心的全面创新，提出一系列新精神、新要求，先后出台了《深化科技体制改革实施方案》《国家创新驱动发展战略纲要》等一系列重要文件。同时，通过全国工商和市场监管部门不断深化工商登记制度改革和商事制度改革，以及发布《国务院办公厅关于加快众创空间发展服务实体经济转型升级的指导意见》等重要政策，市场准入环境持续优化，市场活力进一步增强，促使全国各地涌现出一批有亮点、有潜力、有特色的众创空间，成为创新的重要阵地和创新创业者的聚集地，呈现蓬勃发展的良好势头。随着中国经济从量的扩张到质的提升，社会及企业对知识产权的认识和重视不断提高。商标确权保护、维护品牌权益、保护独家专利、打造科技竞争力成为企业发展的重要方向。此外，企业对知识产权的自我保护意识不断增强。

有了以上背景，中国知识产权整体数据呈现上升的趋势。如在确权方面，2019 年商标申请量达到 783.7 万件，增长率为 6%；商标网上申请量突破 740.6 万件，增长率为 13%；截至 2019 年底，有效商标注册量达 2521.9 万件，增长率为 28.9%，平均每 4.9 个市场主体拥有 1 件注册商标；中国申请人马德里商标国际注册有效量为 3.8 万件，通过马德里体系提交国际商标注册申请 6339 件，位列全球第三。2019 年专利申请量达到 438 万余件，发明专利申请量为 140.1 万件；中国共受理 PCT 国际专利申请 6.1 万件，增长率为 10.4%，中国通过 PCT 途径提交专利申请 5.9 万件，跃居世界第一。2019 年著作权登记达到 418.7 万件。

2020 年初，新冠肺炎爆发，给中国乃至世界的经济带来了巨大的影响，诸多企业面临着供应链和需求萎缩的双重打击，许多中小企业正面临着前所未有的生存考验。

2019 年中国 GDP 增速 6.1%，已经是 2008 年次贷危机以来的最低值。然而，2020 年，在疫情冲击和全球经济衰退的环境下，普遍预计 GDP 增速将进一步放缓，可能会降至 5%左右。在此背景下，近年来已经蓬勃发展的中国知识产权行业是否也会受到冲击？从 2020 年上半年公开的知识产权数据中发现，即便是遭遇了新冠肺炎疫情重创，2020 年上半年，知识产权也交出了不菲的成绩单。

2020 年上半年，中国商标申请量为 428.4 万件，商标注册量为 262.9 万件。截至 2020

年6月底，中国有效注册商标量为2741.4万件。共收到中国申请人马德里商标国际注册申请3875件，同比增长36.0%。截至2020年6月底，中国申请人马德里商标国际注册有效量为4.1万件。2020年上半年，中国发明专利申请68.3万件；共授权发明专利21.7万件。截至2020年6月底，中国国内(不含港、澳、台地区)发明专利有效量199.6万件，每万人口发明专利拥有量达到14.3件。上半年，共受理PCT国际专利申请2.95万件，同比增长22.6%。

知识产权市场包括确权市场、交易市场、维权市场和金融市场，在本章各个章节会有详细的数据。这里仅先举例确权数据，是因为从知识产权市场整体上来说，知识产权确权市场是知识产权其他市场的基础，而且市场容量较大，其他板块还未完全发展起来。

本章主要分为四个部分内容，第一部分“知识产权确权市场”包括商标注册、专利申请、版权登记相关数据；第二部分“知识产权交易市场”包括商标交易(商标转让申请、商标许可备案、商标质权登记)和专利交易(专利转让申请、专利许可备案、专利质权登记)数据、相关案例；第三部分“知识产权维权市场”包括知识产权诉讼案件、商标行政执法案件和专利行政执法案件等内容；第四部分“知识产权金融市场”包括知识产权使用费、知识产权质押融资、知识产权证券化和相关案例。

3.1.1 知识产权确权市场

1. 商标注册

1) 商标注册申请量

近十年来，全国商标注册申请量持续增长，2010～2019年商标注册申请量由107.2万件增加到783.7万件，10年间增长了6.3倍。从2010年起，商标注册申请量突破100万件；到2014年，突破200万件；到2016年，突破300万件；到2017年，突破500万件；到2018年，突破700万件；到2019年，商标注册申请量达到783.7万件，增长率为6%。从商标注册申请量的年增长率来看，2017年增长率最高，达到56%；其次是2011年，达到32%，2019年增长率降至十年来最低，仅为6%。即使2020年初开始遭遇新冠肺炎疫情的重创，但2020年上半年，全国商标注册申请量仍有428.4万件，可以预测，2020年全年商标注册申请量可能突破850万件①。2010～2019年全国商标注册申请量情况详见图3-1。

从国外在华商标申请量来看，近年来，国外在华商标注册申请量快速增长，可见国际社会对中国商标保护的信心持续增强。据世界知识产权组织统计，2017年，中国非本国居民商标注册申请量居世界第1位。2018年，国外在华商标注册申请量为24.4万件，同比增长16.5%。2019年，国外在华商标注册申请量达到25.5万件，较上一年增长4.5%；2019年美国、日本和英国位居在华商标注册申请前3位，注册申请量依次为5.4万件、3.1万件和2.4万件，增长率增长分别为5.3%、21.2%和42.4%。

① 本书成稿时间为2020年3月。

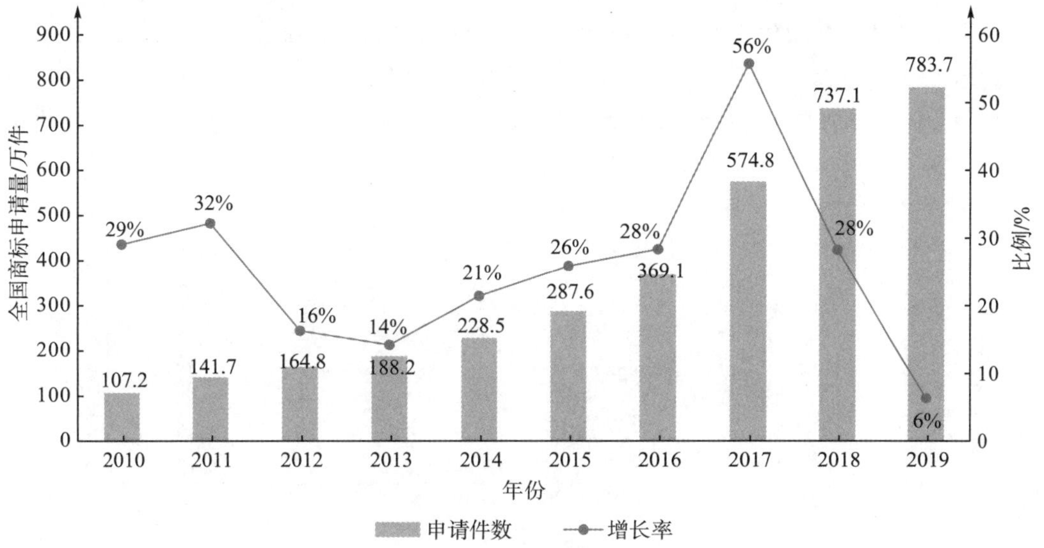

图 3-1 2010～2019 年全国商标注册申请量情况

资料来源：国家知识产权局。

根据知识产权产业媒体 IPRdaily 与国方商标软件联合发布的“2019 年「全国申请人」商标申请量排行榜(TOP100)”(数据申请时间范围为 2019 年 1 月 1 日～2019 年 12 月 31 日)2019 年商标申请量前三的全国申请人分别为：华为技术有限公司(4870 件)、腾讯科技(深圳)有限公司(4266 件)、阿里巴巴集团控股有限公司(3567 件)。2019 年全国申请人商标申请量排行榜(TOP10)详见表 3-1。

表 3-1 2019 年全国申请人商标申请量排行榜(TOP10)

序号	申请人名称	2019 年申请量/件
1	华为技术有限公司	4870
2	腾讯科技(深圳)有限公司	4266
3	阿里巴巴集团控股有限公司	3567
4	海南智慧集团有限公司	3211
5	青梧桐有限责任公司	3156
6	内蒙古伊利实业集团股份有限公司	2874
7	百度在线网络技术(北京)有限公司	2822
8	北京京东叁佰陆拾度电子商务有限公司	2817
9	深圳市信德缘珠宝首饰有限公司	2494
10	维沃移动通信有限公司	2161

资料来源：IPRdaily 与国方商标软件。

2) 商标注册量

2018 年，全国商标注册量突破 500 万件。2019 年，商标注册量突破 600 万件，为 640.6

万件，其中，除开港澳台，2019 年商标注册量为 617.8 万件；截至 2019 年底，有效商标注册量达 2521.9 万件，增长率为 28%，平均每 4.9 个市场主体拥有 1 件注册商标。2020 年上半年，商标注册量为 262.9 万件；截至 2020 年 6 月底，中国有效注册商标量为 2741.4 万件。2016～2019 年全国商标注册量详见图 3-2。

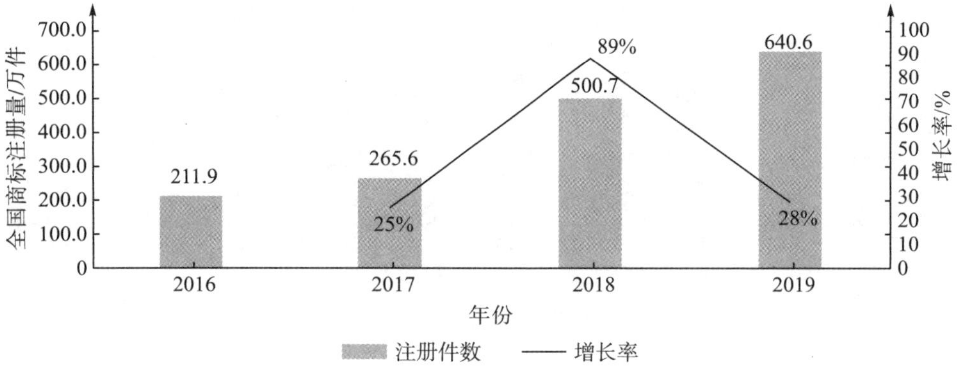

图 3-2　2016～2019 年全国商标注册量情况

资料来源：商标局。

从区域来看，2019 年广东省有效商标注册量达到 447.71 万件，已经连续 25 年居全国首位。广东省每万户市场主体的平均有效注册商标拥有量为 3572.23 件，比 2018 年同期提高 596.98 件，全省平均每 2.8 个市场主体拥有一件有效商标。

2019 年，全国共审结商标注册申请 825.3 万件，商标注册平均审查周期缩短至 4.5 个月，超额完成国务院确定的年度目标任务；受理商标异议申请 14.4 万件，完成异议案件审查 9.0 万件；共收到各类商标评审案件申请 36.1 万件，结案 33.7 万件。2020 年上半年，全国共收到各类商标评审案件申请 16.6 万件，结案 19.2 万件；商标注册平均审查周期稳定在 4.5 个月以内。

3）地理标志商标注册情况

近年来，中国开始加强对地理特征明显、人文特色鲜明、质量特性突出的地理标志实施保护，地理标志数量稳步提升，地理标志专用标志使用市场主体数量持续增加、规模逐步扩大。

从 2014～2019 年数据来看，中国每年注册地理标志商标均为数百件不等，2018 年达到近六年来最高，为 961 件；2019 年有所回落，注册地理标志商标 462 件。此外，在 2019 年，中国发布了统一的地理标志专用标志，批准保护地理标志产品 5 个，核准使用地理标志产品专用标志企业 301 家。2020 年上半年，核准注册地理标志商标 364 件，核准使用地理标志产品专用标志企业 322 家，较上年同期核准的 116 家明显增加。2014～2019 年中国地理标志商标注册情况详见图 3-3。

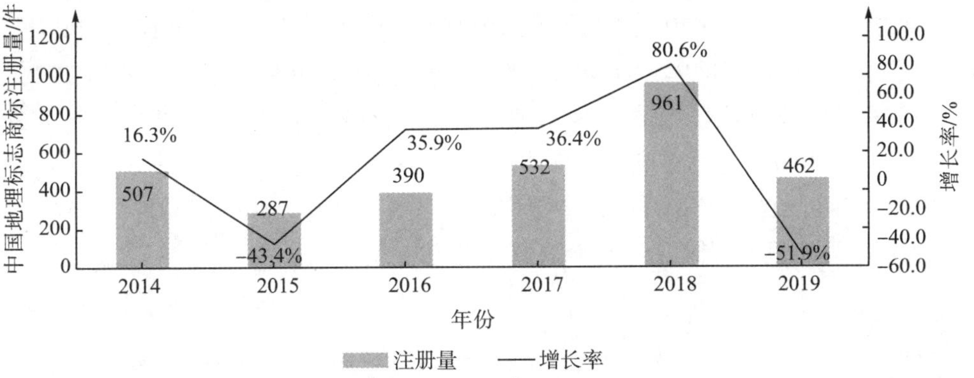

图 3-3　2014～2019 年中国地理标志商标注册情况

资料来源：国家知识产权局。

截至 2019 年底，累计批准地理标志产品 2385 个，累计注册地理标志商标 5324 件，累计核准专用标志使用企业 8484 家。截至 2020 年 6 月底，累计批准地理标志产品 2385 个，累计核准专用标志使用企业 8811 家，累计注册地理标志商标 5682 件。2013～2019 年中国地理标志商标累计注册量详见图 3-4。

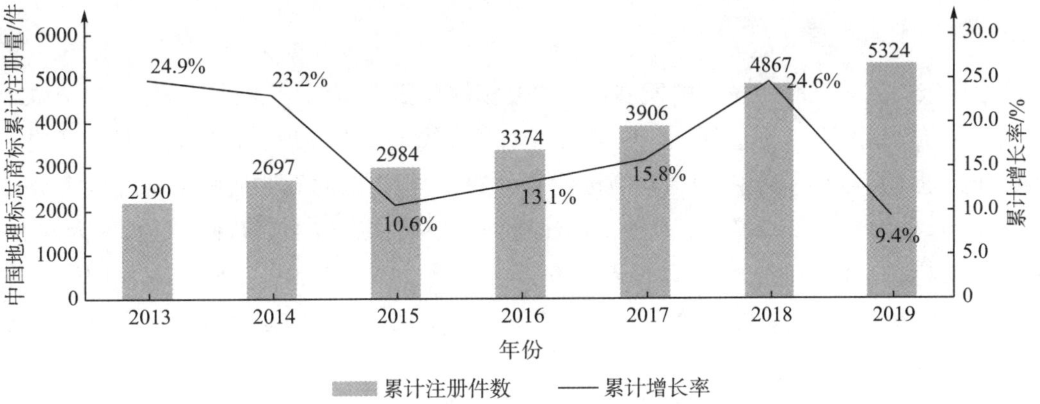

图 3-4　2013～2019 年中国地理标志商标累计注册量情况

资料来源：国家知识产权局。

4）马德里商标国际注册申请情况

面对 2020 年疫情冲击带来的形势变化，中国企业对国外市场前景依然保有信心，坚持加强知识产权保护，积极开拓国际市场，稳妥有序推动“走出去”。当前中国知识产权申请立足国内市场并不断拓展国际市场，发展态势向好，这有利于支撑创新驱动经济高质量发展，促进外向型经济发展水平提升。

2014～2016 年，中国国家知识产权局收到中国申请人提交马德里商标国际注册申请每年都在 2000 余件；2017 年起，每年申请量均突破 6000 件。2019 年中国申请人马德里商标国际注册申请量达到 6491 件。截至 2019 年底，中国申请人马德里商标国际注册有效量为 3.8 万件，通过马德里体系提交国际商标注册申请 6339 件，位列全球第三(2019 年，广东省马德里商标国际注册申请量 1413 件，增长率为 22.76%，居全国首位)。2020 年上半年共收到中国申请人马德里商标国际注册申请 3875 件，同比增长 36.0%，网上申请比例达 93.5%。截至 2020 年 6 月底，中国申请人马德里商标国际注册有效量为 4.1 万件。2014～2019 年马德里商标国际注册申请量详见图 3-5。

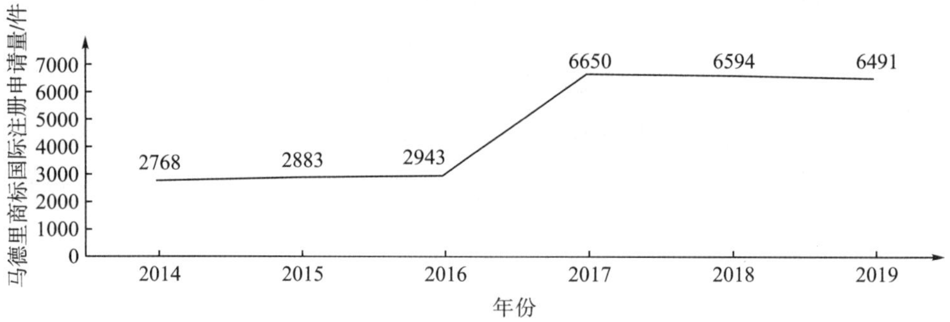

图 3-5 2014～2019 年马德里商标国际注册申请量

资料来源：国家知识产权局。

5) 商标网上申请

近年来，随着互联网技术的发展，中国商标注册网上申请量呈逐年增加的趋势。2019 年，中国办理商标业务更加便利，申请人可以通过线上线下办理包括申请注册、变更、转让、马德里国际注册等在内的主要商标业务。2016 年中国商标注册网上申请量突破 300 万件，增长率为 50.9%；2017 年中国商标注册网上申请量突破 400 万件，增长率为 63.2%；2018 年中国商标注册网上申请量突破 600 万件，增长率为 33.9%；2019 年中国商标注册网上申请量突破 740.6 万件，增长率为 13.0%。2014～2019 年中国商标注册网上申请数据详见图 3-6。

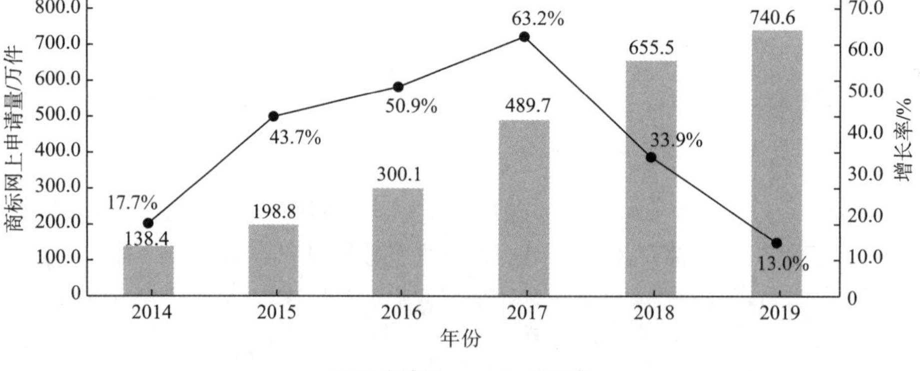

图 3-6 中国 2014～2019 年商标注册网上申请量

资料来源：商标局。

商标注册网上申请量占比也呈迅速增长趋势，2013 年，商标注册网上申请量占比仅为 62.49%，短短 6 年，到 2019 年，商标注册网上申请量占比就已达到 94.50%。2013～2019 年商标注册网上申请量占比情况详见表 3-2。

表 3-2　2013～2019 年我国商标注册网上申请量及占比情况

年份	申请量/万件	占比/%
2013	117.6	62.49
2014	138.4	60.60
2015	198.8	69.13
2016	300.1	81.29
2017	489.7	85.00
2018	655.5	90.00
2019	740.6	94.50

资料来源：商标局。

2. 专利申请

1) 专利申请量

随着中国经济的发展，知识产权相关政策的不断改革，知识产权保护力度的不断加强，中国专利迅速发展，科研成果不断取得突破，自主创新能力也不断提高。

根据国家知识产权局统计，2014～2016 年，中国专利申请量增速一直在提升，2017 年开始增速有所减缓，主要有以下几个原因：一是全球和国内经济增速放缓，专利受到影响；二是中国对知识产权尤其是专利方面的鼓励政策做出调整，原来靠奖励、资助、补助等政策刺激专利申请量的水分被挤掉了，重点不再只关注专利数量，而是慢慢偏向提升专利质量，也就带来了专利申请的增速回落；三是《中华人民共和国专利法》也在不断调整修改，对专利的保护水平、审查标准、条件向国际更进一步靠拢，提高了审核门槛，原来可以授权的现在可能就不授权了；四是国内许多行业迭代升级和转型发展，把一些原来落后的产业淘汰，企业也面临调整。但是增幅放缓不代表创新能力减弱。2018 年中国专利申请量首次突破 400 万件，达到 432 万余件，增长率为 16.9%。2019 年，专利申请量达到 438 万余件，增速仅为 1.3%。2020 年上半年，专利申请量达到 219.5 万件①。2014～2019 年中国专利申请量详见图 3-7。

2) 发明专利

改革开放 40 多年来，正是在党和国家的高度重视和科技工作者的共同努力下，推动中国科技在越来越多的领域成为开拓者、引领者，中国正日益成为具有全球影响力的科技创新大国。这主要体现在以下方面，如全社会 R&D 经费从 1988 年的 90 亿元增加到 2017

①国家知识产权局，[2019-1-22]. 国家知识产权局专利业务工作及综合管理统计月报，http://www.sipo.gov.cn/tjxx/gjzscqjzlywgzjzhgltjyb/idex.htm.

年的 17606 亿元，位居世界第二位；又如科学引文索引（Science Citation Index，SCI）论文从 1988 年的 0.56 万篇增加到 2016 年的 32.42 万篇，位居世界第二位；再如科技进步贡献率从 2012 年的 52.2%升至 2017 年的 57.5%；还有国家创新能力排名从 2012 年的第二十位升至 2017 年的第十七位。最能体现实力变化的一个数据，是中国国内发明专利申请量。

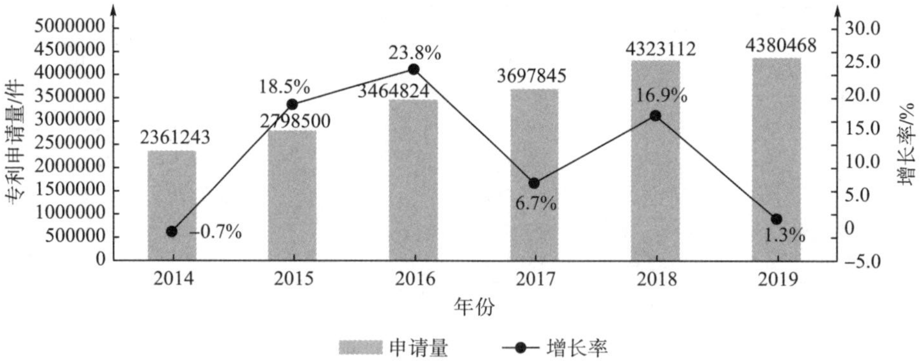

图 3-7 2014～2019 年中国专利申请量

资料来源：国家知识产权局。

1988 年中国国内发明专利申请量仅有 4780 件。经过 40 年的改革开放，到 2017 年该数据达到了 138.2 万件，位居世界第一位；到 2018 年，中国发明专利申请量已经达到历年来最高的 154.2 万件；2019 年中国发明专利申请量为 140.1 万件，同比 2018 年下降了 9.1%，共授权发明专利 45.3 万件，其中国内发明专利授权 36.1 万件（其中，2019 年广东省的发明专利申请量和授权量分别为 20.33 万件和 5.9742 万件，均位居全国第一[①]）；2020 年上半年，发明专利申请量为 68.3 万件，共授权发明专利 21.7 万件，其中国内发明专利授权 17.6 万件。2014～2019 年中国发明专利申请量详见图 3-8。

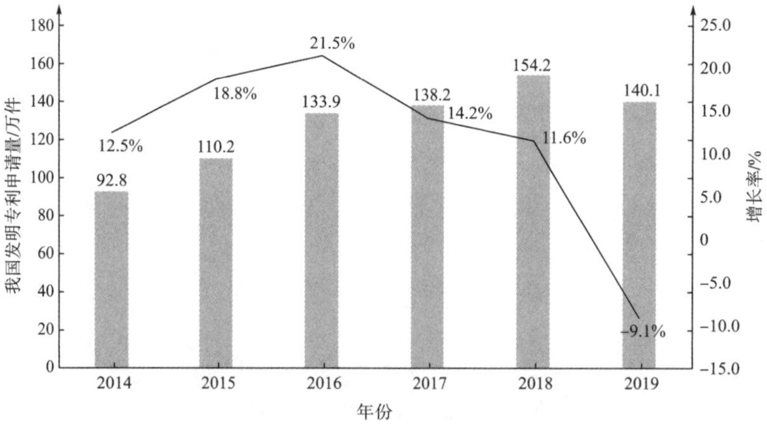

图 3-8 2014～2019 年我国发明专利申请量

资料来源：国家知识产权局。

①广东省市场监督管理局，[2020-09-20]. 一图读懂 2019 年广东省知识产权保护状况，http://amr.gd.gov.cn/zwgk/sjfb/cbwfb/content/post_2984529.html.

非本国居民发明专利申请数据是反映一个国家知识产权保护水平与营商环境的“风向标”和“晴雨表”，据世界知识产权组织统计，2017 年，中国国外在华发明专利申请量仅次于美国，居世界第 2 位。2018 年，国外在华发明专利申请量达 14.8 万件，同比增长 9.1%，实现了“十三五”以来最快增速。2019 年，国外在华发明专利申请量达到 15.7 万件，较上年增长 6.0%。分国别看，日本、美国、德国位居在华发明专利申请前 3 位，申请量依次为 4.9 万件、3.9 万件和 1.6 万件，增长率分别为 7.9%、1.5%和 6.4%。从近年来非本国居民发明专利申请数据来看，中国知识产权制度建设日益完善，知识产权保护力度不断加大，营造了良好的营商环境，为国际企业在华的知识产权提供了有效保障，极大促进了中外技术交流合作。

2019 年，中国规模以上工业企业中有专利申请的企业比重达到 22.3%。国内发明专利申请中企业比重达到 65.0%，较上年提高 0.6 个百分点。中国发明专利授权量排名前 3 位的国内(不含港、澳、台地区)企业依次为：华为技术有限公司、中国石油化工股份有限公司、OPPO 广东移动通信有限公司。2020 年上半年，国内申请专利的企业为 22.9 万家，较上年同期增加 3.2 万家。国内企业共提交发明专利申请 40.4 万件，同比增长 12.0%。国内发明专利申请中，企业所占比重为 66.6%，较上年提升 3.2 个百分点。2020 年上半年，国内(不含港、澳、台地区)发明专利授权量排名前 3 的企业依次为：华为技术有限公司(2772 件)、OPPO 广东移动通信有限公司(1925 件)、京东方科技集团股份有限公司(1432 件)。这充分显示出国内企业在专利申请中的主体地位不断巩固。这些都充分表明，知识产权创造与市场更加贴合，知识产权政策有效地激发了市场主体活力，并释放了创新创业的内生动力。2019～2020 年上半年中国国内(不含港、澳、台地区)企业发明专利授权量排名(TOP3)详见表 3-3。

表 3-3 2019～2020 年上半年中国国内(不含港澳台)企业发明专利授权量排名(TOP3)

排名	2019 年		2020 年上半年	
	企业名称	数量/件	企业名称	数量/件
1	华为技术有限公司	4510	华为技术有限公司	2772
2	中国石油化工股份有限公司	2883	OPPO 广东移动通信有限公司	1925
3	OPPO 广东移动通信有限公司	2614	京东方科技集团股份有限公司	1432

资料来源：国家知识产权局。

2019 年，国内(不含港、澳、台地区)有效发明专利拥有量达到 186.2 万件，每万人口发明专利拥有量达到 13.3 件，提前完成国家“十三五”规划确定的目标任务。截至 2020 年 6 月底，中国国内(不含港、澳、台地区)发明专利有效量 199.6 万件，每万人口发明专利拥有量达到 14.3 件。2014～2019 年中国国内发明专利拥有量情况详见图 3-9。2020 年上半年，中国国内每万人口发明专利拥有量排名前 3 位的省(区、市)依次为：北京(141.5 件)、上海(56.1 件)、江苏(31.9 件)。

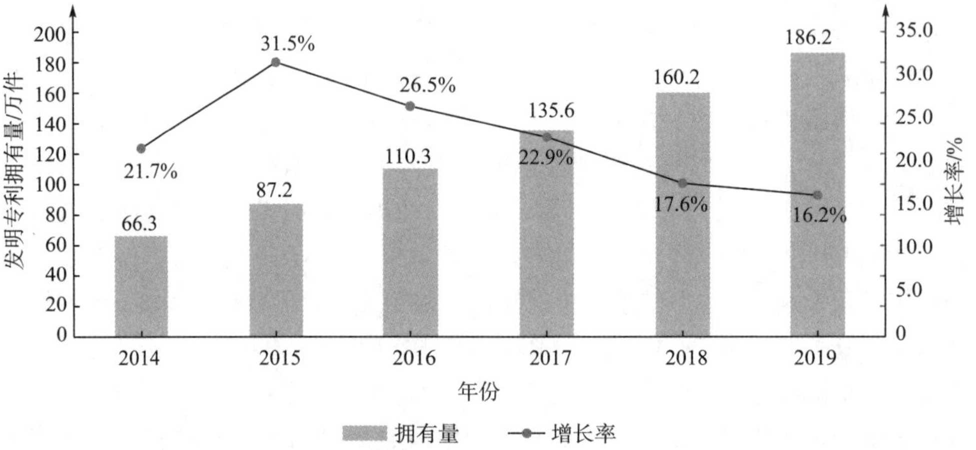

图 3-9　2014～2019 年我国国内发明专利拥有量情况

资料来源：国家知识产权局。

3) PCT 国际专利

近几年，得益于中国大力实施创新驱动发展战略和知识产权战略，全社会的创新能力和知识产权保护意识持续提升，企业也更加重视在海外的知识产权布局，中国受理的 PCT 国际专利申请量在稳步增长。2018 年 9 月，世界知识产权组织发布的《2018 年 PCT 年鉴》显示，2017 年来自中国的 PCT 国际专利申请达 4.8882 万件，首次超越日本，排名全球第二。2018 年 12 月，世界知识产权组织发布了《世界知识产权指标》(WIPI) 年度报告，2018 年相比 2017 年 PCT 国际专利申请量大幅提升 30%。2019 年，中国共受理 PCT 国际专利申请 6.1 万件，增长率 10.4%。其中，5.7 万件来自国内，增长率 9.4%。中国通过《专利合作条约》途径提交专利申请 5.9 万件，跃居世界第一。2020 年上半年，中国申请人向国家知识产权局提交 PCT 国际专利申请 2.68 万件，同比增长 20.7%，共受理 PCT 国际专利申请 2.95 万件，同比增长 22.6%。其中，PCT 国际专利申请量国内 2.68 万件，同比增长 20.7%。以上数据均保持快速增长，显示出中国市场主体的海外知识产权布局意识不断增强、布局情况稳步发展。

2013～2019 年中国全国及国内受理 PCT 国际专利申请量详见图 3-10。全国受理 PCT 国际专利量是指中国国家知识产权局作为国际 PCT 受理单位，总共受理的 PCT 国际专利申请，见图 3-10(a)。其中，来源于国内申请人的 PCT 专利申请量就称为国内受理 PCT 国际专利量，见图 3-10(b)。

2019 年，中国 PCT 国际专利申请排名前 3 位的省(区、市)依次为：广东省(2.47 万件)、北京市(0.72 万件)、江苏省(0.66 万件)。其中，广东省占全国总量的 43.33%，已经连续 18 年保持全国第一。2020 年上半年，PCT 国际专利申请受理量排名前 3 位的省(区、市)没有改变，依然为：广东省(1.09 万件)、北京市(0.38 万件)、江苏省(0.33 万件)。

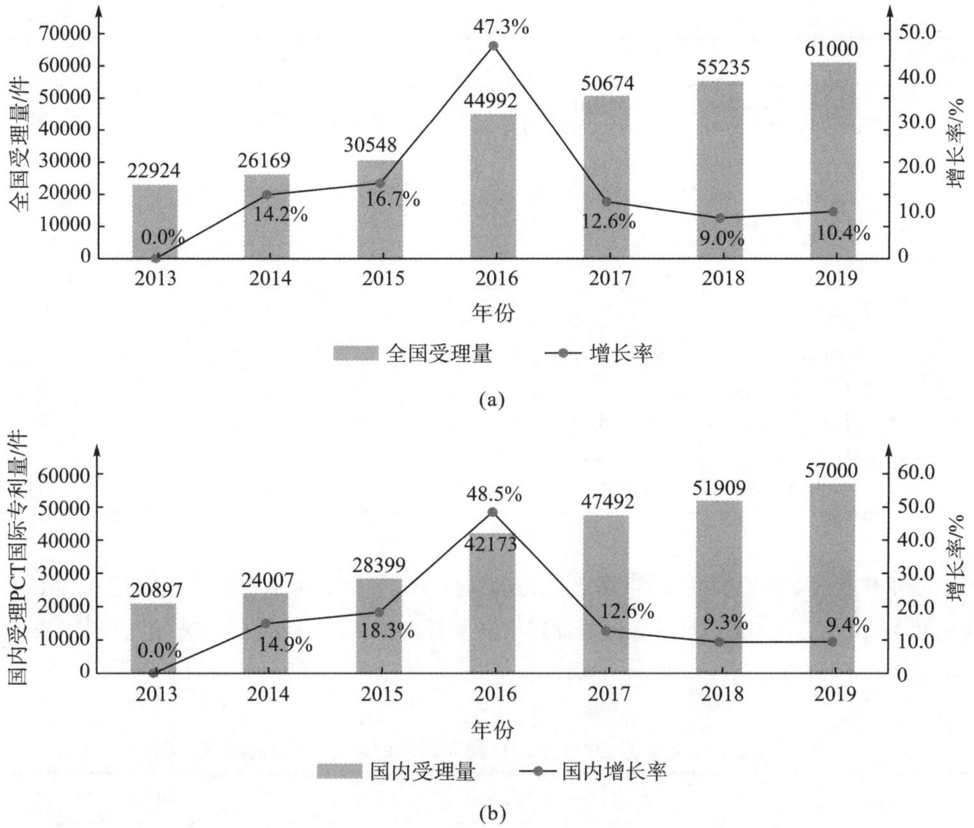

图 3-10　2013～2019 年全国受理 PCT 国际专利申请量

资料来源：国家知识产权局。

中国企业海外知识产权布局意识不断加强。2018 年，中国提交 PCT 国际专利申请 100 件以上的国内企业达到 58 家，较 2017 年增加 14 家。根据知识产权产业媒体 IPRdaily 联合 incoPat 创新指数研究中心发布的“2018 年中国企业 PCT 国际专利申请排行榜（TOP100）”①（数据范围为 2018 年 1 月 1 日～2018 年 10 月 31 日）显示申请 PCT 国际专利超过千件的企业分别是：华为技术有限公司（4466 件）、中兴通讯股份有限公司（1801 件）、京东方科技集团股份有限公司（1190 件）。截至 2018 年 10 月 31 日，中国企业 PCT 国际专利申请量排名（TOP10）详见表 3-4。

表 3-4　截至 2018 年 10 月 31 日，中国企业 PCT 国际专利申请量排名（TOP10）

排名	申请人	企业名称	申请数量/件
1	HUAWEI TECHNOLOGIES CO LTD	华为技术有限公司	4466
2	ZTE CORPORATION	中兴通讯股份有限公司	1801
3	BOE TECHNOLOGY GROUP CO LTD	京东方科技集团股份有限公司	1190

①IPRDAILY 中文网，[2019-2-19].《2018 年中国企业 PCT 国际专利申请排行榜（TOP100）》，http://www.iprdaily.cn/news_20296.html.

续表

排名	申请人	企业名称	申请数量/件
4	GUANGDONG OPPO MOBILE TELECOMMUNICATIONS CORP LTD	广东欧珀移动通信有限公司	781
5	TENCENT TECHNOLOGY (SHENZHEN) COMPANY LIMITED	腾讯科技(深圳)有限公司	545
6	SZ DJI TECHNOLOGY CO LID	深圳市大疆创新科技有限公司	517
7	MIDEA GROUP CO LTD	美的集团股份有限公司	386
8	SHENZHEN CHINA STAR OPTOELECTRANICS TECHNOLOGY	深圳市华星光电技术有限公司	367
9	WUHAN CHINA STAR OPTOELECTRONICS TECHNOLOGY CO LTD	武汉华星光电技术有限公司	335
10	HKC CORPORATION LIMITED	惠科股份有限公司	233

2018 年中国 PCT 国际专利申请超过 1000 件的省(区、市)排名前三位依次为：广东省(2.53 万件)、北京市(0.65 万件)、江苏省(0.55 万件)① 。2018 年中国 PCT 国际专利申请超过 1000 件的省(区、市)详见表 3-5。

表 3-5　2018 年中国 PCT 国际专利申请超过 1000 件的省(区、市)

排名	省(区、市)	申请量/万件
1	广东省	2.53
2	北京市	0.65
3	江苏省	0.55
4	上海市	0.25
5	山东省	0.23
6	浙江省	0.19
7	湖北省	0.17

资料来源：国家知识产权局。

3. 版权登记

据国家版权局统计，中国 2013～2019 年全年著作权登记稳步上升，由 100.9 万件增长到 418.7 万件(图 3-11)。2019 年全国作品登记量总体呈现稳步增长趋势，共完成作品登记 2701564 件，相比 2018 年的 2351952 件，增长 14.86%。著作权登记分类参见表 3-6 及图 3-12。

①国家知识产局，[2019-1-18]. 国家知识产权局 2018 年主要工作统计数据及有关情况新闻发布会，http://www.cnipa.gov.cn/twzb/gjzscqj2018nzygztjsjjygqkxwfbk/index.htm.

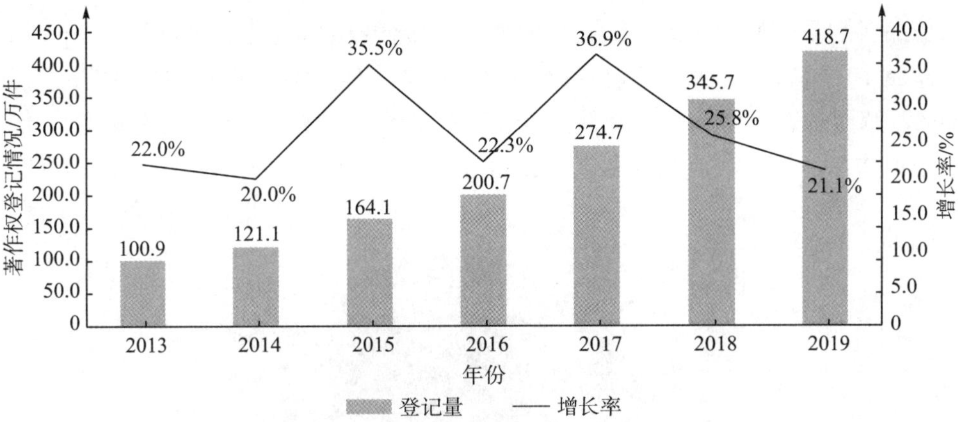

图 3-11 中国 2013～2019 年全年著作权登记情况

资料来源：国家版权局。

表 3-6 2013～2017 年著作权登记分类

年度	作品登记		计算机软件著作权登记/件		合计/件
	数量/件	增长率/%	记/件	增长率/%	
2013	845064		164349		1009413
2014	992034	17.39	218783	33.12	1210817
2015	1348200	35.90	292360	33.63	1640560
2016	1599597	18.65	407774	39.48	2007371
2017	2001966	25.15	745387	82.79	2747353
2018	2351952	17.48	1105386	48.30	3457338
2019	2701564	14.86	1484985	34.34	4186549

图 3-12 中国 2013～2019 年著作权登记分类

资料来源：国家版权局。

从作品类型看，登记量最多的是美术作品 1288139 件，占登记总量的 47.68%；第二是摄影作品 1015620 件，占登记总量的 37.59%；第三是文字作品 179314 件，占登记总量的 6.64%，第四是影视作品 88230 件，占登记总量的 3.27%。此外，还有录像制品、音乐作品、图形作品、模型、戏剧、曲艺、建筑等。版权登记中的作品类型情况详见图 3-13。

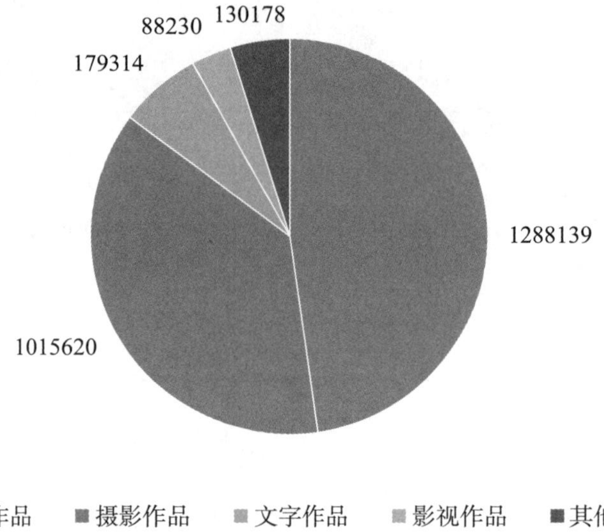

图 3-13 版权登记中的作品类型情况(单位：件)

资料来源：国家版权局。(见彩图版)

2019 年，北京市以 1003091 件登记量位列第一；上海市和中国版权保护中心分列第二、第三。江苏省、四川省、重庆市紧随其后。相较于 2018 年，天津市、贵州省、甘肃省、内蒙古自治区、广西壮族自治区、西藏自治区、吉林省、云南省、山西省、安徽省等省(区、市)的作品登记量增长率均超过了 100%。陕西省、河南省、重庆市、河北省等省(区、市)的作品登记量增长率均达 50%以上。

3.1.2 知识产权交易市场

随着经济全球化和知识经济的快速发展，以知识产权转让和许可为表现形式的知识产权交易开始崭露头角，愈发显示出其重要性。但中国知识产权交易的发展，并不是一帆风顺的，在面临机遇的同时，也面临巨大的挑战。

1. 商标转让申请、许可备案与版权登记

近年来，中国商标交易总量(此处商标交易总量包括商标转让申请、商标许可备案、商标质权登记三项内容)呈上升趋势。2019 年，全国商标转让、许可、质押等运营次数达到了 30.7 万次，增长 21.3%。由于部分数据未公布及数据统计口径不一，本节根据已有信

息保守推算了 2018 年、2019 年数据，如图 3-14 和图 3-15 所示。

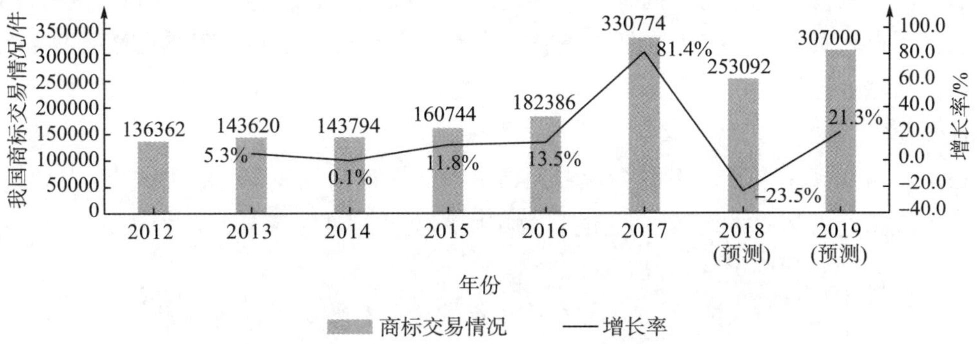

图 3-14　2012～2019 年我国商标交易情况(含预测)

资料来源：商标局(图里的预测为推算值)

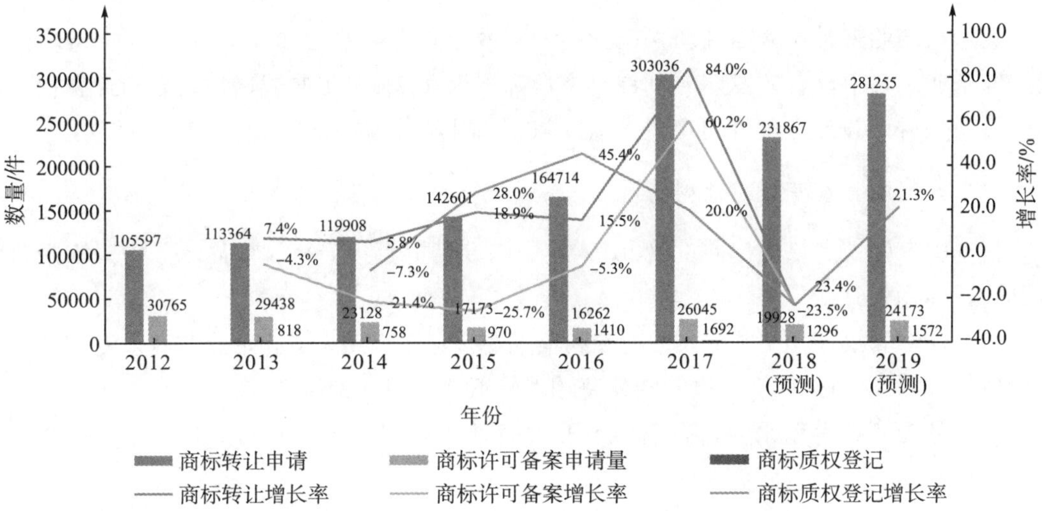

图 3-15　2012～2017 年我国商标交易详细情况(含预测)

资料来源：商标局(图里的预测为推算值)(见彩图版)

2. 专利转让申请、许可备案与质权登记

此处专利交易总量包括专利转让申请、专利许可备案、专利质权登记三项内容。

1) 中国国内有效专利许可率情况

根据国家知识产权局出具的《2019 年中国专利调查报告》调查显示，中国国内有效专利许可率为 6.1%。

(1) 从专利权人类型来看，科研单位的有效专利许可率最低，为 2.0%；个人的专利许可率相对较高，为 8.1%。

(2) 从专利类型来看，有效外观设计专利许可率相对较高，达到 8.3%；有效发明专利与有效实用新型专利的许可率均为5.5%。

（3）从专利拥有量来看，拥有3～9件有效专利的专利权人的专利许可率为6.8%，高于其他专利权人类型；拥有100件以上有效专利的专利权人专利许可率最低，仅为3.4%。

（4）从企业登记注册类型来看，港澳台商投资企业有效专利许可率高于内资企业和外商投资企业，为8.4%。

（5）从企业规模来看，小型企业专利许可率最高，为6.3%。大型企业的有效发明专利许可率最高，为7.5%；小型企业的有效实用新型专利许可率最高，为6.2%；中型企业的有效外观设计专利许可率最高，为8.9%。

（6）从企业成立时间来看，成立6～20年的企业有效专利许可率最高，为6.2%；成立21年以上的企业有效专利许可率最低，为5.9%。

（7）从专利类型来看，成立21年以上的企业有效发明专利和有效外观设计许可率最高，分别为6.5%和8.1%；成立5年以下的企业各专利类型许可率基本一致。

（8）从产业来看，战略性新兴产业企业有效专利许可率为6.2%，略高于非战略性新兴产业企业。其中，有效发明专利许可率最高，为6.7%，比非战略性新兴产业企业高出1.8%；有效外观设计专利许可率为6.3%，低于非战略性新兴产业企业7.7%。

2）中国国内有效专利转让率情况

根据国家知识产权局出具的《2019年中国专利调查报告》调查显示，中国国内有效专利转让率为3.5%。

（1）从专利权人类型来看，不同专利权人的转让率有所差异，企业的有效专利转让率相对较高，为3.7%；科研单位的转让率相对较低，仅有1.3%。

（2）从专利拥有量来看，拥有1～2件有效专利的专利权人的专利转让率最高，为4.5%。

（3）从企业登记注册类型来看，内资企业的有效专利转让率最高，为3.8%，港澳台商投资企业的有效专利转让率最低，为2.2%。

（4）从企业规模来看，中型企业的有效专利转让率最高，达到4.2%；大型企业的有效专利转让率最低，仅为2.7%。

（5）从企业成立时间来看，企业有效专利的转让率随企业成立时间的增长而不断下降，成立时间在5年以下的企业有效专利的转让率最高，为6.1%；成立时间在21年以上的企业有效专利转让率最低，为2.8%。

（6）从产业来看，战略性新兴产业的企业有效专利转让率为3.7%，略高于非战略性新兴企业。其中，有效发明专利转让率最高，为5.2%，较其他非战略性新兴企业高出1.1%；有效实用新型专利和有效外观设计专利的转让率分别为3.3%和2.9%，均低于非战略性新兴产业企业。

3) 问题与对策

阻碍知识产权交易的一个主要问题是信息不对称、刚需不足，导致拥有专利的研发方与市场对接不够主动、专业和顺畅，不利于专利的有效流转和交易。这就需要，一是建立专利交易许可相关信息披露和传播机制，鼓励利用人工智能、区块链等技术手段，提升专利交易许可效率，进一步降低专利交易许可成本和周期；二是注重发挥高质量创新政策引导作用，加快实现国家科技创新政策体系从专利数量激励向质量激励的转变；三是重点加强高校、科研单位的科技成果转移转化体系建设，进一步推动“产、学、研”深度融合，围绕企业的技术需求和产业方向，激发高校、科研单位科技成果“转”出创新发展新动能①。

3.1.3　知识产权维权市场

1. 知识产权诉讼案件

从 2012～2019 年数据来看，2017 年全国审结的知识产权案件突破 20 万件，为 225678 件，增长率达到 53.52%；2018 年突破 30 万件，为 319651 件，增长率达到 41.64%；2019 年突破 40 万件，为 475853 件，增长率达到 48.87%。可见近年来全国审结知识产权案件增长迅速。2012～2019 年全国审结知识产权案件统计参见图 3-16。

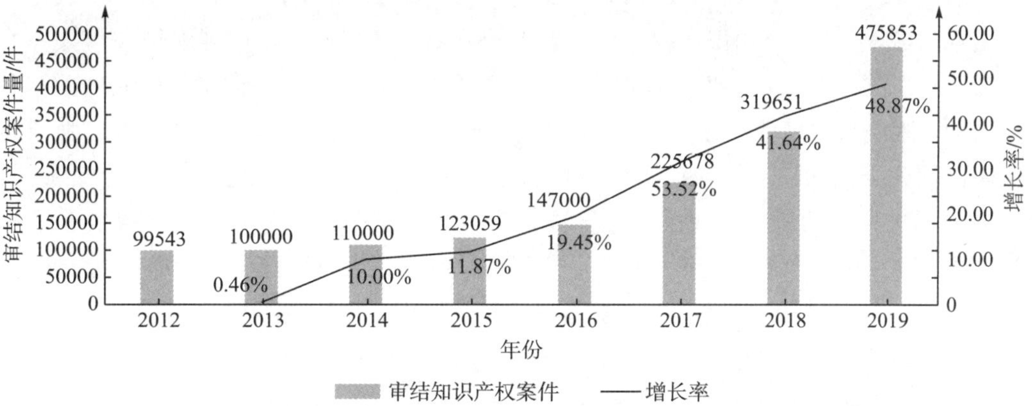

图 3-16　2012～2019 年全国审结知识产权案件统计

资料来源：最高人民法院。

注：2012～2015 年为审结知识产权一审案件；2016～2019 年为审结一审、二审、申请再审等各类知识产权案件

重点看一看 2019 年相关数据，各项知识产权案件数量均有增长，个别数据创历史新高。2019 年人民法院共新收一审、二审、申请再审等各类知识产权案件 481793 件，审结 475853 件，比 2018 年分别上升 44.16%和 48.87%，收、结案数量均创历史新高。2019 年地方各级人民法院共新收侵犯知识产权刑事一审案件 5242 件，增长率 21.37%。其中侵犯注册商标类刑事案件 4982 件，增长率 21.01% ；侵犯著作权类刑事案件 210 件，增长率

①国家知识产权局，《2019 年中国专利调查报告》。

34.62%。在审结的侵犯知识产权刑事一审案件中，销售假冒注册商标的商品刑事案件 2279 件，增长率 32.19%；非法制造、销售非法制造的注册商标标识刑事案件 423 件，增长率 38.69%；侵犯著作权刑事案件 191 件，增长率 40.44%。

接下来分析一下，近年来全国知识产权案件量迅速上升的原因。习近平总书记主持召开的中央全面依法治国委员会第二次会议强调，“法治是最好的营商环境”。人民法院作为知识产权保护体系的重要力量，在推进法治中国建设、创新型国家建设等方面发挥着重要作用。近年来，中国不断深化法院组织体系改革，人民法院紧紧围绕“努力让人民群众在每一个司法案件中感受到公平正义”的目标，切实提高审判质效，努力为市场主体提供明确、稳定、可预期的规则指引，为营造法治化、国际化、便利化的营商环境提供了有力的司法保障和服务。近年来，全国知识产权案件量迅速上升的原因有以下几个方面。

(1) 设立了巡回法庭。最高人民法院于 2015 年 1 月设立第一、第二巡回法庭，并于 2016 年底增设第三、第四、第五、第六巡回法庭。几年来，各巡回法庭坚持审判工作重心下移，就地解决矛盾纠纷，切实方便群众诉讼。积极发挥改革“试验田”“排头兵”作用，扎实推进司法责任制等各项改革措施，建立庭领导带头办案制度，庭长、副庭长带头办案；加强审判监督管理，坚持放权与监督相结合，规范法官自由裁量权，推进法律适用统一；优化内设机构设置，实行扁平化管理，提高运行效率。

(2) 设立了知识产权法庭。2014 年起国家设立了北京、上海、广州知识产权法院和天津、南京、武汉等 15 个知识产权法庭，有效提升知识产权专业化审判水平。

(3) 建立了知识产权快速维权中心。中国各级法院为知识产权维权市场提供了有力的法律保障，围绕特色产业和创新能力强、知识产权纠纷频发、知识产权保护诉求强烈的产业集聚区而建立的知识产权快速维权中心也对中国知识产权维权提供了有力的保障。国家知识产权局根据产业集聚区发展需求，先后批复设立了中山(灯饰)知识产权快速维权中心、南通(家纺)知识产权快速维权中心、杭州(制笔)知识产权快速维权中心、北京朝阳(设计服务业)知识产权快速维权中心、景德镇(陶瓷)知识产权快速维权中心、东莞(家具)知识产权快速维权中心、顺德(家电)知识产权快速维权中心、花都(皮具)知识产权快速维权中心、温州(服饰)知识产权快速维权中心等。①

(4) 健全了知识产权审判体系。2019 年 1 月，最高人民法院知识产权法庭设立，统一受理全国范围内专利等技术性较强的知识产权上诉案件。最高人民法院批准在南京等 21 个城市中级人民法院内设专门审判机构，跨区域集中管辖部分知识产权一审案件。从而形成了由最高人民法院知识产权审判庭、知识产权法庭、32 家高级法院、3 家知识产权法院以及部分中级、基层法院共同组成的知识产权审判新格局。

(5) 完善了知识产权诉讼制度。我国着力完善符合知识产权案件特点的诉讼规则，有效减轻权利人维权成本，着力破解制约知识产权司法保护的体制性难题；贯彻落实《最高人民法院关于在全国法院推进知识产权民事、行政和刑事案件审判“三合一”工作的意见》，

---

①中国知识产权报，[2020-01-20]. 浅谈中国知识产权快速维权中心建设，https://baijiahao.baidu.com/s?id=1571190569417753&wfr=spider&for=pc.

进一步巩固“三合一”改革工作成效，充分发挥知识产权司法保护的综合效能。

(6)提升了知识产权司法能力。2019 年，全国法院共受理知识产权各类案件 48 万余件，审结 47 万余件，收结案增幅突破 40%，圆满完成了审判任务；人民法院充分发挥知识产权审判职能作用，注重通过裁判激励科技创新，促进文化传播，维护竞争秩序，让创新创业者坚定信心，提升社会创新活力；着力强化对知识产权授权确权行政行为和行政执法行为的合法性审查；加大对知识产权犯罪行为打击力度，有效发挥刑罚惩治和震慑知识产权犯罪的功能①。

2. 商标行政执法案件

2014～2019 年六年中，中国的商标违法案件数量和案值在 2014 年曾出现峰值分别为 6.75 万件和 9.98 亿元，之后随着知识产权局对商标注册各环节进行严密监测，在审查、异议、撤销等各环节从严审查，坚决遏制和打击恶意注册、囤积商标等行为，数据有所回落，呈现逐年微弱增长趋势。2014～2019 年商标违法案件情况见图 3-17。

其中，2019 年，中国查处商标违法案件 3.2 万件，假冒专利违法案件 0.7 万件，案值合计 5.1 亿元。办理专利侵权纠纷行政裁决案件 3.9 万件。查处各类不正当竞争案件 1.0 万件，案值 31.6 亿元。全国公安机关共立案各类侵犯知识产权和制售伪劣商品犯罪案件 2.4 万起，破案 1.6 万起，抓获犯罪嫌疑人 2.9 万名，涉案价值 86.7 亿元。

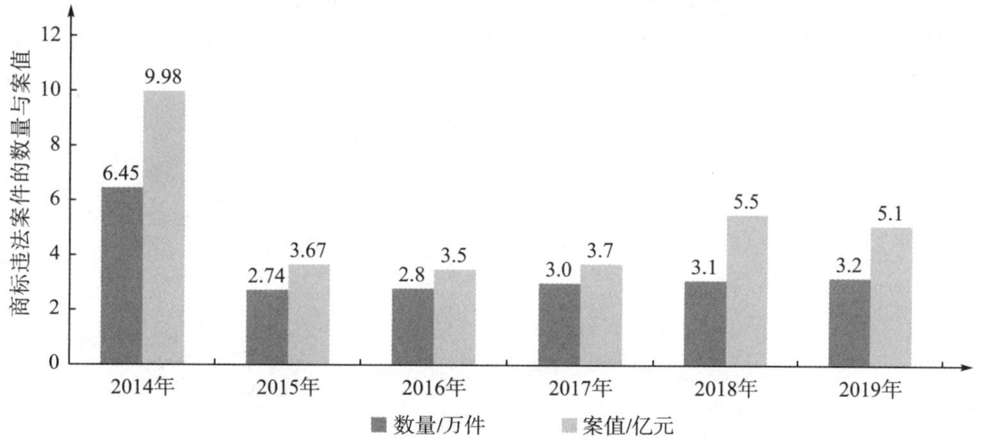

图 3-17 2014～2019 年商标违法案件情况

资料来源：商标局、国家知识产权局(由中细软知识产权研究院整理)。

3. 专利行政执法案件

近年来，中国打击专利侵权假冒办案力度持续加强，专利行政执法办案总量逐年快速增长。2018 年，全国专利行政执法办案总量 7.7 万件，较上年增长 14.9%。其中，专利纠

①北京商报，最高人民法院[2020-09-20]. 去年全国法院共受理知识产权各类案件 48 万余件、审结 47 万余件，收结案增幅突破 40%，https://baijiahao.baidu.com/s?id=1665005360545290997&wfr=spider&for=pc

纷办案量为 3.5 万件，增长率为 22.8%；查处假冒专利案件 4.3 万件，增长率为 10.9%。2015～2018 年全国专利行政执法办案量见图 3-18[①②③]。

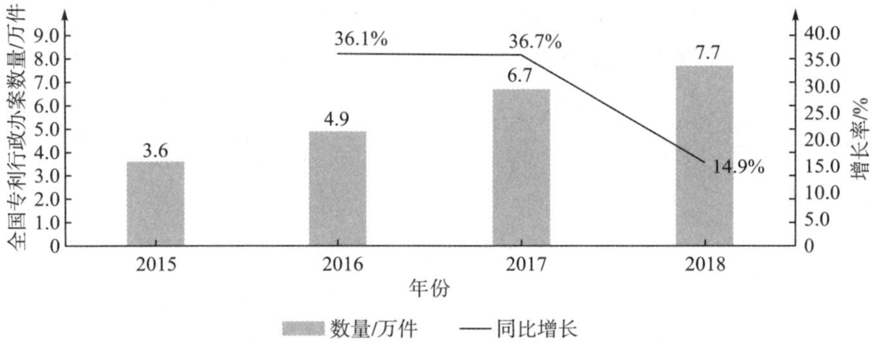

图 3-18 2015～2018 年全国专利行政执法办案量统计

资料来源：国家知识产权局。

3.1.4 知识产权金融市场

1. 知识产权使用费

据统计，中国知识产权使用费总额从 2015 年至今一直处上升趋势。2019 年中国知识产权使用费进出口总额约 410.0 亿美元，其中出口额 66.0 亿美元，较上年增长 18.8%。2014～2019 年我国知识产权使用费情况详见图 3-19[④]。

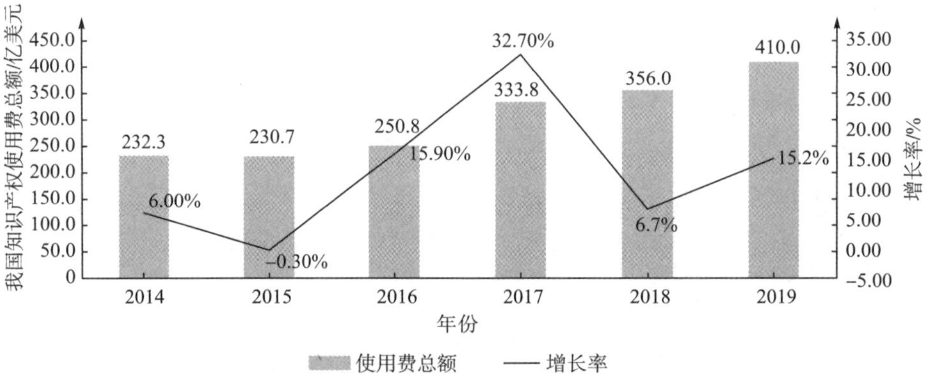

图 3-19 2014～2019 年我国知识产权使用费情况

资料来源：商务部、国家知识产权局。

①国家知识产权局，[2017-03-22].《2016 年知识产权系统查处专利权假冒违法案件成效显著》，http://www.sipo.gov.cn/zscqgz/2017/201701/t20170123_1308087.html，[2017-3-22].

②国家知识产权局，[2020-09-20]. 2017 年知识产权系统执法办案工作持续强化，http://www.sipo.gov.cn/zscqgz/1119305.htm.

③国家知识产权局，[2017-03-22].国家知识产权局 2018 年主要工作统计数据及有关情况新闻发布会，http://www.cnipa.gov.cn/twzb/gjzscqj2018nzygztjsjjygqkxwfbk/index.htm.

④ 在中美贸易战中，美方一直指责中国公司利用各种方法从美国获得有价值的技术和知识产权。而据商务部副部长兼国际贸易谈判副代表王受文回应称，“2018 年中国向美国支付的知识产权使用费达到 86.4 亿美元，占中国购买知识产权总额的近 1/4；就购买来说，中国在 2001 年支付的知识产权使用费只有 19 亿美元，去年支付的知识产权使用费已达到 356 亿美元，增长近 19 倍。”

从数据可见，中国一直以来在知识产权保护方面做了大量工作，已成为越来越重要的知识产权大国，一方面在依靠自己产生发明创造，另一方面，也通过和其他国家开展知识产权贸易来增强知识产权实力。正是由于中国非常重视知识产权保护，在知识产权立法、司法、执法等方面做了大量工作，才会使国内的发明越来越多，才会有其他国家认可中国的知识产权事业，也才会有国外的企业愿意把自己的知识产权卖给中国[①]。

2. 知识产权质押融资

2018 年，中国专利、商标质押融资总额达到 1224 亿元，较上年增长 12.3%，这得益于中国大力推广知识产权金融服务各项措施，知识产权金融融资规模进一步增加，专利保险机制和中小企业商标的贷款模式也被纳入国务院推广的支持创新举措之中[②]。

2019 年，中国专利、商标质押融资总额达到 1515 亿元，较上年增长 23.8%。从数据来看，知识产权质押融资工作已覆盖全国 31 个省(区、市)。2020 年上半年全国专利商标质押金额 853 亿元，同比增长 45%，质押项目数 4678 项，同比增长 52%。其中，专利质押金额 651 亿元，同比增长 61%，质押项目数 4171 项，同比增长 54%；商标质押总金额 202 亿元，同比增长 8.8%，质押项目数 507 项，同比增长 34%。

商标质押融资方面，统计数据显示，近几年中国商标质押融资额波动稍大。其中，2014 年为 519 亿元，增长率为 29.1%；2015 年下降到 289 亿元，增长率仅有−44.3%；2016 年又上升到 650 亿元，增长率达到 124.9%；到 2017 年、2018 年又下降到 300 亿余元，增长率分别为−43.1%和−8.4%；2019 年微弱上升到 410 亿元，增长率 20.9%。可见近几年来中国商标质押融资的高峰在 2014 年、2016 年和 2019 年(图 3-20)。

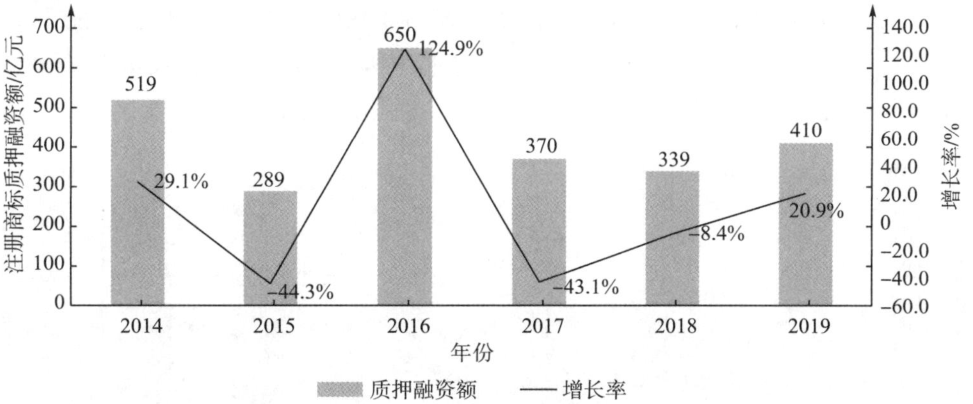

图 3-20　2014～2019 年我国商标质押融资情况

资料来源：国家知识产权局。

①人民网，[2017-03-22]. 商务部：去年中国向美国支付知识产权使用费 86.4 亿美元，http://finance.people.com.cn/n1/2019/0602/c1004-31115849.html.

②国家知识产权局，[2017-03-22].《国家知识产权局 2018 年主要工作统计数据及有关情况新闻发布会》，http://www.cnipa.gov.cn/twzb/gjzscqj2018nzygztjsjjygqkxwfbk/index.htm.

专利质押融资方面，统计数据显示，近几年来中国专利质押融资额在小波动下稳步提升。其中，2014～2016 年，中国专利质押融资额在 400 亿元～600 亿元徘徊，增长率一度从 93%下降到 15%，再下降到-22%；到 2017 年破 700 亿元，增长率达到 65%；到 2018 年破 800 亿元，达 885 亿元，增长率 23%；到 2019 年破 1000 亿元，达到 1105 亿元，增长率 24.9%。2014～2019 年我国专利质押融资情况详见图 3-21。

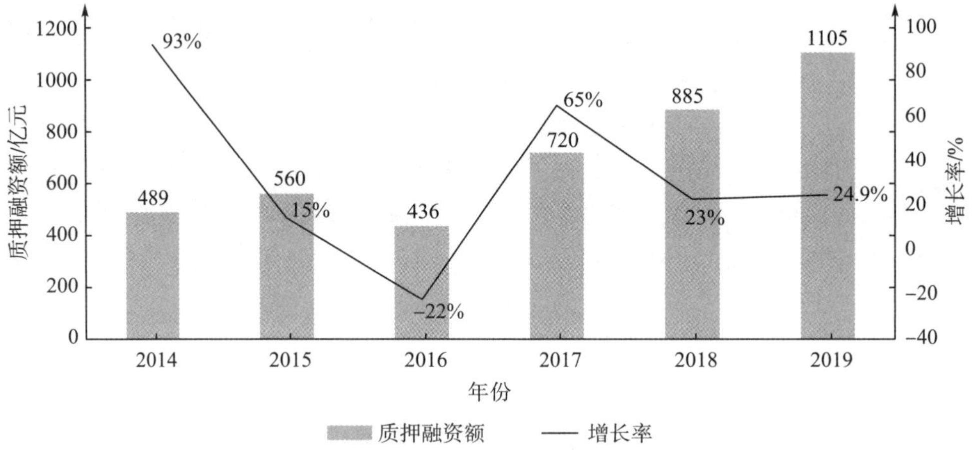

图 3-21 2014～2019 年我国专利质押融资情况

资料来源：国家知识产权局。

版权质押融资方面，统计数据显示，中国版权质押融资额在 2012～2017 年均处在 25 亿元～35 亿元，每年波动不大；到 2018 年达到近 80 亿元，增长率达到 168.01%；2019 年稍有回落，但仍有 76.4 亿元。2019 年具体情况为全国共完成著作权质权登记 537 件，增长率为-1.83%；涉及合同数量 381 个，增长率为 0.26%；涉及作品数量 1600 件，增长率为 16.96%；涉及主债务金额 764312 万元，增长率为-4.0%；涉及担保金额 730088.4 万元，增长率为-12.74%。我国版权质押融资情况如图 3-22 所示。

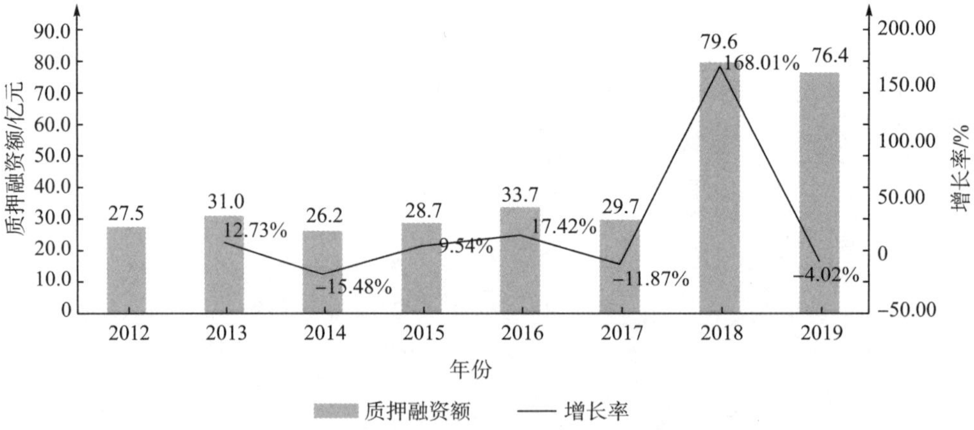

图 3-22 2012～2019 年我国版权质押融资情况

资料来源：国家知识产权局。

3. 知识产权证券化

知识产权证券化是指以知识产权未来预期收益为支持，通过发行市场流通证券进行融资的融资方式。相较于传统证券化，知识产权证券化的最大特点在于基础资产不再是实物资产，而是无形的知识产权。

近年来，中国高度重视知识产权，积极推进知识产权的运营，强化对知识产权的运用。2017 年，国务院印发《国家技术转移体系建设方案》，提出开展知识产权证券化融资试点。在国家知识产权局的推动下，中国知识产权质押融资和保险业务迅速发展，为知识产权证券化打下基础。2018 年中国的知识产权金融融资规模进一步增加，专利保险机制和中小企业商标的贷款模式也被纳入国务院推广的支持创新举措之中；知识产权证券化也取得了突破性进展①。

2018 年 12 月 14 日，中国首个知识产权证券化标准产品“第一创业文科租赁一期资产支持专项计划”在深圳证券交易所成功获批，总规模达 7.33 亿元。该笔 ABS（Asset Backed Securitization）资产证券化以北京市文化科技融资租赁股份有限公司为原始权益人，此次获批的文科一期 ABS 底层资产是以专利权、著作权为标的物的“知识产权融资租赁”业务，涉及发明专利、实用新型专利、著作权等知识产权共计 51 项，覆盖艺术表演、影视制作发行、信息技术、数字出版等文化创意领域的多个细分行业；基础资产是以这些知识产权未来经营现金流为偿债基础形成的应收债权。由此看来，该笔 ABS 资产证券化基础资产分散多样，满足了资产证券化的基本要求，同时加快了知识产权在资本市场的价值转化速度②。

2018 年 12 月 18 日，中国首单知识产权供应链金融资产支持专项计划——“奇艺世纪知识产权供应链金融资产支持专项计划”在上海证券交易所成功获批发行。这次奇艺世纪知识产权供应链 ABS 基础资产债权的交易标的物并非固定资产，全部为知识产权，总规模 4.7 亿元。该项目获批发行，是海南省委省政府落实党中央、国务院《关于支持海南全面深化改革开放的指导意见》中赋予海南“探索知识产权证券化”的重大改革创新任务，积极推进建设海南全岛自由贸易试验区、中国特色自由贸易港的具体行动。在国家知识产权局、中国证监会、海南省市场监督管理局的支持和指导下，在地方金融管理局、海南证监局等部门的密切配合下，海南省知识产权局坚决贯彻海南省委省政府的决策部署，全力组织协调，实施了一系列知识产权证券化的准备工作，如聚焦知识产权证券化和完善知识产权信用担保机制的主题，举办了知识产权五指山论坛，并发布了《知识产权运营支撑海南自贸区和中国特色自贸港建设的海南共识》，使得该项工作扎实推进，取得实质性的突破。此次奇艺世纪知识产权供应链 ABS 基础资产债权的交易标的物全部为知识产权，评级机构对全部“奇艺世纪知识产权供应链 ABS”优先级证券的评级为 AAA，核心债务人

①国家知识产权局，[2019-1-25]. [国家知识产权局运用促进司副司长赵梅生]10.40，http://www.sipo.gov.cn/twzb/gjzscqj2018nzygztjsjjygqkxwfbk/2018sjhqkwzbd/1135282.htm.

②搜狐网，[2019-1-24]. 文科租赁一期 ABS 成功获批 知识产权证券化实现零突破，http://www.sohu.com/a/282453565_104992.

为北京奇艺世纪科技有限公司(图 3-23)。[①]

项目基本信息	
债券名称	奇艺世纪知识产权供应链金融资产支持专项计划
品种	资产支持证券-ABS
拟发行金额（单位：亿元）	4.7
发行人	天津聚量商业保理有限公司
承销商/管理人	信达证券股份有限公司
交易所确认文件文号	上证函【2018】1430号
项目状态	通过
更新日期	2018-12-18

图 3-23　奇艺世纪知识产权供应链金融资产支持专项计划

图片来源：公司债权项目信息平台

2019 年 9 月 11 日，广州市黄埔区、广州开发区知识产权证券化产品“兴业圆融——广州开发区专利许可资产支持计划”成功发行设立并于深圳证券交易所上市挂牌交易，以广州市黄埔区、广州开发区 11 家中小科技型民营企业的 103 件发明专利、37 件实用新型专利构建的纯专利资产池为它们带来 3.01 亿元的融资，成为全国首个纯专利资产证券化产品，被认为是中国知识产权证券化“新样板”，成为广东省探索知识产权资产证券化的一次有益尝试。广州开发区金融工作局局长高树东表示，首个纯专利知识产权证券化产品被视为科创企业直接融资渠道的重大创新；通过发行标准化的纯专利证券化产品，直接对接资本市场，实现专利资产与市场资金的有效匹配，开辟了科创企业直接融资的新渠道；且通过该证券化产品，企业凭借专利可直接从资本市场获取低成本、长期的资金支持，避免了企业资产负债率的上升。通过纯专利证券化，企业融资期限最长可达 5 年，融资成本较低，突破了传统信贷、知识产权质押融资期限短、规模小、融资成本高等局限，能满足企业的中长期资金需求。企业拥有的专利价值得到机构投资者的认可，企业的影响力、知名度得到大幅提升，融资渠道进一步拓宽，也有利于此后再融资。

据报道，为了让专利可以变成可流动资产，在交易设计上，由融资租赁公司作为原始权益人分别与企业(专利权人)签署专利许可合同，一次性向企业支付 5 年专利许可使用费，获得专利再许可权，形成该证券化产品的基础资产(专利许可收益权)。然后，融资租赁公司分别与上述企业签署第二次专利许可合同，将各项专利许可给企业使用，企业每个季度向融资租赁公司支付专利许可使用费，形成该证券化产品对应基础资产的现金流。通过这一交易机构的创新，解决了专利资产的流动性问题[②]。

4. 相关案例

2018 年 4 月 26 日，江苏省知识产权局会同省内 8 家金融机构启动了知识产权百亿融

①央广网，[2019-1-24]. 中国首单知识产权供应链资产证券化获批发行，https://baijiahao.baidu.com/s?id=1620340226747235468&wfr=spider&for=pc.

②中国经济网，[2019-1-24]，知识产权证券化能否让“知本”变资本？，http://www.ce.cn/cysc/zljd/gd/201911/12/t20191112_33583390.shtml.

资行动，力争促进全省知识产权质押融资额达到 100 亿元，服务中小微企业超过 1000 家①。

2018 年 7 月份，天津东丽区举行了专利质押融资服务窗口启动仪式，在仪式上，天津市知识产权局与邮政储蓄银行天津分行签署合作协议，邮政储蓄银行天津分行在未来 3 年内向天津市科技型企业提供专利权质押授信不低于 5 亿元②。

2018 年 8 月 15 日，河南省鹤壁市知识产权局举办全市知识产权质押融资银企对接座谈会。截至目前，鹤壁 14 家企业完成了专利权质押融资，各大银行已累计发放知识产权质押贷款 10.791 亿元③。

2018 年 11 月 6 日，陕西省知识产权金融服务对接会在西安举办。2018 年 1～10 月，陕西省专利权质押贷款合同登记数达 406 项，增长率为 17.0%；质押贷款总金额 23.54 亿元，增长率为 27.8%，呈现持续稳定增长的良好势头④。

据统计 2018 年广东知识产权交易博览会共展出项目 2491 个，参展产品有 2527 个，涉及专利 31.17 万件，其中发明专利 17.96 万件。截至 2018 年 11 月 8 日下午，该届知交会共促成知识产权投资意向 90 亿元；达成知识产权交易金额共计 10.42 亿元，比 2017 年增长 44.72%⑤。

2018 年 11 月份，由深圳市市场和质量监督管理委员会主办的 2018 年深圳知识产权质押融资“加油计划”对接会举办。此次对接会知识产权质押融资意向贷款金额达 48000 余万元，涉及 657 项专利，5 家企业与银行初步达成合作意向⑥。

2018 年 1～9 月，国家知识产权局专利局上海代办处共受理专利质押登记 62 件，涉及专利 200 件，专利质押融资金额超过 5.4 亿元⑦。

2018 年 12 月 17 日，第十二届中国专利周海南活动周启动仪式在海口市举办，海口市成功获批国家知识产权运营服务体系建设重点城市并获得中央财政 2 亿元试点资金；知识产权质押融资稳步增长，海南全省专利权质押融资金额 3.2 亿元，商标质押金额 2570 万元⑧。

2018 年 12 月 21 日，在“2018·天府知识产权峰会”知识产权质押融资主题对接活动上，四川省 8 家企业与银行签订了知识产权质押贷款协议，融资金额达 4800 万元。知识产权质押融资现场签约总金额近 20 亿元⑨。

2019 年，四川省知识产权质押融资金额达到 94.5 亿元，其中专利质押融资金额达 60 亿元，较上年增长 4.2 倍⑩。其中，德阳市申请专利 5193 件，63 户民营企业和科技型中小

①国家知识产权局，[2018-12-29]. 江苏召开知识产权百亿融资行动方案座谈会(图)，http://www.sipo.gov.cn/dtxx/1125442.htm.
②国家知识产权局，[2018-12-29]. 天津东丽区专利权质押融资服务窗口启动，http://www.sipo.gov.cn/dtxx/1126181.htm.
③国家知识产权局，[2018-12-29].河南鹤壁局召开知识产权质押融资银企对接座谈会(图)，http://www.sipo.gov.cn/dtxx/1131074.htm.
④国家知识产权局，[2018-12-29]. 陕西举办知识产权金融服务对接会，http://www.sipo.gov.cn/dtxx/1133488.htm.
⑤国家知识产权局，[2019-2-20]. 汇聚创新资源 盘活知识资产，http://www.cnipa.gov.cn/mtsd/1133566.htm.
⑥国家知识产权局，[2018-12-29]. 深圳举办知识产权质押融资“加油计划”对接会，http://www.sipo.gov.cn/dtxx/1133765.htm.
⑦国家知识产权局，[2019-2-20]. 上海举办 2018 年度推进知识产权融资实务培训会，http://www.cnipa.gov.cn/dtxx/1134534.htm.
⑧国家知识产权局，[2018-12-20]. 2018 第十二届中国专利周海南活动周启动(图)，http://www.cnipa.gov.cn/dtxx/1134641.htm.
⑨国家知识产权局，[2019-2-20].“2018·天府知识产权峰会”知识产权质押融资现场签约近 20 亿(图)，http://www.sipo.gov.cn/dtxx/1134972.htm.
⑩四川日报，[2018-12-20]. 2019 年全省知识产权质押融资金额 94.5 亿元，http://sc.cri.cn/2020-04-24/32d2bc0a-ab3f-5020-d99f-98061148bef0.html

微企业实现知识产权质押贷款 9.12 亿元，新增 3.77 亿元①。

2019 年，贵州省积极推进知识产权质押融资工作，实现知识产权质押贷款 11.7 亿元。质押融资涉及交通运输、装备制造、农业、医药等领域企业 26 家。推动服务机构与 50 多家专利权人签订专利权托管服务协议，累计托管发明专利 1496 件②。

2019 年，山东省济南市完成专利权质押融资 102 笔，增长率为 41.67%，融资金额达 8.88 亿元③。

3.2 知识产权行业的竞争态势

3.2.1 竞争者分析

3.1 节盘点了知识产权服务中包括知识产权确权、知识产权交易、知识产权维权、知识产权金融的市场总量。本节来看看知识产权行业的竞争态势，包括参与知识产权服务市场的竞争者和服务对象。竞争者包括商标代理机构、专利代理机构、律师事务所等（表 3-7）。

表 3-7 知识产权行业竞争参与者概况

竞争者	数量/家	备注
商标代理机构	49515	非律所商标代理机构已达到 39753 家，占 80%；从事商标代理业务的律所仅为 9762 家，占 20%
专利代理机构	2619	
律师事务所	32000	其中，合伙所 1.94 万多家，占 59.55%，国资所 970 多家，占 2.98%，个人所 9200 多家，占 28.47%

从服务对象来说，企业肯定是知识产权服务行业的主要服务对象。中国通过全国工商和市场监管部门不断深化工商登记制度改革和商事制度改革，以及发布《国务院办公厅关于加快众创空间发展服务实体经济转型升级的指导意见》等重要政策，中国市场准入环境持续优化，市场活力进一步增强，促使全国各地涌现出一批有亮点、有潜力、有特色的众创空间，成为创新的重要阵地和创新创业者的聚集地，市场呈现蓬勃发展的良好势头。据原国家工商行政管理总局统计，中国市场主体数量不断增加，截至 2020 年 3 月 15 日，全国实有各类市场主体 1 亿 2500 万户，其中，企业主体 3905 万户，个体工商户 8353 万户，农民专业合作社 219 万户。

除企业外，科研院所和高校也是知识产权服务行业的常见服务对象。截至 2020 年 6 月 30 日，全国高等学校共计 3005 所，其中普通高等学校 2740 所，含本科院校 1258 所、高职（专科）院校 1482 所；成人高等学校 265 所（本名单未包含港澳台地区高等学校）。2020 年 7

①东方财富网，[2019-2-20]. 2019 年德阳申请专利 5193 件 63 户企业实现知识产权质押贷款超 9 亿 https://baijiahao.baidu.com/s?id=1665103953928975193&wfr=spider&for=pc.

②新浪贵州，[2019-2-20]. 知识产权变成钱！贵州去年实现知识产权质押贷款 11.7 亿元，http://gz.sina.com.cn/news/2020-04-26/detail-iirczymi8393910.shtml.

③济南日报，[2019-2-20]. 2019 年全市累计有效发明专利拥有量 25437 件，增长率增长 13.4% 驶向高价值专利创新发展的春天，http://www.sdnews.com.cn/sd/jinan/sh/202005/t20200512_2730169.htm.

月5日，Nature指数公布了2019年5月1日～2020年4月30日大学/机构排名，中国有21所大学/研究所进入全球大学前100名，有6所大学/研究所进入前20强，中国科学技术大学在学术领域蝉联高校第一，这也侧面说明中国在基础研究领域快速地进步。中国进入全球大学前100排名的大学/研究所详见表3-8。

表3-8 中国进入全球大学前100排名的大学/研究所

学校名称	排名
中国科学院	1
中国科学技术大学	8
北京大学	12
清华大学	13
南京大学	14
中国科学院大学	15
浙江大学	21
上海交通大学	32
中山大学	34
复旦大学	35
南开大学	41
四川大学	46
武汉大学	47
苏州大学	49
华中科技大学	56
吉林大学	60
厦门大学	62
天津大学	67
南方科技大学	75
湖南大学	76
华东师范大学	85

3.2.2 知识产权+互联网服务行业中的产品创新

1. 商标服务竞争者

1）商标代理概况

据统计，2015～2017年委托代理机构递交的商标申请量占总申请量的比重分别为96%、93%、95%[①②]，从历年数据可见，由于注册申请、商标保护等商标事务的法律性、专业性较强，当事人虽然可自行到商标局办理商标申请业务，但委托商标代理机构并由该组织指定具体的商标代理人来办理商标申请业务的仍占绝大多数。根据前三年委托代理机构递交商标申请量占比平均值推测，2018年、2019年委托代理机构递交商标申请量接近或达到700万件左右。2015～2019年委托代理机构递交商标申请情况（含推测）详见表3-9。

①IPRdaily，[2019-02-20].《商标申请渠道多样化的现状与未来》，https://mp.weixin.qq.com/s/SxPBu4FtglyouKumPD3Ozw.
②商标局，[2018-12-20]. 2017《中国商标品牌战略年度发展报告》，http://sbj.saic.gov.cn/sbtj/.

表 3-9 2015～2019 年委托代理机构递交商标申请情况（含推测）

年度	商标注册申请量/万件	自行办理商标申请量/万件	委托代理机构递交商标申请量/万件	委托代理机构递交商标申请量占比/%
2015 年	287.6	11.5	276.1	96.0
2016 年	369.1	25.8	343.3	93.0
2017 年	574.8	29.7	545.1	95.0
2018 年（推测）	737.1	39.3	697.8	94.7
2019 年（推测）	783.7	45.3	738.4	94.2

资料来源：IPRdaily、商标局，由中细软知识产权研究院整理。
注：2018 年、2019 年的数据为推测数据。

2）商标代理机构概况

商标局公布数据显示，自 2002 年以来，中国商标代理机构的数量一直保持快速增长势头①②。截至 2020 年 5 月，在工商总局商标局备案的商标代理机构总数达到 49515 家③。2002～2020 年工商登记备案的商标代理机构总数（含推测）详见图 3-24。其中，在原国家工商行政管理总局商标局备案的商标代理机构包括两种：从事商标代理业务的服务机构以及从事商标代理业务的律师事务所（以下简称为“非律所商标代理机构”及“从事商标代理业务的律所”）。由于申请设立律所应具备诸多条件，远比成立非律所商标代理机构要复杂和严格，因此非律所商标代理机构明显比从事商标代理业务的律所增长速度要快。截至 2020 年 5 月，非律所商标代理机构已达到 39753 家，占 80%，从事商标代理业务的律所仅为 9762 家，占 20%（图 3-25）。

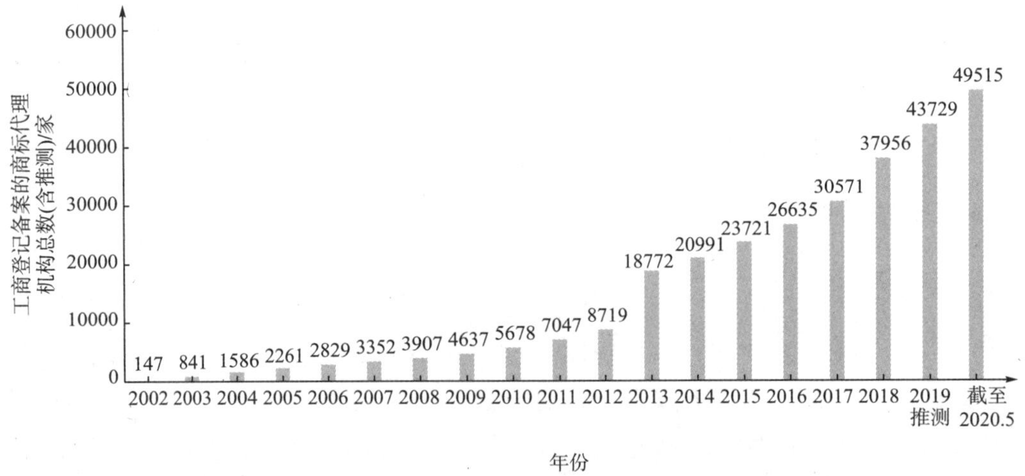

图 3-24 2002～2020 年工商登记备案的商标代理机构总数（含推测）

资料来源：商标局（推测数据通过前三年年增长率平均值推测）。

①商标局，[2017-03-22]. 历年《中国商标战略年度发展报告》，http://sbj.saic.gov.cn/tjxx/index_1.html.
②商标局，[2017-03-22]. 《中国商标品牌战略年度发展报告》，http://sbj.saic.gov.cn/sbtj/.
③商标局，[2017-03-22]. 备案代理机构总名单/备案代理机构（律所）名单，http://wssq.sbj.cnipa.gov.cn:9080/tmsve/agentInfo_getAgentDljg.xhtml.

图 3-25 2013～2020 年工商登记备案的商标代理机构情况(含推测)

资料来源：商标局(预测数据通过前三年年增长率平均值推测)。

3) 商标代理机构排名

根据白兔软件数据，作者统计出 2019 年全国商标代理机构申请量榜单(TOP15)如表 3-10 所示(数据提取时间范围为 2019 年 1 月 1 日～2019 年 12 月 31 日)。商标申请量前三的商标代理机构分别为：阿里巴巴(574415 件)、权大师(267174 件)、中细软(147688 件)，该统计数据不包含已提交申请但未在商标局官网公布的商标数据。

表 3-10 2019 年全国商标代理机构申请量榜单(TOP15)

序号	代理机构	申请总量/件	合并名单	申请量/件
1	阿里巴巴	574415	阿里巴巴科技(北京)有限公司	574415
2	权大师	267174	北京梦知网科技有限公司	265522
			天津布瑞汉德知识产权有限公司	0
			北京布瑞知识产权代理有限公司	1652
3	中细软	147688	北京细软智谷知识产权代理有限责任公司	140413
			天津细软知识产权科技有限公司	3217
			陕西中细软知识产权服务有限公司	3766
			深圳中细软知识产权运营有限公司	264
			福建中细软知识产权代理有限责任公司	28
			中技细软(北京)知识产权代理有限公司	0
4	猪八戒	138711	重庆猪八戒网络有限公司	0
			重庆猪八戒知识产权服务有限公司	52498
			重庆猪八戒威玛科技有限公司	0
			重庆猪八戒知识产权服务有限公司	52498
			重庆猪八戒知识产权服务有限公司第一分公司	432

续表

序号	代理机构	申请总量/件	合并名单	申请量/件
			重庆猪八戒知识产权服务有限公司第二分公司	464
			重庆猪八戒知识产权服务有限公司第三分公司	0
			重庆猪八戒知识产权服务有限公司第四分公司	12509
			重庆猪八戒知识产权服务有限公司第五分公司	13053
			重庆猪八戒知识产权服务有限公司第六分公司	7257
			重庆天蓬知识产权服务有限公司	0
5	汇桔网	66838	广州联瑞知识产权代理有限公司	60875
			联瑞瑞丰(北京)知识产权代理有限公司	5963
			上海联瑞知识产权代理有限公司	0
			北京博鳌纵横网络科技有限公司	0
6	知果果	64488	北京知果科技有限公司	53021
			南京知果网络科技有限公司	11467
			扶友(北京)知识产权代理有限公司	0
7	杭州知协	62186	杭州知协网络技术有限公司	61817
			杭州电商互联科技有限公司	369
8	393 商标网	60587	厦门叁玖叁科技有限公司	59948
			中恒信远(厦门)知识产权有限公司	639
9	盛凡网	57559	北京盛凡网知识产权代理有限公司	29431
			江苏盛凡知识产权服务股份有限公司	9910
			北京清上知识产权代理事务所有限公司	674
			北京理士知识产权代理有限公司	17544
10	尚标网	57261	上海尚标知识产权代理有限公司	46227
			临沂尚标知识产权代理有限公司	7059
			北京尚标知识产权代理有限公司	3975
11	超凡	54868	北京超凡知识产权代理有限公司	22962
			超凡知识产权服务股份有限公司	25812
			超凡知识产权服务股份有限公司北京分公司	866
			杭州超凡知识产权代理有限公司	0
			深圳超凡知识产权代理有限公司	0
			四川超凡知识产权服务股份有限公司	0
			重庆超凡知识产权代理有限公司	0
			成都市志诚商标代理有限公司	5228
12	知呱呱	43187	北京知呱呱科技服务有限公司	43187
13	高沃国际	37600	北京高沃国际知识产权代理有限公司	37600
14	集佳	32439	北京集佳知识产权代理有限公司	29011
			北京市集佳律师事务所	3428

续表

序号	代理机构	申请总量/件	合并名单	申请量/件
15	麦田在线	32090	北京麦田在线知识产权代理有限公司	32090

资料来源：白兔软件。

2. 专利服务竞争者

1) 专利代理概况

根据国家知识产权局公布的数据，2009～2019 年国内专利申请代理占比在 60%～70%[①]。根据前面章节全国专利申请总量下降 7.5%推测，2019 年国内专利申请量为 380 余万件，国内专利申请代理量为近 270 万件(图 3-26)。

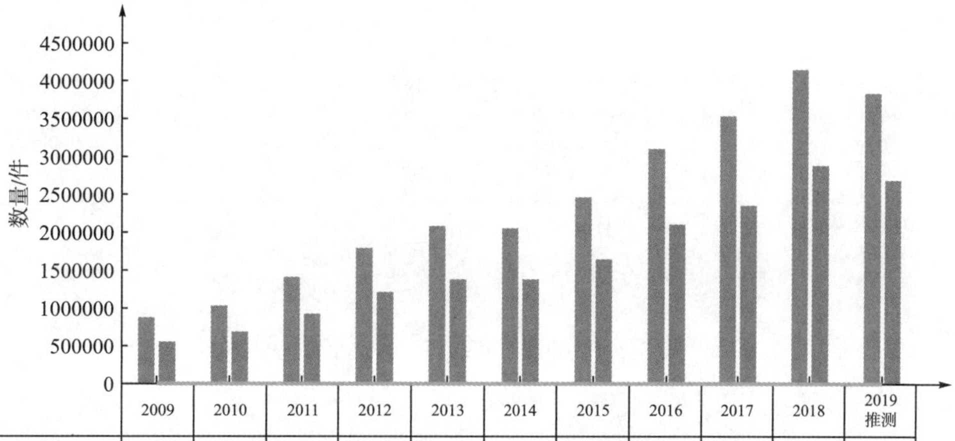

	2009	2010	2011	2012	2013	2014	2015	2016	2017	2018	2019推测
国内专利申请总量/件	877611	1032859	1411080	1792177	2083483	2053998	2461844	3103970	3536333	4146772	3835764
国内专利申请代理量/件	553760	685764	926580	1212940	1381327	1380925	1644497	2103678	2352601	2885471	2685034
国内专利申请代理占比/%	63	66	66	68	66	67	67	68	67	70	70

图 3-26　2009～2019 年国内专利申请代理情况(含推测)

资料来源：国家知识产权局。(见彩图版)

2) 专利代理机构概况

根据国家知识产权局公布的数据，2008～2012 年，全国专利代理机构以平均每年约 50 家的数量平缓增长，从 2013 年开始，全国专利代理机构数量突破 1000 家，开始逐渐加快增长幅度[②]。2019 年，专利代理机构数量达到 2619 家，较 2018 年增加 498 家，增长率为 23.48%(表 3-11 和图 3-27)。

①国家知识产权局，[2020-02-20]. 2015-2019《国家知识产权局统计年报》，http://www.cnipa.gov.cn/tjxx/index.htm.
②国家知识产权局，[2019-07-20]. 专利代理行业发展状况(2017 年)显示：中国专代理事业发展势头良好，http://www.sipo.gov.cn/mtsd/1123783.htm.

表 3-11 2008～2019 年中国专利代理机构情况

指标	2008	2009	2010	2011	2012	2013	2014	2015	2016	2017	2018	2019
机构总数/家	704	763	799	869	912	1002	1103	1256	1511	1824	2121	2619
年增长率/%	—	8.38	4.72	8.76	4.95	9.87	10.08	13.87	20.30	20.71	16.28	23.48
增长量/家	—	59	36	70	43	90	101	153	255	313	297	498

资料来源：国家知识产权局。

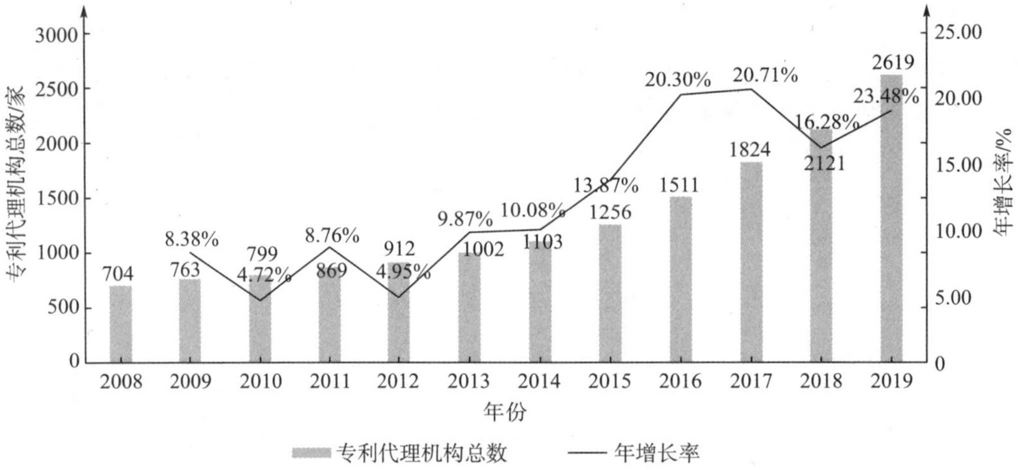

图 3-27 2008～2019 年我国专利代理机构情况

资料来源：国家知识产权局。

根据国家知识产权局公布的 2019 年数据，各省(区、市)的专利代理机构数量存在着较大差异。专利代理机构主要分布在北京市、广东省、江苏省、上海市、浙江省五地，东部及沿海经济发达地区专利代理机构较多，区域分布情况与各省(区、市)专利申请量基本吻合。北京市、广东省、江苏省、上海市、浙江省、四川省和山东省这七个省(市)的专利代理机构超过 100 家，其中，北京专利代理机构数量居全国之首，共 637 家，占全国专利代理机构总数的 24.32%；广东位列第二位，共 443 家，占全国专利代理机构总数的 16.91%；江苏位列第三位，共 238 家，占全国专利代理机构总数的 9.09%；上海和浙江分别以 173 家、162 家位列第四、五位，分别占全国专利代理机构总数的 6.61%和 5.19%。内蒙古自治区、西藏自治区、青海省、海南省、宁夏回族自治区、新疆维吾尔自治区、甘肃省的专利代理机构数量均少于 10 家。这些地区主要分布在中国的西部，经济和科技发展较东中部地区有一定的差距，这也从一定程度上反映了对知识产权服务的需求与经济发展程度成正相关①(图 3-28)。

①国家知识产权局专利代理管理系统，[2019-1-10]. 年度报告公示查询，http://dlgl.cnipa.gov.cn/txnqueryNdbg.do.

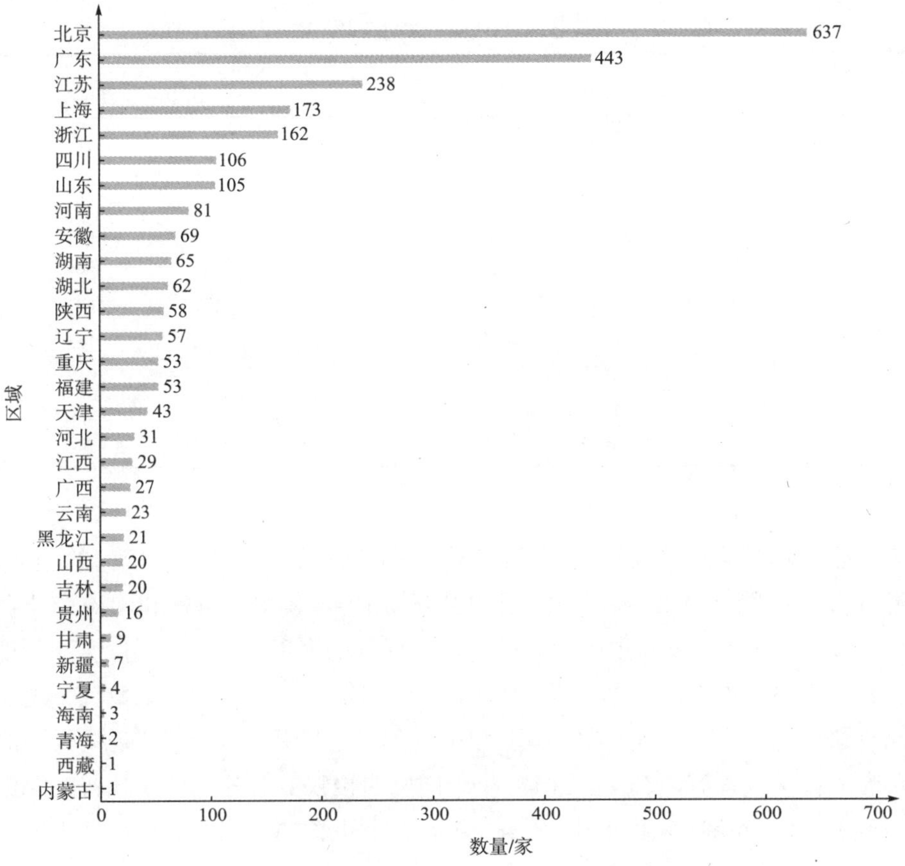

图 3-28 2019 年我国专利代理机构区域分布

资料来源：国家知识产权局。

3）专利代理机构排名（TOP10）

2020 年初，知识产权产业媒体 IPRdaily 与 incoPat 创新指数研究中心联合发布《2019 年全国专利代理机构发明授权专利代理量排行榜（TOP100）》①，统计 2019 年 1 月 1 日～12 月 31 日，中华人民共和国国家知识产权局公告的发明专利授权数量（不含港、澳、台地区），对全国专利代理机构按 2019 年代理的发明专利授权数量进行排名。如表 3-12 所示，专利代理量在 3000 件以上的有 22 家机构，入榜前十名代理机构代理量均在 4700 件以上。其中，发明专利授权量前三的代理机构分别为：北京集佳知识产权代理有限公司（10833 件）、中国专利代理（香港）有限公司（9113 件）、中国国际贸易促进委员会专利商标事务所（7607 件）。排名第一的北京集佳知识产权代理有限公司代理专利的申请人来源国，中国本土占比 59.71%，其次为日本占比 18.19%；进一步分析发现，该机构客户群体以企业为主，占比 88.01%，其次为大专院校占比 7.14%、科研单位占比 3.05%；主要涉及计算/推算/计数、电通信技术和基本电气元件等技术领域的专利代理。本章摘取 2019 年全国专利代理机构发明授权排行榜前 10 名。

① IPRdaily，[2020-09-30]. 2019 年全国专利代理机构「发明授权专利代理量」排行榜（TOP100），http://www.iprdaily.cn/news_23620.html

表 3-12　2019 年全国专利代理机构发明授权排行榜（TOP10）

排名	代理机构	2019 年代理的中国发明授权专利数量/件
1	北京集佳知识产权代理有限公司	10833
2	中国专利代理（香港）有限公司	9113
3	中国国际贸易促进委员会专利商标事务所	7607
4	北京市柳沈律师事务所	6651
5	北京三友知识产权代理有限公司	5999
6	广州三环专利商标代理有限公司	5250
7	永新专利商标代理有限公司	5153
8	中科专利商标代理有限责任公司	5054
9	上海专利商标事务所有限公司	4760
10	北京康信知识产权代理有限责任公司	4744

资料来源：IPRdaily。

PCT 代理量和外到内的案源占比是代理机构涉外市场能力和营收能力的综合体现，外到内案源代理量体现了中国专利代理机构与国外知识产权服务机构和国外企业合作的加强，也是中国市场开放程度和中国代理机构能力提升的表现。从发明授权专利代理总量前十名的机构代理总量的案源类别来看，2019 年中国发明授权专利本土案源代理量最多的机构是北京集佳知识产权代理有限公司，2019 年 PCT 发明申请专利代理量最多的机构是广州三环专利商标代理有限公司，2019 年中国发明授权专利外到内案源代理量最多的机构是中国专利代理（香港）有限公司。此外，仅有三家机构的本土案源代理量占比高于外到内案源代理量：北京集佳知识产权代理有限公司（59.71%），广州三环专利商标代理有限公司（96.7%），北京康信知识产权代理有限责任公司（54.28%）。2019 年 PCT 发明申请专利代理量均在 330 件以上；有七家机构的外到内的案源代理量占比超过本土案源代理量占比（图 3-29）。

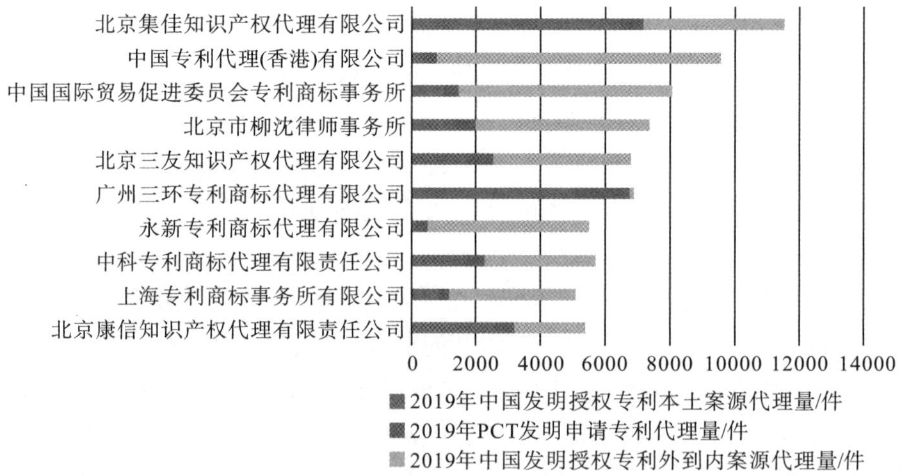

图 3-29　专利代理量和外到内的案源情况

资料来源：IPRdaily。（见彩图版）

根据知了网数据，截至2020年5月，累计专利申请量最高的是中国专利代理（香港）有限公司，达到386204件；第二是中国国际贸易促进委员会专利商标事务所，达到308766件；第三是北京集佳知识产权代理有限公司，达到302715件；第四是北京科亿知识产权代理事务所（普通合伙），达到254948件；第五是北京市柳沈律师事务所，达到201903件（表3-13）。

表3-13　全国专利代理机构累计专利申请量排行榜（TOP10）

排名	代理机构名称	累计专利申请总量/件
1	中国专利代理（香港）有限公司	386204
2	中国国际贸易促进委员会专利商标事务所	308766
3	北京集佳知识产权代理有限公司	302715
4	北京科亿知识产权代理事务所（普通合伙）	254948
5	北京市柳沈律师事务所	201903
6	广州三环专利商标代理有限公司	195337
7	上海专利商标事务所有限公司	190306
8	中科专利商标代理有限责任公司	178580
9	北京三友知识产权代理有限公司	159447
10	苏州创元专利商标事务所有限公司	156382

3. 版权服务竞争者

由于受版权保护的作品范围较为广泛，包括小说、诗词、散文、论文等文字作品；讲课、演说、布道等口语作品；配词或未配词的音乐作品；戏剧或音乐戏剧作品；哑剧和舞蹈艺术作品、绘画、书法、版画、雕塑、雕刻等美术作品；建筑、摄影等艺术作品。而国内版权代理起步较晚，发展缓慢，大多数由主要业务为商标和专利代理的知识产权代理机构兼做版权代理业务，而专门围绕版权代理的机构较少。

在数量有限的版权代理机构中，除了线下传统代理机构外，近几年出现互联网+版权、区块链+版权的线上平台型版权代理机构，大多数围绕版权确权登记、诉讼维权、交易变现、监测管理、渠道发行、资源对接、社区交流等业务，以下将盘点中国部分有代表性的版权代理机构情况（表3-14和表3-15）。

表3-14　中国部分版权代理机构情况（一）

名称	简介	详细介绍	所属公司	公司规模
阿里鱼（阿里巴巴旗下平台）	版权交易平台	阿里巴巴集团是一家综合互联网公司，业务涵盖电子商务、金融、支付、云计算等领域，旗下有天猫、淘宝、蚂蚁金服、阿里云等公司。阿里鱼为国内外版权方和优质品牌商家提供一站式互联网授权方案，以大数据匹配为核心，包含授权交易、授权管理、联合营销、在线销售、自动分账等服务	阿里巴巴集团，成立于1999年；阿里鱼亮相时间为2016年5月	2000人以上（阿里巴巴）

续表

名称	简介	详细介绍	所属公司	公司规模
酷版权（猪八戒旗下平台）	版权登记变现维权平台	酷版权是猪八戒旗下致力于为原创者作品提供版权登记、变现、维权的开放平台	重庆猪八戒网络有限公司，成立于2005年12月	1000～2000人
纸贵版权（纸贵科技旗下平台）	互联网+版权服务平台	纸贵科技是一家专注于区块链技术开发和企业级区块链解决方案的高新技术企业，于2018年成为超级账本中国成员，提供定制化的企业级区块链解决方案；同时深耕文化版权领域，通过区块链重塑版权价值，力图打造可信任的版权数据库以及数字化版权资产交易平台，并提供侵权监测、法律维权、IP孵化等相关服务	西安纸贵互联网科技有限公司，成立于2016年7月	100～150人
鲸版权（维权骑士旗下平台）	线上版权服务平台	维权骑士是一个为个人原创者提供版权维护管理、内容分发的服务平台，源于为知乎的原创作者进行的原创维权代理竞拍行动。鲸版权是维权骑士团队积累了丰富的技术能力与版权专业经验后，为满足内容商业运营全流程过程中每一个阶段参与者多样版权需求倾力打造的线上版权服务平台	维权骑士——杭州刀豆网络科技有限公司，成立于2015年9月；鲸版权——南京花豆网络科技有限公司，成立于2018年6月	30～50人（维权骑士）
版权家	为著作权人提供一站式版权综合服务	北京版全家科技发展有限公司是厦门安妮股份有限公司（股票代码：002235）的全资子公司，致力于发展数字版权服务市场。版权家为互联网新媒体产业链中的著作权人在线提供具有国家公信力的（数字）作品版权登记、转授权合同备案登记、版权检索、版权交易、版税结算、侵权举报和维权申诉等快捷的一站式版权综合服务	北京版全家科技发展有限公司，成立于2016年7月	300～500人
亿书	区块链版权保护和交易平台	亿书是一家专注于使用区块链解决版权存证、版权交易、内容分发、知识创富的技术驱动型文化科技公司	亿书链（北京）文化科技有限公司，成立于2018年5月	
妹夫家	短视频及素材版权供应和发行平台	北京妹夫家传媒科技有限公司以全球短视频/素材版权中心为网络平台，定位短视频版权的交易和服务，为短视频需求者/平台提供最契合的内容，致力于建立中国最大的短视频版权交易平台	北京妹夫家传媒科技有限公司，成立于2016年4月	
云莱坞	影视版权交易平台与编剧社区	云莱坞是一家主打好故事、剧集创作的文娱平台，致力于为影视行业发现好故事与优秀写作者，以移动互联网聚合写作者与影视人，驱动版权交易与故事创作，为每个人开启娱乐产业之门	北京云莱坞文化传媒有限公司，成立于2015年7月	50～100人
快版权	互联网版权服务网站	快版权是一家互联网版权服务网站，致力于网络版权监测与维权，并整合云计算技术、版权标识技术、版权认证技术、音视频编解码技术等，联合行业资深律所、科技公司、知识产权服务公司，为合作伙伴及其项目方提供服务。平台所有法律业务由浙江秉格律师事务所提供	杭州快版信息技术有限公司，成立于2016年8月	15～30人
艺狗	文创版权电商App平台	艺狗App是由北京艺高联盟艺术产业发展中心有限公司研发，中云文化大数据科技有限公司提供技术支持，其一键式免费版权登记模式，可以尽可能地服务于全国的艺术院校师生、全国的文创设计师。平台可以让艺术从业者，得到一个简便、快捷、高效的版权存证与登记，这个方式运行于手机客户端，可以让文创设计师们随时随地完成一件作品的版权存证	北京艺高联盟艺术产业发展中心有限公司，App于2018年7月上线	小于50人

续表

名称	简介	详细介绍	所属公司	公司规模
CCDI 版权云	国家数字音像传播服务平台	中国文化（出版广电）大数据产业项目（China Culture Data Industry，CCDI），以出版广电大数据中心建设为基础，旨在以大数据（云计算）为支撑，基于互联网的出版及广电战略性新项目开发为突破口，推动建设服务国家信息安全、更加智能化和可管可控的重要信息网络基础设施，进而探索出版广电行业在新形势下跨省区、跨行业、跨网络、跨终端、跨所有制的发展新模式，形成“云、管、端”一体化的技术、市场新体系，助推传统媒体和新兴媒体融合发展	中云文化大数据科技有限公司	50～100 人

资料来源：各机构官网、IT 桔子。

表 3-15　中国部分版权代理机构情况（二）

名称	平台业务	创始人	所获投资	资源及亮点
阿里鱼（阿里巴巴旗下平台）	授权交易、授权管理、联合营销、在线销售、自动分账	创始人：马云，阿里巴巴集团创始人、董事会主席。1964 年 9 月 10 日出生。1988 年，从杭州师范学院外语系英语专业毕业后去了杭州电子工学院，任英文及国际贸易讲师；1992 年成立海博翻译社；1995 年 4 月成立中国黄页；1999 年成立阿里巴巴	暂无	阿里巴巴旗下平台，采用阿里大数据；直达 10 万精选品牌和 4.34 亿活跃买家；2018 年 7 月宣布，与东京电视台、特纳、中影、华谊兄弟品牌管理等四大全球顶级 IP 版权机构，就天猫动漫模玩一级类目展开战略合作
酷版权（猪八戒旗下平台）	版权登记等	猪八戒网创始人、CEO：朱明跃，曾做过教师，并有 10 年媒体从业经历。2006 年 10 月，辞去记者工作，花 500 元创办现在的猪八戒网	暂无	猪八戒网旗下品牌，重庆市版权局战略合作伙伴，100+代理机构使用，已有 6.6 万余人通过酷版权平台成功保护作品
纸贵版权（纸贵科技旗下平台）	版权登记等	CEO：唐凌，西安交通大学保送生；2018 年福布斯亚洲 30 位 30 岁以下创业者；西安交通大学区块链技术与法律创新研究实验室发起人、APEC 未来学院顾问委员会委员、丝绸之路创新设计联盟专家组成员	2017 年 7 月 25 日获弘桥资本（领投）A 轮数千万元投资	最快 15 分钟定权；全类型存证（文本、图片、音频、视频、代码、商标、策划等）；区块链技术+国家版权局 双重登记方式
鲸版权（维权骑士旗下平台）	版权保护、监测、登记、管理	维权骑士联合创始人：陈敛，华中科技大学本科、工商管理双学位；上海交通大学硕士毕业，曾任淘宝网营销平台产品运营，负责原创营销评测产品运营，阿里集团校招 A+计划，曾和团队一起开发运营面向海外市场工具站并盈利，有丰富的需求分析经验	2017 年 8 月 15 日获新净信（领投）青锐创投 A 轮 1600 万元投资	维权骑士团队技术能力与版权专业经验；内容企业与创作者可使用平台提供的成熟模板与专业工具，轻松构建版权体系
版权家	版权登记、维权、交易等	总经理：张杰	暂无	版权家是中国版权保护中心 DCI 研发战略合作伙伴，已累积版权服务 1000000 次以上
亿书	版权存证、版权交易、内容分发	CEO 兼创始人：朱志文，曾是世界 500 强企业的高级管理者，中国区块链俱乐部主创之一，15 年以上开发管理经验，带领团队开发完成多个大型企业级应用。中国区块链技术社区的代表人物，《Node.js 区块链开发》（机械工业出版社）作者，CSDN 区块链知识库创建者	暂无	亿书链科技拥有完全自主知识产权的区块链产品和技术，具备强大的底层技术开发能力，从底层链搭建开始，到应用层开发，拥有完善的技术文档和开发教程。亿书链，采用 DDN 区块链技术，符合 DDN 网络规范，并结合亿书具体需求，全面优化设计。DDN 区块链区别于比特币、以太坊等传统区块链，具有跨链、侧链、链上资产等技术，可以多链并行。独有的模块化设计、可视化操作，可以帮助企业快速定制自己的区块链产品
妹夫家	版权渠道发行、版权	创始人：闻进，原新浪网副总编辑。加利福尼亚大学伯克利分校（UC Berkeley）	2017 年 4 月获得微影资	搭建旨在互相交流与合作、拓展短视频流量价值的全媒体智库及社群，聚

续表

名称	平台业务	创始人	所获投资	资源及亮点
	登记/维权、版权咨询与版权营销等	访问学者；北京大学美学博士；中国电子协会委员；曾任北京互联网视听协会副会长，中国版权技术协会委员等；2014年12月离开新浪，创建了基于媒体人创业创新服务的MF+全媒体智库	本领投，新榜跟投 Pre-A 轮融资 1000 万元	集了近 300 位互联网及媒体总编辑和制作人成员
云莱坞	线上版权交易、免费版权保护、连接资源行业资源	创始人、CEO：吴又，著名出版人、IP 管理运营专家、制片人，2009 年中国年度出版人（民营出版最高奖），2010 年被《出版人》杂志评选为中国年度策划人。读客图书创始人，凤凰联动影业合伙人。曾出版《藏地密码》《黑道风云 20 年》等一批畅销千万册的超级畅销书，参与出品、制作大热电影电视剧项目，参与运营诸多超级大卖青春 IP	2016年12月4日获艾瑞资本（艾瑞）、启诚资本、英诺天使基金 A 轮数千万元投资	云莱坞影视版权成交金额已达数亿；拥有超过 10 万个实力作家编剧及超过 5000 个影视机构资源；举办新编剧大赛、编剧沙龙等
快版权	版权证明、项目监测、盗版检测、追缴维权、举报助手	创始人、CEO：严飞，拥有律师背景，过去从事影视版权领域的法律服务，首次创业的项目是一个互联网影视版权交易平台——智慧淘	2016年9月6日获杭州紫泉投资（领投）天使轮数百万元投资	独家合作律所——浙江秉格律师事务所，“0 元维权”，已成功维权 10 万个作品；已成功追回 5 千万赔偿；与初版深度合作，无法篡改的时间戳+区块链技术
艺狗	艺狗 App 三大板块①版权登记与文创产品的电商平台；②文创设计师群体的社交平台；③艺术毕业季的信息展示平台	王文超，北京艺高联盟艺术产业发展中心总经理、全国高校艺术教育专家联盟秘书长；林宁，中云文化大数据科技有限公司副总经理；王中，中央美术学院城市设计学院院长、全国高校艺术教育专家联盟主席	暂无	专注于版权的文创产品交易平台，颠覆传统版权登记流程，便捷、快速、高效的数字化平台无法篡改的版权登记记录，基于区块链技术的永久存在证明
CCDI 版权云	版权监测、区块链数字版权登记、CCDI 数据中心		暂无	致力于建设国家级版权数据库，建设国家级数字内容传播监测平台、分发平台以及交易平台；打造涵盖视频、音乐、文学、游戏、动漫、图片等领域的全产业链大文化电商平台

资料来源：各机构官网、IT 桔子。

4. 知识产权信息服务竞争者

企业知识产权的布局影响企业未来的发展潜力，而目前国内只有少数中大型企业拥有独立的知识产权管理部门，绝大多数中小型企业甚至初创企业，并无独立的知识产权管理部门，或者即便设置了知识产权管理岗位，也会因岗位人员数量过少、流动频繁等原因影响知识产权管理工作的连续性和有效性。同样，对于专利出产率较高的高校、科研院所和事业单位，基本依靠内部设立的科技处、技术转移中心等部门的几位管理人员来管理每年大量产出的知识产权，人员也是“捉襟见肘”。

因此，急需专业的知识产权管理机构来代理企业、高校、科研院所和事业单位的日常知识产权管理工作，包括制定知识产权策略、拟定各项管理制度、追踪技术发展动态、搭建数据检索平台等。而目前国内专门围绕知识产权管理的机构/企业还较少。在数量有限的知识产权管理代理机构中，近几年出现了与互联网+、大数据、人工智能技术结合的知识产权管理代理机构，大多数提供专利数据库、专利地图、专利分析等专利管理系统服务，以及文献搜索、知识产权战略规划、流程优化、业务培训等管理咨询服务，以下将盘点中国部分有代表性的知识产权+大数据、人工智能管理平台/机构情况（表 3-16 和表 3-17）。

表 3-16　中国部分知识产权+大数据、人工智能管理代理机构情况（一）

名称	简介	详细介绍	所属公司	公司规模
科睿唯安	专业信息服务提供商	成立于 2016 年 10 月 4 日，剥离于原汤森路透知识产权与科技事业部，由汤森路透出售给加拿大 Onex 公司及其旗下的资金和霸菱亚洲私募基金（Baring Private Equity Asia，BPEA）	科睿唯安信息服务（北京）有限公司	遍布世界 100 多个国家和地区的超过 4000 名员工
Patentcloud	知识产权软件公司	成立于 2014 年。利用最新的人工智能和最好的技术应用新技术为行业人士提供支持；融合云计算、大数据与专利实务经验，整合专利与非专利文献数据，以开放式创新的大数据云服务模式提供大众智慧经济。	孚创云端 InQuartik	
智慧芽（PatSnap）	知识产权信息服务商，提供专利检索、分析、管理一站式信息服务平台	成立于 2007 年，致力于让全球更多组织、机构了解并更高效地使用专利。通过提供强大又易用的专利工具，帮助客户从专利中获取更有价值的信息，从而促进企业更快、更好研发创新	智慧芽信息科技（苏州）有限公司	全球员工近 800 人。其中中国团队超过 500 人，70%为技术研发人员
incoPat（据最新报道已被科睿唯安并购）	科技创新情报平台	成立于 2011 年 9 月，合享汇智是一家为企业的研发创新与知识产权运用提供创新情报解决方案的企业	合享汇智信息科技集团有限公司	公司规模：100～150 人
Patentics	专利智能检索分析平台	索意互动（北京）信息技术有限公司于 2006 年 5 月 29 日在海淀分局登记成立。公司经营范围包括技术开发、技术转让、技术咨询、技术服务、工程咨询等	索意互动（北京）信息技术有限公司	
大为	知识产权整体解决方案提供商	成立于 2001 年，专注于知识产权服务领域，与美国、日本等知识产权服务商深度合作。以国际化视野＋本土化战略，服务于中国高创新水平的科技型企业、大学、科研机构、政府等客户	大为计算机软件开发有限公司	实行“北京+保定”的双中心战略，在北京设有品牌中心，在保定设有研发中心，在深圳、上海、长沙、天津、石家庄等地设立分子公司及办事处
唯德	知识产权管理软件供应商	2014 年在深圳成立，是专业提供企业、代理机构知识产权管理软件的供应商，唯德凭借领先的技术实力和深厚的专利行业积累，产品自上市推广以来，已为两百多家企业及代理机构提供持续稳定的软件服务	深圳市唯德科创信息有限公司	公司规模：10～15 人
中译语通	全球领先的大数据与人工智能企业	成立于 2013 年，通过先进的自然语言处理与语义计算技术对全球海量数据进行挖掘与分析，构建行业知识图谱、算法模型与可视化分析平台，应用于金融、科技、工业、智慧城市、国家安全与行业咨询分析等领域，为全球企业级用户提供全方位的领先大数据与人工智能场景化的应用解决方案，包括但不限于行业大数据解决方案、全球语言科技服务、机器翻译、自然语言处理等技术服务	中译语通科技股份有限公司	150～300 人，拥有青岛、上海、陕西、成都分公司

资料来源：各机构官网、IT 桔子。

表 3-17　中国部分知识产权+大数据、人工智能管理代理机构（二）

名称	业务/产品	创始人	所获投资	资源及亮点
科睿唯安	其旗下拥有众多业界知名品牌，如 Web of Science 平台（包含科学引文索引，即 Science Citation Index，SCI）、InCites 平台、EndNote、Cortellis、德温特世界专利索引（Derwent World Patents Index，DWPI）、Thomson Innovation 平台、Techstreet 国际标准数据库等	首席执行官：Jay Nadler	2019 年 1 月 15 日，全球专业信息提供与分析服务领域的领导者科睿唯安和 Churchill 资本集团宣布双方达成最终合并协议。合并后的企业将以科睿唯安的名义运营并在纽约证券交易所上市。本次交易中企业初步估值为约 42 亿美元	现已有 60 多年的服务历史以及 100 多年的丰富经验。专业领域覆盖学术研究、生科与制药，专利与知识产权服务 3 大部分，提供 7 类产品，在知识产权服务方面具备全球顶尖优势。公司良性商业循环推动再投资效率，截至 2018 年第三季度的 12 个月中营收 9.5 亿美元，订阅收入 7.76 亿美元；订阅收入占比 82%，收入保留率 90%+，均位于行业前列；调整 EBITDA3.08 亿美元，盈利能力有望持续提升
Patentcloud	旗下有 Patentcloud 专利检索分析平台	CEO：周延鹏，在知识产权行业拥有超过 33 年的经验，富士康（鸿海）科技集团原法务长、台湾政治大学知识产权研究所副教授、世博集团首席顾问。著有《一堂课 2000 亿：智慧财产的战略及战术》《虎与狐的智慧力》等书		Quality Insights：一键式解决方案，迅速取得已整合的世界专利资料及审查历程资料、发现相似前案并发掘专利的真实质量。patent search：一站式全球专利检索系统与数据库，涵盖超过 100 个国家，更有效率地进行专利搜索、分析及管理专利组合。design search 是以图像为基础的设计专利检索工具，采用独家的深度学习技术，让检索设计专利变得更简单、更有效率
智慧芽（PatSnap）	专利数据库、专利地图、专利分析系统、化学数据库、智慧芽文献、专利管理系统	CEO：张济徽，毕业于新加坡国立大学生物工程系，并获得学士学位； 合伙人：关典	2018 年 10 月 10 日获建投华文 D+轮融资	截至 2017 年底，智慧芽已服务全球 40 多个国家超 5000+的知名商业客户。在英国伦敦、美国旧金山、中国北京，深圳及上海均设立分公司，同时拥有广州、香港、台湾 3 个办事处，是一家业务覆盖全球的国际化互联网软件服务公司
incoPat	incoPat 科技创新情报平台、incoIndex 上市公司创新指数和合享创新监测系统等多项产品	CEO：孙然先	2017 年 8 月 12 日获北京市重点产业知识产权运营基金（领投）A 轮数千万投资	用户输入一段话，系统自动匹配最相似专利技术。incoPat 利用大数据、AI 计算，创建了专利 DNA 分析技术，对每篇专利进行检测，对专利的文章级别、段落级别、词级别、语义级别进行特征抽取，再利用深度学习技术进行高纬度特征提取，运用于语义检索中
Patentics	网络版、客户端、微信小程序	法定代表人：裘钢		与传统的专利检索方式相比，Patentics 检索系统的最大特点是具有智能语义检索功能，可按照给出的任何中英文文本（包括词语、段落、句子、文章、专利公开号），即可根据文本内容包含的语义在全球专利数据库中找到与之相关的专利，并按照相关度排序，提高了检索的质量和检索效率
大为	知识产权战略规划/流程优化/信息化建设等管理咨询及专利检索/分析/培训等信息咨询服			十余年与欧美、日本等知识产权信息服务供应商深度合作经验；拥有业内高质量的完整的产品线，研发专利检

续表

名称	业务/产品	创始人	所获投资	资源及亮点
	务。旗下有 Innojet 知识产权协同创新管理系统、Innojoy 专利搜索引擎系统			索、专利分析、知识产权管理等 3 大系列成熟产品；加强软件和咨询的深度融合，经多年积累，形成了由前企业知识产权总监、前专利审查员、专利代理人、软件产品经理等多种背景的复合型团队
唯德	企业知识产权解决方案系统、代理机构知识产权解决方案系统	CEO：谢德意		系统操作便捷、流畅，专利业务全线上处理，自动化程度高。业务流程根据客户需求任意定制功能，可以满足不同使用者需求
中译语通	旗下有“译见”大数据分析平台、“译云”语言服务平台和“译库”专业工具平台	CEO：于洋	2017 年 12 月 21 日获四川文化产业股权投资基金、易居资本、深圳市投控东海一期基金、珠海金控通用产业股权投资基金、同方以衡投资基金 3.34 亿元 C 轮投资	专注于大数据分析、机器翻译、机器学习、语义搜索和深度神经网络的企业

资料来源：各机构官网、IT 桔子。

5. 知识产权诉讼服务竞争者

截至 2019 年底，全国共有律师事务所 3.2 万多家。其中，合伙所 1.94 万多家，占 59.55%；国资所 970 多家，占 2.98%；个人所 9200 多家，占 28.47%。从律师事务所规模来看，律师 10 人(含)以下的律师事务所 2.1 万多家，占 65.57%；律师 11～20 人的律师事务所 6860 多家，占 21.06%；律师 21～50 人的律师事务所 3420 多家，占 10.48%；律师 51～100 人的律师事务所 620 家，占 1.90%；律师 100 人(含)以上的律师事务所 320 多家，占 0.99%①。

根据著名法律评级机构钱伯斯(Chambers and Partners)发布的《2020 亚太法律指南》，(2020 Asia-Pacific Guide)，有 21 家律师事务所进入知识产权诉讼领域律所排名，有 14 家进入知识产权非诉讼领域律所排名，其中，有 7 家律所双榜有名，它们是：金杜律师事务所、柳沈律师事务所、铸成律师事务所、永新专利商标代理有限公司、集佳律师事务所、万慧达知识产权、中伦律师事务所。2020 年钱伯斯排名：中国律所排名(知识产权领域)参见表 3-18 ②。

表 3-18 2020 年钱伯斯排名：中国律所排名(知识产权领域)

等级	知识产权：诉讼	知识产权：非诉讼
第一等	方达律师事务所	中国贸促会专利商标事务所
	金杜律师事务所	中国专利代理有限公司

①司法部，[2020-09-20]. 2019 年度律师、基层法律服务工作统计分析，http://www.moj.gov.cn/organization/content/2020-06/24/574_3251377.html.
②智合研究院、钱伯斯官网，[2020-09-20]. 2020 钱伯斯亚太排名：中资所律所榜，https://www.zhihe.com/main/article/28881.

续表

等级	知识产权：诉讼	知识产权：非诉讼
	立方律师事务所	金杜律师事务所
		柳沈律师事务所
	金诚同达律师事务所	铸成律师事务所
	君合律师事务所	康信知识产权代理有限公司
第二等	联德律师事务所	永新专利商标代理有限公司
	万慧达知识产权	集佳律师事务所
	中伦律师事务所	万慧达知识产权
		中咨律师事务所
	安杰律师事务所	北京三友知识产权代理有限公司
第三等	铸成律师事务所	中原信达知识产权代理有限责任公司
	协力律师事务所	上海专利商标事务所有限公司
	华诚律师事务所	
	罗杰律师事务所	
第四等	隆安律师事务所	
	集佳律师事务所	
	正见永申律师事务所	
	锦天城律师事务所	中伦律师事务所
	环球律师事务所	
受认可律所	浩天信和律师事务所	
	柳沈律师事务所	
	永新专利商标代理有限公司	

资料来源：智合研究院、钱伯斯官网。

3.2.3 知识产权+互联网服务行业中的技术创新

本节主要从行业总体上看，概况性地介绍知识产权+互联网服务行业参与者都采用了哪些技术，并分析研究各项技术的应用行业，以及在知识产权行业的应用方式。具体的各项技术将在后面各个具体章节做分析。

1. 互联网技术

互联网技术是指在计算机技术的基础上开发建立的一种信息技术。互联网技术有三种含义，分别指硬件、软件和应用：硬件主要指数据存储、处理和传输的主机和网络通信设备；软件包括可用来搜集、存储、检索、分析、应用、评估信息的各种软件；应用指搜集、存储、检索、分析、应用、评估使用各种信息。

由于互联网技术的技术特性，其在各行各业都有广泛应用，本节提出最重要的三个应用行业作为示例，主要为了对比在各行各业与在知识产权服务业应用的区别。①互联网技术与工业融合，即传统工业企业在日常生产、管理中采用计算机网络技术，来改变原有生产物品的生产方式和研发方式，让生产出的产品能够更加切合用户使用需求，提高生产效率和质量，进而提高企业产品的竞争力，占据市场经济中的有利位置。②互联网技术与商贸融合。网络技术对商贸的影响日益增大，如今的计算机软件正在颠覆传统的商业模式，由于电子商务技术迅速发展，让各个企业的运营成本降低，同时也降低了商品的价格，提高社会人群的消费力，促进人们就业，实现企业升级转型。③互联网技术与金融相融合。互联网与金融之间的融合，其核心技术是企业经营数据与互联网平台之间的对接，能够保证金融机构实时了解借贷企业的日常经营情况，从而降低了金融机构的贷款风险以及资产评估误差，进而提高金融机构的贷款效率和贷款速率，降低企业融资成本（朱永成，2017）。

知识产权+互联网行业的应用主要在于：①搭建网站，越来越多的知识产权服务企业逐步搭建起自身的知识产权电商平台或网站，例如猪八戒、中细软、知果果等平台，都通过网络平台来了解客户的知识产权业务需求，获取客户；②网络营销，知识产权服务企业通过互联网技术，向目标客户推销自身品牌和相关产品；③提高效率，通过互联网技术，可以提高沟通效率，合理安排知识产权顾问和代理人等资源配置，提高订单量。

2. 大数据技术

麦肯锡全球研究所给出的“大数据”定义是：一种规模大到在获取、存储、管理、分析方面大大超出了传统数据库软件工具能力范围的数据集合，具有海量的数据规模、快速的数据流转、多样的数据类型和价值密度低四大特征。大数据技术，是指大数据的应用技术，涵盖各类大数据平台、大数据指数体系等大数据应用技术。大数据技术的战略意义不在于掌握庞大的数据信息，而在于对这些含有意义的数据进行专业化处理。从技术上看，大数据与云计算的关系就像一枚硬币的正反面一样密不可分。大数据必然无法用单台的计算机进行处理，必须采用分布式架构。它的特点在于对海量数据进行分布式数据挖掘。但它必须依托云计算的分布式处理、分布式数据库和云存储、虚拟化技术。

大数据技术的应用非常广泛，可以说有海量数据的地方，就可以有大数据技术的用武之地。如工业制造业，利用工业大数据提升制造业水平，包括产品故障诊断与预测、分析工艺流程、改进生产工艺，优化生产过程能耗、工业供应链分析与优化、生产计划与排程。又如在金融业，大数据在高频交易、社交情绪分析和信贷风险分析三大金融创新领域发挥重大作用。再如餐饮等商贸行业，利用大数据实现餐饮 O2O 模式，彻底改变传统餐饮经营方式。还如物流行业，利用大数据优化物流网络，提高物流效率，降低物流成本。

大数据技术在知识产权+互联网服务行业的应用：①利用大数据技术，收集整合国内外专利、商标、裁判文书、中外标准和中外科技期刊等全球知识产权数据资源，建立商标、专利、裁判文书等知识产权相关信息数据库，方便第一时间帮助客户寻找到需要的知识产权信息；②借助于大数据技术分析网站访客信息，更高效地区分客户类型，迅速提供相应服务；③从已有客户购买行为中分析出目标客户的客户画像，并针对客户画像，进行针对性的商品推荐和广告投放。

3. 区块链

什么是区块链？区块链是比特币的一个重要概念，是分布式数据存储、点对点传输、共识机制、加密算法等计算机技术的新型应用模式，它本质上是一个去中心化的数据库，同时作为比特币的底层技术，是一串使用密码学方法相关联产生的数据块，每一个数据块中包含了一批次比特币网络交易的信息，用于验证其信息的有效性(防伪)和生成下一个区块(杨熳，2017)。从科技层面来看，区块链涉及数学、密码学、互联网和计算机编程等很多科学技术问题。从应用视角来看，简单来说，区块链是一个分布式的共享账本和数据库，具有去中心化、不可篡改、全程留痕、可以追溯、集体维护、公开透明等特点。这些特点保证了区块链的“诚实”与“透明”，为区块链创造信任奠定基础。而区块链丰富的应用场景，基本上都基于区块链能够解决信息不对称问题，实现多个主体之间的协作信任与一致行动[①]。

对比大数据和云计算，区块链技术有什么区别呢？大数据和云计算时代数据的集中程度较高，导致云端中心的操纵权力过高，数据集体泄露的危险性加大，且所有数据都经过云端，效率低、成本高。区块链技术可以在保障内容不被篡改的前提下实现数据的去中心化存储，根本性地解决上述问题。

现在，区块链主要还是应用于货币(区块链 1.0)，将来会应用于超越货币之外的金融领域(区块链 2.0)，甚至超越金融领域的社会公证、智能化领域(区块链 3.0)。海外传统行业巨头从 2014 年起纷纷布局区块链领域，区块链创业活跃，遍布金融、医疗、音乐各领域：全球各大银行成立区块链联盟，德勤等著名会计师事务所研发区块链审计技术，纳斯达克首推区块链证券交易，IBM 联合三星布局区块链物联网。

知识产权与区块链技术对推动知识产权保护发挥着积极的作用，区块链技术的引入可极大地提升知识产权服务业运行效率，从确权、用权、维权三个环节解决产业链冗长繁杂的问题。举几个例子：①在知识产权申请变更登记管理上，知识产权的申请变更登记是知识产权确权的基本保障，区块链独特的身份账户体系，记录的知识产权信息作为申请变更登记的电子凭证，充分利用区块链技术的安全透明、不可篡改、易于跟踪等特点，记录知识产权及其变更历史。②在知识产权交易流通上，现阶段主流的知识产权尤其是版权的收益权，由于是以中心化机制为主导，中间成本高昂，受众群体少，盗版猖獗，权益人收益降低。区块链技术的去中心化机制，会大幅度降低交易成本，减少中间环节，增加受众群体，提高权益人的收益，推动了知识产权的交易。③知识产权服务平台与数据共享，基于

①新华网，[2019-11-04].区块链，换道超车的突破口. http://www.xinhuanet.com/politics/2019-11/04/c_1125190133.htm.

区块链的知识产权信息平台可以将知识产权交易过程中零散的用户和信息汇集起来，形成联合的分布式信息交易转化中心，使每个用户都成为区块链统一平台的一个节点，拥有各自的公钥和私钥，共同参与信息的验证和记录(刘伟和蔺宏宇，2016)。

4. 时间戳

时间戳的主要目的在于通过数字签名的技术手段，对数据产生的时间进行认证，从而验证这段数据在产生后是否经过篡改。签名的对象包括了原始文件信息、签名参数、签名时间等信息。时间戳系统用来产生和管理时间戳，对签名对象进行数字签名产生时间戳，以证明原始文件在签名时间之前已经存在[①]。所以时间戳服务的提供者必须证明服务中使用的时间源是可信的，所提供的时间戳服务是安全的。下面介绍最常见的几种时间戳协议，并对各个协议的原理进行分析(张帅，2016)。

作为新一代信息技术创新发展的突出代表，区块链技术在比特币等各类数字货币的快速发展中逐渐被各方认识和应用。随着区块链技术的创新与发展，在 2019 年上半年，一批“区块链+”的优秀产品陆续落地，部分产业应用已经由试点实验阶段逐渐进入应用推广阶段，区块链应用效果逐步显现。目前，区块链在金融服务、电子政务、公证认证、溯源等行业和领域应用成果显著，为区块链应用的进一步推广打下坚实基础(黄忠义，2020)。

时间戳在知识产权方面的应用也越来越广泛。如近些年，在知识产权取证系统保全证据方面，越来越多的权利人使用电子“时间戳”取证系统保全证据。其原因在于在知识产权案件不断增长的当下，取证难、确权难仍是困扰权利人维护自身合法权益的重要难题。而申请公证机关保全证据，是权利人固定证据、维权的重要手段。但证据保全公证存在时间长、费用高等不足，从申请到出具公证文书一般需要 15 日、一宗保全公证大约收费 1000 元。电子“时间戳”取证系统可为通话录音、手机录音、拍照、摄像、网页浏览等电子证据向国家授时中心申请签发“时间戳”电子印章。例如，在一起网络平台的商标侵权案件中，权利人登录某网站购买侵权物品，然后对网页上的购物订单、商品展示图、网店信息介绍进行截图并通过电子“时间戳”取证系统上传至“时间戳”服务中心系统，“时间戳”服务中心系统调用授时中心的时间对前述电子证据签发“时间戳”印章，证明自权利人申请“时间戳”时起内容保持完整、未被更改，从而将证据内容和取证时间予以固定。“时间戳”服务中心系统的收费每次 10 元左右，成本低廉。“时间戳”是由国家授时中心对权利人取得的数据电文在联网状态下进行认证签发，能确保数据形成时的完整性和不可篡改性，符合《电子签名法》的要求，故可以作为电子证据使用。

3.2.4 知识产权代理行业竞争态势分析

本节使用波特五力分析模型对知识产权代理行业进行分析。五力分析模型是由迈克

①张凡，2007.时间戳规范简介. 信息网络安全 7:38-39.中国科学院软件研究所信息安全国家重点实验室，GB/T 20519-2006.

尔·波特于 20 世纪 80 年代初提出。他认为行业中存在着决定竞争规模和程度的五种力量，这五种力量综合起来影响着产业的吸引力以及现有企业的竞争战略决策。五种力量分别为同行业内现有竞争者的竞争能力、潜在竞争者进入的能力、替代品的替代能力、供应商的讨价还价能力、购买者的讨价还价能力。针对本书研究的知识产权+互联网服务代理行业，本处只从潜在竞争者进入的能力、替代品的替代能力、供应商的讨价还价能力、购买者的讨价还价能力这四个维度进行分析，竞争者的竞争能力分析在前文及后面具体章节有详细论述，此处略去不再重复。

1. 潜在竞争者进入的能力

中国知识产权代理机构早期的发展模式是，知识产权代理人在原单位或机构积累了一定客户和经验后，就具备独立成立一个新的代理机构的能力。这一点对于门槛较低的商标和版权申请代理行业来说尤为如此，从近十年来不断增加的商标和版权代理机构便可看出，行业内有很多在传统商标和版权代理机构工作了数年的行业人士，单独出来设立互联网+的商标和版权代理机构，如知果果、权大师等。

但是相对商标和版权代理行业来说，专利代理行业门槛较高，而且设立时要符合“合伙制专利代理机构应当由 3 名以上合伙人共同出资发起，有限责任制专利代理机构应当由 5 名以上股东共同出资发起”“合伙人或者股东需要具有专利代理人资格、具有 2 年以上在专利代理机构执业的经历、能够专职从事专利代理业务、申请设立专利代理机构时的年龄不超过 65 周岁”等资质条件，加上专利代理人难度堪比国家司法考试，每年通过人数不多。因此，这些都会在一定程度上限制了专利代理机构的发展速度。来看一组数据，截至 2019 年 11 月底，全国专利代理机构达到 2649 家，执业专利代理师（原称专利代理人）突破 2 万人，与 2012 年底相比，分别增长了 1.9 倍和 1.5 倍。乍一看，好像专利代理机构也增长了不少，但是对比一下全国专利申请数量的情况（2019 年，全国专利申请量达到 438 万余件，与 2012 年 65.28 万件相比，增长了 5.7 倍）。可以发现，专利代理人和专利代理机构的增长远远低于专利申请量的增长，也可以看出，专利代理人等人才是专利代理行业最重要的资源。因此，积累专利人才对专利代理机构顺利进入专利行业、创建品牌优势至关重要。近年来，中国专利代理机构和律师事务所数量不断增长，也有部分是原先供职专利局或专利审查中心等国家政府部门和事业单位的公务员，在积累了一定的人脉后，辞去公职转而进入到专利代理行业。

2. 替代品的替代能力

近年来，市场上出现了快法务、顶呱呱、鱼爪网等一系列围绕创业或初创企业服务的电商平台，这种电商平台大多针对企业生态全周期所需服务进行产品和服务布局，为目标企业客户提供一站式服务，因此服务内容广泛，涵盖企业工商、财税、人事、法务等方面，其中就包括以商标、专利、版权等为主的知识产权代理服务。具体来说，这类电商平台的主要业务并非知识产权，因此拥有的知识产权服务类产品多是商标申请、专利申请、版权登记、商标交易、专利交易、版权交易，而对难度较高的知识产权战略布局、专利分析与防御、商标质押融资、版权运营等就较少涉猎。可以说该类平台有知识产权代理服务的替代品，但是其替代能力有限，知识产权类的服务专业度、服务链条长度和产品丰富度，尚不能替代以知识产权为主的服务代理机构。

3. 供应商的讨价还价能力

首先明确一下供应商的概念。供应商是指向企业及其竞争对手供应各种所需资源的企业和个人，包括提供原材料、设备、能源、劳务等。对于知识产权服务机构而言，其相关服务的供应商情况是不同的。如知识产权确权代理业务，绝大多数没有供应商，这类情况下拥有相关产品或服务的人员团队、流程制度、服务售后，由机构或平台自己来完成业务；又如知识产权交易代理业务，知识产权所有人就是供应商，其议价能力较强，实际交易的价格取决于该所有权人的达成交易的急切程度、知识产权价值、有购买意向的买方数量等。

但以上情况也并不绝对，因为随着知识产权服务行业的发展，一切服务也都在随着消费者和市场的需求不断变革和更新。就拿知识产权确权代理服务来说，近些年兴起的个别综合性知识产权电商平台，采取的是广招渠道商或供应商的方式，因而可以像百货零售业里的淘宝、天猫平台一样，自身并不做自营产品或服务，只是产品或服务的中介。一般情况下，知识产权+互联网服务机构或平台都有自身的电商平台，并不会进驻到这类电商平台上，去为他人充流量和引流，所以进驻到这类电商平台的大多数是传统或线下知识产权代理机构或公司。这类知识产权电商平台，其供应商的议价能力取决平台的规模和供应商专业能力的大小，如平台规模大的阿里知识产权，则供应商议价能力就会低，如平台规模一般，且无太大的差异性，而供应商专业性强，则供应商议价能力就会高。又比如，对知识产权交易服务来说，也有个别知识产权服务机构会自己囤一些商标或专利等知识产权，也就是相当于将知识产权交易业务变为部分自营。

4. 购买者的讨价还价能力

随着商标注册便利化改革扎实推进、新兴“互联网+”知识产权服务平台的崛起，全国企业商标品牌意识显著增强，商标申请注册量增长幅度较大，便捷度和服务水平不断提高。截至 2019 年底，有效商标注册量达 2521.9 万件，增长率为 28.9%，大部分商标代理机构均是规模较小的企业，且商标代理服务是一种标准化产品，同时向多个服务提供商询价和购买服务也经济可行。

对专利申请者而言，专利质量直接关系到技术保护效果和程度。从技术因素来讲，专利技术使得专利具有保密性，技术性较高、较先进专利的申请者会谨慎选择代理机构，在选好代理机构后，也不会因为价格而随便更换代理机构；从法律因素来讲，专利质量的强度高低和专利权的稳定性强度有关，而专利权的稳定性与多种因素紧密相关，如专利撰写的质量：撰写权利要求要以主张权利为重点、要有针对性提出权利要求等。因此，在将专利技术转换为法律语言时，为提高专利撰写质量，专利申请者的议价能力稍低；如若只为拿专利证书评等定级，则该类消费者会更倾向于价格低廉的代理机构，议价能力也较高。

3.3　知识产权行业人才

3.3.1　知识产权人才现状分析

1. 专利代理人/专利代理师情况

全国专利代理人/专利代理师资格考试是由国家知识产权局直接组织、各考点地方知识产权局协同实施的全国性行业资格考试。近年来，随着国家创新驱动发展战略实施和加快建设知识产权强国，科技创新不断加强，知识产权事业快速发展，吸引了越来越多的优秀人才报名参加专利代理人/专利代理师资格考试。据介绍，专利代理人/专利代理师资格考试制度自 1992 年建立以来，经过多年的发展完善，专利代理人/专利代理师资格考试已成为国内具有重要影响的专业资质考试，成为科学选拔和培养创新与知识产权服务人才的重要途径。目前，全国共有 4.7519 万人获得了专利代理人/专利代理师资格证书，其中执业专利代理人/专利代理师 1.9931 万人。专利代理队伍不断壮大、人才素质逐年提升、服务能力显著增强，有力推动了专利代理行业快速发展。

2010 年以来，全国专利代理人/专利代理师资格考试报名人数整体呈递增趋势，从 2010 年的 1 万余人报名，到 2013 年突破 2 万人，到 2016 年突破 3 万人，到 2019 年突破 4 万人，十年间增长近四倍。全国专利代理人/专利代理师资格考试通过人数呈逐年递增趋势，通过率保持在 11%～18%，2019 年通过人数最多，达到 5700 余人。2010～2019 年专利代理人考试情况详见图 3-30。

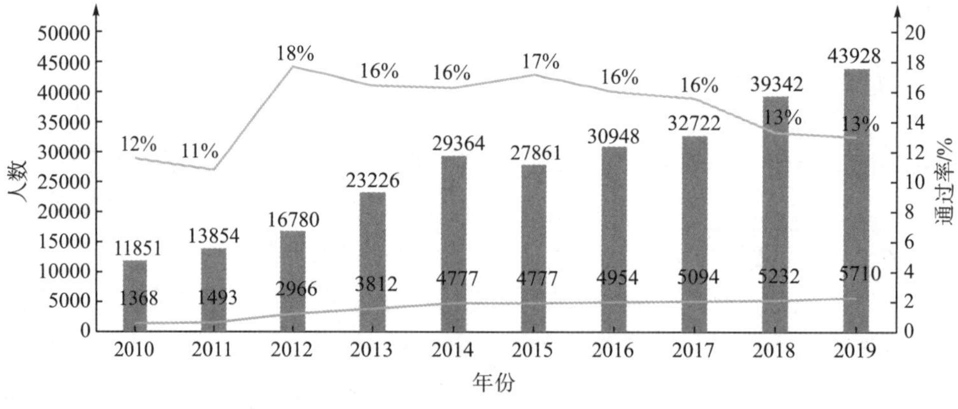

图 3-30　2010～2019 年专利代理人考试情况

资料来源：国家知识产权局。（见彩图版）

看完近十年发展情况，再来看看2018～2019年全国专利代理人/专利代理师资格考试具体变化。①2018年全国专利代理人资格考试在全国30个考点城市顺利完成，是全国专利代理人资格考试制度建立以来举办的第20次考试，也是深化机构改革、重新组建国家知识产权局后的第一次考试。除澳门特别行政区外，来自全国各省(区、市)及中国香港、台湾地区的近4万人报名考试，报名人数比2017年增长20.23%，创下历史新高。其中，北京市、广州市、上海市3个考点报考人数最为集中[①]。②2019年5月，国家市场监督管理总局发布《专利代理师资格考试办法》，该办法自2019年6月1日起施行，同时宣布废止2008年发布的《专利代理人资格考试实施办法》[②]《专利代理人资格考试考务规则》《专利代理人资格考试违纪行为处理办法》。2019年11月2日～3日，2019年专利代理师资格考试在全国30个考点城市顺利完成。据统计，全国共有4.3928万人报名考试，较去年报名3.9342万人的人数增长了11.65%，报名总科次数超过11.8463万次，均创历年新高[③]。

2. 商标代理人情况

为提高商标代理机构服务质量和服务水平、提升商标代理从业人员的职业素养和专业水平、促进商标代理行业健康发展，中华商标协会于2015年举办首次大规模的全国商标代理人业务考试。此后，商标代理人业务培训考试由中华商标协会每年主办，一般为第一、二天培训，第三天考试，共计三天；考试包括三科必考科目——商标法律知识、相关法律知识、相关诉讼知识；报名范围为中华商标协会会员单位的商标代理从业人员或企业商标管理人员，要求包括人员为大学专科以上学历、从事商标相关工作1年以上。

据中华商标协会统计，自2015年以来，中华商标协会已先后三次开展了针对会员单位的商标代理人业务培训考试工作，共有约1500人通过考试，并已发放了相应的考试合格证书、证明。如表3-19所示，2015～2017年商标代理人业务培训考试报考人数及通过率均有所下降[④]。

表3-19　2015～2017年商标代理人培训考试情况

年度	考试地点	报考人数	通过人数	通过率/%
2015	北京、上海	1609	974	61
2016	北京、广州、成都	1200	305	25
2017	北京、杭州	608	126	21
合计		3417	1405	36

资料来源：中华商标协会官网，商标局。

注：2015年974人通过商标法律知识、相关法律知识两科考试；其中605人通过相关诉讼知识单科考试。

①国家知识产权局，[2020-9-1]. 2018年全国专利代理人资格考试圆满结束，http://www.sipo.gov.cn/zscqgz/1133369.htm.

② 修改后的《专利代理条例》已于2019年3月1日施行，对专利代理师执业准入制度进行了较大修改。作为配套部门规章，《办法》随之对考试报名条件和需要提交的材料进行了修改，规定取得理工科大专以上学历，并获得毕业证书或者学位证书的中国公民均可参加考试，降低了参加考试门槛。

③国家知识产权局，[2020-9-1]. 2019年全国专利代理师资格考试圆满结束， http://www.sipo.gov.cn/zscqgz/1143485.htm.

④中华商标协会官网，[2020-09-20]. http://www.cta.org.cn/；商标局，2015-2017《中国商标品牌战略年度发展报告》，http://sbj.saic.gov.cn/sbtj/.

截至 2018 年，2015 年由中华商标协会商标代理分会颁发的商标代理人业务培训考试合格证书已到期，代理分会定于 2018 年下半年开始，凭累计参加中华商标协会培训班 3 次以上(含 3 次)记录免试换发合格证明；此外，2015 年已通过《商标法律知识》和《相关法律知识》两门考试的合格人员，于 2018 年 5 月参加代理分会举办的《相关诉讼知识》考试，共计 71 人通过考试换发合格证明[①]。

3. 知识产权律师人才

截至 2019 年底，全国共有执业律师 47.3 万多人。律师人数超过 1 万人的省(区、市)有 18 个，其中超过 3 万人的省(区、市)有 4 个(分别是北京市、广东省、江苏省、山东省)。1.5 万多家党政机关、人民团体和 3000 多家企业开展了公职律师、公司律师工作。①从律师类别看，专职律师 39.73 万多人，占 84%；兼职律师 1.25 万多人，占 2.66%；公职律师 4.33 万多人，占 9.17%；公司律师 1.09 万多人，占 2.31%；军队律师 1500 人，占 0.32%。②从年龄结构看，30 岁以下的律师 8.05 万多人，占 17.03%；30 岁(含)～49 岁的律师 30.27 万多人，占 64.00%；50 岁(含)～64 岁的律师 7.60 万多人，占 16.07%；65 岁(含)以上的律师 1.3 万多人，占 2.90 %。③从文化程度看，本科学历的律师 35.33 万多人，占 74.71%；硕士研究生学历的律师 9.39 万多人，占 19.86%；博士研究生学历的律师 6600 多人，占 1.40%；本科学历以下的律师 1.90 万多人，占 4.03%。④在我国境外接受过教育并获得学位的律师 7735 人，占 1.48%[②]。

在知识产权诉讼领域，如果涉及商标、版权、反不正当竞争类案件，一般情况下，所有律师都可以代理。但如果涉及专利诉讼案件，则同时拥有律师职业资格证和专利代理人资格证的双证律师则更有优势，原因有以下几点。①专利代理人是法律规定的专利业务代理的专业科技服务人员，一般是理工科出身，并且通过国家专利代理人资格考试，具备专利代理业务理论知识和受过实践训练。但在专利诉讼业务中，专利代理人只能以公民身份代理出庭。他们对除了专利法律以外但又对专利法律诉讼有直接关系的合同法、公司法、劳动法、民法等法律的学习、理解、实践和能力上明显不如律师，在专利诉讼领域，在诉讼技巧、证据规则和与专利诉讼有关联的各种部门法的理解不足，导致了专利代理人在法庭上和各种专利诉讼代理中处于明显下风。②律师一般是文科出身，对于法律的学习、理解和实践是律师的强项。但是律师不懂专利业务，代理起专利诉讼案件来，如果没有懂得相关技术要点的专利代理人的协助和共同出庭，则实际操作起来要吃力得多。③在代理专利业务时，双证律师可以根据法律的实践、经验及理论知识，从法律理论和诉讼实践的角度审视专利代理业务操作和文件撰写，保证了专利代理业务的业务高水平和法律理论深度，能够做到在专利代理业务中防患于未然，代理专利申请

①中华商标协会官网，[2020-09-10]. 关于 2015 年商标代理人业务培训考试已通过《商标法律知识》和《相关法律知识》两门合格人员换证加试的通知. http://www.cta.org.cn/ywdt/201803/t20180314_49287.html.

②司法部，[2020-09-10]. 2019 年度律师、基层法律服务工作统计分析，http://www.moj.gov.cn/organization/content/2020-06/24/574_3251377.html.

的质量更加可靠扎实。

然而，目前我国具有专利代理人和律师双重资格的专业人士不多，属于知识产权服务行业内高端人才。这也是许多专利代理人在取得专利代理人资格之后，还要再学法律并取得司法考试资格的原因。而取得司法考试资格的律师，大多数都是文科出身，很少再能够取得专利代理人资格，因为只有取得国家承认的理工科大专以上学历，并获得毕业文凭或者学位证书方可以报名参加专利代理师/人资格考试。

中国在知识产权诉讼领域，也有进入世界排名的知名律师。如表3-20[①]所示根据著名法律评级机构钱伯斯(Chambers and Partners)发布的《2020 亚太法律指南》(2020 Asia-Pacific Guide)，有35位中国律师进入知识产权诉讼领域律师排名，有16位中国律师进入知识产权非诉讼领域律师排名。

表3-20　2020钱伯斯排名：中国律师排名(知识产权领域)

等级	知识产权：诉讼	知识产权：非诉讼
业界元老		杨梧(柳沈律师事务所)
业界贤达	黄革生(中咨律师事务所)	黄革生(中咨律师事务所)
	李中圣(金杜律师事务所)	马浩(中国贸促会专利商标事务所)
	马晓刚(浩天信和律师事务所)	沙捷(柳沈律师事务所)
	庞正忠(金诚同达律师事务所)	郃红(中国专利代理有限公司)
	邵伟(永新专利商标代理有限公司)	余刚(康信知识产权代理有限公司)
	陶鑫良(德恒律师事务所)	
	张辉(方达律师事务所)	
第一等	黄晖(万慧达知识产权)	苍雨春(铸成律师事务所)
	蒋洪义(联德律师事务所)	林伯楠(中咨律师事务所)
	谢冠斌(立方律师事务所)	
第二等	罗正红(罗杰律师事务所)	白刚(万慧达知识产权)
	祁放(方达律师事务所)	陈文平(金杜律师事务所)
	史玉生(金杜律师事务所)	杨晓莉(金杜律师事务所)
	游闽键(协力律师事务所)	
第三等	陈际红(中伦律师事务所)	刘元月(联德律师事务所)
	李德成(金诚同达律师事务所)	马翔(天驰君泰律师事务所)
	马东晓(中伦律师事务所)	吴丽丽(中国贸促会专利商标事务所)
	马强(君合律师事务所)	徐初萌(君合律师事务所)
第四等	程芳(中伦律师事务所)	

①智合研究院、钱伯斯官网，[2020-09-10]. 2019钱伯斯亚太排名：中资所律师榜. https://www.zhihedongfang.com/57497.html.

续表

等级	知识产权：诉讼	知识产权：非诉讼
	傅钢（协力律师事务所）	
	桂佳（环球律师事务所）	
	马远超（中伦律师事务所）	
	瞿淼（金杜律师事务所）	
	孙喜（立方律师事务所）	
	徐静（金杜律师事务所）	
	游云庭（大邦律师事务所）	
潜质律师	张斌（立方律师事务所）	
受认可律师	杨璞（方达律师事务所）	杨卫华（中伦律师事务所）
	田晓东（北京安伦律师事务所）	
	崔军（德恒律师事务所）	
	杨宇宙（大成律师事务所）	
	江锋涛（恒都律师事务所）	
	汪涌（金诚同达律师事务所）	
	徐初萌（君合律师事务所）	
	李静传（泰和泰律师事务所）	

资料来源：智合研究院、钱伯斯官网。

3.3.2 知识产权人才供需分析

1. 知识产权人才需求分析

峰创智诚曾根据2019年度全国人才招聘市场累计20460家单位发布的215876条知识产权人才有效招聘信息，统计出2019年知识产权人才需求情况①，接下来作者将通过这些数据和信息得出中国2019年知识产权人才市场需求分析。如图3-31所示，2019年度全国知识产权人才需求市场职位分布中，辅助岗需求人才占比最大，为38.0%；其次，专利岗需求人才占比32.5%，法务岗需求人才占比21.3%，商标岗需求人才占比为4.3%，律师岗需求人才占比3.9%。从岗位细项来说，2019年知识产权人才市场需求岗位前5名依次是知识产权销售顾问、专利代理师、政府项目申报、专利工程师、法务专员。

①峰创智诚公众号，[2020-09-10]. 2019年度全国知识产权人才需求分析报告，https://mp.weixin.qq.com/s/sjia5CVQd0UYAA3lgKF-2w.

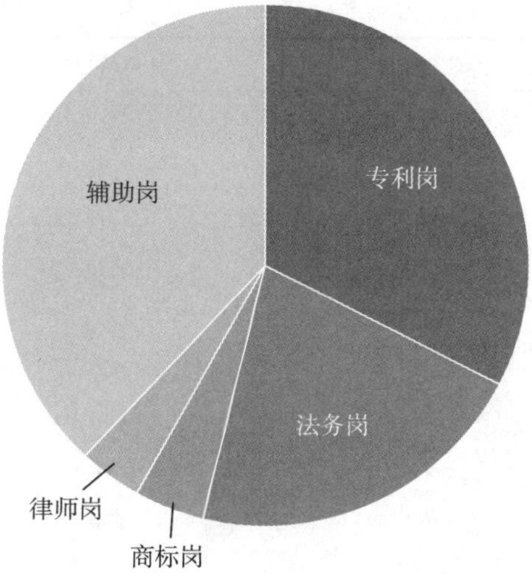

图 3-31 2019 年度全国知识产权人才需求市场职位分布

资料来源：峰创智诚。

如表 3-21 所示，在 2019 年度全国知识产权人才需求市场地区分布中，广东省是知识产权人才招聘需求第一的省份，其次为北京市、上海市、江苏省和浙江省，知识产权人才招聘需求量占比共计 71%。知识产权人才招聘需求量最少的前三个地区分别为新疆维吾尔自治区、西藏自治区、青海省。如表 3-22 所示，从行业上来说，2019 年度全国知识产权人才需求市场行业需求分布中，中介机构所在行业占比最高，为 54.12%。

表 3-21 2019 年全国知识产权岗位需求地区分布及占比

序号	省市名称	机构数	占比/%
1	广东省	66167	30.65
2	北京市	29060	13.46
3	上海市	24379	11.29
4	江苏省	20796	9.63
5	浙江省	12963	6.00
6	四川省	10227	4.74
7	湖北省	8023	3.72
8	山东省	5788	2.68
9	陕西省	5449	2.52
10	安徽省	4832	2.24
11	河南省	4065	1.88
12	重庆市	3922	1.82
13	湖南省	3528	1.63
14	天津市	3112	1.44

续表

序号	省市名称	机构数	占比/%
15	辽宁省	2870	1.33
16	福建省	2570	1.19
17	河北省	1878	0.87
18	云南省	1632	0.76
19	江西省	1199	0.56
20	黑龙江省	666	0.31
21	广西壮族自治区	640	0.30
22	吉林省	540	0.25
23	贵州省	510	0.24
24	山西省	260	0.12
25	海南省	236	0.11
26	甘肃省	221	0.10
27	内蒙古自治区	110	0.05
28	宁夏回族自治区	96	0.04
29	新疆维吾尔自治区	95	0.04
30	西藏自治区	32	0.01
31	青海省	9	0.00

资料来源：峰创智诚。

表 3-22　2019 年全国知识产权人才需求排名前十的行业

序号	省市名称	占比/%
1	中介服务	54.12
2	其他	17.06
3	互联网/电子商务	9.95
4	电子技术/半导体/集成电路	3.13
5	制药/生物工程	3.03
6	计算机软件	3.01
7	机械/设备/重工/汽车	2.31
8	房地产/建筑/建材/工程	2.21
9	多元化业务集团公司	1.96
10	会计/审计/金融/投资/证券	1.78
11	通信/电信/网络设备	1.43

资料来源：峰创智诚。

从学历角度说，2019 年度全国知识产权人才需求市场学历需求分布中，本科学历占比最大，为 51.6%；其次是大专学历，为 33.4%；余下分别是高中及以下学历占比 6.2%、硕士研究生学历占比 4.9%、不限学历占比 3.8%、博士研究生学历占比 0.1%。可见知识产权人才需求市场学历需求分布集中在大专及本科学历，总占比 85.0%，高学历人才特点明显。

从工作经验上来说，2019 年度全国知识产权人才需求市场中，随着经验年限越高，流动意愿越低。无工作经验占比最高，达到 41.1%；1～3 年经验占比 33.6%；3～5 年经验占比 12.3%；不限工作经验的占比 6.7%；5～8 年经验占比 5.2%；8 年以上经验占比 1.1%。

从招聘人数上来说，2019 年度全国知识产权人才需求市场需求人数分布中，主流需求依然为 1～3 人，占比 56%；需求 10 人以上岗位占比达到 22%，市场人数需求强劲；需求 4～6 人占比 16%；需求 7～9 人占比 6%。

如表 3-23 所示，从薪资水平上来说，2019 年度全国知识产权人才需求市场薪酬范围分布中，知识产权薪资分布主要受初中级资历求职者活跃度影响，集中在 4.5k～7.5k，合计占比 41.1%。其中 6k～7.5k/月以占比 23.6%稳居首位，4.5k～6k 占比 17.5%排名第二。

表 3-23　2019 年全国知识产权人才需求薪资范围分布

序号	省市名称	占比/%
1	低于 3k	1.40
2	3 k～4.5k	7.40
3	4.5 k～6k	17.50
4	6 k～7.5k	23.60
5	7.5 k～9k	10.50
6	9 k～10.5k	12.30
7	10.5 k～12k	4.30
8	12 k～15k	11.70
9	15 k～20k	6
10	20 k～30k	4.10
11	30k 以上	1.20

资料来源：峰创智诚。

2. 知识产权人才供给分析

许多大学致力于知识产权本科、研究生和博士的培养。一些大学看到专利人才需要理工科加法律的复合结构，开始培养硕士或双学位知识产权人才。

湘潭大学法律硕士，招收的是本科理工科学生，即能考律师加专利代理师的双证人才，华南理工、南京理工也是如此。北京大学、暨南大学、中山大学等综合性大学，招生以培养法律硕士；中南财经大学、西南政法大学等政法类法学类为主的大学，其知识产权学院的专业作为二级学科与法学贴得近；杭州师范大学、南京计量大学、浙江工贸学院、温州知识产权学院等学校主要是培养知识产权实际应用人才，如知识产权顾问。

从以上分析可见，目前中国对商标代理、专利代理等专门从事知识产权事务的人才需求仍有较大市场，而中国目前成立了知识产权学院（系）的高校仅有 48 所，国家知识产权培训基地共 26 个，设有“知识产权（法学）（030103T）”本科专业的高校有 93 所（表 3-24～表 3-26）。

表 3-24　中国高校中的知识产权学院（系）

序号	开设年份	高校知识产权学院（系）名称
1	1993 年 9 月	北京大学知识产权学院
2	1994 年 7 月	上海大学知识产权学院
3	1995 年 9 月	华中科技大学知识产权系
4	2003 年 3 月	同济大学知识产权学院
5	2003 年 11 月	华东政法大学知识产权学院
6	2003 年 11 月	暨南大学知识产权学院
7	2004 年 11 月	华南理工大学知识产权学院
8	2004 年 11 月	中山大学知识产权学院
9	2005 年 4 月	中南财经政法大学知识产权学院
10	2005 年 7 月	南京理工大学知识产权学院
11	2005 年 9 月	山东师范大学知识产权学院
12	2005 年 11 月	西北大学知识产权学院
13	2005 年 11 月	南京三江学院知识产权学院
14	2006 年 7 月	杭州师范大学法学院知识产权系
15	2006 年 8 月	中国计量大学知识产权学院
16	2007 年 12 月	重庆理工大学知识产权学院
17	2008 年 11 月	湘潭大学知识产权学院
18	2009 年 9 月	中国人民大学知识产权学院
19	2010 年 3 月	深圳大学知识产权学院
20	2010 年 6 月	西南政法大学知识产权学院
21	2011 年 5 月	西北政法大学知识产权学院
22	2012 年	重庆邮电大学法学院知识产权系
23	2013 年 9 月	浙江工贸学院温州知识产权学院
24	2014 年 3 月	浙江工商大学知识产权学院
25	2014 年 9 月	中原工学院知识产权学院
26	2014 年 12 月	四川理工学院知识产权学院
27	2015 年 2 月	北京工业大学北京知识产权学院
28	2015 年 11 月	郑州大学知识产权学院
29	2016 年 4 月	辽宁大学知识产权学院

续表

序号	开设年份	高校知识产权学院(系)名称
30	2016 年 5 月	桂林电子科技大学知识产权学院
31	2016 年	中国科学院大学知识产权学院
32	2016 年 9 月	大连理工大学知识产权学院
33	2016 年 12 月	青岛大学知识产权学院
34	2017 年 4 月	河南师范大学知识产权学院
35	2017 年 4 月	沈阳工业大学中德知识产权学院
36	2017 年 5 月	中国科学院大学知识产权学院
37	2017 年 6 月	西华大学知识产权学院
38	2017 年 11 月	滨州职业学院滨州知识产权学院
39	2017 年 11 月	邯郸职业技术学院邯郸知识产权学院
40	2017 年 12 月	山东科技大学知识产权学院
41	2018 年 1 月	天津工业大学知识产权学院
42	2018 年 4 月	济宁理工职业学院知识产权学院
43	2018 年 5 月	保定学院知识产权与财经学院
44	2018 年 11 月	河南大学知识产权学院
45	2019 年 12 月	河南科技大学知识产权学院
46	2019 年 12 月	河南经济技术学院知识产权学院
47	2019 年 12 月	河南财经政法大学知识产权学院
48	2020 年 1 月	上海应用技术大学中欧知识产权应用学院

表 3-25　中国现有国家知识产权培训基地名录

序号	基地	基地所在地
1	国家知识产权培训湖南基地	湖南大学
2	国家知识产权培训山东基地	烟台大学
3	国家知识产权培训上海基地	同济大学
4	国家知识产权培训湖北基地	中南财经政法大学
5	国家知识产权培训安徽基地	中国科技大学
6	国家知识产权培训广东基地	华南理工大学
7	国家知识产权培训重庆基地	重庆理工大学
8	国家知识产权培训江苏基地	南京工业大学
9	国家知识产权培训陕西基地	西北大学
10	国家知识产权培训黑龙江基地	东北林业大学
11	国家知识产权培训新疆基地	新疆大学
12	国家知识产权培训河南基地	郑州大学
13	国家知识产权培训辽宁基地	大连理工大学
14	国家知识产权培训山西基地	山西大学

续表

序号	基地	基地所在地
15	国家知识产权培训浙江基地	中国计量大学
16	国家知识产权培训福建基地	厦门大学
17	国家知识产权培训吉林基地	吉林大学
18	国家知识产权培训江苏基地	江苏大学
19	国家知识产权培训四川基地	四川大学
20	国家知识产权培训广东基地	广东 IP 中心
21	国家知识产权培训江西基地	华东交通大学
22	国家知识产权培训南海基地	南海区 IP 协会
23	国家知识产权培训温州基地	浙江工贸学院
24	国家知识产权培训苏州基地	苏州工业园区
25	国家知识产权培训广东基地	深圳大学
26	国家知识产权培训广东基地	珠海横琴平台

表 3-26　高校现有知识产权（法学）本科专业名录

年份	设置情况	高校名单
2003 年	设置 1 所	华东政法大学
2004 年	增设 1 所	华南理工大学
2005 年	增设 3 所	暨南大学、重庆理工大学、中国计量大学
2006 年	增设 1 所	杭州师范大学
2007 年	增设 1 所	浙江工业大学
2011 年	增设 10 所	浙江工商大学、内蒙古财经学院、福建工程学院、南昌大学、烟台大学、山东政法学院、河南财经政法大学、广西民族大学、重庆邮电大学、西南政法大学
2012 年	增设 25 所	中南民族大学、大连理工大学、兰州大学、北京科技大学天津学院、保定学院、石家庄学院、辽宁对外经贸学院、哈尔滨金融学院、上海政法学院、苏州大学、安徽大学、铜陵学院、淮北师范大学、宜春学院、河南师范大学、安阳工学院、武汉东湖学院、湘潭大学、湖南师范大学、桂林电子科技大学、重庆交通大学、西南科技大学、兰州理工大学、甘肃政法学院、新疆大学
2013 年	增设 17 所	华中师范大学、天津科技大学、沈阳工业大学、池州学院、青岛农业大学、聊城大学、山东女子学院、北京电影学院、河南科技大学、中原工学院、河南师范大学、郑州成功财经学院、衡阳师范学院、广州大学松田学院、重庆工商大学、宜宾学院、兰州商学院
2015 年	增设 2 所	泰州学院、景德镇陶瓷大学
2017 年	增设 10 所	重庆大学、北方工业大学、大庆师范学院、上海大学、淮阴师范学院、三江学院、嘉兴学院、安庆师范大学、九江学院、昆明理工大学津桥学院
2018 年	增设 5 所	南京工业大学、厦门理工学院、郑州大学、西华大学、四川文理学院
2019 年	增设 13 所 撤销 1 所	增加 13 所：北京吉利学院、牡丹江师范学院、湖州师范学院、萍乡学院、许昌学院、河南牧业经济学院、湖南工业大学吉首大学张家界学院、肇庆学院、广东金融学院、凯里学院、大理大学、西北大学； 撤销 1 所：广州大学松田学院
2020 年	增设 5 所	河北金融学院、福建江夏学院、华东交通大学、武汉工程大学、广西警察学院

3.4 知识产权行业投融资

融资能力是企业的核心竞争力之一，在行业利润压缩、企业转型的时代，优秀的融资能力能够有效控制成本保证盈利空间，也可以改善财务结构维持稳健运营，还能为转型提供源源不断的支持。在盘点知识产权行业投融资情况之前，作者想先简要介绍一下国内整体的投融资情况，方便对比知识产权行业投融资量级情况。

根据 36 氪统计数据，2019 年全国投融资情况整体数据如下：全年中国国内共计发生了 4284 笔投融资交易，总计交易金额达到 7743 亿元人民币；每天大约发生 11.74 笔投融资交易，交易金额大约达到 21 亿元人民币；国内投融资交易数量同比降幅超 50%，交易金额同比降幅超 35%；平均每笔交易金额大约 1.81 亿元，比 2018 年增加 5900 万元，增幅超过 48%；2019 年企业服务、医疗健康依旧是年度最大投资热点；2019 年投资人通过 IPO 获得大约 1348 亿元收益，通过并购获得 6482 亿元收益；2019 年是过去 9 年通过 IPO 募资金额最低的年份；2019 年共计发生大约 953 笔并购交易，是 IPO 数量的大约 3 倍。

从各行业的投融资情况数据来说，2019 年企业服务领域共计发生 1132 笔交易，医疗健康领域共计发生 734 笔交易，消费领域共计发生 444 笔交易，是全年交易数量最高的三大领域。此外，2019 年，金融领域共计发生 371 笔交易，受电子烟行业带动，生产制造领域共计发生 363 笔交易，教育行业遇冷但仍有 339 笔交易公布①。

3.4.1 知识产权行业投融资情况

作者汇总了 2007～2019 年知识产权相关的知名融资事件及相关信息，共为 19 个服务机构 51 次公开融资相关信息。按照表 3-27 列举数据，本书发现这些机构融资有以下特点。

表 3-27 知识产权相关的服务机构融资概况表（2007～2019 年）

名称	融资年份	融资金额及相关信息	投资者及相关公司	融资轮次
猪八戒	2007 年	500 万元	易一天使	天使轮
	2011 年	666 万美元	IDG 资本	A 轮
	2014 年	1750 万美元	IDG 资本和重庆文投集团	B 轮
	2015 年	26 亿元	赛伯乐及重庆两江新区产业投资引导基金	C 轮
	2016 年	拟转让 6.993%的股权，挂牌价格 8.4 亿元	重庆广泰投资集团有限公司	
汇桔网	2014 年	3500 万美元	厚朴基金	天使轮
	2015 年	2.1 亿元	厚朴基金	A 轮
	2017 年	10 亿元（未来 3 年）	粤民投、厚朴基金	B 轮

①石亚琼，[2020-09-01]. 平均每天有 11 家公司分走 21 亿元——2019 年中国投融资数据全汇总，36 氪未来智库，https://36kr.com/p/1724923232257.

续表

名称	融资年份	融资金额及相关信息	投资者及相关公司	融资轮次
	2017 年	未透露	未透露	B+轮
	2018 年	未透露	IDG 资本、粤民投、创业黑马、厚朴基金	C 轮
	2018 年	6.8 亿元	建设银行广东省分行、中国银行广州分行、中信银行广州分行、兴业银行广州分行、浙商银行广州分行	债权融资
	2018 年	未透露	胡润百富、粤民投、厚朴基金	战略投资
	2018 年（旗下汇桔宝）	未透露	科发基金	战略投资
智慧芽	2014 年	未透露	新加坡淡马锡旗下机构	A 轮
	2015 年	数千万美元	美国风投、Summit Partner	B 轮
	2016 年	未透露	红杉资本中国基金、顺为资本	C 轮
	2018 年	3800 万美元	红杉资本中国基金、顺为资本、Qualgro VC	D 轮
	2018 年	未透露	建投华文	D+轮
无讼	2015 年	2700 万元	IDG 资本	A 轮
	2016 年	1.2 亿元	华创资本、IDG 资本	B 轮
智谷睿拓	2013 年	1960 万美元	顺为资本、小米科技、金山软件	A 轮
新诤信	2014 年	近亿元	达泰资本、达晨创投、分享投资和京西创投	A、B 轮
	2015 年	IPO 招股未果		
	2016 年	联合推出知识产权质押融资产品科来贷	麦子金服	
快法务	2014 年	数百万美元	九合创投、联创策源	A 轮
	2015 年	1000 万美元	顺为资本、联创策源	B 轮
	2017 年	未公布	腾讯产业共赢基金	B+轮
云莱坞	2015 年	300 万元	未公布	天使轮
	2016 年	数千万元	英诺天使基金、 盈动资本、百润央银	Pre-A 轮
	2016 年	数千万元	未公布	A 轮
峰创智诚	2016 年	5000 万元	一村资本	Pre-A 轮
思博网	2015 年	4000 万元	猪八戒网	战略投资
快智慧	2015 年	4000 万元	猪八戒网	A 轮
权大师	2015 年	1000 万元	极客邦创投和西山天使会	天使轮
	2016 年	2000 万元	上海中路集团、星河集团	Pre-A 轮
	2016 年	未透露	光一文投	战略融资
	2018 年	5000 万元	中广文影、价值资本	A 轮
知果果	2014 年	数百万元	联想之星	天使轮
	2015 年	370 万美元	经纬中国、联想之星	A 轮

续表

名称	融资年份	融资金额及相关信息	投资者及相关公司	融资轮次
IPRdaily	2014 年	百万元	未公布	天使轮
	2016 年	千万元	启赋资本、天使汇	Pre-A 轮
知呱呱	2015 年	数百万元	创势资本、天翼资本、乐邦乐成	天使轮
	2016 年	数百万元	清华启迪之星	Pre-A 轮
	2016 年	未透露	优客工场	战略融资
	2017 年	3000 万元	国家中小企业发展基金、华英资本	A 轮
麦知网	2016 年	400 万元	麦腾创投	A 轮
超凡	2015 年	新三板挂牌		
火名网	2017 年	未透露	朗科科技	天使轮
	2018 年	未透露	金蝶国际	A 轮
八月瓜	2018 年	未透露	顺禧基金、创赢趋势、象山博伟	天使轮
	2019 年	5000 万元	北京创新产业投资有限公司、顺禧基金	A 轮

资料来源：IT 桔子、桔子雷达、私募通、创业邦、官网、天眼查等。

(1)融资时间。2007～2019 年，上述知识产权服务机构的融资相关事件从 2014 年起，次数迅速增长，2015～2016 年呈现高峰，到 2017 年有所回落，到 2018 年有资本重新关注，发生了 9 次融资相关事件，而 2019 年只有 1 次。机构融资时间情况详见图 3-32。

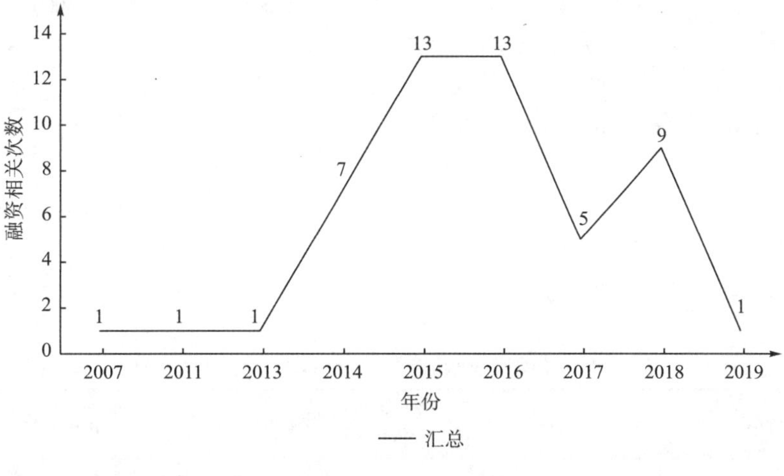

图 3-32　机构融资时间情况

资料来源：IT 桔子、桔子雷达、私募通、创业邦、官网、天眼查等。

(2)融资轮次。历年来，知识产权行业融资轮次多处在前期，天使轮、Pre-A 轮、A 轮、B 轮较多。汇桔网获得的投资次数最多，达到 8 次，分别是天使轮、A 轮、B 轮、B+轮、C 轮、债权融资、战略投资。其中粤民投、厚朴基金参与 5 次投资。智慧芽融资轮次最多，已达到 D+轮，获得的投资次数达到 5 次(图 3-33)。

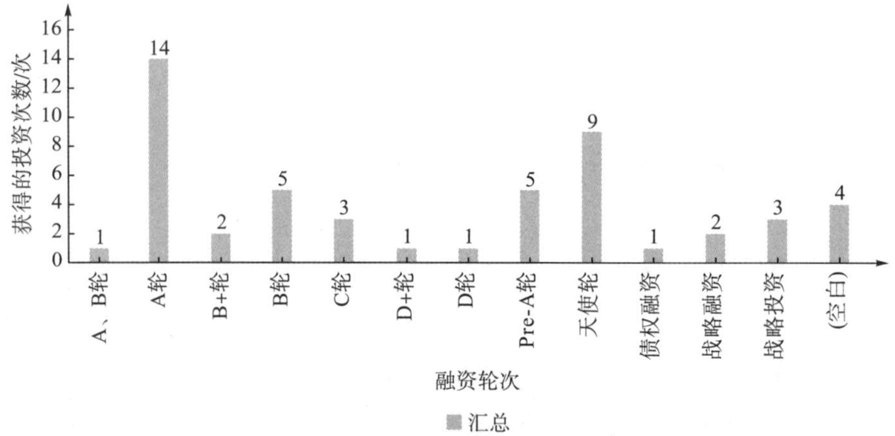

图 3-33 机构融资轮数/次数情况

(3)融资金额。2007～2019 年，有公开透露融资金额的机构中，总融资金额最高的是猪八戒，达到 27.74 亿元。单次融资金额最高的是猪八戒网，2015 年 6 月，猪八戒网完成 C 轮融资，总额 26 亿元，且都为现金融资。其中，赛伯乐投资猪八戒网 16 亿元，重庆北部新区下属国有公司投资猪八戒网 10 亿元。此轮融资直接扩大了猪八戒网的规模，2015 年公司只有 1000 人左右，短短一年多的时间，猪八戒网员工人数超过 5000 人，而且分布在 24 个省。其次是汇桔网，2018 年 4 月，汇桔网完成 6.8 亿元融资，投资方为建设银行广东省分行、中国银行广州分行、中信银行广州分行、兴业银行广州分行、浙商银行广州分行。本次融资为债权融资，但“多家银行表达了股权投资的意向”，融资将用于平台研发、生态建设、市场推广、人才引进等方面①。

3.4.2 知识产权行业上市或准上市公司

知识产权行业主要围绕其四大领域——知识产权确权、知识产权交易、知识产权管理、知识产权金融，在以上领域均有部分发展成熟、运行良好、上市或准上市的公司，以下列出部分公司供读者参考(表 3-28)。

表 3-28 知识产权领域部分上市或准上市公司列表

行业	公司名称及网址	主营业务	上市时间/市值及规模	公司简介
IP 确权	猪八戒网	企业服务众包平台	未上市/估值 120 亿元	成立于 2006 年，旗下猪八戒网为威客众包平台，有千万服务商为企业、公共机构和个人提供定制化的解决方案，将创意、智慧、技能转化为商业价值和社会价值
	超凡	知识产权全产业链整体解决方案提供商	2015 年 8 月新三板上市/市值 15.08 亿元	始创于 2002 年，设立了包括知识产权代理公司、律师事务所、知识产权咨询公司、知识产权运营公司、知识产权培训公司、知识产权研究院在内的 30 余家知识产权服务机构

①亿欧网，[2020-09-10]. 汇桔网再获 6.8 亿元融资，加速构建知识产权、新科技产业生态链，https://www.iyiou.com/p/69705.html.

续表

行业	公司名称及网址	主营业务	上市时间/市值及规模	公司简介
IP 交易	阅文集团	网络文学 IP 培育平台	2017 年 11 月 8 日香港上市/市值 816 亿港元	2015 年 3 月，由腾讯文学与盛大文学合并成立。拥有庞大且丰富的独家原创文学作品，通过在线付费阅读和版权运营(将文学作品改编成其他媒体形式)等方式变现
	红纺文化	IP 商业转化集团	未上市	1999 年成立，红纺文化的商业模式围绕着 IP 运营为核心，紧密连接着研发、设计、生产、物流、仓储、品牌管理及 IP 生态一体化
	Pendrell Corp	收购、授权、交易专利	2006 年 9 月 13 日美国纳斯达克上市/市值 1.52 亿美元	2000 年 3 月 17 日成立，通过独特的技术投资、收购和开发业务。通过持续的研发活动，新产品和服务的开发以及新专利的发布，在其投资组合公司内创新
	迪斯尼	以 IP 创造为核心，形成“IP+媒介+主题公园+内容+科技”闭环生态产业链	1957 年美国纽交所上市/市值 1700 亿美元，营收 556 亿美元(2016 年)	成立于 1926 年，大型跨国公司，主要业务包括娱乐节目制作、主题公园、玩具、图书、电子游戏和传媒网络。旗下公司包括皮克斯动画工作室、惊奇漫画公司、试金石电影公司、米拉麦克斯电影公司、博伟影视公司、好莱坞电影公司、ESPN 体育，美国广播公司(American Broadcasting Company，Inc ，ABC)
IP 管理	RPX Corp	专利诉讼保护	2011 年 5 月 4 日美国纳斯达克上市/市值 5 亿美元，10 美元/股	成立于 2008 年，由美国最大的风险投资机构 Kleiner Perkins Caufield & Byers(KPCB)、Charles River Venture 和 Index Venture 联合投资组建
	legalZoom	在线法律服务平台	2012 计划 IPO，后推迟/2012 曾计划融 8800 万美元	成立于 1999 年，是一家提供法律文件创建服务的网站。用户可直接登录 LegalZoom ，通过回答问题将自己的资料和需求描述清楚，得到所需要的法律文书。法律文书业务收入占据了其总收入 78%，是其最核心业务版块
	新净信	知识产权保护平台	2015 年 6 月首次公开发行股票招股说明书，后终止	成立于 2009 年，总部位于上海市，在北京市、广州市、深圳市、杭州市、长沙市等地设立有分支机构。现有员工 400 多名，业务聚焦于知识产权保护服务领域
IP 金融	Marathon Patent	收购专利并许可	2014 年 7 月 28 日美国纳斯达克上市/市值 2000 万美元	于 2010 年 2 月 23 日成立，是一家收购专利和从事专利许可的公司
	广州博鳌纵横网络科技有限公司(汇桔网)	全球知识资源的连接分享与变现平台	未上市/估值 13 亿美元	成立于 2013 年，旗下汇桔网是知识产权与企业服务资源共享平台

第四章 监管：知识产权+互联网服务创新的政策与监管

知识产权+互联网是一种服务创新，作为一种新的业态，也需要加强行业监督和管理。关于行业监管政策，可分为鼓励类和监管处罚类。对于创新的公司、平台和产品来说，国家政策是鼓励的，但随之出现的问题也需要监管，本章将探讨怎样更好地监管？

4.1 知识产权+互联网服务的行业宏观政策

自国家知识产权战略实施以来，我国知识产权创造运用水平大幅提高，保护状况明显改善，全社会知识产权意识普遍增强，随着国家不断对“互联网+”和对“知识产权+互联网”推出政策支持，知识产权服务行业发展迎来“井喷期”，产生了很多新的服务平台和服务机构。

4.1.1 “互联网+”政策

“互联网+”是把互联网的创新成果与经济社会各领域深度融合，推动技术进步、效率提升和组织变革，提升实体经济创新力和生产力，形成更广泛的以互联网为基础设施和创新要素的经济社会发展新形态。

那为什么中国要出台一系列推进“互联网+”的政策呢？因为在全球新一轮科技革命和产业变革中，互联网与各领域的融合发展具有广阔前景和无限潜力，已成为不可阻挡的时代潮流，正对各国经济社会发展产生着战略性和全局性的影响。积极发挥互联网已经形成的比较优势，把握机遇，增强信心，加快推进“互联网+”发展，有利于重塑创新体系、激发创新活力、培育新兴业态和创新公共服务模式，对打造大众创业、万众创新和增加公共产品、公共服务“双引擎”，主动适应和引领经济发展新常态，形成经济发展新动能，实现中国经济提质增效升级具有重要意义。

正因为“互联网+”对我国各行各业经济不同凡响的意义，近年来，我国出台了多项“互联网+”政策，以下，作者将从发展目标、发展领域、重点工作等方面来概括这些政策内容。

1. 发展目标

“互联网+”政策的发展目标如表 4-1 所示。

表 4-1　"互联网+"政策的发展目标列举

发布时间	发文部门	发布文件	发展目标
2015 年	国务院	关于积极推进"互联网＋"行动的指导意见	到 2018 年，互联网与经济社会各领域的融合发展进一步深化，基于互联网的新业态成为新的经济增长动力，互联网支撑大众创业、万众创新的作用进一步增强，互联网成为提供公共服务的重要手段，网络经济与实体经济协同互动的发展格局基本形成； 到 2025 年，网络化、智能化、服务化、协同化的"互联网+"产业生态体系基本完善，"互联网+"新经济形态初步形成，"互联网+"成为经济社会创新发展的重要驱动力量
2016 年	国务院	关于加快推进"互联网+政务服务"工作的指导意见	到 2017 年底前，各省(区、市)人民政府、国务院有关部门建成一体化网上政务服务平台，全面公开政务服务事项，政务服务标准化、网络化水平显著提升；2020 年底前，建成覆盖全国的整体联动、部门协同、省级统筹、一网办理的"互联网+政务服务"体系，大幅提升政务服务智慧化水平，让政府服务更到位，让企业和群众办事更方便、更快捷、更有效率
2018 年	国务院	进一步深化"互联网+政务服务"推进政务服务"一网、一门、一次"改革实施方案	到 2018 年底，"一网、一门、一次"改革初见成效，先进地区成功经验在全国范围内得到有效推广，在"一网通办"方面，省级政务服务事项网上可办率不低于 80%，市县级政务服务事项网上可办率不低于 50%；在"只进一扇门"方面，市县级政务服务事项进驻综合性实体政务大厅比例不低于 70%，50%以上政务服务事项实现"一窗"分类受理；在"最多跑一次"方面，企业和群众到政府办事提供的材料减少 30%以上，省市县各级 30 个高频事项实现"最多跑一次"；到 2019 年底，重点领域和高频事项基本实现"一网、一门、一次"，在"一网通办"方面，省级政务服务事项网上可办率不低于 90%，市县级政务服务事项网上可办率不低于 70%；在"只进一扇门"方面，除对场地有特殊要求的事项外，政务服务事项进驻综合性实体政务大厅基本实现"应进必进"，70%以上政务服务事项实现"一窗"分类受理；在"最多跑一次"方面，企业和群众到政府办事提供的材料减少 60%以上，省市县各级 100 个高频事项实现"最多跑一次"

2. 发展领域

国家鼓励发挥"互联网+"作用，推动互联网与诸多领域或行业融合，以提升传统行业工作效率，鼓励各大领域出现商业新模式。从这个角度看，中国政府已经把互联网看作当代先进生产力的重要标志和经济社会发展的重要推动力量。从国家出台的政策看，"互联网+"能够与哪些领域或行业融合？又能通过哪些方式融合，达成怎样的效果呢？以下以国务院 2015 年出台的《关于积极推进"互联网＋"行动的指导意见》中提到的十一个重点行动为例进行说明。

(1)"互联网+"创业创新：充分发挥互联网的创新驱动作用，以促进创业创新为重点，推动各类要素资源聚集、开放和共享，大力发展众创空间、开放式创新等，引导和推动全社会形成大众创业、万众创新的浓厚氛围，打造经济发展新引擎。

(2)"互联网+"协同制造：推动互联网与制造业融合，提升制造业数字化、网络化、智能化水平，加强产业链协作，发展基于互联网的协同制造新模式。在重点领域推进智能制造、大规模个性化定制、网络化协同制造和服务型制造，打造一批网络化协同制造公共服务平台，加快形成制造业网络化产业生态体系。

(3)"互联网+"现代农业：利用互联网提升农业生产、经营、管理和服务水平，培育一批网络化、智能化、精细化的现代"种养加"生态农业新模式，形成示范带动效应，加快完善新型农业生产经营体系，培育多样化农业互联网管理服务模式，逐步建立农副产品、农资质量安全追溯体系，促进农业现代化水平明显提升。

(4)“互联网+”智慧能源：通过互联网促进能源系统扁平化，推进能源生产与消费模式革命，提高能源利用效率，推动节能减排。加强分布式能源网络建设，提高可再生能源占比，促进能源利用结构优化。加快发电设施、用电设施和电网智能化改造，提高电力系统的安全性、稳定性和可靠性。

(5)“互联网+”普惠金融：促进互联网金融健康发展，全面提升互联网金融服务能力和普惠水平，鼓励互联网与银行、证券、保险、基金的融合创新，为大众提供丰富、安全、便捷的金融产品和服务，更好满足不同层次实体经济的投融资需求，培育一批具有行业影响力的互联网金融创新型企业。

(6)“互联网+”益民服务：充分发挥互联网的高效、便捷优势，提高资源利用效率，降低服务消费成本。大力发展以互联网为载体、线上线下互动的新兴消费，加快发展基于互联网的医疗、健康、养老、教育、旅游、社会保障等新兴服务，创新政府服务模式，提升政府科学决策能力和管理水平。

(7)“互联网+”高效物流：加快建设跨行业、跨区域的物流信息服务平台，提高物流供需信息对接和使用效率。鼓励大数据、云计算在物流领域的应用，建设智能仓储体系，优化物流运作流程，提升物流仓储的自动化、智能化水平和运转效率，降低物流成本。

(8)“互联网+”电子商务：巩固和增强我国电子商务发展领先优势，大力发展农村电商、行业电商和跨境电商，进一步扩大电子商务发展空间。电子商务与其他产业的融合不断深化，网络化生产、流通、消费更加普及，标准规范、公共服务等支撑环境基本完善。

(9)“互联网+”便捷交通：加快互联网与交通运输领域的深度融合，通过基础设施、运输工具、运行信息等互联网化，推进基于互联网平台的便捷化交通运输服务发展，显著提高交通运输资源利用效率和管理精细化水平，全面提升交通运输行业服务品质和科学治理能力。

(10)“互联网+”绿色生态：推动互联网与生态文明建设深度融合，完善污染物监测及信息发布系统，形成覆盖主要生态要素的资源环境承载能力动态监测网络，实现生态环境数据互联互通和开放共享。充分发挥互联网在逆向物流回收体系中的平台作用，促进再生资源交易利用便捷化、互动化、透明化，促进生产生活方式绿色化。

(11)“互联网+”人工智能：依托互联网平台提供人工智能公共创新服务，加快人工智能核心技术突破，促进人工智能在智能家居、智能终端、智能汽车、机器人等领域的推广应用，培育若干引领全球人工智能发展的骨干企业和创新团队，形成创新活跃、开放合作、协同发展的产业生态。

4.1.2 知识产权+互联网服务相关鼓励政策

1. 知识产权强国战略推进“互联网+IP”保护

2020年5月，国家知识产权战略实施工作部际联席会议办公室印发《2020年深入实施国家知识产权战略加快建设知识产权强国推进计划》(以下简称推进计划)。该《推进计划》提出了五大重点工作和 100 项具体措施，结合此前印发的《2020 年地方知识产权战略实施暨强国建设工作要点》，共同对全国知识产权战略实施工作做出部署。该《推进计划》的第 30 项举措提出要深入推进“互联网+”知识产权保护，加强信息技术手段运用，并由国家知识产权局负责。

在深化知识产权领域改革方面，该《推进计划》提出，改革完善知识产权政策，包括制定出台促进知识产权服务业高质量发展的政策文件，复制推广全面创新改革试验中的知识产权保护举措；深化知识产权领域“放管服”改革，推进业务服务、政务服务和信息服务“一网通办”，深入推进“蓝天”专项整治行动等。加强保护长效机制建设，优化知识产权保护中心建设布局，深入推进“互联网+”知识产权保护。

2.国家知识产权局专门制定“互联网+”知识产权保护工作方案

实际上，2018 年 7 月 31 日，国家知识产权局就专门印发《“互联网+”知识产权保护工作方案》(以下简称方案)。《方案》提出，要“将‘互联网+’作为深化知识产权保护方式改革的重要手段，深化改革措施，创新执法指导和管理机制，发挥大数据、人工智能等信息技术在知识产权侵权假冒的在线识别、实时监测、源头追溯中的作用，缩小对知识产权侵权假冒行为的人力调查范围，最大程度减少对企业正常生产经营行为的影响，提升打击知识产权侵权假冒行为的效率、力度及精准度，净化互联网交易环境，遏制线下侵权假冒生产销售，科学推进知识产权严保护、大保护、快保护、同保护，增强知识产权领域治理能力，确保公正高效保护中外知识产权权利人的合法权益，营造更加良好的创新、投资和营商环境，有力促进改革开放和中国经济竞争力提升。”并且，《方案》提出了具体的目标——到 2020 年，知识产权侵权假冒线索在线识别、实时监测、源头追溯的技术支撑体系基本建成，知识产权相关数据库、产品和服务数据库构建完成，全流程的知识产权执法维权指导管理系统运行通畅。‘互联网+’知识产权保护模式在全系统得到广泛应用，“互联网+”知识产权保护工作机制基本形成，线上知识产权侵权假冒治理水平明显提高，线下源头追溯精准快捷，知识产权执法维权效率显著提升，各类知识产权侵权假冒行为受到严厉打击，知识产权保护环境明显改善。”

《方案》要求“针对‘互联网+’知识产权保护工作中遇到的新情况、新问题，制订、修订相关指南、标准。及时总结经验，持续完善‘互联网+’知识产权保护各项制度。”“通过各类媒介加大宣传力度，及时推介、分享运用‘互联网+’提升知识产权保护成效的经验做法，引导广大创新主体、市场主体积极运用‘互联网+’机制提升维权效率。开展专项培训研讨，不断提升执法维权人员运用‘互联网+’的工作能力，加强技术人员与管理人员交流，促进技术系统完善升级、管理机制不断优化。”

可见，一方面“知识产权+互联网”或“互联网+知识产权”保护得到国家极大的重视和规划；另一方面，相关政策侧重知识产权保护上的运用。

3.司法系统推进互联网+知识产权工作

按照中央全面深化改革委员会第三次会议审议通过的《关于增设北京互联网法院、广州互联网法院的方案》，继 2017 年 8 月在浙江省杭州市设立全球首家互联网法院后，我国又陆续在北京市、广州市增设两家互联网法院，并挂牌收案。为确保三家互联网法院公正高效审理案件，最高人民法院经深入调研、广泛征求意见，2018 年 9 月 3 日，最高人民法院印发《最高人民法院关于互联网法院审理案件若干问题的规定》(以下简称规定)。该《规定》共二十三条，规定了互联网法院的管辖范围、上诉机制和诉讼平台建设要求，明确了身份认证、立案、应诉、举证、庭审、送达、签名、归档等在线诉讼规则，实现“网上纠纷网上审理”，推动网络空间治理法治化。其主要包括以下四个方面内容。

(1) 明确案件管辖范围。互联网法院集中管辖所在市的辖区内应当由基层人民法院受理的特定类型互联网案件，主要包括：互联网购物、服务合同纠纷；互联网金融借款、小额借款合同纠纷；互联网著作权权属和侵权纠纷；互联网域名纠纷；互联网侵权责任纠纷；互联网购物产品责任纠纷；检察机关提起的涉互联网公益诉讼案件；因对互联网进行行政管理引发的行政纠纷；上级人民法院指定管辖的其他互联网民事、行政案件。上述案件互联网特性突出，证据主要产生和储存于互联网，适宜在线审理，既方便诉讼，又有助于通过审判创制依法治网规则。

(2) 确立在线审理机制。《规定》充分总结杭州互联网法院在线审理经验，要求互联网法院审理案件应当以全程在线为基本原则，即案件的受理、送达、调解、证据交换、庭前准备、庭审、宣判等诉讼环节一般应当在互联网上完成。这一规定有助于推动审判方式、诉讼规则与互联网技术深度融合，最大限度为当事人提供诉讼便利、提升司法效率，适应互联网时代人民群众对司法的新需求新期待。

(3) 搭建在线诉讼平台。《规定》明确互联网法院建设诉讼平台，作为法院办理案件和当事人及其他诉讼参与人实施诉讼行为专用平台。依托该平台，互联网法院开放数据接口，有序接入相关电子商务平台经营者、网络服务提供商、相关国家机关的涉案数据，在充分保障系统安全、技术中立的基础上，实现身份在线核实、证据在线提取、信息在线流转，推动形成网络化、立体化、智能化的互联网审判模式。

(4) 完善在线诉讼规则。《规定》在现行民事诉讼法框架下，立足于互联网技术最新发展和电子诉讼基本特点，探索构建既符合司法规律、又紧跟时代潮流的网络诉讼规则，在在线审理方式、电子送达方式等方面有诸多重大创新，为互联网法院深入改革创新提供了制度支撑。

4.2 知识产权+互联网服务监管政策

近年来，我国在互联网技术、产业、应用以及跨界融合等方面取得了积极进展，已具备加快推进“互联网+”发展的坚实基础，但也存在传统企业运用互联网的意识和能力不足、互联网企业对传统产业理解不够深入、新业态发展面临体制机制障碍、跨界融合型人才严重匮乏等问题，亟待加以解决。所以中国除了出台鼓励政策外，也进一步加强完善监管政策。

4.2.1　专利监管政策

2020 年 5 月，为深入贯彻党中央、国务院关于“放管服”决策部署，促进知识产权服务业健康发展，为疫情防控、复工复产和创新创业提供更加优质的知识产权服务，2020 年开展代理行业“蓝天”专项整治行动。其主要内容有以下六点。

⑴重点打击无资质专利代理行为。国家知识产权局加强网上涉嫌无资质代理广告信息监控，全面核查企业名称中含有“知识产权代理”“专利代理”等字样企业的专利代理资质，扩大对未委托代理机构的专利申请联系人信息的核查范围，全面筛查无资质专利代理线索，及时转送各地。各地要加大工作力度，围绕转办线索认真开展调查，对违法违规行为依法立案查处。

⑵继续加大打击恶意商标代理行为力度。根据关于严厉打击与疫情相关非正常商标代理行为部署要求，加大排查力度，强化部门协作，加强监管查处，依法打击非正常商标申请行为。加强对代理恶意抢注囤积商标、伪造变造公文等行为的整治。情节严重的，报请国家局依法停止受理相关机构办理商标代理业务，涉嫌刑事犯罪的，依法移送公安机关。

⑶积极引导网络平台依法规范从事知识产权服务。充分履行知识产权服务业监管职责，依法依规加强对知识产权交易网络平台规范经营的引导，树立正确的知识产权转移转化价值导向，健全内部管理制度，优化网站展示内容。依托互联网广告监测等机构严格监控不规范经营行为，对存在不良经营行为的，要及时整改约谈，促进良性发展。

⑷持续整治以不正当手段招揽业务等违法违规行为。延续 2019 年“蓝天”专项整治行动有效做法，结合本地实际，持续打击以不正当手段招揽业务、代理非正常专利申请、“挂证”等违法违规行为。追踪 2019 年开展约谈、整改的代理机构、代理人，对未整改或整改不到位的，依法严肃处置。

⑸充分发挥信息公示和信用监管机制作用。国家知识产权局加快建立专利代理公示制度，依法公示专利代理机构和专利代理师信息，便于社会公众查询对比；健全专利、商标代理信用档案，推进信用联合惩戒，实现“一处失信、处处受限”。各地要按照有关要求，有序开展本地专利、商标代理“双随机、一公开”检查工作，发现应当依法列入经营异常名录或严重违法失信名单的，及时列入并报送国家局。

⑹切实加强行业自律。发挥行业协会自律职能，积极主动查处和惩戒违反行业自律规范的行为，对违反自律规定的会员单位及时做出惩戒，对违反职业道德的非会员单位依规依职责予以曝光谴责。积极配合支持违法违规案件查办工作，开展规范经营自律倡议活动。加大对规范经营代理机构的宣传推介，树立正面典型。

在商标方面，国家市场监督管理总局正在加强商标信用监管，探索实行“互联网＋监管”模式。并对互联网平台企业提出了以下明确要求。①不得滥用市场优势地位排除限制竞争。不得实施滥用市场支配地位、垄断协议和违法进行经营者集中等行为；不得滥用优势地位强迫商家站队“二选一”，对平台内经营者的选择平台行为实施不合理限制或附加不合理条件；不得利用技术手段实施妨碍、破坏其他经营者合法提供的网络产品或服务正常运行的行为。②自觉维护线上经济竞争秩序。杜绝刷单、刷评、炒信等失信造假行为，不得发布浮夸的直播带货“战报”虚增流量，不得从事商誉诋毁、裹挟交易等违法违规竞争行为，或依托算法推荐、人工智能和大数据分析进行“隐形”不正当竞争行为。③加强线上销售假冒伪劣商品治理。严格落实产品质量责任，严控假冒伪劣商品宣传和销售流通，加大知识产权保护力度，积极协助执法部门查处侵权假冒违法行为。等等。

4.2.2 商标代理监管政策

近年来，随着商标注册程序优化、注册周期缩短、注册成本降低，当事人获得商标注册更为便捷，与此同时，也出现了一些以“傍名牌”为目的的恶意申请和为转让牟利而大量囤积商标等问题。这些恶意申请商标注册的行为严重扰乱了市场经济秩序和商标管理秩序，破坏营商环境，引起社会各界广泛关注。

2019 年 4 月 23 日，全国人大常委会通过了对《中华人民共和国商标法》的修改决定。规制恶意申请、囤积注册等行为是此次修改的重点内容之一，主要涉及以下三个方面：一是增强商标使用义务，增加“不以使用为目的的恶意商标注册申请，应当予以驳回”的规定，首先在审查阶段予以适用，实现打击恶意注册的关口前移，并将其作为提出异议和请求宣告无效的事由，直接适用于异议程序和无效宣告程序中；二是规范商标代理行为，规定商标代理机构知道或者应当知道委托人存在恶意注册行为的不得接受委托，一经发现，依法追究责任；三是对申请人、商标代理机构恶意申请商标注册、恶意诉讼的行为规定了处罚措施。从而将规制恶意注册行为贯穿于整个商标申请注册和保护程序中，在责任主体方面既包括申请人和权利人也包括商标代理机构。本次修改为规制恶意商标申请注册行为提供了直接、明确的上位法依据。

2020 年，国家市场监督管理总局为进一步完善商标代理法律制度，梳理细化相关法律规定，保障法律实施，也相继出台政策法规，加强商标代理行业的监管(主要有《商标代理管理办法》(下文简称办法)的修订)。其中明确商标代理行为规范，督促商标代理机构规范经营，提升代理服务水平和服务质量；优化商标代理监管方式，加强事中、事后监管，保障当事人合法权益，提高监管效能。

(1)规范商标代理机构备案制度。为更好地维护委托人利益，督促商标代理机构及时依法备案，发挥备案制度的信息公开作用，《办法》在总结实践经验的基础上，规定了商标代理机构办理备案、变更备案、注销备案的要求，为代理机构提供了详细指引。对于未依法办理备案、变更备案或者注销备案，以及未妥善处理尚未办结的商标代理业务，损害委托人利益或者扰乱商标代理市场秩序的商标代理机构，设置了行政处罚。同时，规定国家知识产权局应当对备案信息进行公示，方便社会公众监督。

(2) 明确商标代理行为规范。为规范商标代理行为，提高商标代理服务质量，《办法》对商标代理机构和从业人员的行为规范做出明确规定。①明确从事商标代理业务的基本原则，商标代理机构从事商标代理业务不得采取欺诈等不正当手段，不得有害于社会主义道德风尚或者有其他不良影响；商标代理机构及其法定代表人、股东、合伙人、实际控制人、高级管理人员不得申请注册或者受让其代理服务以外的其他商标，也不得通过另行设立市场主体等其他方式变相从事上述行为。②要求商标代理机构建立健全质量管理、利益冲突审查、恶意申请筛查、档案管理等业务管理制度和运营制度。③重申了商标代理机构及其从业人员应履行的义务，包括告知、保密、签字负责、及时送交相关材料等，明确商标代理从业人员不得同时在两个以上商标代理机构从事商标代理业务，以更好地维护委托人利益。④针对商标代理行业中存在的低价恶意竞争、虚假宣传等乱象，要求商标代理机构加强职业道德和职业纪律教育，组织业务学习，遵循自愿、公平和诚实信用原则收取费用，遵守在互联网平台上进行业务活动的相关规定。

(3) 丰富商标代理监管手段。《办法》借鉴专利代理、律师等行业的监管经验，通过建立商标代理机构信用监管制度，列入严重违法失信名单，并将信用信息集中向社会公示等措施加强信用监管。在对商标代理执业活动进行检查、监督的过程中，列举具体事项，规范程序要求，明确当事人的配合义务。同时，知识产权管理部门也将充分运用约谈、警示谈话等手段，进一步提升增强监管工作效能。任何人发现商标代理违法行为可以依法向负责商标执法的部门投诉或举报。

(4) 完善对商标代理违法行为的处理措施。为加强对商标代理违法行为的规制，《办法》对《中华人民共和国商标法》第六十八条以及商标法实施条例第八十八条中列举的商标代理违法行为进行了细化，将帮助申请注册与重大公共事件相关的商标、虚假宣传欺骗公众、帮助委托人转让恶意申请的注册商标等行为明确纳入监管范围。除依法对商标代理违法行为给予行政处罚外，《办法》还就相关部门决定停止受理商标代理机构办理商标代理业务、开展联合惩戒等处理措施进行了规定。后续我们还会介绍相关的典型案件。

4.3 知识产权+互联网服务监管案例

随着知识产权+互联网服务的发展，行业中出现了一些受到强力监管的典型案件。尤其是 2020 年疫情以来，网络平台服务的迅猛发展，服务质量参差不齐，国家知识产权局也开始了迅速有力的行政监管措施。这里主要举出一些典型案件。

4.3.1 专利代理处罚案

2019 年 3 月 28 日国家知识产权局发布了 18 份惩戒书。专利行业的惩戒书从 2009 年开始每年就会有一些，只是数量不多，每年寥寥无几。这次一天发布的惩戒书数量超越过去一年或几年的数量。这说明了目前专利管理机关对于此事的极度重视，也突显出国家在建设创新型国家中对提升专利质量、抑制垃圾专利的勇气与决心。

1. 惩戒书内容

国家知识产权局发布的 18 份惩戒书的内容可分成六组。每组惩戒对象不同，行为与措施也很具有一定代表性。①第 1 组，涉嫌 1 股东挂证行为，股东的签名也属于实际控制人代签，涉嫌违法，挂证股东与机构之间出现矛盾，挂证股东举报机构涉嫌非法挂证，机构也反过来举报股东未能迁入，结果机构和两位挂证股东均受到警告惩戒。②第 2 组，涉及非正常申请，60 件相同或者简单替换的发明专利申请，机构、负责人、署名的代理师一起受到警告。③第 3 组，机构代理提交 123 件技术效果明显编造的发明专利申请，机构和负责人兼主要的署名代理人受到警告。④第 4 组，非正常申请—代理提交 78 件内容明显相同的发明专利申请；负责人兼署名代理人和机构都受到警告。⑤第 5 组有两种行为受到惩戒，一是非正常申请 101 件相同或简单替换，二是发生泄露客户发明创造案。于是机构、负责人、非正常申请的主要署名代理人、泄露发明创造方案的署名代理人均受到处罚；其中机构被处停止接受新的专利申请一年的处罚。⑥第 6 组，涉及出租专利代理资质、从事非正常申请专利、编造专利、“一案多卖”的行为，机构、负责人、合伙人兼署名代理人均受到处罚。机构的专利代理注册被撤销、负责人的专利代理资格证被吊销这是处罚最重的一组(表 4-2)。

表 4-2　18 份惩戒书

分组	惩戒书编号	行为	惩戒措施
第 1 组	001	涉嫌股东挂证	警告
	002	隐瞒股东挂证，代股东签字	警告
	003	涉嫌股东挂证	警告
第 2 组	004	非正常申请，60 件相同或简单替换；单位负责人	警告
	006	非正常申请，60 件相同或简单替换；署名人	警告
	014	同上	警告
第 3 组	007	代理提交 123 件技术效果明显编造的发明专利申请	警告
	008	代理提交 123 件技术效果明显编造的发明专利申请；负责人；其中 72 件的署名人	警告
第 4 组	009	非正常申请-代理提交 78 件内容明显相同的发明专利申请；负责人兼署名人	警告
	010	同上	警告
第 5 组	005	非正常申请，101 件相同或简单替换中 54 件的署名人	警告
	011	存在“泄露委托人发明创造的内容”的违法行为；署名人而非直接责任人	警告
	012	101 件非正常申请和泄露案件的机构负责人	警告
	013	101 件非正常申请和泄露案件的机构	责令停止承接新的专利代理业务 12 个月

续表

分组	惩戒书编号	行为	惩戒措施
第6组	015	出租专利代理资质、从事非正常申请专利、编造专利、“一案多卖”的行为	撤销专利代理机构注册证
	016	出租专利代理资质、从事非正常申请专利、编造专利、“一案多卖”的行为；合伙人未尽管理职责	警告
	017	同上	警告
	018	同上行为的机构负责人；本人署名代理126件非正常申请；	吊销专利代理人资格证书

2. 教训

(1) 从惩戒对象看，惩戒涉及机构本身、机构负责人、机构合伙人、专利代理的署名代理人，惩戒对象更为宽泛。①专利代理人/专利代理师的署名以后要慎重对待，要对署名的专利申请案负责。署名代理人即使不是该案的实际撰写人也要负法律责任。②挂证的股东和机构一样受到警告。从1～3号的惩戒书中可以看出，挂证的股东和机构之间起了纷争，挂证股东举报机构挂证；机构举报挂证股东未能入职，结果都一起受到警告。③机构进行非正常申请、编造专利等违法行为，机构负责人要和专利代理人一起负责。机构合伙未尽管理责任的，也要负责。④本次机构遭遇顶格处罚一例，第6组被撤销专利代理机构注册证，其机构的负责人也被吊销专利代理人资格证书。⑤知名企业违法与一般机构照样处罚。此次惩戒机构中，第2组和第5组都为业内知名度较高的企业。此次处罚公布后，第5组一年内不能接单新的专利代理业务，该机构或许会出台新举措，或痛定思痛，洗心革面；或许收购或成立其他专利代理机构；第2组惩戒书编号为006和004均被警告，警告处罚虽不影响业务，但业界声誉不免会受到一定影响。

(2) 从惩戒行为与理由来看，非正常申请、编造专利、挂证等将受到严格监管与控制。①非正常申请，包括内容明显相同的专利申请、不同组分等简单替换的发明申请、编造专利等情形。②挂证。非法挂证是一种违反诚信的行为，以前因为专利代理证资源的稀缺性，所以许多有心想投资做专利代理公司的人只好去寻求挂证，起步经营。2019年3月1日起新颁发的《专利代理管理条例》，放宽了专利代理机构的执业准入条件，明确专利代理机构的组织形式为合伙企业、有限责任公司等，对现行条例规定的合伙人、股东、具有专利代理资格证书和从业经验的要求也做了修改。一方面强化了专利代理师(即原来的专利代理人)签名的责任；另一方面也适度放宽了准入条件。③泄露客户发明创造方案。客观地讲，这是一种偶发性错误，此行为在行业内发生的概率极小，绝大多数专利代理人还是会谨守基本的职业道德。

(3) 从惩戒措施来看，有极刑、有严格、有理解，处罚量体裁衣对症下药。①目前的惩戒措施极为严格，最顶格的是——撤销机构专利代理注册证和吊销负责人的专利代理资格证，这意味着该机构的消失以及其负责人已经失去在专利代理行业执业的可能。②其次一等的惩戒是——一定时期内停止接受新的专利代理业务。这也是极为严厉的处罚。第5组受停止承接新的代理业务 12 个月，按其以前的年报，将意味着每年将可能流失上亿元的专利业务，除非其找到新的变通办法。③警告的处罚很多，也许考虑到专利代理人和机构的行为多为初犯或者为初次受到严查，甚至可能考虑到专利代理行业本身的资源稀缺性，所以大部分给予警告处罚。

(4) 从惩戒效果与目的来看，①2019 年第 001 号～第 018 号惩戒书的发布，有望起到一定的警示作用，并由此促进行业健康发展。②专利代理行业的恶性竞争、挂证、编造专利等乱象有望得到抑制，提升专利质量，首先涉及就是专利代理机构和专利代理人的质量。而提升专利质量，还需要发明人、发明人所在的企业，提升研发质量。从发明的源头提升发明质量，经高质量的专利代理行为，高质量的专利审查队伍的审查，得到授权后经高质量的专利经营人才的运营，以及专利法官与律师强有力的保驾护航，高质量的专利才能得以不断涌现，以知识产权促进创新驱动经济的发展才有了坚实的基础和不竭的动力。

4.3.2 商标代理处罚案

2020 年初，新冠肺炎疫情发生以来，一些企业和自然人图谋不当商业利益，将与疫情相关的“火神山”“雷神山”等文字抢注商标，对此，国家知识产权局采取严格管控排查、依法依规驳回、及时通报信息、强化行业监管等举措，予以严厉打击。其中一些就属于知识产权+互联网平台代理的商标案件，相关代理机构因此也受到相应处罚。

2020 年 3 月 16 日，国家知识产权局管控累计 1580 余件涉及疫情的商标申请中，依法驳回 328 件，准予申请人主动撤回 866 件，并组织地方执法部门对相关申请人和代理机构进行约谈、整改和处理。

对进入审查程序、社会影响特别恶劣的，国家知识产权局综合运用商标法“有害于社会主义道德风尚或者有其他不良影响”等多个条款，依法予以驳回，截至 2020 年 3 月 16 日依法驳回“火神山”“雷神山”“新冠消毒”等 328 件不良商标申请。公开申请信息、执法约谈、联合惩戒等措施对非正常申请行为形成了有力震慑，不少当事人公开道歉，积极纠正，主动撤回与疫情相关的商标注册申请 866 件。390 余件管控商标申请，一旦达到商标法及其实施条例规定的法定时间，国家知识产权局将严格依法做出予以驳回、准予撤回、不予受理等审查决定。

同时，国家知识产权局将持续对可能出现的新增涉疫情非正常商标申请实施严格管控，依法依规从严审理，筛查相应商标代理机构，及时转送地方执法部门查处，持续保持坚决打击非正常商标注册申请行为的高压态势。

根据北京企业信用信息网公布，2020 年 3 月 31 日北京市朝阳区市场监督管理局对阿里巴巴科技（北京）有限公司《京朝市监工罚（2020）230 号》做出行政处罚。从数据上来看，阿里巴巴科技（北京）有限公司代理的商标总数 2019 年超过 57 万件，成为商标代理行业数量最多的平台之一。其中推行的自助注册等在一定程度上便利了非正常商标的提交与申请，受到行政监管也是应有之义①。

另外，还有多家代理机构也因为违法代理与疫情防控有关的商标而遭遇处罚。例如，黑龙江省哈尔滨市一家知识产权代理机构违法代理“雷神山”“火神山”商标申请注册，市场监督管部门对其进行查处并对代理机构和直接责任人分别处以罚款 5 万元和 0.5 万元的行政处罚，此案为哈尔滨市涉疫商标恶意申请注册的第一案。

又如，长沙市某电子商务有限公司在举国一心抗击新型冠状疫情期间，不顾李文亮家人及公众感受，利用李文亮名字申请注册商标，明显违背社会主义道德风尚，造成不良社会影响。长沙市知识产权局、天心区市场监督管理局(知识产权局)约谈并要求长沙市某电子商务有限公司法定代表人姜某某撤回商标注册申请，向社会公开致歉。

可见，商标局对于商标代理行业，包括知识产权+互联网服务，可以采取多种行政监管举措。包括但不限于警告、罚款、吊销、停止代理服务。

《中华人民共和国商标法》第六十八条规定，“商标代理机构有下列行为之一的，由工商行政管理部门责令限期改正，给予警告，处一万元以上十万元以下的罚款；对直接负责的主管人员和其他直接责任人员给予警告，处五千元以上五万元以下的罚款；构成犯罪的，依法追究刑事责任：(一)办理商标事宜过程中，伪造、变造或者使用伪造、变造的法律文件、印章、签名的；(二)以诋毁其他商标代理机构等手段招徕商标代理业务或者以其他不正当手段扰乱商标代理市场秩序的；(三)违反商标法第四条、第十九条第三款和第四款规定的。”

另外，还有信用档案机制。商标代理机构有前款规定行为的，由工商行政管理部门记入信用档案；情节严重的，商标局、商标评审委员会并可以决定停止受理其办理商标代理业务，予以公告。商标代理机构违反诚信原则，侵害委托人合法利益的，应当依法承担民事责任，并由商标代理行业组织按照章程规定予以惩戒。对恶意申请商标注册的，根据情节给予警告、罚款等行政处罚；对恶意提起商标诉讼的，由人民法院依法给予处罚。

4.4 小结：政策建议

1) 鼓励措施

(1) 进一步进行放管服改革，营造更加宽松的营商环境。目前，已有许多地方针对这一问题放宽了相关条件设定。例如，商标代理人的资质已经不用再经考试和行政许可；商标代理机构以备案为准等。专利代理机构的股东资质也进一步放开。

(2) 建议进一步鼓励新技术应用。建议鼓励进一步探索模式创新，如知果果、权大师、阿里云等，利用人工智能、大数据、云计算的最新技术，为知识产权服务提供更多创新。

(3) 建议进一步鼓励新的商业模式的探索。未来知识产权运营、知识产权维权、知识产权创造、知识产权金融等进一步融合与发展，新的商业模式、新平台、新产品与新服务

①腾讯网，[2020-09-10]. 阿里巴巴科技有限公司等因代理疫情相关商标被罚，https://xw.qq.com/cmsid/20200418A0OPPK00.

将层出不穷，需要进一步宽容和鼓励其发展。

2) 监管措施

(1) 在鼓励创新的同时，建议进一步依法监管，在做出处罚之前出台相应的处罚指引等，使程序更加合理合法。

(2) 进一步合理化处罚措施，处罚中根据比例原则、违法程度，充分考虑相关因素，依法依规进行处理。

第五章　公共服务：知识产权+互联网公共服务创新

5.1　概述

世界未来的竞争就是知识产权的竞争。20 世纪 90 年代以来，随着高新技术的发展，知识经济的兴起和经济全球化进程的加快，知识产权已经成为国家争取科技和经济竞争优势的重要手段，其重要性得到了历史性的提升，逐渐成为构成国家竞争力的核心要素。纵览全球，不论是欧美大国还是亚洲强国，先进国家在知识产权认识上也远远超过其他国家。如英国政府出具的一份白皮书曾提到："竞争的胜负取决于我们能否充分利用自己独特的、有价值的和竞争对手难以模仿的资产，而这些资产就是我们所拥有的知识产权"；美国更是把知识产权当作国家基础性的战略资源，把强化知识产权保护作为重要的竞争手段；日本早就明确提出了从科技立国到知识产权立国的基本国策；韩国也通过知识产权推动产业结构升级，力图在国际分工中占据有利地位。

因此，本章在 5.2 节——行政机关中的知识产权+互联网服务中主要介绍了世界范围内在知识产权+互联网服务上有创新表现的国家行政机关及其创新情况，这些行政机关有的将知识产权申请流程网络化、电子化，既能够简化申请流程，又能缩短审查周期，使知识产权所有人能在最短时间内获得知识产权保护；有的积极开发数据开放系统和搭建数据库，向社会公开现有知识产权存量数据，使得数据信息更加公开透明；有的搭建国家间的专利审查高速路，帮助申请人的海外申请早日获得专利权；有的搭建国家层面的知识产权交易平台，促进科技成果转移转化。如中国在商标便利化改革、商标评审和复审、专利申请与审查、专利复审与无效等方面的变革；如美国推出的知识产权交易平台；又如欧盟知识产权局推出的 TMview 和 DesignView 工具等。本章在 5.3 节——司法机关中的知识产权+互联网服务中主要介绍了中国的最高人民法院、知识产权专门法院/法庭、互联网法院在知识产权+互联网服务上的创新表现，包括推进智能办公和信息化建设等。

5.2　行政机关中的知识产权+互联网服务

5.2.1　中国知识产权+互联网的行政服务

中国知识产权行政机关中的知识产权+互联网服务主要体现在商标便利化改革、商标评审"云评审"模式、商标复审网上申请系统、专利电子申请系统几个方面。在过去几年里，中国在知识产权+互联网服务探索之路上一直在努力，而在 2020 年疫情防控特殊时期，中国知识产权行政机关更是借力互联网和科技手段，促进商标便利化改革，推动以上互联网+知识产权服务蓬勃发展，助推复工复产复业。

1. 商标便利化改革

2016 年 7 月，《工商总局关于大力推进商标注册便利化改革的意见》（下文简称《意见》）发布，明确了推进便利化改革的总体思路和重点改革举措，委托地方受理商标注册申请、设立京外商标、推行网上申请等具体措施将为商标注册大开方便之门。《意见》全文共分为 6 个部分，22 条改革举措，共呈现出五大变化。①改变由商标注册大厅受理商标申请的单一渠道，增加委托地方受理商标注册申请，方便商标申请人就近办理，节省成本；②改变目前由京内审查协作中心承担部分商标注册审查任务的局面，计划在京外设立，接受商标局委托，分担部分商标注册审查任务，尽可能缩短商标审查周期；③改变目前仅对商标代理机构开放网上申请的模式，将网上申请范围扩大至所有申请人，同时将网上申请项目从目前仅接受商标注册申请业务逐步扩大至商标续展、转让、注销、变更等商标业务申请；④缩短发放商标注册申请受理通知书时间，简化部分商标注册申请材料和手续，清理商标书式和精简商标发文，开通注册商标后续业务快速审查通道；⑤改变目前以收取纸质申请件为主的方式，逐步推进全程电子化。

2017 年初，商标局接连发布《商标注册网上申请暂行规定》《关于商标网上申请系统上线的公告》《国家工商总局大力推行商标网上申请》，宣布自 2017 年 3 月 10 日起，商标代理机构、国内申请人、在中国有经常居所或营业所的外国人或者外国企业均可登录“中国商标网—网上申请”栏目进行商标注册申请业务的办理。推行商标网上申请作为商标注册便利化改革的重要举措，中国商标注册申请实现了“四个网上”，即网上申请、网上查询、网上公告、网上交费可以在中国商标网全部实现，申请人将享受到更加便捷高效的服务。2017 年 2 月，时任国家工商总局局长负责人在接受媒体采访时提到，大力推进商标网上申请，2017 年向所有申请人开放网上申请，力争 1 至 2 年内申请比例达到 90%以上，逐步扩大网上申请业务范围。

2018 年 11 月，商标网上服务系统全面上线，集网上查询、申请、发文、公告、缴费、注册证明公示 6 大功能为一体，为社会公众提供全方位全流程服务。这是商标服务载体和服务手段的一次突破性变革。

2018 年 12 月，商标数据开放系统上线试运行，向社会公开现有商标全部存量数据，商标数据库实现开放共享，进一步提高商标审查的透明度和商标公共服务水平。这意味着中国商标网上服务系统的注册用户，均可免费下载约 3500 万件商标的基本信息，无需重复申请账户权限，后期系统数据将会定期更新。

2019 年 7 月，根据国家知识产权局统一部署，全国商标受理窗口同步完成纸质件申请向网上申请的转换，全面采用网上申请系统受理商标业务，不再接收纸质版申请书。此后，申请人如需办理商标业务，有两种方式可供选择：一是在国家知识产权局官网上的“网上申请”栏目注册为新用户，然后通过商标网上服务系统直接提交各项商标业务的办理申请；二是携带相关证件原件及扫描件、商标电子图样等，前往商标局在全国 31 个省、自治区、直辖市的市场监督管理部门、知识产权部门批准设立的 175 个商标受理窗口进行办理，地方商标受理窗口可为申请人提供电脑并指导申请人进行自助填报。

2020 年 5 月 11 日，国家知识产权局商标局 2020 年商标审查工作会议召开，提到 2020 年将继续深化商标注册便利化改革，年内上线商标无效宣告、异议、撤销三年不使用申请的网上办理功能。

以上商标局推出的一系列商标便利化改革的举措，大幅压缩了商标审查周期，精简优化了商标注册流程，持续深化了“互联网+商标注册服务”，进一步提升了窗口服务水平，方便申请人更加高效便捷地办理商标业务，地方商标受理窗口进行了网上服务系统升级改造，完成纸件申请向网上申请的转换，全面采用网上申请系统，为申请人提供“一张网、一扇门、一站式”服务，打通服务群众“最后一公里”。

2. 商标评审和复审

2020 年 3 月，商标评审庭举行了首次线上直播，“龙江和牛”无效宣告案在网络会议间进行了口头审理，此次口头审理线上直播的同时在线观看人数最高达到近 1900 人。庭审期间，北京市、黑龙江省、广东省三地打破空间限制，实现同频互动。2020 年 4 月 8 日，评审部再次以线上直播的方式，对 3 起中联系列商标无效宣告案展开并案口头审理，吸引了近 2500 人在线观看。2020 年 4 月 10 日，一起由一家荷兰公司提起的 Playseats 及图商标无效宣告案件进行线上口头审理。这是评审部首次就涉外案件口头审理。应双方当事人要求，这次口头审理没有公开。以上商标评审庭推出的“云评审”模式，让评审庭线上审理直播会议间内，不仅有合议组和双方当事人，更有担任“线上监督员”的围观群众，有力确保案件公平公正审理。“云评审”模式促进评审部口头审理方式再创新，推动评审便利化改革步伐再加快，接受社会监督的主动性再加强，也是一次很好的商标普法宣传。

2019 年 9 月 23 日，商标局开发的驳回复审网上申请系统作为商标网上服务系统的一部分，面向 4 家代理组织试运行。截至 2020 年 4 月 17 日，4 家代理组织已提交驳回复审网上申请件 267 件，发送电子受理通知书 161 件，其中系统自动形式审查 250 件，人工形式审查 17 件，发送电子补正通知书 5 件。2020 年 4 月 17 日，评审部通过商标网上服务系统送达了第一份电子驳回复审决定书。第一份电子驳回复审决定书的发出，具有里程碑意义，意味着可以经过网上注册申请、网上驳回、网上驳回复审申请、网上评审受理、网上审理等程序，实现从商标注册到商标复审的全程电子化。商标局推行的评审案件全程电子化不仅可以拓宽申请人提交评审申请渠道，更能进一步优化评审审理方式，提高审理效率。

3. 专利申请与审查

专利电子申请是指以互联网为传输媒介将专利申请文件以符合规定的电子文件形式向

国家知识产权局提出的申请。申请人可通过电子申请系统向国家知识产权局提交发明、实用新型、外观设计专利申请和中间文件，以及进入中国的国际申请和中间文件。电子申请用户是指已经与国家知识产权局签订电子专利申请系统用户注册协议（以下简称用户注册协议），办理了有关注册手续，获得用户代码和密码的申请人和专利代理机构。中国国家知识产权局电子申请系统于 2004 年 3 月正式开通，新电子申请系统于 2010 年 2 月 10 日上线运行。该电子申请系统 365 天×24 小时不间断开通，包括国庆节、元旦、春节等节假日。专利电子申请网站（http：//cponline.cnipa.gov.cn/）是电子申请用户使用电子申请的重要平台。网站首页上发布国家知识产权局专利局关于电子申请相关通知和公告，提供电子申请的表格文件、用户手册和帮助文件，供申请人下载使用。同时，电子申请系统还为电子申请用户提供以下服务：电子发文的短信提示、电子通知书的重复下载、电子申请通知书纸件副本的在线请求、电子发文的查询、电子申请文件案件查询、电子申请文件扫描件下载。

专利审查高速路（patent prosecution highway，PPH）是专利审查机构之间开展的审查结果共享的业务合作，旨在帮助申请人的海外申请早日获得专利权。其具体是指当申请人在首次申请受理局（Office of First Filing，OFF）提交的专利申请中所包含的至少一项或多项权利要求被确定为可授权时，便可以以此为基础向后续申请受理局（Office of Second Filing，OSF）提出加快审查请求。PPH 的优势很明显，申请会被加快审查，能够更迅速地获知审查意见；申请成本会降低，答复审查意见通知书的次数会减少；申请被授予专利权的可能性也会增加。PPH 的基本模式有两种，一是常规 PPH，是以巴黎公约为路径，指申请人利用首次申请受理局做出的国内工作结果向后续申请受理局提出的 PPH 请求；二是常规 PCT-PPH，是以 PCT 为路径，指申请人利用 PCT 国际阶段工作结果向有关专利局提出的 PPH 请求。中国专利审查高速路试点合作进程详见图 5-1。

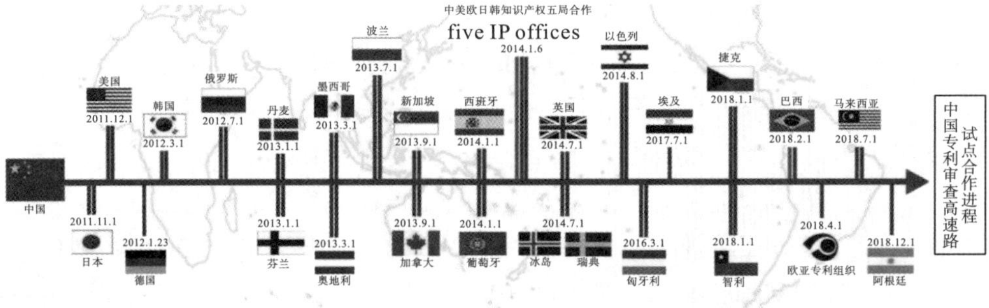

图 5-1 中国专利审查高速路试点合作进程

图片来源：国家知识产权局[①]

专利审查协作中心是国家知识产权局专利局的直属事业单位，受专利局委托承担部分专利申请的审查工作，具有独立的法人资格和人事、劳资、财务管理权。自 2001 年国家在北京成立首个专利审查协作中心以来，专利审查员队伍日渐壮大，目前已遍布北京市、

①国家知识产权局，[2020-09-10]. 专利审查高速路（PPH）宣传手册（2018），http://www.sipo.gov.cn/docs/20181012162709770498.pdf.

江苏省、广州市、郑州市、武汉市、天津市、成都市、福州市全国八个主要省市。拿专利审查协作北京中心（简称“审协北京中心”）来说，审协北京中心于2001年5月18日由中央编办批复设立，经过十九年的发展与积淀，审协北京中心目前已经成为中国成立时间最早、专利审查员人数最多、审批量最大、技术领域和业务类型覆盖最全的专利审查协作中心。审协北京中心主要有专利审查和社会服务两大职能：一是受国家知识产权局委托，按照中国专利法及其实施细则以及专利审查指南的有关规定，承担部分专利申请案件的审查工作；二是依托人才和专业优势服务社会、服务地方。审协北京中心业务范围主要有：发明专利申请的实质审查；PCT国际申请的国际检索和国际初步审查；发明、实用新型、外观设计专利申请的初步审查；专利复审案件的审查；做出实用新型专利的专利权评价报告；为企业提供技术与法律咨询服务。截至2020年2月29日，审协北京中心在发明、实用新型、外观设计三种类型专利案件累计结案量达1400余万件，业务涵盖机械、电学、通信、医药生物、化学、光电技术、材料等各技术领域。同时，累计为社会各界提供了数千份专利咨询报告。

4. 专利复审与无效

为进一步优化复审无效请求受理、立案和手续办理的流程与方式，国家知识产权局专利复审委员会开发完成了复审无效立案及流程管理系统，并于2018年3月24日上线运行。该系统优化了现有复审无效立案审查业务流程，升级了电子申请离线客户端，在电子申请在线业务办理平台新增了复审无效业务办理功能模块。用户可通过离线、在线两种电子方式提交复审、无效宣告请求。

据悉，专利复审委员会自2015年6月启动该系统的建设工作，历时两年多的时间，完成了系统开发、测试及上线准备工作。与以往的审查模式相比，该系统上线后，申请人除了可以通过客户端离线提交复审、无效宣告请求外，还可以通过交互式平台在线提交电子请求并得到实时反馈，专利复审、无效宣告请求审查流程也更加智能化。

在功能上，该系统具备诸多亮点。①第一大特色是系统实现了复审、无效宣告请求业务的互联网模式办理。用户通过登录中国专利电子申请网的在线平台，就可以办理复审、无效宣告请求业务。以前用户提交的复审、无效宣告请求质量缺乏有效把控，需要进行人工审查，立案审查周期较长。该系统的交互式平台实现了交互办理模式，平台客户端会引导用户按照审查规则进行规范填写，并在审查端进行验证，以提高进入审查端的请求质量，缩短立案审查周期。对于正在办理的业务，系统还提供了人性化的业务导引功能，比如提示相关法条，提示需要缴纳费用，自动推送当前案件的著录项目信息和复审、无效宣告请求信息，供请求人确认，以减少不必要的录入手续，进而提高办理效率。对于办理过程中的常见问题、热点词及法律条款等，系统还提供了解释提示功能，以帮助用户理解业务。另外，系统对填写项目也进行了细化，避免了请求人可能出现的填写错误，满足了系统自动审查的要求。②系统的第二大特色是对离线电子申请进行了优化。通过参考交互式平台的理念，系统将包括新请求及中间文件的255个审查规则前移至请求端，在提交请求时对请求人进行提示，供请求人及时修改，提高复审、无效宣告请求质量，以做到快速受理，进而提高立案效率。③系统的第三个特色在于对复审、无效宣告的纸件请求，系统也进行了优化，将现有针对基本信息进行采集的数据项由20%增加到了90%，还将现有的3道采集复核流程简化为“双采双校”，在保证数据准确的同时，减轻了审查员的复核工作。④系统的第四个特色是搭建了审查工作台，在人工智能技术的支撑下，自动审查的案件由后台直接发送通知书，需要人工干预的案件则由负责形式审查的审查员在审查工作台界面完成。系统对审查业务种类进行了细化，支持7类共计27种业务。负责形式审查的审查员如果对自动审查的结论有异议，可以修改审查结论，并通过结论送审多次提交自动审查，生成新的通知书；如果审查员发现数据存在问题，可以修改数据，并通过数据送审多次提交自动审查，生成新的通知书。⑤系统的第五个特色是开发了自动审查引擎。自动审查引擎通过梳理审查项规则，实现了对请求书、委托书以及中间文件中的请求文件的内容审查，同时根据审查项的规则和结论自动生成通知书和通知书标准语段。经过与业务专家的多次讨论，开发方整理了包括复审请求、无效宣告请求和各类中间文件共计394项审查规则，其中可实现自动审查的审查规则有326项，涉及人工审查的审查规则有5项，涉及半自动审查的审查规则有63项。⑥系统的第六个特色是全面实现了电子发文。系统已实现了19种通知书的电子化。对于审查决定、受理通知书等重要文件，系统还支持纸件和电子通知书双重形式的发送，满足不同用户的发文需求，进一步提高了对外服务的水平①。

5.2.2 美国知识产权+互联网的行政服务

美国专利商标局（United States Patent and Trademark Office，USPTO）成立于1802年，是掌握全国专利、商标申请以及核准手续的重要机关，隶属于美国商务部，其主要职责是为发明家和他们的相关发明提供专利保护、商品商标注册和知识产权证明。从全球各个国家的官方专利商标保护机构来看，美国专利商标局不仅有较高的电子化程度，而且数据信息比较公开透明。

美国专利商标局2020年6月发布新推出的知识产权交易平台（Patents 4 Partnerships，P4P），该平台可以使技术持有人与有意向的购买者和许可人相匹配。不但如此，它还有自己的电子化申请系统、电子化考试系统（专利代理人考试）和数据库系统。

该平台中，可能使大学技术转让办公室（technology transfer offices，TTOs）受益最大。专利申请、异议和货币化的成本都非常高。许多大学TTOs都有预算限制，因此仅能对有明确盈利途径的专利提出申请。据报道，超过95%的非美国本土专利权被放弃，不到30%的临时专利申请转换为了正式申请。而P4P平台提供了一个无约束力的开放市场，包含已公布、正在审查状态的美国专利申请，潜在的被许可人可以在早期阶段识别出感兴趣的技术，并可负

①中国知识产权报，[2020-09-10]. 复审无效立案及流程管理系统正式上线，http://ip.people.com.cn/n1/2018/0330/c179663-29897894.html.

担专利异议、国外专利权和延续专利申请等的成本①。

5.2.3 欧洲知识产权+互联网的行政服务

1. 欧洲专利局

欧洲专利局（European Patent Office，EPO）成立于1973年，从1973年的16个《欧洲专利公约》签署国，现已发展到38个成员国，包括所有28个欧盟成员国及挪威、瑞士和土耳其等国家。其主要职能是负责欧洲地区的专利审批工作，目的是可以使世界各地的发明人、研究人员和公司都可以通过集中且统一的程序（仅需一项申请）在多达44个国家/地区的发明获得保护。

欧洲专利局是欧洲专利组织的执行机构，欧洲专利组织是一个有38个成员国的国际组织。EPO的活动和预算由该组织的行政理事会监督，该理事会由成员国代表组成。EPO完全由用户支付的费用提供资金。2020年，其预算为25亿欧元。EPO的总部位于慕尼黑，在海牙设有分支机构，并在柏林，维也纳和布鲁塞尔设有办事处。欧洲专利局是欧洲最大的公共服务组织之一，雇用了来自35个不同国家的约7000名员工。他们中有4300名是在所有技术领域中担任专利审查员的高素质科学家和工程师。

通过欧洲专利局获得专利权保护有以下几个特点：①依照欧洲专利公约的规定，一项欧洲专利申请，可以指定多国获得保护，即可以在任何一个或所有成员国中享有国家专利的同等效力，便于简化在多国单独提交专利申请的手续，节约开支，方便申请人；②欧洲专利是按照统一的法律审查批准的，不会因为各国专利法在程序和审查要求上的不同而造成不同后果，给申请人以安全感；③欧洲专利审批的效率和质量有保证，要比逐个国家申请程序既快又节省开支，特别是商业上能提高发明的价值；④欧洲专利局采用英、法、德三种官方语言，申请人有较大选择使用语言的自由，从而也减少了逐一国家以不同语言申请的费用；⑤欧洲专利局采用检索与审查分开进行的程序，既有利于申请人对专利申请及时处理，也有利于国际专利合作条约的协调，为提交国际专利申请的申请人提供了方便；⑥欧洲专利局拥有世界上最完整的专利文献资源、先进的专利信息检索系统和丰富的专利审查、申诉及法律研究方面的经验，还在奥地利维也纳设有专利信息中心，拥有电子申请系统和数据库系统，拥有可在线将欧盟和PCT专利翻译成多种语言的翻译系统，可以说欧洲专利局是世界上实力最强、最现代化的专利局之一。

此外，欧洲专利局在加强局内管理、审查、检索等业务工作的同时，还与各国政府间与非政府间专利工作机构有着良好而广泛的合作关系，其中，欧洲专利局与中国国家知识产权局在专利领域的合作关系也在不断发展、加强。2017年，中国首次跻身欧洲专利局五大申请国。2019年，中国向欧洲专利局申请的专利数量达12247项，比2018年增长

① 中科院IP信息，美律所，[2020-09-10]. USPTO新知识产权交易平台使大学TTOs受益，https://mp.weixin.qq.com/s/cJrepLET1Q33XR3QyL_Pkw.

29.2%，向欧洲专利局申请的专利数量排名上，中国由2018年的第五名提升为第四名；中国提交的专利申请主要集中在数字通信、计算机技术、电机、仪器、能源等领域；华为跃居公司专利申请数量排行榜榜首，同时第六次位列数字通信领域专利申请量第一[①]。

2. 欧盟知识产权局的TMview和DesignView工具

欧盟知识产权局(European Union Intellectual Property Office，EUIPO)位于西班牙的阿利坎特市，是欧盟负责欧盟商标(European Union trade mark，EUTM)体系和共同体设计(Community design，CD)体系的管理机构。EUIPO将自己定义为一个现代的、用户至上的机构，它可以有效地帮助用户快速获得商标和外观设计的保护。

EUIPO是一个透明的机构，通过其网站，用户可以访问与知识产权有关的大量信息。EUIPO由管理委员会管理，欧盟成员国、欧盟委员会和欧洲议会在该委员会拥有席位和投票权。1996年，EUIPO开始向申请人收费，从而实现了经费自给。在创造了结构性盈余之后，EUIPO得以逐步降低相应的费用，并承担了欧盟机构所委托的更多职能。

EUIPO属于欧盟组织和机构之一，以履行成员国授予欧盟的权力。它最初由欧盟委员会、理事会和议会于1994年创立，负责管理欧洲商标体系，2006年它的职责拓展为管理欧共体设计体系。2004年，欧盟作为一个整体加入马德里议定书体系，允许用户通过马德里体系提交申请。之后，EUIPO受欧盟委员会委托进一步处理知识产权领域的事务。2012年，它接管了欧盟知识产权侵权观察机构(The European Observatory on infringements of Intellectual Property Rights)，此外还负责开发工具和推广最佳实践，以加强对公司和个人这一重要资产的保护；并提供事实和依据，使欧洲机构能够制定在知识产权方面更为适合的政策。2016年，EUTM进行了重大改革，简化其程序，并使《欧盟商标条例》更适应法律实践。它的职能也得以扩大，其核心任务还包括与世界各地的知识产权局进行国际合作。此外，第二个四年期的“IPKey中国”项目于2017年9月启动，该项目由欧盟、EUIPO和中国商务部共同出资，并由EUIPO在中国和欧洲开展一系列知识产权活动。类似的IPKey项目也同时在东南亚和拉丁美洲展开[②]。

2010年，欧盟知识产权局首次推出了TMview工具。该工具目前涵盖了来自全球70家知识产权机构的5500多万件商标。

2012年，欧盟知识产权局首次推出了DesignView工具。该工具目前涵盖了来自全球66家知识产权机构的1500多万件外观设计，中国的外观设计已经包含在DesignView工具中。这两种工具都支持38种语言[③]。

---

①新华网，欧洲专利局，[2020-03-12]. 2019年中国专利申请增近三成 再创新高，http://www.xinhuanet.com/2020-03/12/c_1125703475.htm.

②马俊泽，[2020-03-12]. 欧盟知识产权局与时俱进，https://mp.weixin.qq.com/s?subscene=23&__biz=MjM5NTUxNjk2MA==&mid=2650673935&idx=1&sn=6e74aba512aa6c753ad0acb5753271c2&chksm=befdf440898a7d562f8da90524fd176af38c1cfff1cb928dffa530927314332ac5c9c93ca7c0&scene=7#rd.

③中国贸易报，[2020-03-12]. 欧盟知识产权局推出商标和外观设计检索工具新版本，http://www.ccpit.org/Contents/Channel_4133/2020/0415/. 1254057/content_1254057.htm.

5.2.4　日本专利局

日本专利局(Japanese Patent Office，JPO)的前身是1885年日本设立的“专卖特许所”，现为隶属日本经济产业省的政府机构。JPO的主要职责为：工业产权申请受理、审查、授权或注册；工业产权方针政策拟订；工业产权制度的修订；工业产权领域国际合作；为促进日本产业发展，对工业产权信息的完善。JPO机构由总务部、审查业务部、第一～第四审查部和复审部组成，另设直属局长领导的工业产权审议会。

(1)专利审查高速公路项目。继JPO与USPTO自2006年7月3日起试行为期一年的“专利审查高速公路项目”之后，日美两局又于2007年5月决定，将“高速公路”范围扩展至PCT申请(延长试行期6个月)，以满足申请人要求将该项目对象从按照《巴黎公约》提交的申请扩大至PCT申请，进一步提高其便利性。2008年1月，JPO和USPTO已正式实施该项目。

JPO与德国专利商标局(Das Deutsche Patent- und Markenamt，DPMA)已于2008年3月25日起试行为期2年的“高速公路”。至此，DPMA成为继USPTO、KIPO和UK-IPO之后与JPO就“高速公路”进行合作的第4个局。后来，JPO 又与EPO、丹麦、加拿大和澳大利亚局就“高速公路”进行磋商，且计划将继续扩大项目对象局。

(2)优先权文件电子交换项目。继JPO就简化优先权文件电子交换程序与USPTO和EPO达成共识之后，日美两局间的优先权文件电子交换项目已于2007年7月启动。该项目规定，两局可以以电子方式相互获取优先权文件副本，但申请人若想享有这项免费服务，则须单独提交书面申请。程序简化后，日美两局实现自动相互获取优先权文件副本，申请人无需再为此单独提出申请。

5.2.5　韩国知识产权局

韩国知识产权局的前身是1946年成立于韩国工商部属下的专利署，1977年，韩国专利署更名为韩国专利管理局，转属韩国产业资源部。1988年，该局再次更名为韩国工业产权局。2000年6月，为了更好地反映该局的总体职能，韩国工业产权局更名为韩国知识产权局(Korean Intellectual Property Office，KIPO)。2004年3月，KIPO转属韩国科技部。2006年5月，KIPO改制成为韩国中央国家机关中首个自负盈亏的企业性机构。

KIPO总部设在韩国大田市，1998年之前设在汉城(现首尔)。KIPO下设5个审查部和管理支持部、管理改革与公共关系部、工业产权政策部、信息政策部、客户支持部等，设有审计监察部、知识产权裁判所、国际知识产权培训学院以及首尔分局等下属机构。除此之外，为解决经济困难和偏远地区人群以及中小企业等客户无力支付昂贵的专利代理费的问题，2005年4月1日，成立专利咨询中心，免费提供知识产权申请、注册以及审判等方面的咨询。

KIPO的主要职能有：①对发明、实用新型、外观设计和商标(包括服务标记)申请实行审查、授权和注册，对半导体集成电路布图设计进行注册；②解决知识产权相关纠纷；③打击假冒活动；④管理并公布知识产权文献与信息；⑤鼓励发明创新活动；⑥开展知识产权领域人力资源建设。

KIPO自2006年5月改制成为韩国中央国家机关中首个自负盈亏的企业性机构以来，通过改革管理体系以及完善知识产权法律体系等一系列措施，于2006年12月成功实现将发明专利的“一通”周期缩短至9.8个月，达到世界最快水平；商标和外观设计的“一通”周期也均缩短到5.9个月。此外，KIPO还获得ISO20000(信息技术服务管理国际标准)和ISO27001(信息安全管理国际标准)两项国际认证，成为韩国首家同时获得该两项认证的中央政府机构。

近年，KIPO采取多项改革措施，提高专利管理水平和审查效率，包括实行绩效管理、六西格玛管理、知识管理和客户导向管理体系、扩大审查工作外包范围等。此外，KIPO积极与欧洲、德国、法国、中国和日本等地区和国家的专利机构开展专利审查高速公路项目、审查员交流、专利数据以及优先权文件电子交换等国际交流与合作。知识产权管理能力和国际声誉进一步得到提升。2006年，KIPO国际知识产权培训学院(Internet Intellectual Property Institute，IIPTI)被指定为WIPO首家国际培训合作机构。

5.2.6 国际组织知识产权+互联网的行政服务

世界知识产权组织是联合国保护知识产权的一个专门机构。该组织是根据《成立世界知识产权组织公约》而设立，该公约于1967年7月14日在斯德哥尔摩签订，于1970年4月26日生效。其总部设在日内瓦。中国于1980年6月3日加入了该组织。

其中，不得不提到世界知识产权组织WIPO旗下的两大保护体系——专利合作条约和商标国际注册马德里体系。这两大保护体系都通过运用互联网手段，将全球的专利和商标申请保护变得更加简便快捷、省时省力。以下对这两大保护体系做简要介绍。

1. 专利合作条约PCT

专利合作条约(Patent Cooperation Treaty，PCT)，从名称上可以看出，专利合作条约是专利领域的一项国际合作条约，它被认为是自1883年采用《保护工业产权巴黎公约》以来，该领域进行国际合作最具有意义的进步标志。但是，其主要涉及专利申请的提交、检索、审查以及其中包括的技术信息传播的合作性和合理性的一个条约。PCT不对“国际专利授权”，其授予专利的任务和责任仍然只能由寻求专利保护的各个国家的专利局或行使其职权的机构掌握(指定局)。事实上PCT并非与《保护工业产权巴黎公约》存在竞争，而只是其补充，其是在巴黎公约下只对巴黎公约成员国开放的一个特殊协议。

2. 商标国际注册的马德里体系

马德里体系是一种商标国际注册体系，它受两个条约约束：1891年签订的《商标国际注册马德里协定》和1989年通过的《商标国际注册马德里协定有关议定书》。后者的订立是为了使马德里体系更加灵活，更能适应某些未能加入马德里协定的国家的国内立法；另外，它对实行区域性商标注册体系的政府间组织成员敞开大门。这两个条约并行、独立却得以共同操作，其共同实施细则于1996年生效。两个条约的目标是为商标所有人简化行政程序，使其能在最短时间内以最低成本在所需国家里获得商标保护。这就是马德里体系的目的所在。目前马德里体系有成员国104个。

5.3　中国司法机关中的知识产权+互联网服务概况

5.3.1　最高人民法院的知识产权+互联网服务

近年来，最高人民法院积极探索互联网司法新模式，如建成全国统一司法区块链平台，创新在线存证方式；推广庭审语音识别、文书智能纠错、“法信”智能推送等应用；推动大数据、区块链等技术深度应用；在执行中应用区块链智能合约技术，提高执行规范化水平；全面推广“中国移动微法院”，推动电子诉讼服务向移动端发展；在互联网设立中国裁判文书网，统一公布各级人民法院的生效裁判文书，深化阳光司法；促进发挥北京、杭州、广州互联网法院“试验田”作用，推广“网上案件网上审理”等。

1. 最高人民法院知识产权法庭

2018年10月，中央批准《最高人民法院关于设立知识产权法庭的试点方案》，同意最高人民法院设立知识产权法庭，统一审理全国范围内专业技术性较强的专利等上诉案件，促进有关知识产权案件审理专门化、管辖集中化、程序集约化和人员专业化，为建设知识产权强国和世界科技强国，提供有力司法服务和保障。2018年12月，最高人民法院组建成立知识产权法庭。2019年1月1日起，全国专利等技术类知识产权民事、行政案件将向最高人民法院上诉，统一由最高人民法院知识产权法庭审理。

易继明(2019)认为，最高人民法院设立知识产权法庭，由此形成国家层面的知识产权上诉机制，解决了长期以来困扰在知识产权领域，特别是技术类工业产权案件诉讼标准不统一的问题。无论主观意图或者现实背景若何，其制度功能不能忽视：一方面统一知识产权上诉案件的审判标准，另一方面能够较好地衔接知识产权确权程序与侵权诉讼程序。这样，不仅切实维护了司法的公正和权威，而且也能够间接地提高专利、植物新品种等审查质量，促进专利权、植物新品种权等质量提升及其相关产业技术的发展。

《最高人民法院知识产权法庭年度报告(2019)》提到，最高人民法院知识产权法庭高度重视信息化建设工作，不断加强信息化建设，意识到信息化技术是提升司法审判质效的重要手段，积极探索大数据、人工智能等新一代信息技术在审判工作中的应用，在裁判规则数据库、科技法庭、远程质证等方面取得了积极进展，并对信息化建设工作的未来发展进行了统筹规划。

下面将重点介绍近年来最高人民法院知识产权法庭在利用互联网和科技工具推动智能办公和信息化建设方面的具体做法。

1）“知己”裁判规则数据库

2020 年 4 月 16 日，最高人民法院知识产权法庭建立的以法律适用具体规则为中心的“知己”裁判规则数据库正式上线。首批上线的裁判规则来自最高人民法院指导案例、最高人民法院知识产权年度报告、全国法院典型案例及法庭 2019 年审结的具有指导意义的案例，由法庭法官提炼、撰写，再进行系统梳理和分类，内容涵盖先行判决和诉中行为保全、专利侵权与确权合并审查、网络通信方法专利侵权、植物新品种权保护范围等业界关注的重要法律问题。

使用者在“知己”裁判规则数据库输入关键词，就可以看到以“规则脑图”和“规则列表”两种形式展现的相关裁判规则。其中，“知己”裁判规则库创新绘制的技术类案件审判“规则脑图”可以直观呈现规则全貌，通过在裁判规则库进行检索或以规则脑图进行指引，能够迅速获得明确的裁判规则以及裁判文书。这一展现形式，是根据案件的类型、领域等特点，按照法律逻辑予以构建，呈现系统性的知识结构，区别于通常的简单罗列形式，可引导使用者主动学习并掌握相关规则。依托该规则库，有利于审判人员推进强制类案件检索机制和典型案例指导机制，推进裁判规则库与办案系统的深度融合，实现未决案件智能匹配、自动推送已有裁判规则，有力地统一裁判标准和尺度。该规则库既可运用于辅助类案审理，也可运用于检验审判质效。此外，“知己”裁判规则库设计了开放式的格局，能够将未来的裁判规则，不断地补充到现有的规则体系之中。

“知己”裁判规则库是中国首个专注于收录、整理、发布技术类知识产权案件裁判规则的数据库。可以说“知己”裁判规则数据库为全国法院技术类知识产权案件智能审判提供了有力支持；是统一技术类知产案件裁判标准的重要举措和提高技术类案件审判质效的有力保障；是最高人民法院充分利用信息技术，全面贯彻国家知识产权战略和创新驱动发展战略，深入推进“智慧法院”建设，强化激励和保护创新、营造国际一流营商环境的重要举措。

2）科技法庭

2013 年 11 月 28 日，最高人民法院在广东省深圳市召开推进司法公开规范性文件新闻发布会，发布《最高人民法院关于推进司法公开三大平台建设的若干意见》，其中提到：加强科技法庭建设，对庭审活动全程进行同步录音录像，逐步实现“每庭必录”，并方便当事人依法查阅。

此后，根据国家和最高人民法院发布的有关标准和规范，为了满足庭审过程公开、公正、高效、真实、透明的要求，打破时间和空间因素对庭审活动的限制，最大限度规范庭审活动，提高庭审效率，方便法院工作人员、其他司法人员、普通民众借助信息化网络和信息终端实时了解庭审过程，保障审判活动公开、高效进行，最高人民法院一直在不断推进科技法庭相关系统的建设。

发展至今，科技法庭已经集信息化终端运用、同步圈画技术、AR 技术、语音识别技术与电子签名技术等多项技术于一体。比如开庭时，法官席的信息化终端与办案系统连通，法官可调阅电子卷宗资料；终端内嵌同步圈画技术，质证过程中，法官和当事人均可通过各自终端用不同颜色的线条、色块在证据上进行标记，实现同步圈画。同时，科技法庭还可运用 AR 技术，通过 AR 眼镜的现实增强技术将电路布图等比较微小、结构精密的证据投到大屏上，便于查看细微结构。此外，科技法庭的语音识别技术与电子签名技术，可以将语音转换为文字实时生成庭审记录，并以电子签名代替传统签字，通过一次电子签名即可实现在庭审笔录的每一页均完成签名。

3）远程质证

针对管辖范围覆盖全国、案件技术问题复杂的特点，最高人民法院知识产权法庭努力通过信息化建设实现便民审判和专业审判，推进审判能力现代化，为此知识产权法庭积极应用远程质证和虚拟现实相关技术成果。

2019 年 7 月，最高人民法院知识产权法庭在一起侵害发明专利权案件的庭审过程中与上海知识产权法院进行视频连线，通过对远在上海的实物证据进行实时影像传递，以远程示证的方式顺利完成了对被诉侵权产品争议技术特征的比对工作。这是最高人民法院知识产权法庭成立以来，首次在庭审中采用远程示证方式勘验证据实物①。

利用高清视频远程传输技术进行远程质证，如对于不便移送的证据，法庭通过高清视频远程传输技术进行远程质证；又如共享屏幕实现远程质证，法官可以将自己的电脑桌面分享给当事人，以便庭审过程中质证环节可以高效进行。在信息化高速发展的今天，远程网络视频手段可以高效解决证人证言取得、证据勘验等问题，不仅提高了证据取得的效率，还缩短了办案周期。同时，这种方式也为当事人节约了诉讼成本，节省了时间，最大限度地方便当事人诉讼。

4）信息化建设规划

2020 年 4 月，最高人民法院知识产权法庭公布对信息化建设工作未来发展的统筹规划，通过制定《知识产权法庭智能化建设三年发展规划(2019-2021)》，明确信息化建设目标和思路，提出“一个平台”“两个服务”“三个场景”“四个连接”“五个重点项目”的建设思路，打造全面覆盖、互联互通、跨界融合、深度应用、透明便民、安全可控的法庭智能化办案系统。“一个平台”是指法庭电子诉讼平台，面向法官、诉讼参与人、社会公众提供全方位智能服务。“两个服务”是指坚持服务人民群众、坚持服务审判工作。“三个场景”是指将信息化建设成果体现在诉讼服务、科技法庭、大数据分析平台三个场景中。“四个连接”是指连接有关下级法院、外部单位、当事人、社会公众。“五个重点项目”

①最高人民法院知识产权法庭网，[2020-09-10]. 最高法知产法庭首次采用远程示证方式勘验证据实物，http://enipc.court.gov.cn/zh-cn/news/view-226.html.

是指裁判规则数据库、大数据分析平台、外部数据交互平台、两级协同平台与远程庭审系统、知产法庭云①。

2. 移动微法院

什么是移动微法院？移动微法院是一款可以让公众“打开微信打官司的”微信小程序，其利用了人脸识别、电子签名、实时音视频交互等先进的移动互联网技术，可以实现包括民商事一、二审案件从立案、缴费、证据交换、诉讼事项申请、笔录确认、诉前调解、移动庭审、电子送达、沟通交流，到执行立案、终本约谈、线索举报、外勤采集等在线流转全流程，提供诉讼服务网上办理。移动微法院的优点包括随时接入、即时服务，既能实现老百姓打官司“最多跑一次”甚至“一次不用跑”，也能为法官、审判辅助人员和人民调解员等提供工作便利。此外，移动微法院还会安排当事人错时参加诉讼，灵活安排诉讼活动时间和场所，切实减轻当事人诉讼负担，让法院“24 小时不打烊”。

2017 年 10 月，移动微法院在宁波市余姚市法院试点。2018 年 1 月，最高人民法院安排宁波中院开展“移动电子诉讼”试点，移动微法院同期在宁波两级法院全面推开。2018 年 4 月，最高人民法院信息中心牵头成立全国联合项目组，对“移动微法院”进行集中研发。历时四个月，移动微法院 4.0 版完成并在宁波两级法院上线运行。2018 年 9 月 10 日，浙江高院召开全省试点推广应用部署会，正式向全省法院推广使用。2019 年 3 月，最高人民法院在浙江宁波召开移动微法院试点推进会，在总结浙江省各级法院应用经验的基础上，在北京市、河北省等全国 12 个省(区、市)辖区内法院全面推广试点。

移动微法院作为人民法院审判执行工作与移动互联网深度融合的重要载体，在电子签名应用、简化诉讼流程、完善电子送达等方面先行先试、深度探索，不仅是司法工具的重大创新，更将推进诉讼服务在移动互联时代的现代化转型，切实让当事人和法官感受到“指尖诉讼、掌上办案”的便利，促使打官司从“让当事人跑腿”变成“让数据跑路”，让人民群众的获得感、幸福感、安全感更加充实、更有保障、更可持续，在推动人民法院审判体系和审判能力现代化中发挥了重要作用。可见移动微法院积极探索建立的移动电子诉讼新模式，进一步深化了司法改革，优化了司法服务、完善了司法流程，创新了司法机制，促进实现打造世界领先的移动诉讼服务体系的目标要求。移动微法院还是共建共治共享的融合服务平台，通过在基层司法实践中的深度应用，推进“诉源治理”，让大量矛盾通过前端防控体系消化在萌芽状态，多数纠纷通过社会力量以非诉讼程序解决②。

截至 2019 年底，“中国移动微法院”已经在全国 31 个省(自治区、直辖市)高院以及新疆生产建设兵团分院全部对接。截至 2020 年 5 月 20 日，“中国移动微法院”累计实名用户量达到 175 万人，日均访问量超过了 162 万次，办理网上立案 159 万件，网上送达文

①中国法院网，[2020-09-10]. 最高人民法院知识产权法庭年度报告(2019)，https://www.chinacourt.org/article/detail/2020/04/id/4974262.shtml.

②央广网，[2020-09-10]. 最高法推进“移动微法院”探索移动电子诉讼新模式，https://baijiahao.baidu.com/s?id=1628696521663039591&wfr=spider&for=pc.

书超过 550 万份[①]。

3. 裁判文书的公开历程与中国知识产权裁判文书网

裁判文书是法院处理案件最重要的法律文件，也被称为司法公正的最终载体。以前，法院的裁判文书被当作“机密”，除了送达给当事人外，只能在法院内部使用。但随着中国司法改革的逐步深入，最高人民法院已经将裁判文书的全文公布列入了人民法院实施“阳光工程”的重要内容。因此，人们现在对法院的裁判文书越来越不陌生，裁判文书已经成为最生动的普法教材，成为法学界进行理论研究的重要资料。

在全国法院中，第一次将知识产权裁判文书在网上公开的是北京法院。从 2003 年 11 月 1 日起，所有网民都可以通过登录北京法院网（http：//bjgy.chinacourt.gov.cn/index.shtml）查阅到北京法院的知识产权裁判文书。这次知识产权裁判文书网上公开的开创，有三个特点：一是“全面”，即北京法院知识产权裁判文书将全部、全文上网，不因案件本身的类型、影响大小和文书质量的高低而进行取舍；二是“及时”，即每月上旬都将上月的文书进行上传，对于大要案、社会各界普遍关注的案件，在宣判的当日或次日就将文书上网，突出时效性；三是“便捷”，即借助网络的优势，将裁判文书划分为专利、商标、著作权、不正当竞争、技术合同和其他共六种类型，同时设立搜索功能，使文书的查阅更加方便[②]。目前，该网站已经可以查询包括知识产权类案件在内的所有北京法院判决的裁判文书。

2006 年，由最高人民法院知识产权庭与中国法院网联合主办的中国知识产权裁判文书网（http：//ipr.chinacourt.org/）正式开通。该网站旨在及时公布有关知识产权保护的典型案例，向社会全面反映中国法院对知识产权司法保护的基本情况，致力于展示中国知识产权司法保护成就，各界人士均可通过该网站查阅全国各级法院知识产权审判的法律文书。该网站目前已经无法登陆，其功能已在中国裁判文书网中能够体现。

2010 年 11 月 21 日，《关于人民法院在互联网公布裁判文书的规定》正式颁布实施，这是最高人民法院院颁布的第一个规范全国法院在互联网上公布裁判文书的司法解释。2013 年 7 月 2 日，《最高人民法院裁判文书上网公布暂行办法》（以下简称《办法》）是最高人民法院第一个专门规范自身裁判文书上网公布工作的制度性文件。依据该《办法》，除法律规定的特殊情形外，最高人民法院发生法律效力的判决书、裁定书、决定书一般均应在互联网公布。对于社会关注度高的案件，生效裁判文书应当在互联网公布。2014 年 1 月 1 日，《最高人民法院关于人民法院在互联网公布裁判文书的规定》正式实施。该司法解释明确，最高人民法院在互联网设立中国裁判文书网，统一公布各级人民法院的生效裁判文书；中西部地区基层人民法院在互联网公布裁判文书的时间进度由高级人民法院决定，并报最高人民法院备案。

截至 2020 年 4 月，中国裁判文书网公布文书 9195 万份，中国审判流程信息公开网向

---

①中国法院网，[2020-09-10]. 最高法工作报告解读：中国移动微法院探索互联网司法新模式，https://www.chinacourt.org/article/detail/2020/05/id/5246723.shtml.

②中国法院网，[2020-09-10]. 知识产权裁判文书可网上查询，https://www.chinacourt.org/article/detail/2003/11/id/89186.shtml.

当事人公开案件 2900 万件，公开信息 15 亿项，中国裁判文书网已经成为全球最大的裁判文书网①②。

5.3.2 知识产权专门法院/法庭的知识产权+互联网服务

1. 知识产权法院的知识产权+互联网服务

2014 年 6 月 6 日，习近平总书记主持召开中央全面深化改革领导小组第三次会议，审议通过《关于设立知识产权法院的方案》。2014 年 8 月 31 日，十二届全国人大常委会第十次会议通过《关于在北京、上海、广州设立知识产权法院的决定》(以下简称《决定》)，其中第二条提到“知识产权法院管辖有关专利、植物新品种、集成电路布图设计、技术秘密等专业技术性较强的第一审知识产权民事和行政案件。不服国务院行政部门裁定或者决定而提起的第一审知识产权授权确权行政案件，由北京知识产权法院管辖。知识产权法院对第一款规定的案件实行跨区域管辖。在知识产权法院设立的三年内，可以先在所在省(直辖市)实行跨区域管辖。《决定》第三条提到“知识产权法院所在市的基层人民法院第一审著作权、商标等知识产权民事和行政判决、裁定的上诉案件，由知识产权法院审理。”按照全国人大常委会的《决定》，北京知识产权法院于 2014 年 11 月 6 日成立，广州知识产权法院于 2014 年 12 月 16 日成立，上海知识产权法院于 2014 年 12 月 28 日成立，开始受理技术类知识产权案件。

知识产权法院成立后，积极利用互联网平台全面深化司法公开，坚持主动、依法、全面、实质公开原则，充分利用四大公开平台全方位公开司法信息；开通网上立案、咨询、调解、接访系统，探索远程视频庭审，提高司法公开的信息化、精细化水平。

知识产权法院是在《中共中央关于全面深化改革若干重大问题的决定》中所提出的为了加强知识产权运用和保护，健全技术创新激励机制而设立的审判机构。设立知识产权法院，是贯彻落实党的十八届三中全会精神的重要举措，对于深入贯彻实施国家知识产权战略和创新驱动发展战略，建立健全中国特色知识产权审判体系，进一步加强知识产权司法保护，具有重要意义③。

2. 北京知识产权法院与最高人民法院知识产权案例指导研究(北京)基地的知识产权+互联网服务

2015 年 4 月 24 日，最高人民法院知识产权案例指导研究(北京)基地在北京知识产权法院揭牌成立。北京知识产权法院设立知识产权案例指导研究(北京)基地，通过汇集、编

---

①人民网，周强，[2020-09-10]. 截至今年 2 月中国审判流程信息公开网公开案件信息 3.7 亿项，http://lianghui.people.com.cn/2019npc/n1/2019/0312/c425933-30971705.html.

②新华社，[2020-09-10]. 最高人民法院工作报告(摘要)，https://baijiahao.baidu.com/s?id=1667691742881617379&wfr=spider&for=pc.

③人民法院报，[2020-09-10]. 最高人民法院关于知识产权法院工作情况的报告，http://rmfyb.chinacourt.org/paper/html/2017-09/02/content_129691.htm?div=0.

撰、整理指导性案例，及时总结知识产权审判规则和经验并以适当方式公开，以生动鲜活的方式推进法律适用统一，提升司法公信力。

最高人民法院副院长陶凯元指出，北京知识产权法院作为全国首家知识产权法院，知识产权案件类型最为齐全、数量最多。同时，北京法院系统在知识产权案例研究方面也走在全国法院前列，有条件、有能力在知识产权案例指导研究方面进行新探索，做出新贡献。这也是最高人民法院选择在北京知识产权法院设立全国首家知识产权案例指导研究基地的重要原因①。

北京知识产权法院借助最高人民法院知识产权案例指导研究(北京)基地，在北京推行以先例判决指导审判工作的制度。北京市三级法院的知识产权审判人员可以参与这项试点，科研院校、律师协会、研究机构及知识产权行政机关等单位及专业人士共同参与合作。这项改革试图通过探索并试行具有中国特色的知识产权案例指导制度，逐步规范知识产权司法行为，深化知识产权司法公开，凝聚知识产权司法智慧，推进知识产权法律适用统一，提升知识产权司法公信力，促进知识产权司法交流与研究。

北京知识产权法院设立知识产权案例指导研究(北京)基地，其工作目标包括借助互联网技术，加强信息化建设，具体内容为"注重信息化建设，把基地建成知识产权指导案例信息智能汇集中心。依托信息网络技术，建设丰富齐全、安全可靠、智能友好的知识产权指导性案例信息数据库和信息管理系统。推动 3 家知识产权法院纵向贯通、横向集成、共享共用、安全可靠的信息化综合平台建设，为智慧型知识产权法院建设奠定基础。"，同时提出要"建立先进的数据库系统。实现裁判文书及时更新，实现按照法条、法理、法院、法官、律师、判决时间、裁判要旨等多种方式的检索，以便于法官、学者、律师和公众使用②。"这意味着，北京知识产权法院作为知识产权案例指导研究基地，将通过搭建知识产权指导性案例信息数据库和信息管理系统，可以让所有法官、学者、律师和公众在家中就能查询到经过法官认可的各地典型判例，同时这些案例信息还允许律师引用，也允许律师向法官提供新的判例，此项举措将进一步规范司法行为、深化司法公开、凝聚司法智慧，推动中国互联网+司法进程。

3. 各地方知识产权法庭的知识产权+互联网服务

2017 年以来，最高人民法院批复设立了 20 余个知识产权法庭(如南京市、苏州市、武汉市、成都市、杭州市、宁波市、合肥市、福州市、济南市、青岛市、深圳市、天津市、郑州市、长沙市、西安市、南昌市、兰州市、长春市、乌鲁木齐市、海口市等)。各地方知识产权法庭加上 2014 年成立的北京市、上海市、广州市三家知识产权法院，中国形成了知识产权"专门法院+专门法庭"的审判组织格局。

①最高人民法院网，陶凯元，[2020-09-10]. 探索完善具有中国特色的知识产权案例指导制度，https://www.sohu.com/a/12221038_117927.

②法制日报法学院，蒋惠岭，[2020-09-10]. 北京知识产权法院：以先例判决指导审判工作制度的创新实践热点关注，http://www.chinaiprlaw.cn/index.php?id=3937.

其中，杭州知识产权法庭积极运用互联网技术，建立跨区域协作机制，在为群众提供在线诉讼司法便利的同时，有效促进了法律适用标准统一；郑州知识产权法庭以信息化建设为抓手，采取网上立案、电子送达、微信调解等措施，打破时空限制，不断提高知识产权审判便民化、信息化水平①。

5.3.3 互联网法院的创新实践

如今，打官司不一定要到法院去，也不一定只能在工作时间才能申请上诉，杭州、北京和广州三地先后成立的互联网法院，实现了一趟法院都不用跑在家就能打官司、一天24小时任何时间都能申请上诉、一个视频电话就能完成庭审流程。基于这些变化，杭州、北京和广州三地的互联网法院在线庭审平均用时45分钟，比传统审理模式节约约3/5的时间②。那么在司法审判领域，互联网技术到底是如何发挥功效的？杭州市、北京市和广州市三地互联网法院的创新做法如下所示。

1. 杭州互联网法院的创新实践

2017年8月18日，根据原中央全面深化改革领导小组审议通过的方案，杭州互联网法院挂牌成立，集中审理浙江省杭州市辖区内基层人民法院有管辖权的六类涉互联网一审民事、行政案件，开启了中国互联网案件集中管辖、专业审判的新篇章。

杭州互联网法院通过制度创新和信息技术应用，打破时空限制，实现全流程在线办案，方便群众诉讼，同时提高了审判效能。登录杭州互联网法院诉讼平台，当事人通过勾选和填充表单式的结构化选项，5分钟内即可完成起诉立案申请。立案后，系统自动生成相关法律文书并加盖法院公章，以短信、语音、电子邮件等电子方式进行送达。在举证及质证环节，系统会自动提示证据交换动态，便于当事人利用空余时间完成诉讼。庭审以视频方式进行，当事人只需一台电脑或者手机，足不出户便可参与庭审。庭审时，电子证据通过诉讼平台在线展示，双方围绕争议焦点进行调查和辩论，语音识别系统实时生成电子笔录，大大缩短了庭审时间。

2018年6月20日，杭州互联网法院再推司法创新重磅，融合多项新科技技术，首创了“5G+区块链”的涉网执行新模式。5G区块链执法记录仪通过可信时间、可信位置、可信算法、可信硬件、可信人员、可信节点解决源头数据失真的问题，保证真实数据上链，让执行活动在阳光下进行。5G+区块链互联网执行新模式通过多方实时互动，确保了执行公开透明高效，实现了执行正义的全程可视化，开启了系统化运用互联网科技赋能执行的新纪元。

2018年6月28日，杭州互联网法院上线了全国首个电子证据平台，并发布《法院电

①刘泽，[2020-04-21].中国法院知识产权司法保护状况(2019). 中国法院网，https://www.chinacourt.org/article/detail/2020/04/id/5049570.shtml.

②叶晓楠,任妍妍,何玥，[2020-01-07].北京互联网法院：网上官司网上打 网络纠纷有说法. 人民日报海外网，https://baijiahao.baidu.com/s?id=1655016501806140503&wfr=spider&for=pc.

子证据平台规范》，规范电子数据的接入、传输、交换流程，完善电子证据平台的建设和管理机制；出台《民事诉讼数据证据司法审查细则》，采用技术中立、技术说明、个案审查三大原则对电子数据的真实性、合法性、关联性进行有效审查，规范电子数据的审查标准和效力认定规则。

2018 年 7 月 24 日，杭州互联网法院正式上线司法人工智能语音助手系统“杭小互”，进一步解放互联网时代法院工作人员的生产力，全面提升法院与诉讼参与人交互频率和效果。大大节省了法官、书记员、法官助理在通告类、信息确认类、基础操作指导类电话通知环节的时间成本和工作效能，可控可查可随时调试，平均每天帮助法官和书记员节约 1 小时沟通成本。

2018 年 9 月 18 日，杭州互联网法院宣布杭州互联网法院司法区块链正式上线运行，成为全国首家应用区块链技术定纷止争的法院。司法区块链让电子数据生成、存储、传播、使用全流程可信。

2019 年 12 月 12 日，杭州互联网法院上线智能证据分析系统，综合运用区块链、人工智能、大数据、云计算等前沿技术，将大量机械、重复的工作将全部交给系统完成，法官们一键点击就能获得证据分析结果，为办案提供了参考，节约了大量的时间和精力。

2. 北京互联网法院的创新实践

2018 年 9 月 9 日，北京互联网法院挂牌成立。北京互联网法院集中管辖北京市辖区内应当由基层人民法院受理的第一审特定类型互联网案件，如互联网购物合同纠纷、互联网著作权权属纠纷等案件。在审理方式上以“全程在线”为基本原则，实现案件受理、送达、调解、证据交换、庭前准备、庭审、宣判等诉讼环节全程网络化。

据北京互联网法院负责人介绍：北京互联网法院电子诉讼平台深度运用了语音识别、人脸识别、AI 虚拟法官、法律知识图谱等技术，将多元调解、审判执行、电子证据存证和电子送达等多个平台融于一体，实现了从起诉、调解、立案、送达，到庭审、判决、执行、上诉等全流程“在线”。以下便详细介绍北京互联网法院各项善用互联网技术工具实现的突破。

1) 受理范围与特点

登录北京互联网法院电子诉讼平台，即可足不出户网上打官司。其具体受理范围包括：通过电子商务平台签订或者履行网络购物合同而产生的纠纷；签订、履行行为均在互联网上完成的网络服务合同纠纷；签订、履行行为均在互联网上完成的金融借款合同纠纷、小额借款合同纠纷；在互联网上首次发表作品的著作权或者邻接权权属纠纷。北京互联网法院电子诉讼平台有几个特点：①全程网络化，让诉讼更加便捷——构建全业务网上办理、全流程依法公开、全方位智能服务，起诉、应诉、案件查询、送达、庭审样样俱全。②审理智能化，让诉讼更加高效——语音识别技术助力建设智慧庭审服务，让全过程一目了然，进一步创新司法公正手段。北京互联网法院着力用科技手段破解审判难题，集成的法律知识图谱体系提供了便捷的文书自动生成服务，大大提高了法官庭审效率。目前，每个案件平均审理周期约 55 天，比传统审理模式更节约时间。③司法规范化，让诉讼更加公正——深入推进互联网、人工智能与司法审判的深度融合，总结提炼法律规则，推动网络空间治理法治化。

2) 北京互联网法院利用的技术手段介绍

(1) 首先，与氛围庄严肃穆的传统法院不同，参加“在线庭审”的当事人可以不受时间地点的局限，打一通“视频电话”就参加了整个庭审。在庭审现场，法官、法官助理和书记员面对着三台电脑屏幕进行在线庭审，屏幕上分别是“原告”“被告”“法官”的画面，法官和当事人在庭上的发言能够被实时转化成文字，识别精准度达 98%的语音识别技术大大提高了书记员和法官制作谈话笔录、文书、会议记录时的工作效率。其次，案件中涉及的材料，如图片证据，法官可以直接呈现在屏幕上并进行标记、圈出重点。当遇到原告和被告激烈争论需要制止的情况时，法官还可以选择“关闭麦克风”或者“关闭摄像头”等快捷有效的操作。此外，当有人想要观看庭审情况，还可以戴上 VR(虚拟现实)眼镜，来观看网络法院的实况转播。

网上审理案件，使法律诉讼更低碳环保、便捷高效。2019 年，北京互联网法院在线立案 42114 件，审结 40083 件，法官人均结案 871 件；庭审平均用时 34 分钟，平均审理期限 55 天。按照相关统计标准，为当事人平均节约开支近 800 元，节省在途时间 16 个小时。

(2) 除了人脸识别技术、语音识别技术、即时通信技术等技术之外，区块链技术的应用也是互联网诉讼模式的重中之重。实践证明，区块链技术具有的去中心化信任机制、不可篡改和可溯源的特点，可以在司法领域开拓较大的应用空间，客观上对互联网信任体系的建立也有推动作用。基于该技术，北京互联网法院建立了天平链电子证据平台。

天平链于 2018 年 9 月 9 日上线运行。天平链是北京互联网法院秉持“中立、开放、安全、可控”的原则，联合北京市高院、司法鉴定中心、公证处等司法机构，以及行业组织、大型央企、大型金融机构、大型互联网平台等 20 家单位作为节点共同组建了“天平链”。通过利用区块链本身技术特点以及制定应用接入技术及管理规范，实现了电子证据的可信存证、高效验证，降低了当事人的维权成本，提升了法官采信电子证据的效率。截至本书成稿时，已经吸引了来自技术服务、应用服务、知识产权、金融交易等 9 类 22 家应用单位的接入。天平链的建设及运行，实现了以社会化参与、社会化共治的方式，践行“业务链、管理链、生态链”三链合一的“天平链 2.0”新模式，打造了社会影响力高、产业参与度高、安全可信度高的司法联盟区块链。北京互联网法院的天平链的应用框架包括：事前评估——事前对接入系统的安全性、电子证据司法效力进行评估；事前上链——系统产生电子数据，第一时间数字摘要值上链，天平链返回存证编号；事后勘验——发生纠纷时，当事人上传原始数据和存证编号，法官利用天平链在线勘验电子数据的真实性。其服务特点可以概况为：权威可信、可管可控、安全性高、隐私保护、跨链互信、对接简单。

北京互联网法院不断丰富天平链“生态”，目前已包括版权、著作权、供应链金融、电子合同、第三方数据服务平台、互联网平台、银行、保险、互联网金融等内容。截至2019年12月31日，天平链在线证据采集数据超过1348万条。当事人通过电子诉讼平台提交的材料全部通过天平链进行了存证，在线验证证据文件4290个①。

3. 广州互联网法院的创新实践

2018年7月6日，中央全面深化改革委员会审议通过《关于增设北京互联网法院、广州互联网法院的方案》，确定在广州设立互联网法院。2018年9月28日，广州互联网法院正式挂牌成立，这是继杭州、北京互联网法院后，中国成立的第三家互联网法院。广州互联网法院集中管辖广州市辖区内应当由基层人民法院受理的11类互联网案件。

“枫桥 E 站”是广州互联网法院设立在企业或机构互联网平台上的线上解纷站点，可就地化解互联网平台内发生的纠纷。“枫桥”寓意为“事不出网，人不出户、就地解纷”。“E站”泛指各类互联网企业、机构的第三方网上解纷平台；谐音“驿站”，意为提供解纷服务的平台；又谐音“一站”，蕴含“一站式”解纷理念。

“枫桥 E 站”与广互在线纠纷多元化解平台对接，充分利用平台解纷资源，推动纠纷妥善、就地化解，并将起诉作为多元解纷流程的最后选择节点，符合条件的当事人可一键提起诉讼。通过向企业发送司法案例、司法建议等非强制性指引，或为其提供解纷资源支持等方式，引导企业完善经营规则和平台运行机制。

同时，“枫桥 E 站”还推进解纷模式从“要数据”向“用数据”的转变。针对纠纷解决所需数据和司法协助要求，建立数据查询、调取、使用等数据安全应用机制。在纠纷进入司法程序后，相关企业或机构按照“数据随案”原则，协助广州互联网法院通过诉讼平台查询、调取、使用、存储涉案数据。相关企业、机构按照“数据可用不可见”原则为解纷提供数据服务。

广州互联网法院将尊重互联网企业、机构在是否设立“枫桥 E 站”、数据应用、调解工作开展等方面的意愿。目前，广州互联网法院已先后在腾讯、阿里巴巴、百度、广州地方金融风险监测防控中心(广州商品清算中心)设立了“枫桥E站”。

未来广州互联网法院将根据这四个站点的线上实践经验，向更多符合条件的企业或机构推广，加快推进各类企业、机构根据自身特点设立各具特色的“枫桥 E 站”，更好地实现纠纷就地化解②。

---

①叶晓楠,任妍妍,何玥，[2020-01-07].北京互联网法院：网上官司网上打 网络纠纷有说法.人民日报海外网，https://baijiahao.baidu.com/s?id=1655016501806140503&wfr=spider&for=pc.

②何一凡，[2020-07-01].广州互联网法院上线“枫桥E站” 探索线上解纷新模式. 新华网，http://www.gd.xinhuanet.com/newscenter/2020-07/01/c_1126183847.htm.

第六章　信息服务：知识产权+互联网信息服务创新

6.1　概述

企业知识产权的布局影响企业未来的发展潜力，而目前国内只有少数中大型企业拥有独立的知识产权管理部门及有专门负责知识产权的人员，或者知识产权事务由相关部门和人员兼任，这会因岗位人员数量过少、流动频繁等原因影响知识产权管理工作的连续性和有效性。绝大多数中小型企业及初创企业，并无独立的知识产权管理部门，也没有相关的人员或部门负责知识产权。同样，对于专利出产率较高的高校、科研院所和事业单位，基本依靠内部设立的科技处、技术转移中心等部门的几位管理人员来管理知识产权事务，人员缺少，处理起每年大量产出的知识产权也是相对捉襟见肘。

由上可见，知识产权服务行业正面对如此庞大的市场空缺，因此，市场上急需专业的知识产权服务管理机构来代理企业、高校和科研院所的日常知识产权管理、咨询和服务工作。其中，除了知识产权的公共服务、确权服务、交易服务、维权服务、运营服务外，还有一项围绕知识产权提供信息支持、跟踪、分析和咨询的服务。该类服务具体包括专利导航、专利出版、专利检索、专题数据库建设、跟踪技术发展动态、商标注册评审信息网上查询、商标检索查询、商标起名、知识产权人员培训等，主要用来帮助企业、高校和科研院所掌握最新知识产权信息，建立和优化知识产权战略、管理流程、业务规范、人才培养机制等，全面提升企业、高校和科研院所的知识产权管理水平。

从第五章看到，各国政府及相关部门在知识产权公共服务领域的工作创新及目前实现的成果。但是也要想到，政府的人力物力财力是有限的，不可能将行业中所有工作建设和相关服务包揽，政府必须集中在各个行业中最基础、最重要和最关键的工作建设上，在基础面铺好的情况下，利用相关部门、地方政府和行业协会等单位，树立服务典型，开展试点工程和延伸服务。当然，除了知识产权公共服务领域和基础服务领域外，在知识产权服务代理的其他商用领域上，如知识产权信息服务领域、知识产权确权服务领域、知识产权交易服务领域、知识产权维权服务领域、知识产权运营服务领域等(这些知识产权服务领域与互联网+的融合将从本章开始逐一重点阐述)，绝大多数都是非政府部门的社会企业和机构在提供商用收费服务。

但就中国来说，相对于其他服务行业而言，目前国内专门围绕知识产权提供信息服务管理的商用机构还较少。在数量有限的知识产权信息服务管理机构中，近几年出现的多家佼佼者，都或多或少与数据库建设、大数据分析、机器翻译、机器学习、语义搜索等互联网和人工智能技术有结合，专利方面如智慧芽(PatSnap)、Patentcloud、科睿唯安、(incoPat)、佰腾、

Patentics、大为、奥凯、中译语通，商标方面如白兔软件、国方软件、飙局等。因此，本章将重点阐述中国基础知识产权信息服务机构以及商用知识产权信息服务机构情况。

6.2　基础知识产权信息服务：公益、免费、开放

基础知识产权信息服务有几个共同特征：①从服务提供者来说，这些基础知识产权信息服务绝大多数是由国家政府部门及相关事业单位提供，如国家知识产权局、知识产权出版社、知了网、商标局、商标评审委员会；②从服务提供内容来说，这些服务大多数是从商标、专利等知识产权基础注册申请的数据和审批流程出发，而延伸出来的相关服务，如商标和专利注册申请的数据库及检索分析类服务，又如商标和专利数据公开和出版类服务等；③从服务面向的对象来说，这些服务面向的群体是所有社会大众，不仅包括商标和专利等知识产权的所有人和申请人，还包括对商标和专利等知识产权事务感兴趣的任何一个普通民众；④从服务收取的费用来说，该类服务具备公益性质，因此绝大多数都属于免费且公开的知识产权信息服务。

6.2.1　专利信息基础服务

1. 专利导航

1) 专利导航试点工程

(1) 专利导航，就是用专利信息来指导"航行"的方向。那么专利信息能够指导什么"航行"的方向呢？国家知识产权局专利管理司司长马维野曾说"专利信息本身是无法导航的，我们需要对从专利文献中采集的专利信息进行加工、整理和分析，从而形成有价值的决策参考依据，这就是所谓的专利信息分析。当我们将专利信息分析跟一个产业发展结合起来的时候，就有可能通过这种分析发现该产业的优势所在，也有可能发现该产业发展的陷阱。于是，专利导航的目的就实现了。通俗地讲，专利导航就是通过专利分析给产业发展指一条路。假如把某个产业比作一辆汽车，专利导航就是给它建立一套全球定位系统(global positioning system，GPS)，引导它以最佳的路径驶向目的地。其中，专利信息就是这套 GPS 的数据库，专利信息分析就是依据数据资源进行合理的路径规划(赵建国，2013)"。也就是说，在各个跟技术研发相关的行业和产业，都可以通过对专利信息加工整理分析，以及与产业发展共同研究，就可以发现该行业和产业的优势和未来趋势，进而指明该行业和产业的发展方向。

(2) 专利导航试点工程的定义与目的。据中国国家知识产权局官网介绍，专利导航试点工程是以专利信息资源利用和专利分析为基础，把专利运用嵌入产业技术创新、产品创新、组织创新和商业模式创新，引导和支撑产业科学发展的探索性工作。其主要目的是探索建立专利信息分析与产业运行决策深度融合、专利创造与产业创新能力高度匹配、专利

布局对产业竞争地位保障有力、专利价值实现对产业运行效益支撑有效的工作机制，推动重点产业的专利协同运用，培育形成专利导航产业发展新模式。

(3) 中国开展专利导航试点工程的时间与意义。为实施创新驱动发展战略和知识产权战略，有效运用专利制度提升产业创新驱动发展能力，加快调整产业结构，提高产业整体素质和竞争力，中国国家知识产权局于 2013 年起实施专利导航试点工程。开展专利导航试点工程意义深远，因为如果专利运用渠道不畅通，会直接阻碍中国专利的市场价值有效发挥。而专利导航试点工程的实施，将探索建立专利信息分析与产业运行决策深度融合、专利创造与产业创新能力高度匹配、专利布局对产业竞争地位保障有力、专利价值实现对产业运行效益支撑有效的工作机制，推动重点产业的专利协同运用，培育形成专利导航产业发展的新模式，从而打通专利运用的关键环节，建立专利制度高效运行的正向反馈系统。因此，加快推进专利导航试点工程实施，对于提升中国自主创新能力，推进中国从专利大国向专利强国转变，推动经济创新发展具有迫切的现实意义。所以说专利导航试点工程是专利制度在产业运行中的综合应用，也是专利战略在产业发展中的具体实施，更是知识产权战略支撑创新驱动发展战略的具体体现。实施试点工程，可以发挥专利信息资源对产业运行决策的引导力，突出产业发展科学规划新优势；可以发挥专利制度对产业创新资源的配置力，形成产业创新体系新优势；可以发挥专利保护对产业竞争市场的控制力，培育产业竞争力发展新优势；可以发挥专利集成运用对产业运行效益的支撑力，实现产业价值增长新优势；可以发挥专利资源在产业发展格局中的影响力，打造产业地位新优势。

(3) 专利导航试点工程的重点工作。国家知识产权局在开展专利导航试点工程方面确定了 6 项重点任务，包括建立专利导航产业发展工作机制，优化产业的专利创造，鼓励专利的协同运用，培育专利运营业态发展，完善专利运用服务体系和构建专利导航发展的政策支撑体系。专利导航试点工程的重点任务详见表 6-1①。

表 6-1 专利导航试点工程的重点任务

序号	任务名称	任务内容
1	建立专利导航产业发展工作机制	加强专利信息资源利用和产业专利分析，把握产业链中关键领域的核心专利分布，以全球视野明晰产业竞争格局、确定产业发展定位；通过建立专利分析与产业运行决策深度融合、持续互动的产业决策机制，系统配置优势资源，提高产业创新能力、增强竞争优势，不断发挥专利在产业发展中的导航作用
2	优化产业的专利创造	在产业发展中深入实施专利战略，进一步完善以市场需求为导向、以专利运用为目的的专利创造体系；优化经济科技活动中的专利指标，完善专利资助政策，推动专利质量的提升；提高企业知识产权综合能力，引导市场主体对专利进行科学布局，形成与产业发展相匹配的专利储备体系
3	鼓励专利的协同运用	引导并支持市场主体利用市场化、集群化、联盟化、协作化等手段吸引并整合专利资源，实现专利的集中管理、集成运用；依托专利资源，优化配置政策资源、技术资源、人力资源、金融资源等，为产业发展提供支撑；鼓励以专利资源为纽带，构建企业主导，高校院所、金融机构、专利服务机构等多方参与的专利运用协同体，开展协同创新和专利协同运用，实现资源共享、利益共享、风险共担、协同运行

①国家知识产权局，[2013-04-02].国家知识产权局关于实施专利导航试点工程的通知，http://www.cnipa.gov.cn/ztzl/zldhsdgc/zcwj1/1029186.htm.

续表

序号	任务名称	任务内容
4	培育专利运营业态发展	指导市场主体依法设立专利运营机构，专门从事专利引进、集成和二次开发、转移转化等业务；对关键技术领域的专利进行储备运营，以核心专利为基础形成专利组合并持续优化，开展质押融资、对外许可、投资入股、标准制定及海外维权活动等；引导专利联盟建设，以专利纠纷频发、专利壁垒问题突出、国内企业技术和专利分散的产业为重点，对关键技术领域内的专利进行集中管理、集成运用
5	完善专利运用服务体系	加强体制机制创新，统筹推进重点产业专利运用基础服务平台建设，推动建立服务链条完整的一体化专利运用服务体系。培育发展开放式技术创新服务体系，探索建立订单式专利研发模式；培育发展专利运营服务体系，重点支持从发明创意产生、专利申请到专利技术转移转化全过程服务业态的发展；培育发展专利投融资服务体系，建立适应中小企业需求的投融资机制，促进专利投融资、证券、保险、信托等业务开展；培育发展专利交易流转服务体系，促进专利技术的集聚和扩散
6	构建专利导航产业发展的政策支撑体系	研究制定有利于专利导航产业发展的各类政策；整合现有政策资源，利用财税、金融、科技、贸易等政策杠杆，促进专利运用和产业发展；在充分利用现有资金渠道的基础上，建立稳定的财政投入增长机制，加大对专利运用的支持力度；进一步加强财税政策的引导，激励企业增加专利运用投入。运用风险补偿等措施，鼓励金融机构扩大专利质押贷款规模；推进知识产权证券化进程，支持骨干企业进行债券融资；充分运用市场机制，鼓励社会资金投向专利运用创新创业活动

资料来源：中国国家知识产权局。

(4) 专利导航试点工程的主要成果。在相关文件的指导下，国家知识产权局分类搭建专利导航试点工程工作平台：面向产业集聚区，拟建设一批具有区域特色、优势明显、专利密集、布局合理的国家专利导航产业发展实验区；面向行业发展，培育一批具有产业特色和竞争优势的国家专利协同运用试点单位；面向市场主体，培育一批掌握核心专利、专利运用能力较强、对产业发展有较强影响力，或者能够提供专业化、规范化、一体化的专利运用服务的国家专利运营试点企业。按照这三类平台申报指南的要求，经组织申报和专家评审，国家知识产权局确定了中关村科技园区等 17 个产业集聚区为国家专利导航产业发展实验区，中国电子材料行业协会等 37 家行业协会为国家专利协同运用试点单位，武汉邮电科学研究院(集团)等 115 家企业为国家专利运营试点企业(表 6-2 和表 6-3)。国家专利运营试点企业名单(截至 2016 年 6 月)略。读者如有兴趣可自行到中国国家知识产权局网站查询。

表 6-2　国家专利导航产业发展实验区名单(截至 2016 年 6 月)

编号	实验区名称	产业领域	批准时间
1	中关村科技园区	移动互联网	2013.8
2	苏州工业园区	纳米技术应用	2013.8
3	上海市张江高科技园区	生物技术药物及医疗器械	2013.8
4	杭州高新技术产业开发区	物联网	2013.8
5	郑州新材料产业集聚区	超硬材料	2013.8
6	武汉东湖新技术开发区	光通信	2013.8
7	长春高新技术产业开发区	生物医药	2013.8
8	宝鸡高新技术产业开发区	钛产业	2013.8
9	苏州国家高新技术产业开发区	医疗器械	2016.1

续表

编号	实验区名称	产业领域	批准时间
10	南通市	海洋工程装备	2016.1
11	佛山市	机械装备制造	2016.1
12	天津滨海高新技术产业开发区	新能源	2016.1
13	烟台经济技术开发区	化工新材料	2016.1
14	成都市龙泉驿区	汽车	2016.1
15	广州经济技术开发区	卫星通信(北斗)导航	2016.1
16	潍坊高新技术产业开发区	半导体发光	2016.1
17	北京市丰台区	轨道交通光机电	2016.1

资料来源：中国国家知识产权局。

表 6-3 国家专利协同运用试点单位名单(截至 2016 年 6 月)

序号	试点单位名称	产业领域	类型	批准时间
1	中国电子材料行业协会	电子信息材料		2013.8
2	中国内燃机工业协会	小汽油机		2013.8
3	东阳市磁性材料行业协会	磁性材料		2013.8
4	中国石油和化学工业联合会	石油和化学工业		2013.8
5	中国资源综合利用协会	大宗固废资源综合利用领域		2013.8
6	中国半导体行业协会	集成电路		2016.1
7	中国国防工业企业协会	国防科技工业	行业协会	2016.1
8	中国节能协会	节能		2016.1
9	海南省医药行业协会	抗肿瘤药物		2016.1
10	中国汽车工程学会	汽车		2016.1
11	中国民营经济国际合作商会	全领域		2016.1
12	北京电信技术发展产业协会	移动通信		2016.1
13	重庆(国际)单轨协会	轨道交通		2016.1
14	新医药技术创新知识产权联盟	新医药		2016.1
15	深圳市工业机器人专利联盟	工业机器人		2016.1
16	南阳市汽车零部件产业知识产权联盟	汽车零部件		2016.1
17	轨道交通装备制造业专利联盟	装备制造业	产业知识产权联盟	2016.1
18	湖州市电梯产业知识产权联盟	电梯		2016.1
19	北京音视频产业知识产权联盟	音视频		2016.1
20	德州市宁津县电梯产业知识产权联盟	电梯		2016.1
21	江南大学	食品生物技术	高等学校	2016.1

续表

序号	试点单位名称	产业领域	类型	批准时间
22	哈尔滨工业大学	机器人及智能装备	高等学校	2016.1
23	大连理工大学	装备制造		2016.1
24	中原工学院	纺织科学与工程、机械工程、材料科学与工程等		2016.1
25	中山大学	电子与信息、生物医药、新材料		2016.1
26	湘潭大学	化工环保、先进材料、大数据云计算		2016.1
27	天津科技大学	食品营养与安全		2016.1
28	中国地质大学(武汉)	资源环境		2016.1
29	中国科学院宁波材料技术与工程研究所	石墨烯制备技术及应用	科研机构	2016.1
30	中国科学院大连化学物理研究所	催化化学、工程化学、化学激光和分子反应动力学等		2016.1
31	中国科学院沈阳自动化研究所	机器人、自动化		2016.1
32	中国科学院深圳先进技术研究院	健康与医疗		2016.1
33	中国科学院计算技术研究所	计算机体系结构		2016.1
34	沈阳材料科学国家(联合)实验室	材料科学		2016.1
35	中国科学院过程工程研究所	化工、冶金、生化等		2016.1
36	中国科学院苏州纳米技术与纳米仿生研究所	纳米碳材料		2016.1
37	中国科学院上海生命科学研究院	生命科学		2016.1

资料来源：中国国家知识产权局。

2) 产业规划类专利导航项目

为深入实施专利导航试点工程，推广专利导航工作经验，在总结凝练宏观专利导航项目实践经验的基础上，中国国家知识产权局于 2015 年 7 月公布了《产业规划类专利导航项目实施导则(暂行)》。产业规划类专利导航项目是专利导航产业发展工作的重要载体，实施产业规划类专利导航项目是建立专利导航产业发展工作机制的重要体现，对有效发挥专利信息导航作用，支撑产业创新发展具有重要意义。

专利导航是产业决策的新方法，是运用专利制度的信息功能和专利分析技术系统导引产业发展的有效工具。开展专利导航可以发挥专利信息分析对产业运行决策的引导作用，发挥专利制度对产业创新资源的配置作用，提高产业创新效率和水平，防范和规避产业知识产权风险，强化产业竞争力的专利支撑，提升产业创新驱动发展能力。

实施产业规划类专利导航项目是专利分析与产业决策深度融合的主要抓手，是在专利导航下产业创新资源配置的顶层设计过程。作为支撑产业创新发展的重要改革举措，亟需推行专利导航产业发展的有益经验和有效做法，在更大范围推广实施产业规划类专利导航项目(表 6-4)。

表 6-4 产业规划类专利导航项目的主要内涵

序号	主要内涵	具体内容
1	项目定位	一是制订和调整产业规划的依据。实施产业规划类专利导航项目能够发挥专利信息导航作用，以全球视野研判产业创新发展的方向和路径，为制定出台或调整完善产业规划提供基础性支撑；二是开展企业微观专利导航的基础，通过实施产业规划类专利导航项目，全面梳理和分析产业关键领域全球专利布局，能够为企业等市场主体实施企业运营类专利导航项目制订专利运营方案，开展专利布局储备提供前瞻性分析
2	分析方法	通过产业专利大数据分析，从产业发展历史演进的视角，揭示产业链与专利布局的匹配度和产业竞争中的专利控制力，明晰产业发展方向和创新重点，规划产业结构调整和升级路径，指引企业培育、人才引进、协同运营等发展路径
3	项目管理	产业规划类专利导航项目具有专利分析和规划决策等不同阶段，必须从机制上保障分析成果科学有效，成果落地顺畅有力，可以建立项目委托方、承担方和评估方等共同参与，包括管理决策机制、执行协调机制、质量保障机制等在内的项目管理制度

资料来源：中国国家知识产权局。

3) 企业运营类专利导航项目

自 2013 年专利导航试点工程实施以来，专利导航产业发展的理念在社会和市场上得到不断普及，因此与专利导航相关的项目实践日益丰富，专利引导产业创新发展的作用逐步显现。

2015 年 12 月，《国务院关于新形势下加快知识产权强国建设的若干意见》明确提出："建立专利导航产业发展工作机制，实施产业规划类和企业运营类专利导航项目"。实施企业运营类专利导航项目是建立专利导航产业发展工作机制的进一步体现，是有效衔接产业宏观专利导航的抓手，对有效发挥专利信息导航作用，支撑企业竞争力提升、促进企业创新发展具有重要意义。此外，产业规划类和企业运营类专利导航项目相互支撑、互为补充。国家知识产权局提出要加大对于产业规划类导航项目成果的推广运用，尤其是产业发展现状分析成果，为企业发展现状分析提供基础支撑[①]。可以说，产业规划类项目是围绕产业宏观层面的规划决策，为企业专利运营提供方向指引和平台环境；而企业运营类项目围绕企业专利运营活动，指引企业创新路径和专利布局，是宏观规划决策进一步落实的具体举措。

2017 年 1 月，为完善专利导航产业发展工作机制，指导实施企业运营类专利导航项目，中国国家知识产权局制定了《企业运营类专利导航项目实施导则(暂行)》。其中提到 2015 年，国家知识产权局组织实施了一批企业运营类专利导航试点项目，围绕产业链不同环节的重点企业，聚焦企业核心技术和产品，结合企业的产业链定位和创新水平，以专利运营提升企业竞争力为目标，开展专利导航分析，指引企业开展专利布局收储、协同运用、许可转让、质押融资等运营活动，取得了一定成效。

企业运营类专利导航项目主要包括四个分析模块：一是企业发展现状分析；二是企业重点产品专利导航分析；三是企业重点产品开发策略分析；四是专利导航项目成果应用。

①国家知识产权局，[2013-04-02].关于推广实施企业运营类专利导航项目的通知，http://www.cnipa.gov.cn/ztzl/zldhsdgc/zcwj1/1029191.htm.

每个模块之间环环相扣，模块一对企业的发展现状、环境和定位进行分析，综合诊断企业特征与需求，选定本项目分析的企业重点产品；模块二围绕企业重点发展的产品，开展核心技术、竞争对手和侵权风险等分析；模块三从企业重点产品开发的基本策略出发，将专利布局、储备和运营嵌入产品开发全过程，形成专利运营方案；模块四将专利导航项目成果深度融入企业各项决策，完善企业战略、产品、技术等相关发展规划①。

4) 国家专利导航项目研究和推广中心

2017 年 8 月，为深入实施专利导航试点工程，大力推广实施专利导航项目，支撑知识产权运营工作，满足产业和企业创新发展的多样化需求，中国国家知识产权局确定并设立了首批国家专利导航项目研究和推广中心(以下简称“研究和推广中心”)。首批研究和推广中心名单及主要任务如下。

(1) 国家专利导航项目(高校)研究和推广中心：由清华大学、北京航空航天大学、北京交通大学和济南大学共同承担首个国家专利导航项目(高校)研究和推广中心建设工作，中心秘书处设在北京交通大学，由推荐单位教育部科技发展中心作为指导单位。要充分利用高校科技创新主体优势，开展《高等学校知识产权管理规范》国家标准推行辅导工作，提高知识产权管理水平；开展高校专利导航专项研究，推动建立高校专利导航科技创新决策机制；培育高校专利导航服务工作站，建设高校专利共享平台。

(2) 国家专利导航项目(重庆)研究和推广中心：由重庆摩托车(汽车)知识产权信息中心承担国家专利导航项目(重庆)研究和推广中心建设工作，由推荐单位重庆市知识产权局作为指导单位。要充分利用城市区位突出优势和辐射带动作用，加强专利导航信息服务平台建设，建设产业专题数据库；探索专利导航市场化服务机制，建设专利导航项目推广与运营服务体系；推广专利导航产业创新发展理念及实践经验，促进专利导航项目有效实施。

(3) 国家专利导航项目(企业)研究和推广中心：由华智数创(北京)科技发展有限责任公司承担首个国家专利导航项目(企业)研究和推广中心建设工作，由推荐单位中国专利技术开发公司作为指导单位。要充分利用公司数据资源和平台资源优势，跟踪研究国家政策和国内重点省市的区域及产业政策，支撑专利导航相关政策的制定；基于企业专利导航实践开展专利导航理论基础研究，在导航项目中推广实施研究成果；建设专利导航平台，提高专利导航项目实施效率②。

拿国家专利导航项目(重庆)研究和推广中心(以下简称“国家专利导航重庆中心”)来举例，国家专利导航重庆中心于 2020 年 1 月揭牌，落户于重庆两江新区，是全国唯一的区域性专利导航项目研究和推广中心，由重庆市知识产权局指导，重庆摩托车(汽车)知识产权信息中心承担建设。此次落户由两江新区管委会与重庆摩托车(汽车)知识产权信息中心签订战略协议，将围绕两江新区重大项目决策、产业规划布局、招商引资、人才引

①国家知识产权局，[2020-09-10]. 企业运营类专利导航项目实施导则(暂行)，http://www.sipo.gov.cn/gztz/1099135.htm.
②国家知识产权局，[2013-04-02].关于确定设立首批国家专利导航项目研究和推广中心的通知，http://www.cnipa.gov.cn/ztzl/zldhsdgc/zcwj1/1029192.htm.

进、企业发展等，汇聚全国优秀高端知识产权及相关领域的数据、人才、机构、政策等服务资源，为全市市场主体提供十二个方面的服务，包括：产业导航、创业导航、对手追踪、区县规划、海外维权、电商维权、人民调解、大数据孵化、人才引进、投资分析、资产评估、培训交流，逐步形成全市知识产权公共服务高地。

截至2020年1月，国家专利导航重庆中心已整合全球103个国家的知识产权数据信息，建设产业专题数据库37个，建成重庆技术创新专利导航平台并纳入重庆市四大科技平台。建成区县信息服务分中心7个，产业导航分中心8个，“1+7+8”专利导航服务体系纳入全国30条经验推广。累计承担市级以上重点研究课题65项，为15000多家企事业单位提供国内外专利信息服务，为520余家重点企业建设专题专利数据库。下一步，国家专利导航重庆中心将进一步统筹资源、集聚要素、完善功能，统筹已建成的7个区县信息服务分中心、8个产业导航分中心及市局2019年新批准的17个产业专利导航中心，积极完善重庆市知识产权公共服务体系，增强重庆市企事业单位知识产权创造、管理、运用、保护意识，提高知识产权服务机构专利信息服务能力，促进知识产权服务高质量发展。

2. 专利出版

1) 知识产权出版社

知识产权出版社(原专利文献出版社)，成立于1980年8月，由国家知识产权局主管和主办，是中国专利文献的法定出版单位、国家知识产权局专利信息统一出口单位，自1985年《中华人民共和国专利法》实施以来，知识产权出版社累计公开出版中国专利文献约300万件。

知识产权出版社由专利文献出版部、专利信息部、编辑部三大部门组成，同时下设北京中献电子技术开发中心、北京中献智泉信息技术有限公司、北京中献拓方科技发展有限公司、北京中献智兴广告有限公司等22个部门组成。专利文献出版部、专利信息部采用最先进技术传播知识产权信息，出版中国专利文献；编辑部每年出版300多种知识产权、法律、科技、经管、教育类图书。

近年来，经过技术改造，该出版社目前以纸件、CD-ROM光盘和互联网三种载体向国内外出版发行中国专利文献，在“中国知识产权网”上随时可以查阅最新专利和知识产权信息。其中，北京中献电子技术开发中心是该出版社面向市场提供专利信息服务的窗口，拥有一流的设备和技术以及丰富的数据处理经验，可以承担各种数据处理、印刷加工任务。其专利信息部已开发出中外专利数据库服务平台、专利信息分析系统、专利管理系统、中国药物专利数据库、专利信息光盘等产品，并可开展诸如专利检索、分析、翻译等一系列与专利信息有关的服务。同时，知识产权出版社主要业务涉及图书和期刊出版、专利文献出版、专利信息服务、数据加工和数字印刷等多个领域，是集出版、印刷、数据加工和信息服务于一体的综合性出版机构。此外，该社拥有知识产权出版社网站(IPPH)、中国知识产权网(CNIPR)、按需出版网(CNBOD)三个网站，其中，中国知识产权网是专利信息服务专业网站，在中国知识产权网上随时可以查阅最新专利和知识产权信息。

2) 知了网

知了网是大数据分析产品，知识产权出版社利用中国专利公报中的专利数据资源，结合来源互联网的专利代理机构基础信息和舆情信息，经过大数据挖掘处理，形成了一套完善的专利代理机构导航评价体系；并结合知识产权出版社数据库和信息安全等优势，开发了创意描述、自助撰写、快速推荐等工具模块；旨在帮助企业提高专利认知，掌握专利之道，对比识别服务机构实力，准确甄选专利代理服务机构，同时也为代理所推荐更相关用户与业务，从而降低沟通成本，提高服务效率，促进专利代理质量提升，促使知识产权服务向专业化、职业化发展，方便主管部门科学评价与管理。知了网提供的产品和服务包括工具模块、选代理、知了观察、搜专利等，知了网产品信息表详见表 6-5。

表 6-5　知了网产品信息表

序号	产品名称	内容	亮点	资源
1	工具模块	快速推荐、创意描述、自助撰写	快速推荐：输入关键词快速推荐相关代理机构； 创意描述：将奇思妙想的创意加工成可触及的技术交底材料； 自助撰写：全新撰写体验，将成熟的技术打磨成专利申请文件样式	申请人信息加工：对 50 余万家专利申请机构名称进行识别与规范化处理； 专利代理机构基本信息：收录千余家专利代理机构基本信息，信息精确到地址经纬度坐标； 全面的专利代理机构统计数据：基于中国专利公报，统计专利代理量、人均代理量、平均权利要求数、授权率等多维度等数据； 专利代理机构客观分析评价指标：区域代理量分析、技术领域代理量分析、重点客户分析等
2	选代理	为需要申请专利的单位或个人，提供专利代理机构的客观参考信息，具体包括代理机构导航、代理机构快速推荐、代理机构排行榜、代理机构店铺等内容	全方位智能搜索、专利代理所地图导航、中国好代理大排名、代理机构店铺等	
3	知了观察	知了观察关注知识产权领域的报道，通过不一样的视角和观点，以最专业的角度，来解读行业动态，打造知识产权行业内的新闻和资讯交流互动媒体平台	知了访谈、知了专题活动	
4	搜专利	方便的专利检索界面，可提供号码日期、人与机构、专利内容三种分类检索	日期便捷检索、法律状态浏览、代理机构分面导航	

6.2.2　商标信息基础服务

1. 商标注册信息网上服务

目前最权威商标注册信息网上查询网站当数中国商标网。中国商标网是由国家知识产权局商标局主办的唯一的在线查询商标注册信息的网站，网站能够提供三种类型的商标注册信息查询，包括商标相同或近似信息查询、商标综合信息查询和商标审查状态信息查询。该网提供的商标信息既包括注册商标信息，也包括申请商标信息；除了查询商标等专业内容，还可以查询个体商标注册所是否在商标总局备案。

自2005年12月26日开始，中国商标网免费向公众提供商标注册信息的网上查询，任何人均可登录该网在线查询商标注册信息。随后，在2018年11月27日，中国商标网商标网上服务系统全面上线，这是商标服务载体和服务手段的一次突破性变革。这次商标网上服务系统的上线，是在原商标网上申请系统基础上升级改造集合而成，具备了网上查询、网上申请、网上发文、网上公告、网上缴费、商标注册证明公示六大功能。用户还可以登录商标网上服务系统中的“商标数据开放”栏目下载商标历史数据及增量数据。中国商标网商标网上服务系统的全面上线，是国家知识产权局根据商标便利化改革的总体部署，是为了加快提升商标公共服务水平，开展的向全社会公开商标数据库的服务。

中国商标网商标注册信息网上服务系统主要提供商标近似查询、商标综合查询、商标状态查询、商标公告查询、错误信息反馈、商品/服务项目等服务。中国商标网商标注册信息网上服务系统主要服务详见表6-6。

表6-6 中国商标网商标注册信息网上服务系统主要服务

序号	服务名称	详细内容
1	商标近似查询	本查询按图形、文字等商标组成要素分别提供近似检索功能，用户可以自行检索在相同或类似商品上是否已有相同或近似的注册或申请在先的商标
2	商标综合查询	用户可以按商标号、商标、申请人名称等方式，查询某一商标的有关信息
3	商标状态查询	用户可以通过商标申请号或注册号查询有关商标在业务流程中的状态
4	商标公告查询	提供商标公告查询
5	错误信息反馈	用户可以向商标局反馈有关错误信息
6	商品/服务项目	提供商品及服务项目的查询

2. 商标评审信息网上服务

前面介绍了国家知识产权局商标局主办的中国商标网商标网上服务系统，是官方唯一在线查询商标注册信息的网站。本部分介绍的商标评审信息网上服务，是由商标评审委员会主办的负责公开评审业务信息的网站。那么商标局和商标评审委员会有什么区别呢？

在2018年国务院机构改革之前，原来的商标局和商标评审委员会都是原国家工商行政管理总局的下属单位，商标局和商标评审委员会属于平行机构，但又因为委托授权存在监督关系。具体来说，商标局主管的是商标申请、商标审查等业务，商标评审委员会根据《商标法》及《商标法实施条例》的规定负责评审业务，并接受原国家工商行政管理总局的委托负责涉及行政相对人对商标局的具体行政行为不服提起复议的复议审理工作。随着2018年国务院机构改革，原商标局和原商标评审委员会的业务划归国家知识产权局主管，国家知识产权局以“国家知识产权局”的名义统一对外主管商标工作，并分别以“国家知识产权局商标审查业务”“国家知识产权局评审业务”“国家知识产权局”的名义来发文。

按照原国家工商行政管理总局负责人在2016年12月全国工商和市场监管工作会议上提出的“有序公开案件裁定文书，主动接受社会监督”的要求，商标评审委员会自2016年12月起，每月通过随机抽取方式公开60件评审裁决文书，并在技术条件允许的情况下，不断增加公开文书数量，受到社会好评。

经过一年努力，商标评审裁决文书全面即时公开系统已初步建成，系统于2017年12月15日上线试运行，2017年12月28日起正式上线运行。系统正式运行后，商标评审委员会做出的驳回复审决定书、不予注册复审决定书、无效宣告请求裁定书、无效宣告复审决定书、撤销复审决定书以及其他具有终结评审程序作用的文书将自交邮之日起20个工作日内在此予以公布，但有下列情形之一的除外：(一)涉及当事人商业秘密、个人隐私的；(二)当事人明确要求不公开，且商标评审委员会认为该请求合理的；(三)商标评审委员会认为不宜在互联网公布的其他特殊情形。商标评审裁决文书全面即时公开系统上线运行，是在此前随机公开基础上的进一步拓展，是商评委落实国务院“放管服”改革精神以及总局党组部署，增加评审工作透明度的重要举措。

6.3　商用知识产权信息服务：深度、共享、有偿

商用知识产权信息服务有几个共同特征：一是从服务提供者来说，商用知识产权信息服务绝大多数是由市场上的服务机构或企业提供，专利信息商用服务如智慧芽、Patentcloud、科睿唯安、incoPat、佰腾、Patentics、大为、奥凯、中译语通，商标信息商用服务如白兔软件、国方软件、飙局等；二是从服务提供内容来说，这些服务大多数也是从商标、专利等知识产权基础注册申请的数据和审批流程出发，而延伸出来的相关服务，如商标和专利注册申请的数据库及检索分析类服务，又如商标和专利数据公开和出版类服务等；三是从服务面向的对象来说，面向的群体大部分是有商标、专利等知识产权信息检索、分析、咨询等服务需求的大中小企业、知识产权从业人员、技术研发人员、行业学者等；四是从服务收取的费用来说，该类服务属于收费服务，会根据不同的服务类别、内容、难度、规模等划分为不同的收费项目和档次。

6.3.1　专利信息商用服务

1. 智慧芽

智慧芽作为知识产权信息服务商，是提供专利检索、分析、管理的一站式信息服务平台，致力于让全球更多组织、机构了解并更高效地使用专利。智慧芽隶属于智慧芽信息科技(苏州)有限公司，是一家新加坡的独资企业，成立于2007年，CEO张济徽毕业于新加坡国立大学生物工程系，并获得学士学位。

智慧芽通过提供专利工具，帮助客户从专利中获取更有价值的信息，从而促进企业更

快、更好地研发创新。智慧芽在英国伦敦、美国旧金山、中国北京，深圳及上海均设立分公司，同时拥有广州、香港、台湾3个办事处，是一家业务覆盖全球的国际化互联网软件服务公司。智慧芽全球员工近700多人，其中中国团队超过500人，70%为技术研发人员。截至2018年底，智慧芽已服务全球50多个国家超10000家知名的企业、政府、高校院所、代理机构，其中不乏世界500强及专业领域的领军机构。2018年10月10日获建投华文D+轮融资。

智慧芽的产品包括全球专利信息数据库、知识产权管理系统、知识产权培训、Bio序列数据库、知识产权咨询、Insights英策专利分析系统、Chemical化学数据库。智慧芽产品和服务信息表详见表6-7。

表6-7 智慧芽产品和服务信息表

序号	产品和服务名称	优势
1	全球专利信息数据库	1.4亿全球专利数据，覆盖116个国家/地区，提供精准、多维度、可视化的专利及研发情报
2	知识产权管理系统	优化IP战略，支撑创新战略实施，支撑和完善IP体系建设，提高跨部门协作能力，提升专业工作效率
3	知识产权培训	专业实务师资，精品线上课程，网络平台管理，灵活培训模式
4	Bio序列数据库	数据全面：涵盖3.8亿多个序列和5亿多专利与序列关系数据； 检索快捷：数据结构标准化，只需3步即可轻松完成序列检索分析； 结果精准：支持抗体CDR片段检索、多字段漏斗式过滤筛选
5	知识产权咨询	值得信赖的知识产权大数据；AI技术助理，提升专利分析效率与精准度；咨询结果智能关联IT系统，成果应用最大化；强大的专家咨询团队
6	Insights英策专利分析系统	多种可视化分析图表；研发策略&诉讼风险；专利费用评估，辅助制定维持策略
7	Chemical化学数据库	4种检索入口，满足多类化合物检索需求；化学结构搜索与创新数据无缝衔接；关键信息高亮，轻松阅读化学专利

2. Patentcloud

Patentcloud作为专利检索分析平台，利用人工智能和技术应用为行业人士提供支持；融合云计算、大数据与专利实务经验，整合专利与非专利文献数据，以开放式创新的大数据云服务模式提供大众智慧经济。Patentcloud拥有超过100个全球专利与非专利数据库数据，拥有超过7900万件全球专利著录项数据，拥有650万件已存储和处理过的全球专利数据，拥有2700多万份美国专利局审查与再审查文件信息，拥有600多位全球知识产权专业人士，在全球拥有5个据点，具有1000多件专利诉讼与专利无效程序实务经验，经手超过10万件专利交易、许可与质押案件。Patentcloud合作伙伴包括世博科技顾问、麦克思智慧资本以及赛恩倍吉公司，拥有超过600位经验丰富的律师、专利律师、知识产权专家和专利交易商。截至2020年6月，Patentcloud已有7.2万多位订阅用户，用户国家超过70个。过去的35年，经手超过44万件各国专利申请案、超过10万件专利交易及超过1千件的专利诉讼。

Patentcloud 隶属孚创云端公司(InQuartik Co，Ltd)，该公司成立于 2014 年。孚创云端公司 CEO 周延鹏为富士康(鸿海)科技集团原法务长、台湾政治大学知识产权研究所副教授、世博集团首席顾问。著作有《一堂课 2000 亿：智慧财产的战略及战术》《虎与狐的智慧力》等书。①

Patentcloud 的产品包括 Due Diligence、Quality Insights、SEP、Patent Search、Design Search、Patent Vault。Patentcloud 产品和服务信息表详见表 6-8。

表 6-8　Patentcloud 产品和服务信息表

序号	名称	宣传语	优势	功能内容	资源
1	Due Diligence	让专利组合评估变得更简单	通过 Due Diligence 将繁冗的专利数据转化为去芜存菁的图表板，挥别枯燥烦琐的检阅工作	涵盖区域与状态、技术、专利权人/发明人/申请人、关键历史事件、质量与价值、质量关键事件、价值关键事件	100 个以上全球专利与非专利数据库，超过 7900 万件全球专利书目数据，100%USPTO 的审查历程数据完整度，98%以上的美国专利已被萃取现有技术信息
2	Quality Insights	全球首创一键式专利质量洞察解决方案	Quality Insights 解决方案可帮助检视法律历史事件、权利范围变更及有效性问题	检视关键法律事件、同族专利状态和现有技术摘要；厘清权利范围变化，权利要求剖析，申请历史文件检索；从同族现有技术、现有技术调查、相似现有技术等多个角度突显专利有效性的弱点	来自美国专利商标局、美国专利申请案信息撷取系统(Patent Application Information Retrieval，PAIR)、专利审判与上诉委员会(Patent Trial and Appeal Board，PTAB)、美国专利公报、美国联邦法院电子档案系统(acronym for Public Access to Court Electronic Records ，PACER)的专利数据
3	SEP	即时掌握最新的 ETSI SEP 宣告信息	丰富洞察和珍贵情报的 5G 标准必要专利宣告数据库	了解竞争态势，找出竞争者正在做什么，并预先做出回应。找到潜在授权对象，挖掘谁最有可能是标准必要专利的相对应被许可人。达成公平交易	
4	Patent Search	全球专利检索系统检索专利易如反掌	Patent Search 拥有多样检索功能，可套用不同检索策略	智能检索、高级检索、语义检索、关联企业检索、关联词扩展、分类号检索、数据导出、比较专利、即时分析	100 个以上全球专利与非专利数据库，超过 7900 万件全球专利书目数据，IP5 以上的 WIPO 专利全文数据，650 万件已储存及处理的全球专利数量
5	Design Search	简单拖放图片，立刻完成外观设计专利检索	Design Search 结合 AI 影像识别技术，能够运用图片找到外观设计专利的图像，用最接近本质的方式检索，提升精确度与速度	拖放、定义检索范围、取得结果并深入探索、六种视角查看专利图片、图像并排比对、图像检查、专利清单导出	Design Search 数据库包括世界各大主要专利局：美国专利商标局、日本特许厅、欧盟知识产权局、中国国家知识产权局
6	Patent Vault	简单易用的专利管理系统，轻松分享研究结果	Patent Vault 能改变以往专利管理系统作业及沟通效率不高的困境，促进更高效的团队合作	专利清单导入、未公开专利申请案管理、可自订文件夹、自动监控、基本分析、进阶分析、邀请协作对象、笔记分享、权限控制	

① 据周延鹏介绍，在他三十五年的知识产权产业生涯中，他注意到专利从业人士缺乏好用的工具，大部分的工具仅仅提供基础检索结果，而且大多数都是低质量的数据。因此，创立了 Patentcloud——一个透过知识产权知识实务经验结合人工智能技术，传递真实的可行动洞察并协助做出有影响力决策的专利情报平台。

3. 科睿唯安

科睿唯安作为专业信息服务提供商，旗下拥有众多业界知名品牌，如 Web of Science™、Cortellis™、Derwent™、CompuMark™、MarkMonitor® 和 Techstreet™。科睿唯安隶属科睿唯安信息服务(北京)有限公司，成立于 2016 年 10 月 4 日，剥离于原汤森路透知识产权与科技事业部，由汤森路透出售给加拿大 Onex 公司及其旗下的资金和霸菱亚洲私募基金(BPEA)，遍布世界 100 多个国家和地区，超过 4000 名员工。科睿唯安为全球 90%的最具价值的品牌提供创新保护，为 91 家全球百强律所提供品牌保护和研究支持服务，实时掌握全球超过 97%的搜索流量、99%的百强活跃市场、逾 1500 万个博客以及 45 万条监督品牌滥用的电子公告板的动态。2019 年 1 月 15 日，全球专业信息提供与分析服务领域的领导者科睿唯安和 Churchill 资本集团宣布，双方达成最终合并协议。合并后的企业将以科睿唯安的名义运营并在纽约证券交易所上市。本次交易中企业初步估值约为 42 亿美元。公司良性商业循环推动再投资效率，截至 2018 年第三季度的 12 个月中营收 9.5 亿美元，订阅收入 7.76 亿美元；订阅收入占比 82%，收入保留率 90%以上，均位于行业前列；调整 EBITDA3.08 亿美元，盈利能力有望持续提升。

科睿唯安现已有 60 多年的服务历史以及 100 多年的丰富经验，拥有科学引文索引(Science Citation Index，SCI)、德温特世界专利索引(Derwent World Patents Index，DWPI)、生命科学与制药数据库。专业领域覆盖学术研究、生科与制药，专利与知识产权服务 3 大部分，提供 7 类产品，在知识产权服务方面具备全球顶尖优势。科睿唯安产品和服务信息表详见表 6-9。

表 6-9　科睿唯安产品和服务信息表

序号	名称	宣传语	优势	功能内容	资源
1	Web of Science	基于高质量、高影响力且独立公正的数据，发现学术研究之间的关联	通过 Web of Science 平台，可最大限度地获取来自经过严格遴选的核心学术期刊中的世界一流学术文献，并在精心抓取的元数据和引证关系中发现新的高价值信息	将 Web of Science 核心合集与多个区域性引文索引、专利数据、专业领域的索引以及研究数据引文索引连接起来	总计拥有超过 33000 种学术期刊
2	Cortellis	助力生命科学领域的创新	Cortellis 竞争情报数据库是世界上最全面的生命科学解决方案组合，为专业人士提供无与伦比的内容、智能的搜索方式、最先进的分析功能、和强大的可视化工具	Cortellis 竞争情报、Cortellis 交易情报、Cortellis 药政法规情报	汇集了药物和医疗器械创新过程中所需的大量数据，以提高创新成功率和缩短上市时间
3	德温特世界专利索引	提供全球最权威可靠的专利数据和科技文献，提供强大的分析功能	通过提供覆盖全球范围其中包括亚太地区专利的英文专利信息，展现出创新活动的完整图景	自由实施检索、专利无效检索、技术全景分析、专利组合分析、标准专利分析等	数据涵盖来自 50 多个专利授权机构及 2 个防御性公开的非专利文献

续表

序号	名称	宣传语	优势	功能内容	资源
4	Techstreet	全球规模庞大的行业标准和规范集合	访问全球规模庞大的行业标准和规范集合，提供灵活的购买规则	其创新平台助力终端用户与业务需求同步发展，控制预算的同时深入洞悉标准使用和费用情况，利用权威内容，并按需随时获取专家支持，帮助终端用户提高工作效率与产出	46，000+个行业标准行业标准和规范集合，合作伙伴包括140以上个行业标准发表人，20年+服务经验
5	CompuMark	全球商标筛查与监测		商标筛查、商标检索、商标监测、著作权与作品名服务	北京集佳知识产权代理有限公司、超凡知识产权服务股份有限公司、北京市君合律师事务所、中国国际贸易促进委员会专利商标事务所、北京万慧达知识产权代理有限公司、广州华进联合专利商标代理有限公司
6	MarkMonitor	在线保护企业品牌		品牌保护：反假冒反盗版反欺诈；域名管理、域名咨询	超过 200 位品牌保护专家

4. incoPat

作为科技创新情报平台，incoPat 利用大数据、AI 计算，创建了专利 DNA 分析技术，对每篇专利进行检测，对专利的文章级别、段落级别、词级别、语义级别进行特征抽取，再利用深度学习技术进行高纬度特征提取，运用于语义检索中，用户输入一段话，即可精确匹配最大程度公开此技术的在先专利。

incoPat 隶属合享汇智信息科技集团有限公司，成立于 2011 年 9 月，是一家为企业的研发创新与知识产权运用提供创新情报解决方案的企业，公司现有员工 100～150 人。2017 年 8 月，incoPat 获北京市重点产业知识产权运营基金(领投)A 轮数千万投资。

incoPat 的产品服务包括：incoPat 科技创新情报平台、incoIndex 上市公司创新指数和合享创新监测系统等多项产品。incoPat 产品和服务信息表详见表 6-10。

表 6-10　incopat 产品和服务信息表

序号	名称	宣传语	内容与优势	资源
1	incoPat	可信好用的全球专利数据库	AI 检索，专利 DNA 图谱比对；对全球专利均提供了中英双语的标题和摘要；系统支持在原始文献数据库和同族数据库间切换检索	incoPat 收录了全球 120 个国家/组织/地区 1 亿余件专利信息

续表

序号	名称	宣传语	内容与优势	资源
2	合享开放平台	提供全维度专利数据接口	合享开放平台是全面、前沿、智能的专利大数据及AI开放平台，解决企事业单位专利数据获取开发成本高、专利数据获取难、专利数据更新不及时、研发人员无法上外网等问题，快速获取最新技术	合享开放平台全面收录120个国家、组织和地区自1782年以来的1.3亿余件专利技术，并以每24小时添加1.4万项最新技术的速度不断增长，可接入字段行业内处于领先低位，包括208个检索字段、71个统计字段，含转让、许可、诉讼、质押等特色字段，PDF全文覆盖38个国家/组织/地区，更新频率每周至少更新三次
3	专利大王	10万人口袋里的专利检索工具	移动端产品，用户可在手机上用中文轻松检索全球120个国家 1亿3千万的专利数据，精准获取专利的技术、法律和商业信息，免费下载各国专利全文。支持简单检索、高级检索、专题库、专利市场、专利问答、实时榜单等多项功能	
4	专利快车	移动端知识产权大数据解决方案	移动端知识产权大数据解决方案，能够为专业人士快速便捷地提供全球专利情报，及时捕捉创新和市场机遇。相比于传统的PC端查询，“专利快车”通过移动端向用户提供知识产权大数据支持服务，更加便捷、高效	涵盖全球120个国家/地区超过1.4亿篇的专利文献
5	IP资产管家	专利资产战略管理工具	包括专利智能盘点、分级分类、费用监控的专利资产战略管理工具	

5. 佰腾网

佰腾网是国内知名的知识产权信息服务平台，为用户提供专利信息应用、科技成果转化、产学研对接一条龙服务，包括专利数据库、专利监控、专利预警、企业贯标等知识产权产品。佰腾网隶属江苏佰腾科技有限公司(以下简称佰腾)，成立于2012年1月，总部设在常州科教城，是一家专业从事知识产权服务的国家高新技术企业。佰腾科技现有员工175人，具备中高级职称的18人，本科以上学历占总人数的90%以上，人员涵盖知识产权、法律、机械、电子、化工等多个领域，主要骨干人员都有5年以上知识产权服务的工作经验。在北京、上海、南京、无锡、青岛、合肥等地设有全资子公司或分公司，年服务收入5000万元。公司累计服务企业达12多万家，其中上市公司560多家。

从2014年6月起，佰腾实施互联网战略，开发了国内领先的专利电商平台——专利巴巴，该项目目标是2015年实现有效专利申请订单3万件，发展互联网客户10000家，2018年达到全国市场占有率10%，实现业务收入超10亿元。

佰腾的产品服务包括企业级服务、政府级服务、大数据服务、专利运营。佰腾产品和服务信息表详见表6-11。

表 6-11 佰腾产品和服务信息表

序号	大类	小类	名称
1	产品服务	企业服务(创新宝)	专利申请； 专利搜索； 企业专利数据库； 企业专利预警； 专利管理
2		政府服务(创新通)	创新平台； 专利监控；专利资助； 高企平台
3		数据服务	数据加工； 数据服务
4	咨询服务	企业服务	专利检索报告； 专利预警分析报告； 竞争对手专利调查； 项目型知识产权分析报告； 贯标服务； 知识产权顾问
5		政府服务	专利导航试点工程； 知识产权分析评议； 产业专利预警分析； 园区专利现状分析； 知识产权战略规划
6	专利运营	专利运营	专利收购； 专利托管； 知识产权价值评估； 知识产权质押融资

6. Patentics

专利智能检索分析平台——Patentics 是集专利信息检索、下载、分析与管理为一体的平台系统。Patentics 隶属于索意互动(北京)信息技术有限公司，于 2006 年 5 月 29 日成立。

Patentics 拥有 Patentics 网络版、客户端、微信小程序。与传统的专利检索方式相比，Patentics 检索系统最大的特点是具有智能语义检索功能，可按照给出的任何中英文文本(包括词语、段落、句子、文章、专利公开号)，即可根据文本内容包含的语义在全球专利数据库中找到与之相关的专利，并按照相关度排序，提高检索的质量和检索效率。Patentics 共收录了全球 112 个国家和地区组织的专利数据，同时还收录了引文、同族、法律状态等数据信息，收录总量超过 1.9 亿条(截至 2019 年 8 月 1 日)(表 6-12)。

表 6-12 Patentics 核心竞争力

序号	特点	具体内容
1	高精度语义检索，扫描全球最相关专利技术	每篇专利上万维度描述，语义模型千万数据量训练，保证语义足够智能，轻松获取最接近现有技术：①自动理解专利文本；②自动扩展相关表达；③自动核准 IPC 分类；④自动获取新颖性、侵权、相关专利
2	高保真中文翻译，自由掌握全球科技前沿	采用神经网络高保真翻译引擎，将全文专利翻译为英文和中文两种语言；体验使用中文检索浏览国外专利，轻松跨越语言障碍
3	深加工专利数据，创新检索技术	收录全球 112 个国家/组织/地区专利数据；整理加工 130+以上的检索分析字段；对申请人、专利权人、地址进行标准化处理，对同族、引用、交易、无效 / 复审等信息进行深度加工，并基于人工智能对专利进行机器标引、计算特征度、新颖度等信息；专家级检索算符、流检索、检索可视化技术，轻松解决专利信息获取难题
4	高自由度自动分析，高效获取专利情报	多维度专利信息无限递进分组；分析样本不限量；一键式专利竞争布局分析 IPC 分类；支持各类分析可视化方案；本地分析保护隐私

7. 大为公司

大为公司成立于 2001 年，专注知识产权服务领域，与美国、日本等知识产权服务商深度合作。大为公司隶属大为计算机软件开发有限公司，成立于 2001 年。大为公司以国际化视野＋本土化战略，服务于中国高创新水平的科技型企业、大学、科研机构、政府等客户，在总结、归纳、提炼千余家高端客户 IP 成长历程的基础上，设计出针对全球化企业、集团化企业、成长型企业等不同发展阶段的 IP 管理实践，打造出集“咨询＋IT＋大数据”于一身的知识产权整体解决方案，帮助客户将知识产权转化为竞争优势，提升核心竞争力，实现全球化发展愿景。大为公司实行“北京+保定”的双中心战略，在北京设有品牌中心，在保定设有研发中心，在东京、北京、深圳、西安、长沙、石家庄等地设立分公司和子公司及办事处。建立了覆盖中国创新能力较强的环渤海、长三角、珠三角的服务网络，能够快速响应客户的需求，为客户提供优质的本地化服务。经多年积累，形成了由前企业知识产权总监、前专利审查员、专利代理人、软件产品经理等多种背景的复合型团队。

大为公司专注知识产权战略规划/流程优化/信息化建设等管理咨询及专利检索/分析/培训等信息咨询服务。旗下有知识产权咨询服务、Innojet 知识产权协同创新管理系统、Innojoy 专利搜索引擎系统等产品和服务，大为公司的产品和服务信息表详见表 6-13。

表 6-13 大为产品和服务信息表

序号	名称	功能内容	优势
1	知识产权咨询服务	包括知识产权管理咨询、专题数据库建设、专利检索服务、专利分析/导航、知识产权培训	专注知识产权行业近 20 年，凝练千余家高端用户的知识产权管理实践经验，结合用户实际知识产权管理能力和需求，为各行业用户提供知识产权战略规划/流程优化/信息化建设等管理咨询及专利检索/分析/培训等信息咨询服务达千余次
2	Innojet 知识产权协同创新管理系统	覆盖专利、商标、版权、商业秘密等各类知识资产从概念形成到权利应用的知识产权生命周期的管理，通过将研发创意、权利化、权利保护、资产优化、知识产权价值实现等信息整合到一个统一、安全的中央信息库，使发明人、知识产权管理人员、外部代理人和外部律师共享一个高效的无纸化办公环境，更加紧密地协同工作，发挥集体的智慧	全球化——支持集权型、分权型、混合型集团管理模式。集团总览全局，实现总部对分子公司的集中统一管理。在保证集团统一规范管理的基础上，又充分满足各分子公司的实际管理需求，具有一定的自主度和灵活性。一体化——Innojet 管理系统与 Innojoy 检索系统深度融合，构建 IP 一体化协同工作平台，为用户提供内部 IP 业务管理与全球 IP 资源利用的一体化解决方案。智能化——平台对接官方 CPC，实现自动收发文，OCR 自动解析入库（著录项目信息、案件状态、审查意见、对比文件等），自动完成对比文件下载，归类到对应专利下，涉及答复的通知书自动启动相应答复流程，生成相关期限，并进行监控、提醒。进而实现文件、法律状态、期限、费用、消息等管理内容与业务流程的完美结合与一体化管理
3	Innojoy 专利搜索引擎系统	融汇全球完整、优质和及时数据，如技术信息（引证数据、标准专利）、法律信息（复审、无效）、市场信息（同族数据、三方专利、中国专利奖）、运营信息（专利转让、专利许可、专利质押）；同时，拥有 DPI 检索分析、无效结论分析、申请人字典、专题库协同标引、联动赋能等特点	收录全球百余个国家/地区的商业专利数据资源，自主研发适用于多层次用户群体的全球专利搜索引擎；不仅是一款注重用户体验的互联网免费专利搜索引擎，而且是高市场占有率的本地化专利情报信息利用类产品

大为公司核心竞争力包括国际化的服务能力、前瞻性的研发实力、“咨询+IT”专家式服务、专业的项目化管理。大为公司核心竞争力详见表 6-14。

表 6-14　大为公司核心竞争力

序号	核心竞争力	详细内容
1	国际化的服务能力	十余年与欧美、日本等知识产权信息服务供应商深度合作经验，将先进的知识产权管理理念带入中国，现已形成国际、国内市场互相促进、互相补充的稳定发展格局，以国际化的视野与服务经验，帮助中国客户快速成长
2	前瞻性的研发实力	拥有业内高质量的完整的产品线，研发专利检索、专利分析、知识产权管理等 3 大系列成熟产品，同时还为企业、大学、科研院所、政府等不同客户群体提供量身定制的解决方案。强大的研发能力、对市场需求的敏锐以及对行业的深度理解，使我们能够迅速及时地推出客户需要的产品和服务，引导创新行业技术发展
3	“咨询+IT”专家式服务	公司加强软件和咨询的深度融合，经多年积累，形成了由前企业知识产权总监、前专利审查员、专利代理人、软件产品经理等多种背景的复合型团队，技术领域覆盖软件、计算机、机械、化学、电学等领域，融合千余家客户服务经验，为客户提供知识产权信息、管理专家咨询服务
4	专业的项目化管理	大为在公司实施项目管理，多名项目经理获得了美国项目管理协会(Project Management Institute，PMI)在全球范围内推出的针对项目经理资格认证体系的 PMP(项目管理专业人士资格认证)证书。使用 RDM 项目管理软件，结合庞大的实施案例数据库，通过对项目范围、进度、成本、质量、资源、沟通、风险、干系人等规范管理，实现在项目过程中的知识转移，保障项目的成功，为客户创造更高价值，达到客户满意

8. 奥凯

奥凯主要为企业、高校、政府及科研机构提供更专业更完善的信息情报解决方案，包括知识产权咨询研究服务、国际高端知识产权数据库服务、知识产权信息化建设服务等等。奥凯总部设于广州，业务遍及全国，目前共拥有 14 家独立的法人机构、11 个全资分子公司、1 个合作研究院、11 个知识产权运营公司。拥有一支以专利信息领军人才、师资人才和实务人才带领的近 200 名的包括律师、情报分析专家、专利、知识产权管理体系内审员、专利数据处理和信息化技术开发工程师在内的内部员工队伍，以及国内外知识产权专家的外部团队。

奥凯隶属广州奥凯信息咨询有限公司，成立于 2000 年 8 月。奥凯提供的知识产权产品包括壹专利、智慧之光-高校知识产权管理云平台、专利 365、专利专题数据库、专利检索分析教学软件、高校专利数据库；知识产权服务包括专利检索、咨询研究、知识产权贯标辅导、知识产权培训。奥凯的产品和服务信息表详见表 6-15。

表 6-15　奥凯产品和服务信息表

序号	名称	简要介绍	功能内容	优势
1	壹专利	检索分析软件，定位服务于科研、园区、企业等科技人员，尤其是大型科研团队及创新型企业，以及为该类人员提供服务的专业机构和人员，旨在为用户提供简单、方便、高效的专利检索、阅读和分析的工具	专利检索、专利分析、辅助工具	涵盖全球 104 个国家数据，囊括了全球 104 个国家的一亿多条专利数据；检索性能高效，检索响应时间达到毫秒级；搜索引擎稳定，检索结果精准；提供统计分析、收藏、分享等亮点功能；数据更新及时：周更新

续表

序号	名称	简要介绍	功能内容	优势
2	智慧之光-高校知识产权管理云平台	为中国高校的知识产权管理进行定制开发。结合高校标准GB/T33251-2016《高等学校知识产权管理规范》，按照规范要求的角色及事项定位，帮助高校解决知识产权管理主要问题	①提案流程及表单线上自定义配置，审批状态实时查看；②第三方代理服务机构在线数据交互，保证知识产权管理员、科研人员、代理所信息同步；③费用、期限、法律状态等相关数据，每周同步国家知识产权局数据自动更新，保证高校专利状态实时查看；④实现高校/院系/科研人员知识产权统一管理；⑤全面掌握每项知识产权全生命周期数据，包括费用、资助、期限、运营及代理所交互等所有文档及费用账单；⑥提供待办事项消息提醒功能	2013 年该系统获得了国家发改委的项目资助。采用模块式开发，通过不同的方案配置，既可以满足专利申请量超万件的重点高校，也可以适用于专利量较少的普通高校
3	专利 365	通过专业化的信息加工处理，提取专利主要信息制作专利简报(每年 24 期)，通过移动端微信公众号推送到用户手中	面向各级政府、科技园区、大型集团企业、高校和科研院所定制服务；定期推送最新行业专利动态信息；专利数据检索	用户无需检索和专业知识，即可获知、理解关心主题的竞争态势和技术趋势，降低用户获取运用专利信息的门槛，扩大使用用户范围，推动企业自主创新，技术转型升级
4	专利专题数据库	是专门为企业、高校、军工、科研机构以及产业园区提供专利信息的获取、检索、分析、管理和预警等多种功能的本地化专利信息平台	专利专题库、专利检索、专利分析、专利预警	可按技术领域、行业、产品等分类自定义建立专利专题库和导航条。实时跟踪最新专利状态，提供多种便利的检索方式、多样化的专利分析，特别是专利检索与专利专题库的相互关联，为用户打造个性化、智能化、安全高效的专利信息本地数据库
5	专利检索分析教学软件	为教师和学生提供的线上专利检索分析教学系统	《专利检索分析实务教材》、电子版与纸质培训教材同步、奥凯在线课堂支持同步、奥凯技术团队及案例同步	通过此系统能更好地培养学生的专利检索分析实践能力，同时配合教材库、案例库、视频库、考试模块、考勤模块等辅助教学功能，遵循理论与实践相结合的理念，真正意义上的实现专利检索分析实务人才的培养
6	高校专利数据库	为高校定制的专利数据库。涵盖本校独立申请及联合申请的全球全部公开专利，数据每周更新	高校内公开专利数据智能筛选，数据更新及时便捷；专利数据在线标引、专利收藏可做内部私密分享；专利数据年报/季报/月报自动生成，在线下载；专利数据分析多维度，统计报表可视化	高校知识产权信息服务中心可以对数据进行管理，支持在线标引、下载、分析、收藏、对比等功能，提供统一报表格式，方便数据报送，各种维度的数据分析图表，方便学校专利管理和课题组及时跟进专利情况，有利于重大科研项目申报支持及研发过程中的数据统计
7	知识产权服务	专利检索、咨询研究、知识产权贯标辅导、知识产权培训	专利检索(查新检索、防侵权检索、专利无效检索)；咨询研究(态势分析、专利预警、专利导航专利布局、知识产权评议、高价值专利培育)；知识产权贯标辅导；知识产权培训(管理创新课程、技术实务课程)	

9. 中译语通

金融科技和科研数据分析平台，通过先进的自然语言处理与语义计算技术对全球海量数据进行挖掘与分析，构建行业知识图谱、算法模型与可视化分析平台，应用于金融、科技、工业、智慧城市、国家安全与行业咨询分析等领域，为全球企业级用户提供全方位的领先大数据与人工智能场景化应用解决方案，包括但不限于行业大数据解决方案、全球语言科技服务、机器翻译、自然语言处理等技术服务。公司现有员工 150～300 人，设有青岛分公司、上海分公司、陕西分公司、成都分公司。2017 年 12 月获四川文化产业股权投资基金、易居资本、深圳市投控东海一期基金、珠海金控通用产业股权投资基金、同方以衡投资基金 3.34 亿元 C 轮投资。

中译语通隶属中译语通科技股份有限公司，成立于 2013 年。中译语通是专注大数据分析、机器翻译、机器学习、语义搜索和深度神经网络的企业，旗下产品有三大体系，该三大体系和包括的产品有：金融科技(JoveLite 研小犀、JoveBird 另类数据分析平台、JoveArch 金融量化分析平台、GTCOM 港股通 100 指数金融监管解决方案)、科技大数据(JoveEye 全球科技发现与价值评估系统、JoveEye 科研创新加速系统、NexMagic Scholar 全球学术专家指数平台)、人工智能与知识图谱(知识图谱机器翻译与语言科技、跨语言大数据服务文娱科技)。中译语通“科技大数据”体系产品信息表详见表 6-16。

表 6-16 中译语通“科技大数据”体系产品信息表

序号	名称	简要介绍	功能内容	优势
1	JoveEye全球科技发现与价值评估系统	JoveEye全球科技发现与价值评估系统构建了全球科技大数据中心，通过人工智能和大数据技术 发现全球高价值科技成果、全球范围内各技术领域优势企业、不同技术领域优势人才及各技术领域全球对标企业。系统以技术创新指数、企业稳定性指数、投资风险指数、市场影响指数四大指数算法对企业进行全方位画像，动态评估科技实体价值，研判科技投资方向	JoveEye 全球科技发现与价值评估系统功能包括科技发现地图、发现技术、发现企业、技术创新指数、企业稳定指数、投资风险指数、市场影响指数等	具备自主研发的智能语义计算、科技知识图谱、情报挖掘计算、专家建模和垂直领域机器翻译引擎等众多核心技术；可以实现多元科技信息，自动关联发现；多场景自适应；高精度跨语言的智能语义计算；垂直领域的企业级机器翻译
2	JoveEye科研创新加速系统	JoveEye 科研创新加速系统是全球第一款支持跨语言智能语义检索与分析的科技大数据平台，依托深度神经网络、知识图谱、跨语言全文语义分析等 AI 大数据技术对全球海量科技数据进行挖掘分析，生成大规模精细颗粒度的科技知识图谱	可提供科技领域企业级机器翻译、科技聚类地图、全景数据分析、技术价值评估、技术生命周期曲线等功能，帮助用户快速、直观地找到技术热点和空白点，助力其成为全球科技信息检索分析专家，同时加速科技创新、指导技术全球布局，用科技探索科技的未来	拥有全球海量科技数据和庞大的科技知识图谱；采用跨语言全文语义检索，显著提高知识获取效率；可进行全景数据分析，提供科技价值评估；提供技术生命周期曲线指数；独有价值分析指标；可多维分析科研数据、多角度研究企业画像；自动生成报告；智能信息预警，密切跟踪重要动态

续表

序号	名称	简要介绍	功能内容	优势
3	NexMagic Scholar 全球学术专家指数平台	NexMagic Scholar 是基于跨语言大数据、知识图谱、智能语义检索分析等技术研发的全球学术专家指数平台，基于四大指数 发现目标领域权威专家	可提供全球范围内各领域专家学者的指数排名(N-Index)、专家知识图谱(N-Graph)和智能学者搜索分析功能(N-Search)，以帮助企业、科研机构、高等院校、科研基金、学术会议组织等综合评估专家的学术科研能力、行业成果转化能力以及公众影响力	准确发现目标领域权威专家，深入洞察全球各领域科研合作网络、专家关系图谱及技术趋势

6.3.2 商标信息商用服务

1. 白兔商标查询软件和白兔商标档案管理系统

白兔商标查询软件和白兔商标档案管理系统是知识产权行业内人士比较常用的商标查询软件和系统，其目标客户为各级工商行政管理和其他执法机关、商标代理组织、大型企事业单位和个人。

白兔商标查询软件和白兔商标档案管理系统隶属山东白兔商标代理有限公司。该公司系经山东省工商局核准成立，并经国家工商总局商标局备案的专业商标代理机构，是国家工商总局通达商标服务中心的正规查询会员单位、中华商标协会会员单位。公司具有丰富的商标专业知识和代理经验，主要为国内外企事业单位、社会团体及个人提供专业的商标及相关的法律服务，内容涉及代理国内外商标查询、注册、续展、转让、变更、商标异议和答辩、商标许可使用合同备案以及商标侵权纠纷案件等。白兔旗下产品和服务详见表 6-17。

表 6-17 白兔旗下产品服务信息表

序号	名称	简要介绍	功能内容	优势
1	白兔商标查询软件	为提高商标代理机构专业服务水平，满足商标申请人、律师、工商法院办案人员的查询商标的需求而开发的一款软件	1. 商标查询：中文、英文、图形、商标异议裁定书等； 2. 电子公告：可直接查看商标电子公告扫描原件； 3. 统计汇总：支持对商标名称、申请人名称、申请人地址、代理组织等条件进行汇总统计。 4. 商标自动监测：支持按申请人、地址、图形、注册、代理机构等条件进行最新商标监测； 5. 商标跟踪：对已注册的商标变化信息(变更、转让、续展)进行跟踪管理； 6. 打印输出：支持输出商标引证资料、查询结果列表、续展通州、打印用户信封等文件； 7. 用户管理等：支持对软件使用用户管理，并对查询结果进行追踪	1. 功能强大、实用性强、数据准确、操作便捷，支持单用户和多用户同时查询； 2. 白兔商标查询软件中的“商标名称相同与近似查询”是其最常用功能之一，特点是支持按商标商品/服务群组查询，查询速度快、数据权威，尤其是查询结果可以按照商标的近似程度排序，这一功能因其实用和高效备受用户青睐； 3. 系统中的商标信息每周更新，为方便代理机构和商标申请人及时掌握商标信息动态，白兔商标查询软件还开发出商标监测功能

续表

序号	名称	简要介绍	功能内容	优势
2	白兔商标档案管理系统	基于白兔商标查询信息系统协作平台基础上开发的应用系统系列产品之一，可实现对商标档案信息的一体化管理	1．建立档案：建立完整的商标电子档案，方便代理人查询商标信息； 2．客户管理：详细记录客户资料及回访信息； 3．平台对接：与国家商标局网上申请平台对接。 4．短信提醒：收到国家商标局重要回执文件、未能及时收到商标局的各项申请回执及即将到期案件，自动短信通知客户； 5．财务管理：对代理商标的缴费审核，实时模拟显示在国家商标局的规费余额，记录与国家商标局的账务往来，方便财务对账。 6．呼叫中心：客户来电自动弹屏，管理和存储与客户的每次通话。 7．业务统计：实时了解公司商标代理业务详情	规范商标代理流程，全面提高商标档案管理水平和档案信息资源的开发利用能力，有助于商标资料、信息的积累与共享，有利于商标代理机构和商标代理人提高工作效率和质量，减少工作失误

2. 国方商标查询软件、国方数据定制、国方网上申请管理软件

国方商标查询软件、国方数据定制、国方网上申请管理软件都隶属于佛山市国方识别科技有限公司。佛山市国方识别科技有限公司成立于 2003 年，是一家专注商标行业软件研发的高新技术企业，也是广东省研究生联合培养基地（佛山）创新培养示范点。经过十余年的发展，该公司聚集多名资深商标专家、软件工程师和技术专家，自主建立了一个动态同步更新、数据完整准确的中国商标数据库，以此数据库为基础，积累丰富的产品经验，研发了多款商标专业软件，并获得数项商标软件相关的发明专利，商标软件产品处于国内领先水平。截至本书成稿时，国方公司累计服务客户数过万，服务过的客户遍布国内外多个地区，为社会各界企业及相关政府部门提供服务。国方旗下产品和服务详见表 6-18。

表 6-18 国方旗下产品服务信息表

序号	名称	简要介绍	功能内容	优势
1	国方商标查询软件	全面查找商标数据，让查询盲区更短暂。	1．商标查询：1～2 天同步官网信息，查询盲区更短； 2．评审文书：收录商评委所有已公开的评审裁定文书；可按法条、裁定结果、注册号、申请人等进行检索； 3．抢注监测：支持按中文、英文、图形要素等条件进行监测； 4．商标公告：提供公告期号、注册人、代理机构等查询入口； 5．商品服务：可批量查询商品服务项目，快速验证网报商品； 6．商标统计：可按地区、按代理机构统计商标申请量	1．丰富的商标查询入口，一键导出查询结果； 2．多角度对初审公告商标进行监测，提供全面准确的商标监测报告； 3．独有的送达公告查询功能，可按地区、代理机构进行精准查找； 4．网报商品支持中英文互译、批量翻译

续表

序号	名称	简要介绍	功能内容	优势
2	国方数据定制	打造专属的商标分析报告；私人定制加工商标数据服务	1．分析特定地区的商标发展情况并形成专属报告； 2．根据个性化需求对商标数据进行加工并制作成数据库	
3	国方网上申请管理软件	60 秒内自动填写，快速完成批量网报	1．创新的网报自动填写功能，批量报送快而准：60 秒内自动、准确填写商标信息，快速完成批量报送； 2．客户信息详细收录，查找增删简单快捷：详细有序地收录客户信息，客户状态、分管人员及跟进情况等，输入客户名称即可快速查询相关客户资料，新增业务即时建案记录； 3．收文发文分类存放，案件管理方便高效：可自定义设置文书模板，支持文书资料扫描上传，集制作申请文件、分类存放收文、发文文件等功能于一身，能够根据案件类型自动匹配相应的法律状态； 4．独立的文书资料管理，永久保存不丢失：将商标注册证、通知书、决定书等官方来文集中收录，分门别类整理保存； 5．案件时限自动生成，轻重缓急有序跟进：系统根据案件文书的回复日期和回复绝限，自动生成商标案件处理时限，轻重缓急排列有序； 6．业务统计简单明了：综合统计分析客户信息、案件资料、文书材料等情况	

3．飙局

飙局是知识产权检索及情报工具，提供专利技术检索及分析、商标检索及管理等服务。飙局隶属超凡知识产权服务股份有限公司（以下简称“超凡”）。超凡始创于 2002 年，现有知识产权服务人员 1700 余人，是知识产权全产业链整体解决方案提供商。飙局旗下产品服务信息表如表 6-19 所示。

表 6-19　飙局旗下产品服务信息表

序号	名称	简要介绍	优势
1	商标查询	规避注册风险，档案免费导出	7 种查询维度，对商标各要素专业性的场景检索；65 种使用场景，满足全部使用需求
2	商标分析	行业注册变化趋势，特定机构商标布局	按照申请量、类别、状态、代办事务、品牌保护评估、代理情况、时间趋势智能分析
3	商标监测	重要商标近似监测、全部商标状态监测	对商标申请人提供近似、续展、异议、撤三在内的 10 种监测事务，还提供国内各地域及代理机构的监测
4	商标公告	国家商标局 29 种公告类型的查阅	
5	商标管理	大中型企业商标事务管理，提供深度定制服务	提供商标重要事务监测、档案查阅管理、档案分享系统等定制化服务，全面把控商标风险

第七章　确权服务：知识产权+互联网确权服务创新

7.1　概述

本章主要盘点知识产权+互联网确权服务领域的创新产品或服务，通过分析它们的特点和优势，以及列举个别知识产权服务机构或平台作为典型案例，来探讨当下中国知识产权+互联网确权服务的进展，探索未来发展趋势。

本章盘点的知识产权服务机构或平台有电商+知识产权服务黑马——阿里巴巴及其旗下知识产权服务市场；创新科技服务云平台——中细软集团及其网络平台；知识产权服务众包平台——猪八戒网和旗下的八戒知识产权网站、快法务及其网络平台；知识产权服务界的“Uber 平台”——权大师；知识产权服务界的“360 模式”——知果果；知商生态平台——汇桔网；知识产权服务界的老牌机构“互联网化”——超凡网、集佳知识产权。

7.2　电商+知识产权服务黑马平台

7.2.1　特点优势

电商+知识产权服务黑马平台，以阿里知识产权服务市场为例，其特点是，搭建了多家网络零售平台，拥有多种电子商务模式，包括 C2C、分销、拍卖、直供、众筹、定制等，涉足多个业务领域；借助本身吸引的商户和客户流量资源，从电商零售巨头进入知识产权市场，一端对接巨大的 B 端用户——商户，一端为商户提供包括知识产权在内的综合性服务①。此外，面对在世界舞台都有一席之地的电子商务交易平台，其资金能力、技术能力、团队能力等都属于无可匹敌，对于此类平台进攻知识产权市场，无疑将为知识产权领域带来颠覆性的变化和影响。

该类平台的优势，一是强大的品牌效应及客户流量，该类平台拥有庞大的商户圈、数量可观的注册用户数和稳定的在线固定访客，市场潜力巨大；二是先进的科学技术和强大的数据分析能力，拥有互联网、人工智能、大数据技术、区块链等强大的技术开发能力，能够快速将新领域和互联网相融合；三是优秀的各项资源，如雄厚的资本支持，开阔的互联网思维，开拓新业务领域的丰富经验等，一旦进入新的领域或市场，能够迅速甩开其他竞争对手。

---

① 待其知识产权服务市场将 B 端用户开发殆尽，未来是否会针对 C 端客户继续开拓知识产权服务版图也未可知。

7.2.2 典型案例

1. 创新科技服务云平台的案例

创新科技服务云平台的案例是中细软集团及其网络平台(http：//www.ciprun.com/)。中细软始创于2002年，从事知识产权代理与科技创新服务，是中国领先的创新科技服务云平台(张帅，2018)，旨在为客户提供全面的解决方案与信息服务。过去十余年，中细软历经萌芽发轫期、积累酝酿期、扩张壮大期。其中，在2002～2007年，中细软在成都从事商标确权和商标交易业务，得到进一步发展；在2008～2013年，中细软开始在北京探索互联网+商标确权模式，并踏入知识产权科技服务新领域，获得了口碑并积累了客户；在2014～2018年，中细软布局全国，扩张壮大，发展为知识产权科技服务云平台。

在人员规模方面，中细软拥有员工超过1500人，包括各类知识产权专业人才800余名，持专利代理人执业证/律师执业证等执证人士113名，专利代理人工程师40名。在行业业绩方面，中细软在2006年创造了中国第一个商标交易平台——中华商标超市网，其连续十余年为全国商标交易量第一和闲置商标盘活量全国第一。在国际合作方面，中细软知识产权与世界上100多个国家或地区的知识产权代理机构、律师事务所建立了互惠合作关系，形成了覆盖全世界的知识产权服务网络。中细软成立以来，已为10万多家国内外知名企业提供了超过10万件各类型涉外专利与商标等服务。

在中细软发展的十余年过程中，中细软进行了服务模式创新，构建了知识产权全生态链，即从商标到专利、从专利延伸到创意，从知识产权确权到知识产权保护维权，从知识产权交易到知识产权运营；开展了产品创新，推出一系列知识产权+互联网新产品。在这些创新举措的综合作用下，中细软实现了服务客户创新全过程的互联网+，一方面，从知识产权代理后向延伸至客户研究开发和商标设计前端，开展专业的创新服务和赋能；另一方面，成立了专业的知识产权运营公司，前向做深知识产权运营服务，帮助客户进一步挖掘知识产权商业价值；此外，成立知识产权专业律师事务所，开展知识产权保护法律服务。

1) IP全生态链——知识产权确权、维权、交易、运营

(1) 从商标到专利，从专利延伸到创意。中细软集团的业务涉猎广泛，服务模式屡屡创新，实现了知识产权全产业链，并努力实现打通创新链，从知识产权的前端即创意开始着手，旨在帮助创新者将创新成果创作出来并提供保护平台。如在创意服务这一领域，中细软于2019年年初上线数字证书平台，重磅推出区块链“数字证书登记”产品，实现知识产权保护全覆盖，不管客户的知识产权是否已经确权，或只是一个创意、一个想法都可以在中细软的数字证书平台自主进行办理，打造唯一的知识产权“电子身份证”，一旦数字证书登记完成，将会生成唯一真实的且不可篡改的存在性证明，意味着这一项信息将被永久留存。那么知识产权与区块链是如何结合的呢？能产生怎样的效益呢？据了解，区块链可以在知识产权确权、用权、维权等方面发挥重要作用。一是迅速声明所有权，二是有

效避免黑客攻击，三是打击假冒产品，四是破解取证难题。

(2) 从知识产权确权到知识产权保护维权。中细软集团形成的知识产权维权中心以中细软律师事务所、广东前海律师事务所、四川中法律师事务所这三个律师事务所为基础，主要满足企业或个人对知识产权侵权和违法案件等方面的法律需求，提供知识产权保护方案。

(3) 从知识产权交易到知识产权运营。2016 年底，中细软集团在深圳成立了深圳中细软知识产权运营有限公司，探索开拓知识产权高端运营业务。经过三年发展，深圳中细软知识产权运营有限公司取得了飞速发展，人员规模超两百人，年收入平均每年递增 100% 以上，服务平安、华为、华讯方舟、清华大学深圳研究生院等大中小企业超过 3000 家。

2) 产品创新无穷——极速、担保、法保注册；知识产权私享+

(1) 商标极速注册。据统计，商标近似问题是造成商标注册失败最常见的原因之一，在同等条件下，商标申请提交的速度很大程度上决定着商标注册的成败。在商标申请代理行业内，因为申请日期的一天之差，造成商标注册申请失败，或者被抢注的例子有很多。而实际上，商标申请人是可以自行向商标局办理商标注册申请的，但有的客户选择放弃自己准备材料和办理商标申请，转而选择商标代理服务机构，就是因为找专业的有经验的机构代办，能提高商标注册的效率和成功率，可以尽快拿到商标注册证。一般来说，一些商标代理机构平台规模较小、人手及经验不足，在收到商标注册人的注册申请材料后，需要经过两三天到一周左右的内部处理时间，才能把商标注册申请递交到商标局。

中细软在 2009 年，通过对内部管理和系统做出的优化调整，把商标注册的内部处理时间缩短到了 1 天左右，在客户提交了符合标准的申请材料之后，中细软的工作人员会在 1 个工作日内把商标注册申请提交到商标局，来缩短客户等待的时间。

在 2016 年，中细软又推出了“商标极速注册”服务，商标注册申请只需要 59 分钟就能上报商标局，而且在报件完成后，中细软会即时向客户反馈商标报件回执单，并承诺在 1 个工作日内让客户拿到商标注册号，极大地降低了商标被抢注的风险，缩短了商标报件时间，再一次优化了客户体验。

(2) 专利极速申请。专利申请可以作为防止侵权的技术独家专属，可以作为企业保持行业领先占据市场的桥头堡，可以作为防止抄袭的技术保护，可以申请高新企业的荣誉资质，可以获得减免税收的政策支持，可以作为提升形象的企业宣传。可以说，专利申请的作用和价值之大，使得专利大战成为企业之间知识产权战争的重头戏，如三星与华为专利大战、百度与搜狗输入法大战、路虎与陆风汽车外观专利大战等。不同于美国的在先使用原则，《中华人民共和国专利法》实行的是先申请原则，意味着如果两件相同的专利，较早提交到国家专利局的专利就能够早日得到授权，晚一天申请则丧失良机。

2017 年，中细软继推出“商标极速注册”这一行业产品之后，又开发了一款针对专利申请的服务——“专利极速申请”。而这一产品，正是攻破了专利申请技术交底书、材料准备、文件提报、申请确认函等多个环节流程难关，实现了服务再升级，提高速度的同时更提高了服务质量。

(3)商标担保注册。在这种情况下，中细软集团推出行业领先的产品服务理念——如果商标注册不成功就免费为客户再注册一次商标。这种产品服务理念推出后，客户感觉到了中细软集团服务客户的诚意，意味着在中细软集团选择一次商标注册，额外多了一次商标注册的保障，因此快速换来了客户的订单和认可。

(4)法保商标。中细软在2018年，正式推出“法保商标注册”服务，该产品在享受商标注册服务的基础上，同时享受365天私人律师免费咨询服务。

(5)商标极速双保。在商标担保注册产品和服务推出后，中细软集团将商标极速注册与商标担保注册合二为一，推出商标极速双保产品和服务，意味着购买商标极速双保产品的客户，能够获得59分钟极速商标注册、商标注册不成功免费再注册一次的服务，进一步满足了客户在商标注册服务上既要速度、又要保障的需求。

(6)知识产权私享+ 。当今社会进入了“互联网+”的经济背景，企业互换更多符合实际需求、能够换来真金白银的高端知识产权服务内容。为了满足企业个性化的知识产权服务需求，中细软集团推出了一项企业专属高端知识产权服务项目——“知识产权私享+”服务。“知识产权私享+”是中细软通过培养及派出专家团队，通过了解客户需求、上门沟通、深入分析知识产权情况等流程，梳理其知识产权和科研成果的保护内容和节奏，以协助制定知识产权解决方案。这个解决方案不是一次性的，而是可长期跟进，随着客户动态发展而调整的，可实际操作的知识产权保护实施路径和方案。对客户而言，只需要根据方案，按步骤稳步实施，可为客户省去时间和精力，将宝贵的时间和精力放在自身业务发展中。

2. 电商+知识产权服务黑马平台的典型

电商+知识产权服务黑马平台的典型是阿里巴巴及其旗下知识产权服务市场(https://eipr.taobao.com/#/)。阿里巴巴知识产权服务市场始于2017年，阿里云旗下的万网开始布局商标服务，2018年9月19日(以阿里云网站更新信息所示)阿里云新上线一项知识产权服务项目。阿里云商标服务是一款提供商标在线注册和在线管理等服务的产品，商标服务集中于商标注册和商标管理两大板块，商标注册为主要版块。阿里云商标注册主要分为三个模块：自助注册申请、专家辅助申请、担保注册申请。阿里云商标服务打出的口号是：专业专注、极速申报、最快1分钟递交到商标局。

阿里云商标服务相比于传统代理机构，主要基于其大数据、人工智能的云计算服务，拓展到企业服务，继而深入到商标服务这一细分市场之中。阿里云的优势有三点，一是专业——一对一专家服务，商标注册全程护航，商标注册申请的全流程均有专业商标顾问提供服务；二是高效——采用优化的商标信息填写流程，并打通商标局网报系统节点，采用自动系统进行申请递交，极速申报，最快1分钟内可将申请递交到商标局；三是安全——严格保密客户信息，视数据安全为生命。

随后，阿里巴巴正式开启阿里巴巴知识产权服务市场，其作为阿里巴巴旗下商家服务市场。其服务内容包括商标服务、版权服务、公证服务、线上维权几个大类。具体来讲，商标服务包括商标注册服务、商标检索服务、商标障碍化解、法律咨询服务；版权服务包括作品登记和软著登记；公证服务包括存证业务；线上维权包括快速定向维权服务、维权保护定制服务、包月维权服务。可见阿里巴巴知识产权服务市场已经布局了除专利之外较全的知识产权服务；而且作为平台，其可供各大知识产权服务机构进驻提供具体服务。阿里知识产权的专利服务尚为空白，想要成为提供全面知识产权服务的平台，还有很大提升空间。

1) 原创保护平台——引入区块链技术

阿里巴巴集团平台治理部 2019 年宣布，阿里将引入区块链技术，升级知识产权保护体系，更好地为全球企业和品牌以及中小企业提供知识产权保护服务。2019 年 9 月，区块链技术将率先在阿里原创保护平台上使用，并逐步拓展到图片、音视频等数字版权保护领域。阿里巴巴知产保护负责人表示，利用区块链(block chain)的开放性、透明性、不可篡改性等特点，阿里正在对知识产权存证备案做升级。原创保护平台是阿里巴巴运用互联网思维，利用大数据、云计算等核心技术，推出的首发创意保护平台，在“电子存证”“首发商品”“原创备案”“投诉维权”“IP 商业化”五个方面为原创商家提供解决方案。

此次知识产权保护体系升级，阿里平台治理部引入了蚂蚁金服集团金融级商用区块链技术。该技术在 2018 年世界互联网大会上，与亚马逊的 Amazon SageMaker、微软的 Azure Sphere 等 15 项技术共同获评“世界互联网领先科技成果”。随着区块链技术的广泛应用，知识产权保护将突破平台限制。来自全球品牌的电子存证，借助阿里知识产权保护平台(简称“IPP 平台”)，通过区块链直接链接到互联网法院，为诉讼维权提供依据。

2) 初入知识产权行业，拿下不菲业绩

阿里巴巴知识产权服务市场已对知识产权服务行业产生了巨大的影响，一是会分流一大部分潜在的知识产权客户资源；二是会冲击其他知识产权服务机构的盈利模式，压缩其他服务机构的利润空间。据有关数据显示，阿里巴巴知识产权在 2019 年商标代理量为 576462 件①，位于全国各商标代理机构榜首，比第二名权大师的 265978 件多 310484 件，比第三名中细软的 140519 件多 435943 件。

3) 与浙江政府战略合作，推动电商领域知识产权保护

2020 年，浙江省市场监管局(知识产权局)与阿里巴巴集团签订战略协议，双方深化政企合作，共同推进电商领域知识产权保护。一是浙江省知识产权局支持阿里巴巴打造行

①权大师. [2020-03-12]. 代理机构 2019 年全年排行，https://www.quandashi.com/bi-report/report-detail?url=pdf/2020/03/10/f960722c-ed7b-4d59-b9b1-2ba4bef6840f/fc42ea88aa1644cb91b5353d14f22255.pdf&name=%E4%BB%A3%E7%90%86%E6%9C%BA%E6%9E%842019%E5%B9%B4%E5%85%A8%E5%B9%B4%E6%8E%92%E8%A1%8C.

业领先的知识产权保护机制，双方会商拟定知识产权保护工作协作方案，将浙江省驰名商标、知识产权保护直通车名录库商标等重点企业纳入保护清单；二是双方共同建设中国电子商务领域专利执法维权协作调度(浙江)中心，推动“阿里巴巴知识产权线上案件处理系统”有效运转，共同打造全国知识产权保护高地；三是双方共建电商平台知识产权纠纷在线调解平台，构建知识产权纠纷多元化化解机制，共同推进平台知识产权管理体系标准化建设，指导阿里巴巴完善“知识产权大脑”，为创新创造以及创意产品的变现与保护创造条件，提供一站式知识产权配套服务。

7.3 创新科技服务云平台的特点优势与典型案例

7.3.1 创新科技服务云平台特点与优势

创新科技服务云平台的特点是成立时间较长，普遍规模较大，在全国知识产权集中的重点城市有分公司或子公司或律师事务所；服务队伍专业，拥有独立的一批知识产权专家、知识产权律师、专利代理师、商标代理人等服务团队；内部流程管控严格，服务稳定且高效；重视技术创新，拥有自己独特的技术和系统；努力借助互联网、大数据技术、区块链技术等提升服务水平和质量；注重口碑传播，在意顾客感受和评价；能够随着市场的反馈不断迭代更新产品和服务。

这类平台的业务范围包括商标、专利、版权，优势很明显，能提供围绕知识产权的全产业链服务，从知识产权确权，到知识产权管理，再到知识产权诉讼，最后到知识产权运营，个别优秀的机构和平台甚至能在这个产业链上继续向前延伸至知识产权创意，向后延伸至知识产权金融，几乎没有知识产权产业链的盲区。以下介绍符合该类特点和优势的典型案例。

7.3.2 典型案例

1. 创新科技服务云平台的案例——中细软集团及其网络平台

中细软创始于 2002 年，从事知识产权代理与科技创新服务，是中国领先的创新科技服务云平台(http：//www.ciprun.com/)(张帅，2018)，旨在为客户提供全面的解决方案与信息服务。在 2002～2007 年，中细软在成都从事商标确权和商标交易业务，得到进一步发展；在 2008～2013 年，中细软开始在北京探索互联网+商标确权模式，并踏入知识产权科技服务新领域，得到客户和口碑积累；在 2014～2018 年，中细软布局全国，扩张壮大，发展为知识产权科技服务云平台。

在人员规模方面，中细软拥有员工超过 1500 人，包括各类知识产权专业人才 800 余名，持专利代理人执业证/律师执业证等执证人士 113 名，专利代理人工程师 40 名。在行业业绩方面，中细软在 2006 年创造了中国第一个商标交易平台——中华商标超市网，连续十余年全国商标交易第一、闲置商标盘活量全国第一。在国际合作方面，中细软知识产权与世界上 100 多个国家或地区的知识产权代理机构、律师事务所建立了互惠合作关系，形成了覆盖全世界的知识产权服务网络。成立以来，已为 10 万多家国内外知名企业提供了超过 10 万件各类型涉外专利与商标等服务。

在中细软十余年的发展过程中，中细软进行了服务模式创新，构建了知识产权全生态链，即从商标到专利、从专利延伸到创意，从知识产权确权到知识产权保护维权，从知识产权交易到知识产权运营；开展了产品创新，推出一系列知识产权+互联网新产品。在这些创新举措的综合作用下，中细软实现了服务客户创新全过程的互联网+：一方面，从知识产权代理后向延伸至客户研究开发和商标设计前端，开展专业的创新服务和赋能；另一方面，成立了专业的知识产权运营公司，前向做深知识产权运营服务，帮助客户进一步挖掘知识产权商业价值；此外，成立知识产权专业律师事务所，开展知识产权保护法律服务。

1) IP 全生态链——知识产权确权、维权、交易、运营

(1) 从商标到专利，从专利延伸到创意。中细软集团的业务涉猎广泛，服务模式屡屡创新，可以说是实现了知识产权全产业链，并努力实现打通创新链，从知识产权的前端即 idea 开始着手，旨在帮助创新者将创新成果创作出来及提供保护平台。如在创意服务这一领域，中细软于 2019 年年初上线数字证书平台，重磅推出区块链“数字证书登记”产品，实现知识产权保护全覆盖，不管客户的知识产权是否已经确权，或只是一个创意、一个想法都可以在中细软的数字证书平台自主进行办理，打造唯一的知识产权“电子身份证”，一旦数字证书登记完成，将会生成唯一真实的、且不可篡改的存在性证明，意味着这一项信息将被永久留存。那么知识产权与区块链是如何结合的呢？能产生怎样的效益呢？据了解，区块链可以在知识产权确权、用权、维权等方面发挥重要作用。一是迅速声明所有权，二是有效避免黑客攻击，三是打击假冒产品，四是破解取证难题。

(2) 从知识产权确权到知识产权保护维权。中细软集团形成的知识产权维权中心以中细软律师事务所、广东前海律师事务所、四川中法律师事务所这三个律师事务所为基础，主要受理企业或个人对知识产权侵权和违法案件需求，提供知识产权保护方案。该三个律所均拥有一批执业技能纯熟、执业经验丰富、具有国内外知名高校博士后、博士研究生学历和硕士研究生学历的优秀合伙人、律师、专利代理人和专家顾问团队。他们有的毕业于国内外知名学府并获得博士学位，有的曾在国内知名的律师机构执业，有的曾在国内知名上市公司担任知识产权和法务高管，有的长期从事法律研究和教学工作，可提供英语、日语、德语等多种语言的法律服务和综合信息服务。

(3) 从知识产权交易到知识产权运营。2016 年底，中细软集团在深圳成立了深圳中细软知识产权运营有限公司，探索开拓知识产权高端运营业务。经过三年发展，深圳中细软取得了飞速发展，人员规模超两百人，年收入平均每年递增 100%以上，成功服务平安、华为、华讯方舟、清华大学深圳研究院等大中小企业超过 3000 家，其中大部分是南山区

企业。在区政府的重视和南山区科创局的支持下，深圳中细软成为第一批进驻南山区知识产权保护中心的服务单位。近年来，中细软一举拿下多项行业内知名项目，其中就包括清华大学深圳研究生院项目。清华大学深圳研究院自 2011 年成立技术转移办公室以来，积极推进技术转移相关工作，提升技术转移服务专业化程度，委托给中细软公司开展的专利分析与专利池建设项目，具有综合性强、协调难度大、复杂度高等特点，整个项目内容跨越技术、法律、知识产权、财务评估、市场营销、公共政策多种专业学科知识和实践，覆盖专利检索、专利分析、专利布局、专利池、专利评估、专利保护、专利运营等全产业链业务，囊括信息通讯、电子、图像显示、光学、生物医疗、新材料、环境科学、机器人等 30 个领域的专业技术，公开的专利多达 1300 多项。为完成好任务，在集团总部的支持下，深圳中细软公司成立了由审查员、专利代理人、律师、专利运营人员等约 10 余人组成的精干小组，由公司领导亲自挂帅，全面深入地对清华大学深圳研究院的专利进行了盘点分析、价值评估、专利池建设及专利运营工作，形成了 30 个领域专利组合分析运营报告，并对后续的成果对接、市场推广提出了详细方案。中细软通过高标准、严要求地完成清华大学深圳研究院这个国内顶级高校复杂的专利分析运营工作，为行业内树立了标杆。

2) 产品创新无穷——极速、担保、法保注册；知识产权私享+

(1) 商标极速注册。据统计，商标近似问题是造成商标注册失败最常见的原因之一，在同等条件下，商标申请提交的速度很大程度上决定着商标注册的成败。在商标申请代理行业内，因为申请日期的一天之差，造成商标注册申请失败，或者被抢注的例子有很多。而实际上，商标申请人是可以自行向商标局办理商标注册申请的，但有的客户放弃自己准备材料和办理，转而选择商标代理服务机构，就是因为找专业的有经验的机构代办能提高商标注册的效率和成功率，让客户尽快拿到商标注册证。一般来说，一些商标代理机构的平台规模较小、人手及经验不足，在收到商标注册人的注册申请材料后，需要经过两三天～一周的内部处理时间，才能把商标注册申请递交到商标局。

中细软早在 2009 年，就通过对内部管理和系统做出的优化调整，把商标注册的内部处理时间缩短到了 1 天左右，在客户提交了符合标准的申请材料之后，中细软的工作人员会在 1 个工作日内把商标注册申请提交到商标局，来缩短客户等待的时间。

在 2016 年，中细软在充分的调研和准备下，在强大的知识产权云数据和专业服务团队的支撑下，通过技术驱动，以强大的专业性为基础，靠完善的技术为支撑，推出了“商标极速注册”服务，商标注册申请只需要 59 分钟就能上报商标局，而且在报件完成后，中细软会即时向客户反馈商标报件回执单，并承诺在 1 个工作日内让客户拿到商标注册号，极大地降低了商标被抢注的风险，缩短了商标报件时间，再一次优化了客户体验。此项服务属于行业首创，改革了商标服务，提升了效率标准，将商标注册服务突破小时、开始以分钟计时，在行业内属于绝无仅有的超快速度，一经推出便引发了行业内外广泛关注和热议。

除了提交速度快，此项产品交付质量也非常高，原因在于当客户提交需求后，中细软服务后台会进行智能商标数据检索，然后依靠强大的交付系统的支撑，最后通过专业人工质检把控，层层的科技工具保障和人力质检把关，保证了 59 分钟提交商标局申报成功，提高了商标注册的成功率。

(2) 专利极速申请。专利申请可以作为防止侵权的技术独家专属，可以作为企业保持行业领先占据市场的桥头堡，可以作为防止抄袭的技术保护，可以申请高新企业的荣誉资质，可以获得减免税收的政策支持，可以作为提升信息的企业宣传。可以说，专利申请的作用和价值之大，使得专利大战成为企业之间知识产权战争的重头戏，如三星与华为专利大战、百度与搜狗输入法大战、路虎与陆风汽车外观专利大战等等。不同于美国的在先使用原则，《中华人民共和国专利法》实行的是先申请原则，意味着如果两件相同的专利，较早提交到国家专利局的专利就能够早日得到授权，晚一天申请则丧失良机。

2017 年，中细软继推出“商标极速注册”这一行业产品之后，又开发了一款针对专利申请的优质服务——“专利极速申请”。而这一产品，正是攻破了专利申请技术交底书、材料准备、文件提报、申请确认函等多个环节流程难关，实现了服务再升级，提高速度的同时更提高了服务质量。

(3) 商标担保注册。在实际业务中，很多想要注册商标的客户，都会问道注册不成功怎么办的问题。大多数代理机构会如实告诉客户，商标注册的成功率不能保证，如果注册不成功需要客户交费再注册一次。然而很多客户听到这个答案不免会有点失望，甚至对代理机构产生“不专业不能办成业务、有所隐瞒想再次收费”等怀疑。针对客户的这种心理，个别代理机构会给出商标注册 100%成功的承诺来争取客户，而这明显不符合事实的虚假承诺在商标注册失败后换来的是客户的失望和愤怒。

在这种情况下，中细软集团推出行业领先的产品服务理念——如果商标注册不成功就免费为客户再注册一次商标。这种产品服务理念推出后，客户感觉到了中细软集团服务客户的诚意，意味着在中细软集团选择一次商标注册，额外多了一次商标注册的保障，因此快速换来了客户的订单和认可。

(4) 法保商标。中细软通过专业严密的市场调研后，针对商标服务产品同质化程度高、商业服务诉讼案件多、法务咨询费用高等商业痛点，在 2018 年，正式推出“法保商标注册”服务，作为业内第一款法律服务+商标注册产品，在享受商标注册服务的基础上，同时享受 365 天私人律师免费咨询服务。这意味着客户花一份商标注册费，就可以享受到商标+法律服务的双重保障，“法保商标注册”可以在商标申请提交后一年内享受专业律师不限时、不限次免费咨询服务，不论是知识产权纠纷咨询还是民商事法律服务，合同纠纷、私募股权投资与风险投资、劳动争议、婚姻家庭等其他诉讼咨询统统属于“法保商标注册”可咨询的范围，“法保商标注册”具有难以匹敌的高性价比。

“法保商标注册”尤其适合入驻天猫、京东平台、大型超市等需要注册商标，但担心产品被侵权的商户；或者是注册商标一团乱麻不知所措的初创企业；或者是有合同纠纷、婚姻家庭等其他法律问题，亟需专业人士帮助的人士。“法保商标注册”由金牌律师保驾护航，指定提供律师服务的是北京中细软律师事务所，其拥有一批执业技能纯熟、执业经验丰富、具有国内外知名高校博士后、博士和硕士学位的优秀合伙人、律师和专家顾问团队。它在知识产权、金融、税收、公司证券、工程建设与房地产、国际商事、争议解决、刑事辩护、诉讼仲裁等业务领域拥有核心竞争力和优势，承接了一批华为、小米等商标侵权有重大影响力的案件。

“法保商标注册”是继商标极速注册之后中细软又一跨界创新力作，实现法律服务与商标注册的完美结合，是法律行业与商标行业双料创举。

(5) 商标极速双保。在商标担保注册产品和服务推出后，中细软集团再次推陈出新，将商标极速注册与商标担保注册合二为一，推出商标极速双保产品和服务，意味着购买商标极速双保产品的客户，能够获得 59 分钟极速商标注册、商标注册不成功免费再注册一次的服务，进一步满足了客户在商标注册服务上既要速度、又要保障的需求。

(6) 知识产权私享+。当今社会进入了“互联网+”的经济背景，企业互换更多符合实际需求、能够换来真金白银的高端知识产权服务内容。为了满足企业个性化的知识产权服务需求，中细软集团推出了一项企业专属高端知识产权服务项目——“知识产权私享+”服务。“知识产权私享+”，是中细软通过培养及派出中细软精英专家团队，通过了解客户需求、上门沟通、深入分析知识产权情况等流程，梳理其知识产权和科研成果的保护内容和节奏，以协助制定知识产权解决方案。这个解决方案不是一次性的，而是可长期跟进，随着客户动态发展而调整的，可实际操作的知识产权保护实施路径和方案。对客户而言，只需要根据方案，按步骤稳步实施，可为客户省去时间和精力，将宝贵的时间和精力放在自身业务发展中。

7.4 知识产权服务众包平台的特点、优势与典型案例

7.4.1 知识产权服务众包平台的特点与优势

首先，众包指的是一个公司或机构把过去由员工执行的工作任务，以自由自愿的形式外包给非特定的(而且通常是大型的)大众志愿者的做法。而知识产权众包，类似于将知识产权业务外包出去，其一般通过在互联网上的知识产权服务众包平台来实现。

知识产权服务众包平台的特点有以下几点。首先，知识产权服务众包平台有一部分是起源于以品牌设计、营销策划、开发建站、美工客服等板块为主的创业服务众包平台，在创业服务众包平台扩大到一定规模后，才开始进驻知识产权领域；而有一部分是在成立之初，就将知识产权业务纳入其一站式企业综合服务当中，与工商财税、法律服务、人事社保等板块并列。其次，知识产权服务众包平台是由客户在互联网上发布任务或寻找合适的机构承接任务，所以说该类平台有点类似知识产权服务界的淘宝。这些平台一般是采取佣金制，可能还会根据会员等级采用不同佣金的标准。而知识产权+互联网模式下，很多类似平台为了快速占领市场和获取客户订单，会采取佣金免除或较低折扣的方式，以达到快速扩张代理规模的目的。有些是平台自己承接知识产权业务后众包给各个知识产权服务渠

道，有些是直接在平台上展示多个知识产权服务机构或知识产权顾问，供客户自己挑选。

知识产权服务众包平台的优势是中小微企业客户众多，多的可能达到百万家。其次是进驻的相关服务机构和包括个人在内的服务提供方也数量庞大，多的可能达到千万。基于数量可观的客户和服务提供商及来往订单，该类平台能够建立起各类与创作相关的原创作品数据库，实现多达过亿的交易额。

以下介绍符合该类特点和优势的典型案例。

7.4.2　典型案例

1. 猪八戒网和八戒知识产权网站

知识产权服务众包平台案例，首先介绍猪八戒网(https://beijing.zbj.com/)和旗下的八戒知识产权网站(www.ipr.zbj.com)。猪八戒网是一个威客、众包服务网站，旗下运营平台包括八戒知识产权——知识产权综合服务平台，思博网——人才服务平台(www.mysipo.com)，路标网——数据工具平台(www.chatm.com)。

2005 年，猪八戒网建立，为中小微企业、创客搭起了一个交易服务虚拟平台。2014 年，经过近 10 年的积累沉淀，猪八戒网已在业界小有名气，拥有 1300 万用户，并积累了大量针对企业、用户行为和习惯的数据。同年，猪八戒网紧抓“互联网+”的产业变革机遇，试水“知识产权+互联网”服务模式，2015 年 3 月，猪八戒网旗下子公司八戒知识产权公司正式成立。到 2016 年，八戒知识产权的商标注册申请量就已位居行业前列。经过几年的创新发展，八戒知识产权的服务内容从最初单一的商标交易，逐渐拓展到专利、版权领域，成为知识产权一站式服务、产业化发展的平台型企业。

八戒知识产权公司总部位于重庆，全国线下布局五大区，设有五个区域服务中心，15 个城市分部。拥有原国家知识产权局专家背景指导下的高水准服务团队超过千人，服务客户覆盖全国各地及海外，以北、上、广、深，长三角、珠三角等经济发达地区为主。

业务板块方面，八戒知识产权公司主要有两大块，一是知识产权基础业务，包括商标注册、专利申请、版权登记、软件著作权登记等；二是知识产权延伸业务，包括交易、案件，电商维权、贯标、情报分析等。产品策略方面，八戒知识产权公司分行业推出知识产权产品优惠套餐。在商标注册业务上，除其他友商都有的“普通、担保、加急”外，还推出商标“设计+版权+注册”套餐，以及针对基础量较大的行业，推出行业套餐折扣活动，如“互联网+”套餐、“服装”套餐、“食品”套餐，将商标注册、版权登记及外观专利叠加销售，既便利客户选择，又增加了销售服务的连带性。网页设计方面，公司产品呈现更清晰。除商标注册基础业务外，公司另设“初审障碍化解”、“异议他人商标”、“商标信息变更”的业务板块，不是将各项业务简单罗列，而是按一定逻辑汇总排序，减少顾客在浏览和搜索所需服务时的障碍，提供的服务项目一目了然。

八戒知识产权公司虽然在知识产权行业时间不长，但因八戒网发展积淀深厚，为八戒知识产权积累了诸多方面的优势。

1）互联网平台起家——大数据驱动企业创新

八戒知识产权平台主要借助猪八戒网的资源优势，以知识产权创造、保护、运用为中心，汇聚海量知识产权服务大数据、产业大数据、交易大数据、金融大数据、人才教育大数据和政务大数据，为企业提供知识产权全产业链服务。以大数据应用为支撑，八戒知识产权致力于提升平台化服务供应能力，并先后全资收购“思博网”和“路标网”，打造一体化产业化平台，促进知识产权市场商业化运营，助推知识产权大数据驱动企业创新。

通过数年的发展，八戒知识产权从为创业者提供商标注册、版权登记、专利申请等知识产权服务，逐渐延伸拓展到为城市提供“知识产权运营体系解决方案”。

依托线上互联网平台起家的八戒知识产权，近年来，也在不断强调线下落地服务的重要性。自2016年起，八戒知识产权通过渠道布局开始向线下市场渗透，2018年，启动线下布局战略，现已覆盖全国20座城市，逐步构建起线上线下共融互通的知识产权服务平台，而这也逐渐成为八戒知识产权制胜的法宝。有了线上线下结合的优势，八戒知识产权既可以规模化吸引和服务企业客户，也可以在线下提供个性化服务，为企业提供定制服务。知识产权中部大数据平台便是八戒知识产权坚持线上与线下相结合的立体式服务的产物，该平台是八戒知识产权在全国范围内推出的首个知识产权服务运营交易大数据平台，为此，八戒知识产权做了一系列筹备工作。2018年12月，八戒知识产权落户郑州市高新区，开始建设知识产权中部大数据平台，以及八戒知识产权（中部）服务中心、知识产权运营中心、知识产权交易中心三个中心，这三个中心直接负责知识产权中部大数据平台的运营工作。

2）大数据服务产品——“八戒火眼金睛”

基于大数据资源，八戒知识产权为企业提供一站式风险体检和评估的大数据服务产品“八戒火眼金睛”上线，通过大数据，为企业“把脉”知识产权等方面的风险。通过大数据智能化技术，针对企业的知识产权、品牌、运营、科技、经营风险和法律风险等方面进行分析，计算出相应的健康指数，并生成相应的体检报告，呈现企业现存以及可能会面临的问题，并给出一定的指导意见和解决方案。在“八戒火眼金睛”应用界面中输入企业名称，系统就会生成相应的报告，内容包括知识产权、互联网+、资质体系、法律风险、经营风险、投融资以及人才供需等板块，每个板块都会有一个指数得分。拿知识产权指数举例，报告会从商标品牌、专利、著作权三大方面进行分析，又会在各个部分进行细分，发现风险，为用户提早规避风险起到防范作用。同时，报告中也会形成对应的“知识产权优化指数建议”，并逐条进行分析；也会有同行业的其他企业的情况，中小微企业在自查的同时，也能发现自己与竞争对手、标杆企业之间的差距，更利于企业找准发力点。

3）资本投资、政府背书——融资金额巨大

2015年，赛伯乐集团向猪八戒网注资16亿人民币。紧接着，重庆北部新区下属国有公司增投10亿元注资猪八戒网。同时，作为众包服务交易平台猪八戒网取消佣金，直接推动了中国服务交易行业进入大数据时代。

2. 快法务及其网络平台

快法务隶属于2014年3月成立的北京快又好信息技术有限责任公司，截至2020年7月，其官网（http：//www.kuaifawu.com/）显示拥有100万以上企业用户，服务覆盖全国200多个城市，在将近300个城市建立了分站。

快法务一开始主打"一站式法律服务平台"，后来升级为"一站式企业综合服务平台"。优势在于自己研发系统，让产品的服务流程标准化和可视化。创业者在平台支付完毕，享受每个节点可追踪的服务，服务结束进行评价，评价完成之后，钱才会支付给服务提供商，如果这个过程中的服务体验不佳，快法务会全额退款给用户。此外，快法务通过和太平洋保险公司合作，实现在快法务平台为客户提供服务保障险，最高对用户可提供20万赔偿保险金。

快法务的企业战略在于其他知识产权法务代理机构或平台在专心做自营的时候，快法务尝试用共享的模式去做一站式法律服务平台，是一个能将服务质量整合控制起来的平台，这样的平台服务需要专业度，业务链条需要足够长且深入。

快法务强调服务本身，即用户体验，这与服务质量的控制息息相关。在对服务主体律师的筛选和管理上有一套严格的审核标准，执业的经验、过往案例等是审核的初步标准，此外还有严格的培训，其律师服务手册有30多页，从与用户打电话的话术到后台的系统使用，都有一系列培训。

快法务在产品的丰富度上有竞争优势。以互联网创业时间轴及中小企业经营时间轴两条线为主，涵盖了公司注册、人力社保、税务记账、商标版权专利、融资、资质证照、合同文书、法律顾问等500多款在线综合法律服务产品。

7.5　知识产权服务界的"Uber平台"

7.5.1　特点优势

知识产权服务界的Uber平台的特点是其主要服务于知识产权行业内的机构或事务所，为它们提供定制的知识产权管理软件，同时撮合知识产权代理人和客户进行交易。通常主打自营+合伙人模式，即各地的代理机构（合伙人）负责获客，将客户的资料提交到知识产权自营+合伙人服务平台，服务由该平台完成，按案件数量收费。因此该类平台需要将知识产权的管理软件、后端业务流程做得足够标准化。

这种平台的优势是通过产品化的方式将数据能力以及服务能力输出给代理机构，可以快速提升代理机构的服务水平和服务效率，为代理机构及其客户提供更多的互动机会，促进信息流动，降低信息不对称，打造供需双方实现价值交换、价值创造的环境，帮助代理机构更好地为客户服务。也就是说，代理机构可以利用该平台的技术优势提升工作效率，还可借该平台的前端系统获客，更好地为客户服务，共同盈利。此外，个人从业者也可利用该平台的品牌和技术，以自由职业的方式实现价值。对于用户，则可通过该平台获得性价比更高的专业服务，打破了地域限制。

7.5.2 知识产权服务界的 Uber 平台案例——权大师

权大师(https：//www.quandashi.com/)，隶属于北京梦知网科技有限公司，2015 年 4 月平台上线，是一家以技术力量推动知识产权行业变革和价值重构的互联网平台，为用户提供专业便捷的知识产权服务、简洁高效的知识产权 SaaS 服务工具和专业的知识产权大数据服务。权大师自上线以来，先后发布智能商标搜索系统、智能商标注册系统、商标大数据监控系统等一系列高效实用的 SaaS 服务工具，并始终走在知识产权数据驱动服务的第一线，作为“知识产权+互联网”行业的创新企业，不断坚持技术创新突破，依托大数据、智能技术为核心构建知识产权生态新平台。

1) 综合服务平台——链接企业和代理人/机构、合伙人计划

成立初期，权大师从商标注册切入知识产权市场，用“SaaS＋Uber”模式做到最大程度的标准化。在发展过程中权大师经过了三个阶段。第一阶段，开发商标监控以及商标搜索系统。2015 年 4 月权大师发布了行业内第一款基于 App 的商标监控工具。2015 年底，权大师推出了商标搜索系统，提供多平台可接入全数据段可检索的商标搜索系统。第二阶段，开发商标智能化注册平台，深耕全流程智能化服务。2016 年初，权大师开发了全流程智能化商标注册平台，2017 年 4 月份产品上线。全智能化商标注册平台使权大师快速成长，平台为客户提供商标搜索、注册、监控、管理等工具，甚至撮合客户和专业代理人进行交易。第三阶段，知识产权产业智能化开放平台，将知识产权全流程智能化输出给需要专业能力提升的代理机构，至此，权大师由一个线上代理机构迅速转型为一个综合服务平台。

在上述举措的基础上，权大师于 2018 年启动了合伙人计划。权大师开始利用整个平台为行业赋能，推行知识产权行业合伙人计划，为知识产权行业的同行和异业进行多维度赋能，将平台的业务处理能力、权大师的大数据能力向行业开放，更好地保护和运用好企业的知识产权。根据此计划，权大师为合伙人开放了整个后端的操作平台，合伙人可根据自己的业务特点利用系统展业，向客户提供最周到服务。从客户定位来看，目前权大师瞄准的是中小型的知产代理机构，自 2018 年采用合伙人制度以来，权大师通过合伙人的代理机构累计服务 20 万家企业以及 2 万家个体工商户。

2) 服务流程优化——智能化 SaaS 工具和区块链技术

运用大数据+AI 等技术，权大师先行构建了一个“数据支撑服务”的运营模式，在工作效率和团队管理方面的优势极为明显。工作效率方面，权大师积累了一套底层的商标数据库，不仅有文字查询，还整合了各地商标局不同的检索方法，加入自有的深度学习算法、

图形检索等技术，标准化和准确度不断提高。比如权大师在商标申请环节，一般代理机构的日递交量为 20～30 件，工作流程需要 2～3 天，而权大师运用数据平台，日递交量近三千件，工作流程最多半天，效率差达 100 倍；在商标监控环节，权大师用 OCR 识别技术自动识别商标公告，规避了传统人工下载查询文件的烦琐过程，大大缩短了业务办理时间。这种智能化商标注册服务，既为用户带来前所未有之便捷，也为权大师自身节省了大量人工成本。团队管理方面，运用技术，权大师把传统代理机构里的代理人、流程人员、财务人员等可重复性强的岗位都转移到线上，利用智能化 SaaS 工具进行处理。合同、委托书、营业执照申请表格、商标图文等文档材料的制作也很简便，客户提供碎片化的信息即可，其他工作全部通过权大师的后台处理系统智能化生成。这也让权大师能够采用典型的互联网管理风格，强调专业至上，技术数据驱动，绝不搞人海战术，目前权大师后台业务团队约有十余人，今年预计处理业务量超过 40 万件，智能单通过率 74%，保姆单通过率 85%。

前文所提到的权大师合伙人计划，是权大师将其核心的专业后台处理系统开放给合伙人，让合伙人能够使用系统扩展业务。权大师在平台的建设中引入了区块链管理思想，以区块链的方式记录合伙人业绩，让收益分配以去中心化的形式进行，建立平台和合伙人互惠互利的关系。

3) 服务产品创新——智能自助注册、保姆式注册

权大师在产品创新方面的工作有：①推出智能自助商标注册，宣称“智能业务处理系统，注册流程自己掌控”。②推出保姆式商标注册，由网站注册代理人一对一服务，服务费收费 100～2000 元，由客户自行根据所需选择代理人。相比传统模式，权大师通过梳理及呈现代理人服务出价，价格更透明，方便客户比价。③其自主定价抢单系统可提供用户自主定价、一键呼叫全国代理人的功能，代理人抢单成功后将第一时间与用户进行沟通，完成知识产权申请递交。④网页设计方面，基于权大师 SaaS 平台，集成了商标搜索、商标注册、商标监控与商标管理等功能界面，如商标搜索结果直接显示，无过多弹出的人工客服窗口，方便客户快捷无障碍获得相关信息。

7.6　知识产权服务界的“360 模式”

7.6.1　知识产权服务界的“360 模式”的特点与优势

众所周知，360 软件创新性地推出的“免费安全”战略，颠覆了传统互联网安全行业，开创了中国互联网的新格局。此后，360 的成功案例昭示着各行各业在与互联网融合的过程中，在做市场营销过程中，都有尝试免费、低价模式的案例，如共享单车、滴滴打车等。

而知识产权服务界的 360 模式，正是指采用“免费模式”的知识产权服务机构或平台，这里说的免费，不是完全免费，是以“免代理费，只收官费”的方式推向市场。为何这些机构或平台能够推行“免费模式”？要做免费，首先是对企业的成本把控能力有要求，既

包括企业自身的成本把控，不能无谓地增加成本；同时也包括对于时间成本的把控，如何通过互联网技术手段提升效率，创造出更多的价值。它们通过技术手段的优化，将可标准化的流程工作免费，通过互联网方式的宣传，大幅提升知识产权业务的整体效率和知名度，以达到快速获取客户及市场的目的。此外，大多数能够实行免费或低价策略的机构或平台，都有资本支持，得到或多或少的金融投资，才能允许它们在前期市场开拓过程中的“免费”行为。可以预见的是，等投资的资本消耗后，如果企业经营未见起色，公司并未能扭亏为盈，则该类“免费”行为范围会缩减，力度会减低，甚至取消。

该类平台的优势很明显，就是推行免费低价的价格策略，免费对于企业而言，只是作为一个消费入口，消费者进入后，能够享受到怎样的后续服务内容才是最关键的。所以该类平台后续的服务支撑是这种免费模式的重中之重，包括增值服务、个性化服务以及整体服务质量的把控等，也决定了该类平台是否能够实现盈利、健康可持续地维持下去。但同时，实行“免费”的产品和服务是否能够保质保量，决定了是否能够真正留住客户，也决定了客户的复购率和品牌口碑，这些都还需要经过时间和市场的考验。以下介绍符合该类特点和优势的典型案例。

7.6.2 知识产权服务界的“360 模式”典型案例——知果果

知果果(https：//www.zhiguoguo.com/)，创立于 2014 年 3 月，旗下品牌“知果果”是知识产权+互联网法律服务电商平台，开创了科技+法律服务的新模式，于 2014 年 5 月 4 日上线。知果果一直积极推动国家知识产权战略实施，以“为天下的创新发展保驾护航”为使命担当，致力用互联网技术和专业服务驱动知识产权行业变革，实现了对众多企业的深度价值输出。后来，知果果获得了联想之星、经纬中国等知名投资机构的数千万元入资。经过 5 年的发展，知果果先后在北京市、深圳市、南京市、成都市、上海市、杭州市、苏州市 7 大城市设立运营公司并联合合作伙伴构建以知识产权一站式服务为核心的企业综合服务商业生态圈，实现品牌及产业链上下游优秀企业的协同发展，成为用户始终信赖的创新服务平台。

知果果具有互联网思维，以免费为入口，迅速占领市场。其通过互联网+思维，用技术代替人工，提升效率，节约人工成本，为免除服务费做基础。2013 年冬天，知果果立项，用于解决传统的知识产权法律服务行业低效率、信息不对称不透明、用户体验差、知识产权行业信息化程度不够等问题，2014 年 5 月知果果上线。作为第一家“知识产权+互联网服务”平台，知果果首创推出“0”服务费注册商标产品，时隔两年后知果果推出“0”服务费专利业务。知果果通过全程信息化处理，极大减少人力成本的形式让知识产权领域的服务在提高效率的基础上，变得更加公开、更有保障，用互联网的力量推动了知识产权行业，并在效率上实现了质的飞跃。

知果果推出个别免服务费业务，通过后期增值及个性化服务获取盈利。因有资本加持，知果果欲以低价营销策略占领市场份额，低价背后消耗的人工成本是否能在后期增值服务中予以抵消，实现高盈利能力，还有待观察。

7.7 知识产权服务传统机构“互联网化”

7.7.1 知识产权服务界的老牌机构“互联网化”的特点与优势

知识产权服务传统机构的特点和优势是，本身成立时间较长，在国内多个城市设立有分支机构，专业经验丰富，有稳定且资深的专业团队。随着互联网时代的到来，该类老牌机构积极拥抱互联网技术，从建立线上网站开始，到利用互联网宣传引流，再到开发自己独有的商标检索系统等。但是这些知识产权服务界的老牌机构对于互联网的融合还不够深入，容易被将知识产权与互联网融合得更彻底的新兴服务机构后来居上，这些新机构将知识产权与互联网融合得更彻底。以下介绍符合该类特点和优势的典型案例。

7.7.2 知识产权服务界的老牌机构“互联网化”的典型案例

1. 超凡网

超凡网(https：//chaofan.wang/)始创于2002年，是大型综合性知识产权服务机构。超凡设立了包括知识产权代理公司、律师事务所、知识产权咨询公司、知识产权运营公司、知识产权培训公司、知识产权研究院在内的30余家知识产权服务机构，形成了知识产权全产业链发展的格局。目前，超凡在全国22个地区设立了本地化服务机构。

团队方面，超凡拥有包括商标代理人、专利代理人、律师等专家共800余人，其中包括100余名多技术领域检索咨询专家团队，其成员大多具有十余年从业经验，全国专利信息人才6名；专利代理人/工程师440余名；超凡专家团队中，还包括亚洲知识产权专家、北京市十佳专利代理人等。平台产品方面，超凡致力于为客户带来专业精准、快速便捷、稳定可靠的知识产权线上服务体验。超凡在多个互联网平台同时推出多个强有力的产品，包括超凡网、一只蝉、知识产权课堂等，为客户提供一站式知识产权电商服务、知识产权在线交易、知识产权培训等。同时，超凡还拥有万象云和飙局等知识产权检索及情报工具，提供专利技术检索及分析、商标检索及管理等服务。超凡建立了强大的在线生产系统——专利系统、商标系统、信息分配系统、CRM系统、坐标系、财务系统，可实现在线业务生产及管理、信息精准处理及分配、客户关系与知识产权服务的定制化及管理、可视化数据统计及分析、账单管理等。结合线上云端服务平台，超凡通过线下代理人、顾问、律师、咨询师等专业人士的精细化个性化服务，为客户提供知识产权立体化全方位服务。价格方面，与同行相比，价格稍高，走品质化服务。相对于其他竞争者服务费免费或低价的策略，超凡商标注册价格属于业内较高，与其专业化战略、品质化服务战略契合。

1) 老牌机构——知识产权领域涉足广且深

超凡可向客户提供围绕研发专利线、品牌商标线、风险管控、资产管理四个类别的知识产权局部或整体解决方案。从确权到维权，从研发到运用，从信息到情报等，超凡在知识产权全产业链各环节的布局已全面完成，业务之间形成了紧密联动。目前超凡业已发展成为知识产权全产业链服务机构，提供涵盖创造、运用、保护和管理的知识产权全产业链整体解决方案，帮助客户利用知识产权在市场竞争中建立竞争壁垒，以及实现自由竞争（解除竞争壁垒）。

2) 商标检索分析产品——“飙局”

商标检索分析能力较强，如超凡的“飙局”主打商标检索监测、数据分析报告，为客户展示全面到个体的商标申请情况，体现出对数据摘取、整合、统计和分析的专业能力。比如，在飙局的商标分析页面中，“整体概况”包括申请人排名、地域分布、时间趋势、类别排名，并提供地区、类别、年份的筛选选项；“个案展示”包括所查公司的商标概况、申请量排名、类别统计、状态统计、待办事项、品牌保护、代理情况、时间趋势，尤其是品牌保护分析中，对核心类别、重要类别有所标识，并对所有已覆盖类别和未覆盖类别都有评估结果，便于客户直接查看商标注册和保护情况；此外，飙局对企业商标代理情况的分析，既包括代理机构名称、代理数量，还包括成功率的展示，可从中看出各代理机构的能力，也能对大客户的商标代理情况进行针对性的分析，对竞争友商获取大客户资源有实际参考价值。

2. 集佳知识产权

知识产权服务界的老牌机构“互联网化”的另外一个案例是集佳知识产权（http://www.unitalen.com.cn/）。北京集佳知识产权代理有限公司（以下简称集佳）自1994年成立以来，已成长为中国大型的知识产权代理机构。公司总部设于北京，在一些国家及中国主要商业城市设有分支机构。公司现有员工650余人，能熟练使用英语、日语、德语、法语、西班牙语等多种工作语言，其中专利代理人240名，商标代理人66名，律师71名。在全国代理机构商标申请量统计中，连续多年排名前列。每年，集佳为中国各行业的优秀企业撰写发明专利9000余件。在“北京专利代理机构专利申请代理业务总量”和“北京专利代理机构发明专利申请代理业务总量”排名中，集佳均名列前茅。

集佳的独特优势是专业化与全球化。据了解，集佳为200余家企业担任知识产权顾问，提供咨询服务。集佳重视行业研究，担任10余个行业协会的知识产权顾问。积极参与多个国际知识产权协会的活动，是国际保护知识产权协会（International Association For The Protection Of Intellectual Property，AIPPI）、国际商标协会（International Trademark Association，INTA）、美国知识产权律师协会（AIPLA）等国际组织的会员。集佳在中国设有21个分支机构，并在日本、美国、德国设有分所，能为各地客户提供便捷的服务。集佳每年代理 400 余件各类涉及知识产权的诉讼案件，被誉为“知识产权诉讼专家”。截至目前，为我国数千家企业在国外 170 多个国家和地区办理了商标、专利、版权事宜，集佳的 PCT 申请量已超过 5000 件。此外，集佳国际商标团队由出口业务部、进口业务部、日本部三个部门组成，涉外商标代理人经验丰富，均具有中国律师资格或法律学位，并熟练掌握至少一门外语。集佳的出口商标业务在中国知识产权界名列前茅，不仅协助数千家中国企业在 170 多个国家和地区进行商标注册，还代理了诸多涉外高端诉讼案件，在业务深度和广度上具有较强竞争力。

第八章　交易服务：知识产权+互联网交易服务创新

8.1　概述

从狭义上来说，交易是指以货币为媒介的商品价值交换。交易的本质是一种转移，当物品或劳务技术从一种技术边界向另一种技术边界转移时，交易便发生了。而随着时代的发展，商品的范围越来越广，不仅包括实实在在的物体产品，还包括了信息咨询等服务，甚至还包括看不见摸不着的知识产权等无形资产。而知识产权的范畴包含商标权、专利权、版权、商业秘密和其他科技成果等权利及上述权利衍生出的其他权利。那么如果参照商品交易的概念，知识产权交易可以说是指用货币作为交换的知识产权价值替代。而从法律上来说，知识产权交易是指将知识产权的所有权和使用权按照法律法规由出让方转移到受让方的一种法律行为。知识产权交易的发生需要两个基本条件，一是明确界定知识产权利益相关者，包括知识产权的出让方、知识产权的受让方和知识产权受托方，以上主体都需要明确，权利界定范围要清晰；二是有知识产权交易市场，才能够更快速、更方便、更有效地配置资源。有了以上基本条件，知识产权权利人除了自己实施或使用所拥有的知识产权，还可以通过知识产权交易的方式来获取知识产权的经济价值，其中许可与转让是最主要方式。

在知识产权交易过程中，如拿商标交易和专利交易来说，一方面，知识产权的出让者通过权利的有价转让获取更多的资金报酬，以满足自身的资金需求和扩大经营规模的需要；另一方面，知识产权受让方通过获取知识产权可以解决品牌或技术的需求，然后可以通过品牌宣传或技术运用，发挥商标或专利更大的价值，获得更多的经济效益和社会效益。知识产权交易的行为搭建了品牌、技术与资本的桥梁，有利于加快知识产权产业化，促进经济社会的高效发展（尹俊玲，2018）。

随着互联网时代的发展，信息网络技术日益完善，电子信息技术催生了新型的知识产权交易方式——知识产权+互联网交易模式。知识产权+互联网交易可以不受时间、地点等传统交易方式限制因素的制约，广泛地渗透到知识产权交易行为及其流程环节中。吴洁仑和王智源（2010）提出，西方发达国家的实践表明，电子式知识产权交易具有广阔的发展前景，例如网上著作权和商标权的交易。知识产权+互联网交易多搭载于知识产权电子商务服务网站。钟佳佳（2007）提出知识产权电子商务服务网站与其他电子商务网站不同之处在于，这样一个知识产权+互联网交易平台要求确保网站信息的准确、完备、权威，即网站提供信息的数据库应是权威可靠的，应以相关政府部门建立的数据库为基础，确保平台的权威性。杨建锋和张磊（2013）提出在新加坡有一些知识产权交易市场中介机构，开发了世界上信息最为丰富的专利数据库，并以交易双方的现实需要为基础，推出特色化服务，深度挖掘客户与交易产品信息，为买卖双方提供了更多的交易撮合机会。

耿逸冰(2015)认为，知识产权+互联网交易平台和普通的电子商务平台在商业模式的选择上有很多共同性，其根本都是为交易双方提供更为便捷、更有效率的交易平台和交易服务。但鉴于知识产权及知识产权交易本身具有的特殊性，如交易商品的特殊性、参与主体和交易流程的复杂性、交易平台的专业性等，供需双方很难自行匹配，需要专业机构或人士进行协助。这些决定了知识产权+互联网交易模式并不是将线下的知识产权协议交易简单地搬到线上进行，而是需要以国家政府的官方数据为基础，加上知识产权交易需通过第三方支付平台强大的搜索和分析功能，向买卖双方呈现完整的信息情况，促进达成交易意向后，也需要向有关部门提交材料，并经过审核批准及登记手续，来完成资金以及权利的交换。知识产权+互联网交易既能加深买卖双方对知识产权交易市场情况的了解，又能增加知识产权交易的成交机会，提高了交易速度。

对比传统的线下知识产权交易平台，一方面，知识产权+互联网交易平台具有价格透明、公平竞争的优势，尤其体现在商标交易上，能够让客户坐在家中就能针对商标所应用的行业，去搜集和比较商标的类别和价格，选出最适合和高性价比的商标产品，加快商标交易的决策和效率；另一方面，知识产权+互联网交易平台具有信息搜集、及时发布的优势，尤其体现在专利交易和版权交易上，由于专利的技术特性和版权作品的文学艺术属性，对于时效和信息展示有较高要求。因此，客户在知识产权+互联网交易平台能够更及时更高效地查阅到专利、版权作品的各方面信息，如专利的法律状态、诉讼信息、运营状况、奖项情况等。

此外，中国现有实践表明，知识产权+互联网交易模式已有较成熟的发展，且未来具有广阔的发展前景。那么，如何来评价这些知识产权+互联网交易平台的作用，或者说绩效呢？从管理学方面来说，有的学者认为绩效是在一定时间内的工作产出的效果。而对绩效的评估维度有多个方面，包括关键技术研发、技术人才队伍建设、企业研发费用、经济效益、客户满意度、社会效益等。国内针对知识产权交易平台的绩效评价研究较少，更多是集中在科技创新平台、公共服务平台、信息服务平台等公益性平台或机构的绩效评价研究。虽然这些研究的侧重点有所不同，但都是对平台的绩效评估，其评价指标体系的构建方面存在借鉴价值。对于大多数自负盈亏、需要生存的市场化企业平台或机构来说，除以上指标之外，最本质上的决定因素其实也是最原始的，即这些平台的盈利模式和实际盈利情况，才是真正决定其未来方向以及能走多远多久的重要指标。

那么知识产权+互联网交易平台的盈利模式都有哪些类型呢？目前，有的知识产权+互联网交易平台通过提供知识产权全产业链和企业代理服务，为企业客户设立会员制度，以年、季、月等单位收取一定的会员费用，为会员提供一定的增值服务或返券打折等优惠，同时对知识产权交易等增值服务收取服务佣金，并对进驻平台的渠道方收取一定的入驻管理费用，盈利来源主要由会员费、服务佣金和入驻管理费组成。有的知识产权+互联网交易平台为了迅速获取客户和市场，则在发展前期采取部分或全部服务免费的开放策略，但在发展中后期还是会采取收费策略，包括服务佣金、平台会员费等。有的知识产权+互联网交易平台为知识产权买卖双方在平台免费提供展示商品及信息发布的机会，平台有偿提供申请代办、权利确认、信息查询等基本业务服务，并针对不同的服务(包括知识产权交易服务)收取佣金费用。

当前一部分知识产权+互联网交易平台的商业模式并不完美，还存在具体问题，包括业务范围定位不明确，盈利方式不清晰，部分网络交易平台仅以收取佣金作为收益模式，难以维持平台正常运营，投入资金难以收回，阻碍了交易平台的长远发展；缺少知识产权产品的评估机制，在交易平台上，知识产权的质量参差不齐，种类分散杂乱，导致难以对知识产权的价值和有效性进行评估等(谢冰，2016)。可喜的是，知识产权行业各个参与者在探索知识产权交易的过程中，已经着眼于改善目前知识产权+互联网交易模式的具体问题，并在对产品、服务和机制的落地中进一步探索完善。其中，国内外有不少互联网+知识产权交易平台(如商标交易)表现优秀，致力于解决行业问题，加快交易速度，提升服务品质。

本章会盘点几类知识产权交易平台：一是商标交易平台，这些交易平台不仅仅从事商标交易服务，有的规模较大的平台，能够承接包括商标、专利、版权的知识产权交易业务，甚至还会横跨知识产权确权、知识产权管理、知识产权运营等业务，如中华商标超市网、鱼爪网、高航网等，有的则专注于做商标业务，以商标交易和确权为主，如尚标网；二是专利交易平台，这些平台专注于做专利交易运营和技术转移转化业务，如美国国家技术转移中心、美国 Yet2. com、中国技术交易所、中国浙江网上技术市场、Ocean Tomo 公司、高智发明等；三是版权交易平台，这些平台专注于做版权交易和授权运营业务，如红纺文化、阿里鱼、MF+即视、云莱坞等。

8.2 商标交易平台

商标交易主要包括商标转让和商标许可，一般的商标交易平台，大多数提供的是商标转让代理服务。商标转让是指商标注册人在注册商标的有效期内，依法定程序，将商标专用权转让给另一方的行为。

在中国，市场自发型的商标交易平台比较活跃，数量占比较大，但是一些具有互联网思维、具备互联网时代特色的平台得以在市场竞争中迅速崛起，它们在“互联网＋”时代，通过电子商务形式，实现线上线下交易有机结合。在激烈的市场竞争中，由于市场导向型知识产权交易平台的营利性，所以其运营模式较为灵活，选择更加多元，例如中华商标超市网、鱼爪网、高航网、尚标网、标天下等。

8.2.1 中华商标超市网

中华商标超市网(www.gbicom.cn)隶属于中细软集团旗下公司——北京中细软网络科技有限公司。中华商标超市网作为闲置商标的转让平台，是国内首家知识产权交易领域的电子商务平台，旨在盘活闲置商标资源，提升商标再使用价值，为商标持有人、受让人提供一站式转让全流程服务，是在商标价值评估、商标安全检测、商标运营/推广、商标供求匹配、商标管理/监测、商标公证/转让的基础上，建立了完整的生态服务闭环。

目前中华商标超市网平台注册会员超过 30 万，拥有商标持有人超过 7 万，累计闲置商标资源超过 100 万，服务客户覆盖全国各地以及海外，包括：华为、首农、格力、TCL、申通、DIOR 等行业知名企业。作为商标交易市场竞争中规模较大的互联网+商标交易平台，中华商标超市网通过服务中介平台撮合、买卖双方协商，最终促成知识产权的买方与卖方之间达成交易，完成商标转让。

从服务内容上来讲，中华商标超市网在知识产权交易上采取专业深耕的路线，将商标交易做深做细，从其网站板块分类可见其对商标交易服务分类较细，中华商标超市网知识产权交易服务内容及亮点详见表 8-1。

表 8-1　中华商标超市网知识产权交易服务内容及亮点

序号	亮点	具体内容
1	热门行业分类	买家可根据热门行业分类、商标分类表、热门产品或服务关键词、商标名称、商标组合、字数长度、注册时间、适用电商、国家/地区、热门标签等指标来快速筛选意向商标
2	精品和优选商标	买家可在“精品商标、优选商标”板块获得各行业比较抢手热门的平台推荐商标；卖家也可通过付费申请、经过平台评审后，将自己想要卖出的商标放到精品和优选商标的展位中
3	明码标价	在“明码标价”板块，买家能够直接看到展示商标的价格，能够快速知晓相关商标的标价，减少与客服或者卖家询价的时间，加快做出商标买卖决策
4	电商商标	对于想要快速进驻电商的商标买家，可以在“电商商标”板块，通过选择想要入驻的电商，如京东、淘宝、天猫、蘑菇街、亚马逊、聚美优品、1 号店等，或者选择热门品类商标，来选择买下意向商标
5	低价商标	“低价商标”板块展示的是最低 5000 元起的商标，并且每日不定时更新商标库存，适合购买预算有限的买家和急于出售商标的卖家
6	国际商标	“国际商标”板块展示的是美国、英国、欧盟等国家和地区的商标，此外，还设置了发布求购信息的“求购专区”，实时滚动展示求购需求，适合想要购买国际商标、拓展海外市场、入驻海外电商的买家和有意愿出售国际商标的卖家
7	央视动画专区	“央视动画专区”是由央视动画有限公司和中细软联合推出的央视动画商标和版权授权专区，如《新大头儿子和小头爸爸》《哪吒传奇》《美猴王》等经典作品
8	商标价值评估	只要卖家根据该板块提示，依次输入商标注册号、注册日期、有效期、商标开始使用时间(作为公司宣传/字号使用或用于某产品使用)、过去三年的历史收益(营业收入和利润)、未来三年的历史收益(营业收入和利润)、评估目的等情况，平台就能预估出该商标的评估价值

从内里的交易机制来讲，中华商标超市网通过总结多年的交易经验，总结并应用了 O3 知识产权服务模式。具体来说，O3 知识产权服务模式将知识产权交易细分为买家接入、创建订单、买家沟通、买家待购订单确认、卖家沟通、线上支付、卖家转让订单确认、订单执行、官方公告、评价及分享十个流程。其中买家接入、创建订单、买家代购订单确认、订单支付和评价及分享这些流程被标准化后，转至线上进行；买家沟通、卖家沟通、卖家转让订单确认、订单执行、官方公告流程仍放在线下执行。同时，通过为知识产权交易打造的大数

据中心，能够快速对客户需求进行查找匹配。此外还建立了订单实时追踪系统，让买家能第一时间了解订单的执行状态，最大程度提升客户体验。以上对知识产权流程的重新打造，线上和线下环节有机结合，最大限度发挥线上优势，最终提升作业效率，提升知识产权交易的用户体验。

从互联网和计算机技术上来讲，中华商标超市网也有自己独特的方面。从创建之初发展至今，该平台经历了多年的数据积累及产品迭代更新，面对日新月异的计算机技术，为了应对千万级数据量实时查询以及大用户量访问，网站软件平台采用主流的LNMPA(Linux、Nginx、Mysql、PHP、Apache)架构方案，LNMPA 架构具有成本低廉、开发速度快、安全稳定性高等特点。由于数据量大，检索操作频繁并且需要实时反馈检索数据信息，为了避免数据库负载过重，使用数据索引及缓存技术是必不可少的。使用ELK(Elasticsearch、Logstash、Kibana)来创建、收集、分析数据索引，为数据实时检索提供稳定、高效服务。中华商标超市网网站开发框架使用国内外都比较流行的主流框架——Laravel 框架。Laravel 框架是一套高效、简洁、优雅的 PHP Web 开发框架，使用 PHP5 开发，采用了全新的自动加载标准(PSR-4)，并有高质量的开发文档、丰富的扩展包，能够统一团队开发标准，提高开发效率及开发速度(孔军民，2016)。

8.2.2 鱼爪网

鱼爪网(https：//www.yuzhua.com/)，隶属四川鱼爪网络科技有限公司。鱼爪网立足无形资产交易，布局企业生态全周期服务的一站式平台。自成立以来，鱼爪网已形成了以鱼爪网店、知识产权、鱼爪互联、鱼爪新媒、鱼爪智企、鱼爪传媒等 9 大业务为主的一站式闭环服务体系。鱼爪网打造的是覆盖企业生态全周期的一站式服务，充分把握企业发展中各个环节需求，针对企业发展阶段提供针对性服务，具体来说，是根据企业发展不同阶段——创业筹备期、持续发展期、成熟稳定期，提供企业所需的全生态链专业服务。目前鱼爪网在全国已设立 12 家服务公司，员工超过 3000 人。

从鱼爪网整体来看，其战略路线和中细软集团相似，都是以知识产权某项业务为主，向知识产权全产业链乃至企业服务延伸。鱼爪网的服务内容包括交易市场、企业服务、知识产权、营销推广、网店服务、设计服务、网建服务等。鱼爪网交易市场服务内容包括知识产权交易、网店转让、营销渠道、公司转让等。其中，知识产权交易包括商标转让、专利转让和版权交易，鱼爪网大多数展示的知识产权商品都会直接标示价格，且有独家商标。鱼爪网知识产权交易服务内容及亮点详见表 8-2。

表 8-2 鱼爪网知识产权交易服务内容及亮点

序号	亮点	具体内容
1	商标转让	卖家可按照热门行业、商标分类表、热门产品或服务关键词、商标名称筛选外，还可以选择“独家”或“非独家”，“1 万以下、1 万～2 万、2 万～5 万、5 万以上”等价格区间，“组合类型”“字符长度”“注册年限”“商标区域”等筛选条件来选择意向商标。该板块所有展示商标都是直接标示价格，且有独家商标

续表

序号	亮点	具体内容
2	国际商标转让	该板块提供的是热门国家/地区/组织的商标转让，也有推荐商标，且有转让不成功退全款服务。该板块展示商标无直接报价
3	精品商标	买家可在“精品商标”板块获得各行业比较抢手热门的平台推荐商标；卖家也可通过付费申请、经过平台评审后，将自己想要卖出的商标放到精品和优选商标的展位中
4	特价商标	该板块的特价商标可按综合排序、发布时间、价格排序。该板块所有展示商标也是直接标示价格
5	专利转让	该板块的待转让专利可按行业类别、独家与否、专利类型、价格区间、交易类型、专利状态等指标进行筛选。该板块所有展示专利也是直接标示价格
6	版权转让	该板块的待转让版权可按作品类别、交易类型、独家与否、保护区域、权利范围、价格区间等指标进行筛选。该板块所有展示版权也是直接标示价格

8.2.3　高航网

高航网（www.gaohangip.com），公司成立于2012年，品牌总部位于广州，主营知识产权代理服务及交易，是以“知识产权+互联网运营”模式构建的国内领先的知识产权运营服务平台，通过线上互联网平台和线下合伙制结合的方式，集全球资源和庞大的专家团队阵容，以一对一经纪人服务模式，快速响应客户需求，为客户提供专业化、流程化、标准化的知识产权运营解决方案：专利商标版权免费查询、注册申请、交易运营等便捷服务，以及专业的技术分析、价值评估、市场预测等增值服务。

高航网服务内容包括专利商城、专利服务、商标超市、商标服务、贯标服务、版权登记、成果转化。其中，高航网的商标超市和专利商城均有自营产品，高航网知识产权交易服务内容及亮点详见表8-3。

表8-3　高航网知识产权交易服务内容及亮点

序号	亮点	具体内容
1	商标超市	卖家可按照热门行业、商标分类表、热门产品或服务关键词、商标名称筛选外，还可以选择“自营”或“非自营”，“组合类型”“商标字数”“注册年限”“出售价格”等筛选条件来选择意向商标。高航网有自营商标
2	专利商城	该板块的待转让专利可按自营与否、专利类型、行业分类、法律状态等指标进行筛选。高航网有自营专利

8.2.4　尚标网

尚标网（https：//bj.86sb.com.cn/）总部位于上海，在北京、上海、广东、浙江、河南、四川、山东等地设有分子公司。尚标专注为客户提供专业知识产权服务，拥有300万个以上的可交易商标专利资源。其以商标交易为核心业务，逐步延伸到知识产权综合服务，以基础服务作为切入点，重点培育企业进行高新孵化，并取得国家高新企业技术认证；通过研发技术升级，借助互联网工具搭建科技成果转化与知识产权交易系统的知创平台。

尚标网服务内容包括商标服务、专利服务、版权服务、企业服务、其他服务。其中，尚标网的商标交易服务包括商标在线公证、主打商标、优选商标和专利转让，尚标网知识产权交易服务内容及亮点详见表 8-4。

表 8-4 尚标网知识产权交易服务内容及亮点

序号	亮点	具体内容
1	在线公证	线上办理商标公证，59 秒搞定商标转让公证
2	主打商标	该板块展示的是仅在尚标网出售的专属商标，有独特性
3	优选商标	买家可在“优选商标”板块获得各行业比较抢手热门的平台推荐商标；卖家也可通过付费申请、经过平台评审后，将自己想要卖出的商标放到精品和优选商标的展位中
4	专利转让	该板块的待转让专利可按适用行业、专利类型、申请年限等指标进行筛选

8.2.5 标天下网

标天下网（https：//biaotianxia.com/）由线下与线上两个部分组成，线下公司成立于 2011 年，是一家知识产权代理机构；标天下线上平台成立于 2015 年，是一个知识产权供应链服务平台。标天下研发的商标起名、商标查询、商标管理监控、专利检索、专利管理系统为行业专业人员及普通企业用户提供了免费的知识产权服务；从服务内容上来看，标天下提出“免税商标”概念，服务范围贯穿了整个业务申请前中后的过程。同时标天下还拥有自己的商标专利交易平台，超过 50 万个商标专利资源供用户选择，让有需求的客户可以快速获得商标或者专利。盈利方面，该平台通过免费的查询功能引流，靠提供后续知识产权服务收取服务费。标天下于 2018 年 4 月完成数百万元天使轮融资，由睿鼎资本投资。标天下知识产权交易服务内容及亮点详见表 8-5。

表 8-5 标天下知识产权交易服务内容及亮点

序号	亮点	具体内容
1	免税商标	标天下官网说明：商标价格由卖家提供，具体金额可与平台客服沟通详谈，平台将会在原价格的基础上加收 20%的服务费。而免税区的商标不收取服务费
2	特价商标	该板块提供相对来讲价格优惠的商标展示
3	专利交易	该板块可以搜索、发布和求购专利

8.3 专利交易平台

专利分为三种类型：发明专利、实用新型专利和外观设计专利。其中，发明专利是指对产品、方法或者其改进所提出的新的技术方案。实用新型专利是指对产品的形状、构造或者其结合所提出的适于实用的新的技术方案。外观设计专利是指对产品的形状、图案或者其结合以及色彩与形状、图案的结合所做出的富有美感并适于工业应用的新设计。当然，这三种类型的专利都是可以进行交易的。专利交易主要包括专利转让和专利许可。其中，专利转让是指通过将专利权在不同主体间的转移，为单位或个人实现产权的产品和服务价值交换。专利许可是指通过向他人收取费用，具体是指专利技术所有人或其授权人许可他人在一定期限、一定地区、以一定方式实施该专利，分为独占许可、排他许可、普通许可等方式。专利交易的实质是专利的使用权或所有权以有偿的方式在不同经济体之间转移。其中，买方取得专利使用权或所有权，卖方获得经济利润。专利交易是以货币为媒介的产权，包含产权的产品和服务的价值交换。

但是，从交易的难易程度来说，相对于商标交易和版权交易，开展和完成一项专利交易难度较大。其主要有以下几个原因。首先，专利是科技和智力创新创造的成果，相对于商标交易和版权交易，专利交易专业性强，参与市场交易的买卖双方应该是科学技术研发和实施的行业内人士，对专利技术的价值含量和市场应用前景须有一定了解或研究。其次，专利因涉及技术信息，且交易结果事关当事人重大经济利益，所以大多数进行专利交易的平台或市场会采取会员制，将出售的专利明码标价或价格面议，而涉及关键技术的专利交易，大多数需要买卖双方线下洽谈和考察、多方论证后才能完成。虽然交易流程跟普通商品交易没多大区别，但是真正能参与交易的人非常少，社会公众普及率、关注度和参与度不够。再次，专利的价值评估难度大，且评估和定价无统一标准，定价过于虚高或偏低都会影响交易信心和公平性，也会加大交易的潜在风险。

当前，一些国内外专利交易平台对专利交易的模式、交易流程、平台业务拓展等进行了一些探索，如美国国家技术转移中心(National Technology Transfer Center，NTTC)、美国 Yet2.com、韩国技术交易所(KTTC)、中国技术交易所(技 E 网)、中国浙江网上技术市场、Ocean Tomo 公司、高智发明(Intellectual Ventures)、国际知识产权交易所(Intellectual Property Exchange International Inc.，IPXI)，接下来将对这些平台进行案例研究。通过比较分析国内外对专利交易模式的探索，梳理各个交易平台的发展历程、业务内容和主要特征，以更全面地认识互联网时代下专利交易平台成功的经验和困难。

8.3.1　美国国家技术转移中心

美国国家技术转移中心成立于 1989 年，有全时工作人员 10 名，经费主要来自美国国家航空航天局(NASA)、能源部(Department Of Energy（US），DOE)、财政部和联邦小企业管理局(Small Business Administration，SBA)等，其主要任务是将联邦政府每年拨出 700 多亿美元资助的国家实验室、大学等的研究成果迅速推向工业界，使之尽快成为产品，增强美国工业的竞争力。它的主要服务内容是技术转移的入门服务、“商业黄金”网络信息服务、专业培训服务和发行技术转移出版物服务。

其运作模式为总部+6 个区域技术转移中心(南部技术应用中心、中部技术转让中心、东北部技术商品化中心、大西洋技术应用中心、中西部大湖工业技术中心、西部区域技术转移中心)。具体来说，一方面，美国国家技术转移中心利用自己的关系，帮助企业寻找所需技术，企业把所需技术发给中心，并由中心代为寻找合适的研究机构和研究成果。另一方面，美国国家技术转移中心从联邦实验室和部分大学的技术机构获取信息，再通过自身的网络以及与6个地区技术转移中心的信息网在全国范围内寻找企业，并由中心介绍实验室和企业接触，促使企业和研究机构达成技术合作意向。在这些过程中，中心的专家网络会参与技术评估的工作，同时中心会根据具体情况收取一定费用。一般而言，中心在整个技术转移过程中是一个信息交换的场所，并充当了“介绍人”和“担保人”的任务。

作为专业的技术与市场评估组织，美国国家技术转移中心采取的是线上线下运营相结合的方式，但以线下咨询为主。美国国家技术转移中心最为突出的是其技术评估能力，提供技术扫描、技术预测、技术匹配、投资组合、市场研究、合作伙伴选择的服务。此外，它作为连接联邦实验室技术和大学与企业的桥梁，是提供双向甚至多向技术信息服务的平台，这是其得以成功的重要因素。

对于这种模式，目前中国也在效仿，科技部采用的也是这样一个模式：总部(北京中关村)+6 个区域性的技术转移中心[南方中心(深圳)、东北技术转移中心(长春)、西北中心(西安科技大市场)、西南中心(成都)、东部中心(上海)、中部中心(武汉)(尹俊玲，2018)]。

8.3.2 美国 Yet2.com（网络技术交易平台）

Yet2.com(https：//www.yet2.com/)是全球利用网络进行虚拟技术交易的先驱，也是目前全球最大的网络技术交易市场平台。Yet2.com 于 1999 年 2 月创立，由 Venrock 公司、3I、杜邦、宝洁、霍尼韦尔、卡特彼勒、NTT 租赁、拜耳和西门子等 10 余家国际知名企业投资成立，当时注册资本仅有 2400 万美元。目前联合投资企业扩展到 60 家，总部设于美国马萨诸塞州。Yet2.com 目前在全球设有 5 个分部，拥有 14 万用户，2015 年其管理资产超过 5000 万美元。

凭借 20 多年的经验，Yet2.com 成功地为客户提供了超过 10000 项服务，同时集聚了许多风险投资基金。Yet2.com 拥有遍布全球的技术人员，线下超过 9 万名技术专家帮客户筛选项目，公司能敏锐地捕捉技术供需信息，擅长技术价值评估，为客户筛选技术投资机会，促进客户成长。其服务内容有技术许可服务、咨询服务以及会员服务，同时匹配自己的风险投资基金，为技术双方合理有效地发布技术成果或解决技术难题提供了保证，确保技术交易商业运作成果。其运作模式为市场化服务，所有服务均收费，包括信息发布费、交易费和增值服务费。Yet2.com 作为一个开放创新的交易平台，连接了技术供求两端，帮助供求双方搭建了一个连接的桥梁。这解决了双方的沟通障碍，进一步促进新技术和新创意的推广以及商业化进程(表 8-6)[①]。

①江苏省国际合作中心. [2020-09-10].【企业介绍】构建有利于科技经济融合的创新组织案例 6：美国 Yet2.com（网络技术交易平台），https://page.om.qq.com/page/OMmvnY1WsqkMd89R8ZwY6Piw0.

表 8-6 Yet2.com 主要提供的 5 种服务

序号	名称	内容及成效
1	战略交易流程服务	Yet2 利用自身的专业技术侦察和技术审查，为客户提供和介绍有趣的创业公司和新的技术，并同时让这些创业公司和新技术有机会和世界同行们接触和讨论。它通过网络学习教育与供同行开放性讨论的论坛，使客户了解行业中第一手独家信息；Yet2 每年会筛选出至少 400 家有前途的公司和企业，并通过过滤和技术审查程序，为其提供具体的发展计划咨询服务，并将其介绍给 Yet2 的全球合作伙伴来帮助它们获得更大的发展。Yet2 还会将自己侦查到的技术趋势和新兴市场的机会通过简报的形式免费发送给每个服务成员
2	有针对性的搜索服务	首先，Yet2 通过对市场的创新识别预判技术，促进在短期内与对方达成合作；客户提出需求后，Yet2 通过与客户的密切合作从而更加深入了解客户需求，来明确评选解决方案的最优结果；其次，Yet2 将该技术需求市场化，通过它的全球联盟网络和 14 万用户数据库来寻求解决方案，最后将解决方案通过过滤最终给出客户的最优方案。通过这样的服务流程，Yet2 能帮助客户节约筛选和查询的时间
3	开放创新门户管理服务	Yet2 帮助企业提供创新需求管理服务，可以保存用户创新项目并通过筛选标准筛选出 10%的创意；Yet2 还帮助客户澄清和阐明特定的目标和技术需求，来获得更高的效率；Yet2 的开放门户的创新管理服务可以替客户节约时间，避免垃圾信息，以及提供专业和一致的创新创意
4	技术营销和业务发展服务	Yet2 通过在线技术发布和推广，帮助技术卖家进行技术营销和业务发展；在线技术发布是通过在线 Yet2 市场，向 14 万用户推介技术出售；此外，它还会在网络研讨会上提供一个额外的广播宣传，通过以上的方式来帮助客户做技术推广
5	专利交易服务	Yet2 通过匿名交易的方式帮助客户隐匿其身份，并运用 Yet2 多年来的经验帮助客户取得更合理的成交价格，最大化客户利益；Yet2 帮助客户评价其专利价值，准备所需的相关材料，为客户提供应对指导，并和专利购买者直接洽谈；Yet2 可以有效连接全球的买家，并且筛选出最合适的买家，从而使得交易能够顺利完成

8.3.3 韩国技术交易所

韩国技术交易所成立于 2000 年 4 月，是隶属于韩国产业资源部的、从事技术转移的组织，是韩国政府专门支持企业从事技术开发的职能机构，由政府和民间共同出资创办，为了扩大先进技术的输出和引进。它主要通过建立国家技术转让数据库和网络来构筑公共及民间部门的技术转移体系，为技术供求双方提供线上线下技术交易平台及技术交易支持系统。该交易所推进技术产业化的模式主要有：技术交易、技术评估、企业并购等，其先进的运行机制使之成为韩国目前最具规模的国家级技术转移机构。

8.3.4 中国技术交易所——技 E 网

中国技术交易所(以下简称中技所)，于 2009 年组建，是由北京市人民政府、科技部、国家知识产权局和中科院联合共建的技术交易服务机构，注册资金 2.24 亿元。中技所自成立以来，以技术交易为核心，围绕科技成果转化、企业转型升级和区域创新发展提供专业化服务。中技所年交易额超过 340 亿元，累计交易额突破 1000 亿元。

2010 年 12 月，中技所推出专利拍卖，经过激烈竞拍，中国科学院计算机研究所的 28 件专利成功拍出，总成交金额近 300 万元。此后，中技所又在 2011 年、2012 年举办了两次专利拍卖活动。其中 2011 年专利拍卖会有 15 项标的成功竞拍，竞拍金额 100 余万元；

2012 年专利拍卖会成交标的 87 项，成交金额 425.5 万元，在第二届、第三届拍卖会上，考虑到现场拍卖地域限制强、竞价标的数量少及决策时间短等局限因素，中技所还同步采用了网络动态报价的方式。中技所的专利拍卖活动极大促进了专利拍卖这种技术交易方式在中国的迅速发展，北京、深圳、杭州和东莞等地陆续推出了专利拍卖业务。

2014 年 12 月 18 日，中技所组建的网络平台——技 E 网(www.ctex.cn)上线。技 E 网已推出信息披露、网络竞价、路演展会、挂牌交易、推介撮合、成交信息公示等功能模块。技 E 网在应用和技术方面有多个创新点，最为突出的是推出网络竞价、在线路演、在线展会和订制服务等创新服务品种。

8.3.5 中国浙江网上技术市场

中国浙江网上技术市场(www.51jishu.com) 于 2002 年 10 月正式运行，目前已有一大批高校、科研机构、中介机构和科技人员加入中国浙江网上技术市场，产学研联系比较活跃，通过市场机制配置科技资源，成为浙江省区域创新服务体系建设的强大平台。目前中国浙江网上技术市场提供的服务包括：成果竞价、科技商城、技术成果、技术需求、技术评估、资讯大厅、合同登记、各级市场。用户可以在网站发布技术成果的转让或许可信息，提出需求，参与拍卖，进行技术评估等，其交易客体的技术主要载体是专利，有协议和拍卖这两种交易方式，同时还提供技术评估、合同登记这类衍生服务。

中国浙江网上技术市场采用政府主办的非营利方式，除中介机构服务收费外，实行免费上网交易，通过这种方式，大大降低了交易成本。2018 年，在中国浙江网上技术市场活动周上，专利交易成果显著，总共达成了 106 项、总金额达 2.47 亿元的科技成果现场签约，其中数字经济领域项目 26 项、签约金额 8632 万元，生命科学领域项目 12 项、签约金额 1500 万元，军民融合领域项目 22 项、签约金额 6717 万元；219 项科技成果在浙江省科技大市场参与竞拍，总起拍价 2.4963 亿元，涉及数字经济、生命科学、工业制造、新材料、农牧渔及加工、节能环保等多个技术领域；华润集团、物产集团等 70 余家央企、省属企业与省内外 20 余家知名高校、科研院所对接合作。

8.3.6 Ocean Tomo 公司

Ocean Tomo 公司是美国著名的知识产权资本化综合性服务集团，总部位于美国芝加哥，于 2003 年成立，是一家全球领先的智慧资本商业银行公司，提供与知识产权交易相关的金融产品和服务。早在 2006 年 4 月，Ocean Tomo 公司就开始在旧金山举办了“世界历史上第一次现场专利拍卖会”，其中 400 件专利被分为 78 个拍卖标的，覆盖了通信、医药、半导体、汽车、金融服务等领域。最终成交 26 个标的，成交率为 33%，成交金额约为 300 万美元。引起了各国同行业人士的关注。也正是由于 Ocean Tomo 公司专利拍卖的成功，中国国内也一度掀起了专利拍卖的尝试，如中国技术交易所等。

其后，Ocean Tomo 公司连续举办了多场专利拍卖会，从 2006 年春季到 2009 年夏季举办了 10 场拍卖会，总成交额达 1.146 亿美元，平均每场为 1150 万美元，并且成功吸引了一些知名机构的参与，如美国航空航天局等。从 2006 年秋季拍卖开始，除了专利以外，Ocean Tomo 也将其他知识产权引入到拍卖中，但主要的拍卖标的还是专利。在美国尝到了知识产权拍卖甜头的 Ocean Tomo，将触角伸向美国以外的国家和地区，于 2007 年开始在欧洲进行拍卖，并于 2009 年在香港举行首次亚洲拍卖。

Ocean Tomo 公司的专利拍卖已经进行了十余年，拥有比较成功的专利交易模式，其成功在于每次拍卖会之前的大规模宣传活动以及其高标准的拍卖流程。第一，所有卖家提交的专利要通过公司筛选，达到初步要求后再由专家团队评审，对技术及专利相关信息进行分析，综合判断是否适合拍卖；第二，竞买人需提交资格证明并提前注册，用以确保买家的真实性及拍卖中出价的可靠性；第三，公司将通过审核的知识产权和竞买人信息提交数据库，便于后期的信息记录和信息比对，规避专利交易中的潜在风险；第四，现场拍卖，专利拍卖的标的比一般商品更加复杂，通过现场拍卖，确保买方和卖方进行充分的沟通，降低信息不对称对拍卖带来的不利影响；第五，拍卖前期的广泛宣传，Ocean Tomo 公司通过各种宣传渠道在每次专利拍卖前进行广泛宣传，包括电视、报纸、网络等，以吸引到足够多的买方和卖方(孔军民，2016)。

8.3.7 高智发明

高智发明于 2000 年成立，总部位于美国华盛顿州，由微软前高管纳森•梅尔沃德和爱德华•荣格创建，是一家知识产权风险投资公司。高智发明在全球拥有 7 万多个专利，拥有的专利技术几乎覆盖了所有工业领域，是世界上最大的专利公司之一。据相关数据显示，高智发明公司为美国第五大专利持有者，在全球位列前十五名，其迄今为止已从专利许可中获益 20 亿美元。高智发明的专利交易和投资策略是从研发的源头对发明人进行资助，旨在获得该项专利的排他性授权许可，为下一步专利权的商业化运作奠定基础。高智发明公司一般通过 3 种途径进行知识产权交易，分别是战略性购买、目标性购买和受市场驱动性的购买。

高智发明是在逐步发展中形成这种独有的专利交易和投资策略的。从 2003 年起，高智发明一直从事发明和与发明相关的投资业务，并在总部设有发明实验室，2009 年 5 月份，公司正式发起了高智发明实验室。高智发明目前主要投资的领域包括生物医疗、信息技术、材料科学等。目前高智发明持有 3 万项专利，主要着眼于未来 5～10 年的技术发展趋势，在全球范围内促进发明创新以及知识成果的价值实现。高智发明最初仅推出“专利保护基金”，加入的投资方主要以建立专利防御为目的。后期加入了一些发明家，随着发明家的加入产生了不少的专利，同时该公司也在逐步收购专利，经过几年的累积，该公司专利实力越来越强。发明专利带来的巨额利润抢占了传统的“专利保护基金”收益和对产品和技术的风险投资，巨大的盈利前景吸引越来越多的投资方加入，以追逐高额利润。自此，高智发明的主营业务也逐渐成熟。高智发明于 2008 年 10 月正式进入中国市场，与十几所中国的大学进行合作。合作包括 PCT 专利撰写、申请和维护费用，知识产权出口、资助研究、项目扩展等多个方面。基于国内科技成果转化难等现实原因，高智发明看准机会，陆续与中国各高校展开合作，辅助发明人开发专利，最终共享市场化后的利润。

8.3.8 国际知识产权交易所

国际知识产权交易所(XPXI)成立于 2011 年，总部位于美国芝加哥市，是通过标准化条款，采用市场定价进行知识产权交易的金融交易所。

在专利交易中，由于专利交易涉及专利通常比较复杂，信息不完整、不充分的问题比较突出，使得交易双方需要耗费大量的时间和精力去了解信息，并通过进行沟通谈判来降低这种信息不完整的影响，从而增加了交易成本。IPXI 通过创造一个公平的交易市场环境，让专利交易过程中能够有价值发现的过程，使整个交易过程更加透明，最终由买方和卖方共同来发现专利交易的合理价格，从而提高专利交易市场的效率。IPXI 对专利进行组合打包，形成单位许可权(Unit License Rights，ULR)，ULR 合约可以将专利许可转变为可交易的产品，被许可方可以通过购买行为实现专利组合的许可，通过出售行为转让已经持有的专利许可，从而提升市场透明度，简化技术转让流程并提高效率。

为了让知识产权交易更加富有效率，IPXI 为授权人和被授权人按照标准条款转让技术提供支撑，标准条款通过平台的法律专家和技术专家共同确定，降低专利交易中的契约拟定时间和契约成本。而对于小公司或规模较小的专利所有人而言，独自寻找专利转让方或被许可方难度极大并且成本很高，从而影响了其专利的商业化使用。因此他们可以把对于一个许可的营销、审计和执法，整体委托给 IPXI，IPXI 利用其在技术、市场、法律、市场方面的优势，最快实现专利的商业化。

IPXI 给交易双方均带来利益。一方面化解了专利权人专利商业化的种种难题，同时将所持有专利通过打包形成专利组合，能最大限度发挥自身专利的价值。对于被许可人的而言，首先以市场化的价格获得专利组合，这个价格通过市场竞价，能够规避被许可方的信息劣势地位，避免了由于信息不对称而支付的过高成本；其次是可以根据自己的需求来付费，专利许可按照份额许可的方式进行，与使用量密切挂钩，而传统许可一旦产生就需要支付费用；再次是所有的被许可人都能够在一个公平的市场环境和公正合理的许可条款下进行交易，通过 IPXI 第三方平台，最大限度地保证了交易的透明性；最后，交易平台会对所有相关专利进行审查，规避其中的法律风险，并分析其技术优势、市场前景，出具相应的报告供被许可方参考。

尽管有着上述的种种优势，但是在 2015 年 3 月 23 日，IPXI 仍然宣布关闭。IPXI 虽然获得了一定数量的专利授权，却未能创造足够多的专利许可，导致专利运营处于停滞状态，业务的开展无以为继。经过分析，总结 IPXI 失败主要来自两方面原因：其一，IPXI 虽然是为知识产权权利人和潜在许可对象双方服务，但主要还是一个卖方市场，知识产权产品展示在平台上等待潜在买家主动参与交易，需要自己主动寻找买方；其二，IPXI 自身拥有的知识产权数量过少，未形成规模与聚集效应，IPXI 真正推出的可供许可的知识产权极其有限，这自然难以吸引更多的企业去关注、了解，并参与交易。

通过对 IPXI 的分析，可以看到专利交易平台需要具备买方、卖方、知识产权资源这三种要素，其中交易平台的知识产权资源是核心，掌握的一定数量和质量的知识产权资源，就能吸引更多的知识产权的买方和卖方进入这个平台。同时，交易方式的创新需要依托于知识产权交易市场的发展，IPXI 发展还受限于整个交易市场不成熟，潜在需求方通常倾向于通过专利无效、专利诉讼来解决专利问题，在市场尚不成熟时，推出新的交易方式也很难得到市场认可。

8.4 版权交易平台

由于受版权保护的作品范围较为广泛，包括小说、诗词、散文、论文等文字作品；讲课、演说、布道等口语作品；配词或未配词的音乐作品；戏剧或音乐戏剧作品；哑剧和舞蹈艺术作品；绘画、书法、版画、雕塑、雕刻等美术作品；建筑、摄影等艺术作品……而国内版权代理起步较晚，发展较慢，专门做版权交易的代理机构较少。长时间以来，中国国内版权交易平台大多是在国家版权局直属的中国版权保护中心、地方人民政府、地方版权局或其他政府部门的主导下，由出版、影视、传媒公司等机构出资设立，以“版权交易中心”“版权交易所” 等命名，如北京国际版权交易中心、青岛国际版权交易中心、华中国家版权交易中心等；版权平台所提供的服务主要涉及图书、音乐、影视、计算机软件等多种作品类型，仅少数平台针对单一类别作品提供服务，如西安电视剧版权交易中心等(王颖聪和姚林青，2012)。后来一些主要业务为商标和专利代理的知识产权代理机构也开始进入版权代理及交易业务，但也较零散，缺乏专业性。

中国的版权交易服务主要采用挂牌交易的方式。首先由出让版权作品的版权人在版权交易服务平台注册并发布交易意向，如果是文学版权人注册的信息就要包括作品名称、作品类别、作品简介、拟出让权利、授权方式(版权许可、版权转让)、联系方式等信息，浏览版权人公布的信息，购买版权的用户可对满意的版权作品进行报价；然后平台将根据用户报价更新挂牌价格，确定挂牌结束时报价最高的用户为版权受让方，并安排交易双方完成版权交易。该交易方式的特点为：在挂牌时间内允许购买版权的用户多次报价，使其能够合理决策、竞争；这种方式兼具招标、拍卖和协议等交易方式的优点，能够有效地表达作品作者诉求，为其在有限的时间内谋求最大利益提供可能；并且版权交易平台的操作过程一般较为简单，易于实现(张维，2014)。

从 2017 年短视频进入爆发期到如今，短视频已经从供人们消遣娱乐的一个途径，变成了集娱乐、带货、直播于一体的平台。2020 年全球进入新冠肺炎疫情期间，用户在家娱乐时间同比大幅上升，在中国国内，抖音、火山小视频等短视频成为人们打发无聊时间的重要途径。短视频作为移动互联网催生出的新的流量入口，也成为一个交易平台。据了解，短视频的转化率较高，视频引起的转发是文字图片的 12 倍，看过视频的用户购买意愿是其他用户的 1.8 倍。而除了通过短视频将商品和服务变现以外，很多短视频用户可能没有意识到，其实短视频本身作为受版权保护的知识产权，也可以是被交易的产品之一。

在版权交易服务领域，在数量有限的版权代理机构中，近几年出现了互联网+版权、区块链+版权的线上平台型版权代理机构，大多数围绕版权确权登记、诉讼维权、交易变现、监测管理、渠道发行、资源对接、社区交流等业务，因其涉及版权交易业务，因此，本章也会举出几个例子来介绍几个有代表性的机构，如红纺文化、阿里鱼(阿里巴巴旗下平台)、MF+即视、云莱坞等。

8.4.1 红纺文化

1999 年，郑波先生创建了以品牌出口代加工为主的生产型企业——“红纺集团”(China Brands Group，CBG)，经历数次产业转型，红纺文化的商业模式是以 IP 运营为核心，搭建内容、商品、营销、媒体、渠道为产业链的品牌文化投资管理。红纺文化三大核心是品牌 IP 化、IP 品牌化及粉丝运营，打造生活方式、线上线下一体化的互动体验，将 IP 商业运作模式运用到生活的各个领域，辐射到吃穿住行玩乐等板块。成立以来，红纺文化一直站在行业前端，在中国开辟了潮流版块市场，并拥有众多国际国内知名 IP 的商业转化经验，打造包括产品研发、设计、生产、品牌运作、推广应用等全产业链的 IP 生态链。如奥运吉祥物，2005 年红纺文化成为奥组委指定的特许经销商，被 2008 年北京奥运会选定为奥运吉祥物——福娃的独家保密生产商。如美国品牌 Paul Frank，2009 年红纺文化获得美国品牌 Paul Frank 单品项授权，在中国率先确立了潮牌的概念，并在 6 年后与该品牌签订了大中华区全品项独占许可权协议，成就了中国授权领域的最大一笔交易，开启品牌授权业务。如韩国品牌 PUCCA，2013 年，红纺文化开启 PUCCA 中国市场的运营，并在四年后取得 PUCCA 大中华区(除台湾地区以外)全品类授权及经营，并获得再许可的授权。

现如今，红纺文化旗下 IP 已经包括 Paul Frank、Pancoat、the Simpsons、Angry Birds、PUCCA、SESAME STREET、刺客信条等。未来，红纺文化作为 IP 商业转化的平台，将与亟需转型的传统企业合作，借助 IP 为消费带出新功能，帮助被授权企业做品牌规划、品牌运营乃至跨界运营，开启生活化全领域消费时代，打造红纺 IP 文化。

8.4.2 阿里鱼

阿里鱼(https：//ip.alibaba.com/)为阿里巴巴旗下在线版权交易服务平台，为国内外版权方和优质品牌商家，提供一站式互联网授权方案，以大数据匹配为核心，包含授权交易、授权管理、联合营销、在线影响、自动分账等服务。阿里鱼为版权提供方提供了变现新渠道，能够直接获得阿里巴巴旗下 10 万个精选品牌资源和 4.34 亿活跃买家市场。

阿里鱼提出为版权方和阿里商家提供一站式互联网授权解决方案，其中包含阿里鱼在线授权解决方案和阿里巴巴生态体系。其中，阿里鱼在线授权解决方案是指通过大数据匹配(即结合 IP 与店铺粉丝人群的电商消费行为、品牌偏好、媒体关注等数据，多维度匹配推荐合适的客户)，成功匹配后，由版权方向阿里商家授权，阿里商家向版权方付费，再通过阿里巴巴生态体系，获得授权的阿里商家可以在天猫、淘宝、聚划算、微博、淘票票、优酷等平台上向消费者和 IP 粉丝进行精准营销和销售。

阿里鱼目前涵盖的版权内容广泛，影视综艺方面包括大明风华、星际迷航、国家宝藏、鹤唳华亭等，艺术方面包括中国国家博物馆、颐和园、非遗大师、天野喜孝等，动画方面包括巧虎、小马宝莉、王牌御鼠、汪汪队立大功，动漫方面包括足球小将、头文字 D、点赞鹅、冰上的尤里等，游戏包括刺猬索尼克、太鼓达人、吃豆人 40 周年、旅行青蛙等。

进入阿里鱼网站后，需要先以版权方或者阿里商家的身份登陆，才能看到更多信息，这在一定程度上会筛掉一些用户或商家，但也彰显了阿里鱼坐拥后方阿里巴巴强大资源支持的自信，也将版权方和阿里商家等资源牢牢地攥在自己手中。

正是凭借阿里巴巴国际电商平台的背景，阿里鱼能够与国内外知名影视和文化公司开展版权资源合作。2019 年 7 月 5 日，阿里巴巴集团旗下授权业务平台阿里鱼与美国环球影业、CBS(美国哥伦比亚广播公司，Columbla Broadcasting Company)、日本株式会社日升、万代南梦宫、RADIANCE、TWIN PLANET 以及国内的中影股份、博纳影业、北京文化、华策影视集团、南派泛娱、好酷影视、华传文化、欢瑞世纪旗下品瑞传媒等 14 家公司在杭州举行签约仪式，正式宣布围绕 C2M 平台模式、IP 授权及多元开发达成战略合作。

从影视类版权变现方面，阿里鱼版权已经实现了不菲成绩。2019 年，电影《流浪地球》的行星发动机模型等正版衍生周边就以 7690%的超高完成率在阿里鱼的众筹平台上完美收官，在 26 天的时间里，超过 7 万人参与，总计筹得近 800 万元金额。

8.4.3　MF+即视

MF+即视(http：//www.ipmfj.com/)短视频及素材版权供应和发行平台，MF+即视隶属北京妹夫家传媒科技有限公司，成立于 2016 年 4 月，以全球短视频/素材版权中心为网络平台，定位短视频版权的交易和服务，为短视频需求者/平台提供最契合的内容。其旨在搭建互相交流与合作、拓展短视频流量价值的全媒体智库及社群，聚集了近 300 位互联网及媒体总编辑和制作人成员。MF+ 妹夫家/即视平台业务包括版权渠道发行、版权登记/维权、版权咨询与版权营销等。MF+即视拥有大量优质原创短视频制作机构、国内外媒体及通讯社等，能够提供上百万条正版短视频内容，也为创作者提供版权原创登记、版权入驻、版权销售、广告定制拍摄等一站式操作。

MF+即视的诞生，与两个全球最大的优质素材合作伙伴密不可分——123RF 和站酷网。123RF 创建于 2005 年，拥有遍布各地的分支机构，帮助众多的企业客户及个人用极具创意视频素材来讲述属于他们的故事。站酷网则深耕设计领域十余年，在设计创意群体中具有强大的影响力与号召力。2017 年 4 月 MF+即视获得微影资本领投，新榜跟投 Pre-A 轮融资 1000 万元。

用户进入 MF+即视，购买视频只需要登录注册，然后按照分类或关键字搜索意向短视频内容，添加购物车或直接购买，用支付宝或微信支付就可以获得商业授权并永久使用了。

8.4.4 云莱坞

云莱坞(http：//www.yunlaiwu.com/writer)是影视版权交易平台与编剧社区，是一家主打好故事、剧集创作的文娱平台，致力为影视行业发现好故事与优秀写作者，以移动互联网聚合写作者与影视人，驱动版权交易与故事创作。云莱坞隶属于北京云莱坞文化传媒有限公司，成立于 2015 年 7 月，公司规模 50～100 人。作为专业的影视版权交易平台与编剧社区，编剧或者写作者在云莱坞能享受包括项目合作、投稿、剧本交易、版权保护在内的一站式服务，制片方在这里能找到优质的小说、剧本，为项目开发找到合适的编剧，快速促成版权交易。截至目前，云莱坞影视版权成交金额已达数亿；拥有 10 万以上的实力作家编剧及 5000 以上影视机构资源；举办新编剧大赛、编剧沙龙等。平台业务包括线上版权交易、免费版权保护、连接行业资源。

8.5 小结：知识产权+互联网交易服务平台特点

8.5.1 交易服务的无边性

在传统的知识产权交易方式和过程中，容易受限于时间和空间等客观条件，导致有进行交易意愿的知识产权出让人及受让人之间的供求信息不流通、不对称，进一步使知识产权交易效率低下和成交量减少。但是，“互联网+”技术的使用使知识产权交易在服务时间、服务空间、服务内容上变得无边界。

首先，知识产权+互联网交易服务平台打破了知识产权交易在服务时间上的限制。因为互联网有个特性，就是 7×24 小时，只要服务器不崩溃，网页服务永不下线，借助于互联网手段，供需双方能够在不谋面的情况下进行沟通和交易，克服了传统交易的地域限制，也降低了买卖双方的搜寻成本和沟通成本。而个别优秀的知识产权+互联网交易服务经理人或顾问，为使供需双方达成交易意向而赚取佣金，也能做到 7×24 小时从中协调和谈判，更大程度发挥交易中介机构的作用，促成买卖双方成交。

其次，知识产权+互联网交易服务平台打破了知识产权交易在服务空间的限制。知识产权+互联网交易平台可以通过各种技术手段和工具高效及时地实现跨地区、跨国界知识产权出售和转让等交易意愿信息的收集，通过对这些信息的分类、整合、推荐和沟通，能够满足大多数企业想要快速获得知识产权的战略需求。

最后，知识产权+互联网交易服务平台打破了知识产权交易在服务内容方面的限制。随着全球技术的飞速发展，互联网知识产权交易平台能够收集和更新到任一随时发生的新技术、新品牌、新商标、新作品，这意味着消费者可以及时看到当下最新的知识产权信息。此外，有些平台通过技术需求推动技术供给，对于特殊技术和知识产权的需求，需求方可以在平台网上发布技术难题和技术招标项目信息，让平台方定向搜寻推荐，或者让供给方针对需求去定向研发新的知识产权产品，以实现知识产权需求和供给的精确且有效匹配，此举能让需求方在知识产权+互联网交易服务平台获得未来最新的知识产权。

综合以上三点认为，“互联网+”背景下的知识产权交易平台的特点之一是包括服务时间、服务空间、服务内容上的交易服务无边性。

8.5.2　交易方式的多样性

知识产权的传统交易方式中主要是协议交易、招投标、拍卖和电子竞价的方式。在互联网技术的加持下，有的知识产权交易平台在传统交易方式下延伸出独具特色的内容，如中技所在专利拍卖活动中采用了网络动态报价的方式。通过探寻和比较不同形式的交易方式和结果，能够为后期开展更丰富形式的知识产权交易业务提供经验和数据支持。

此外，通过高智发明的案例可以看出专利运营基金对于技术发展、专利转化都具有重要价值，也正因此，专利运营基金也是专利交易平台进行专利交易的一种重要方式。专利运营基金依托强大的资金实力，一方面分析不同行业的技术演化趋势，在不同的行业进行布局，收购最具有发展前景的技术；同时，建立自己的研发团队，对未来技术提前进行布局研发，产生专利。同时建立庞大的专利商业化市场，很多未使用的专利就可以寻找更多的市场机会，也为专利运营基金的商业化运作提供另一种机会。2014 年 4 月，中国睿创专利运营基金成立，该基金是国内首只市场化专利运营基金，由中关村科技园区管委会和海淀区政府通过引导资金给予支持，智谷公司负责管理基金投资策略与日常运营。2015 年 11 月，国知智慧知识产权股权基金成立。同年 12 月，北京市重点产业知识产权运营基金成立。随后，四川省、广东省等地也陆续成立了知识产权运营基金。可见，专利运营基金在中国的重视程度越来越高，越来越受到关注并有了很多实际运作。知识产权交易平台作为专利运营基金的运营方，能够第一时间接触前沿技术的高质量核心专利，并将信息整合到知识产权交易平台，为专利运营基金的长期发展奠定良好基础，也为后期的专利交易奠定基础。

8.5.3　线上线下的集成性

知识产权+互联网交易平台可以算是线下平台和线上平台的融合，具有线上线下平台的集成性。

(1) 知识产权+互联网交易平台能实现线上平台的信息整合、信息展示、在线交流、自由交易等功能，如在个别知识产权+互联网交易平台，供应方和需求方还可以就双方感兴趣的知识产权进行深入交流，或者通过交易平台的专业顾问和代理人，增强信息交流和交互，减少甚至打破地理障碍和信息障碍，降低技术检索成本和时间机会成本。

(2)知识产权+互联网交易平台具有线下服务、战略合作、渠道建设等功能。专利作为一种以技术为基础的无形资产，可视性较差，技术的实现还需要依托很多客观条件，因此，线下的充分沟通有些时候就显得尤为重要，如知识产权交易顾问在促成供应方和需求方达成交易协议之前，仅凭线上沟通是不够的，知识产权交易顾问除了要了解供应方和需求方的诉求外，在线下还需要和更加专业的知识产权代理人、技术专家去沟通，了解该知识产权的实际价值和长短板，为供应方和需求方陈述最合理的交易方案。同时，此类平台还会通过定期或不定期在线上发布专题技术交易会，充分吸引相关技术领域的专家、企业家、专利权人、专利需求方参会，通过线下的深入沟通，促成专利交易的实现。

(3)知识产权+互联网交易平台不是简单的线上线下市场的叠加，是需要根据实际业务规律设计有机融合方式和机制流程的。每个做知识产权交易的平台或机构都有自己独特的商业模式和线上线下融合的机制流程。

8.5.4 平台服务的集合性

从本章的案例介绍可以发现，知识产权+互联网交易服务平台大多数都不是只经营知识产权交易业务，而是在平台内对知识产权交易服务、知识产权服务乃至企业服务进行有效集合，实现不同纵深的“一条龙”服务。

有的知识产权+互联网交易服务平台只经营商标、专利或版权为主的交易服务，在横向业务上较少涉猎，在商标、专利或版权交易业务上纵向加深，打通单一知识产权交易业务上的专业化链条服务，如针对知识产权定价较难的问题，一些有实力的知识产权交易平台能够实现对大部分知识产权明码标价，并通过与资产评估公司合作，为供需双方提供中立合理的知识产权价值评估，形成独特的知识产权定价的一套标准规范，加快知识产权转让和转换的效率。

有的知识产权+互联网交易服务平台只经营以商标、专利和版权为主的知识产权交易服务，打通知识产权主要板块的交易业务，将知识产权交易服务平台的口碑和形象最大化地宣传出去。

还有的知识产权+互联网交易服务平台主打知识产权交易服务，但在横向上既囊括商标、专利和版权等知识产权业务，又包括非知识产权业务如工商财税、网页设计等企业服务；在纵向上既囊括知识产权确权、知识产权管理、知识产权运营、知识产权金融等知识产权主要板块，又包括知识产权交易所需的上下游服务业务，如知识产权分析、知识产权价值评估、知识产权猎头等服务。这些平台大多拥有自身强大的关系网络，能将包括政府、企业、高校、科研机构等协同创新主体凝聚到自己的数据库和客户圈中，为供需双方提供便捷获取和使用创新资源与服务的机会，大大降低了交易成本，提高了交易效率。

第九章　维权服务：知识产权+互联网维权服务创新

9.1　概述

自 2008 年《国家知识产权战略纲要》发布后，我国知识产权事业发展开启了新的篇章。2008～2018 年，十年间，我国商标申请量多年稳居全球首位，专利领域更是出现了年发明专利申请量和年有效发明专利拥有量分别达到了 100 万件的重大成果。在知识产权保护方面，社会满意度也由 2012 年的 63 分提高到了 2017 年的 76 分，反映了我国知识产权保护的不断加强。我国在知识产权领域所取得的成就，从另一个方面也印证了我国知识产权保护工作的突出成效。而知识产权维权作为知识产权保护中的一个重要环节，也是新时期我国知识产权事业蓬勃发展的有力保障。十年的发展，科学技术也在不断革新，互联网技术已经渗透到了人们生活的各个方面，知识产权维权当然也不例外。

早在 2018 年 7 月底，国家知识产权局就印发了《“互联网+”知识产权保护工作方案》的通知和详细的推进方案。《方案》首先确立了指导思想：“将‘互联网+’作为深化知识产权保护方式改革的重要手段，发挥大数据、人工智能等信息技术在知识产权侵权假冒的在线识别、实时监测、源头追溯中的作用，提升打击知识产权侵权假冒行为的效率、力度及精准度，净化互联网交易环境，遏制线下侵权假冒生产销售，最终营造出更加良好的创新、投资和营商环境，有力促进扩大开放和中国经济竞争力提升”。其次，《方案》中部署了详细的工作任务，包括建立技术支撑体系、建立运行机制、推进试点工作。其中技术支撑体系涉及三个方面：建设基础数据库、建设侵权假冒线索智能检测系统、实现智能检测系统与相关系统的对接。运行机制包括：建立侵权假冒线索检测启动与推送机制、建立智能检测与人工判断衔接机制、建立涉外侵权假冒相关信息分析处理机制和推进建立标识电子化管理机制。试点工作主要选择电子商务、进出口、大型展会等重点领域及地方优势领域开展①。

2019 年 11 月 24 日，中共中央办公厅、国务院办公厅印发《关于强化知识产权保护的意见》，其中再次强调要加强专业技术支撑。加强科技研发，通过源头追溯、实时监测、在线识别等技术手段强化知识产权保护；再次强调了要建设侵权假冒线索智能检测系统，提升打击侵权假冒行为效率及精准度②。

国家早已意识到在知识产权保护方面加入“互联网+”模式的必要性和重要性，因此

---

①国家知识产权局，[2020-7-16].关于印发《“互联网+”知识产权保护工作方案》的通知，http://www.gov.cn/xinwen/2018-08/05/content_5311887.htm.

②中华人民共和国中央人民政府，[2020-7-16].中共中央办公厅 国务院办公厅印发《关于强化知识产权保护的意见》，http://www.gov.cn/xinwen/2019-11/24/content_5455070.htm.

一直在强调要将专业的互联网技术运用到知识产权保护方面。近些年，随着国家的大力提倡，各部门及社会力量的崛起，知识产权维权的诸多程序中也在逐渐融入互联网技术，出现了许多创新模式。

因此，本章就主要从知识产权维权的调查服务、取证服务、投诉平台服务、援助服务和诉讼服务出发，探究在“互联网+”的模式下知识产权维权服务模式的发展与创新。本章第二节主要写知识产权维权调查服务，主要探究上海新净信利用 SaaS 模式创建的三大平台，其中“互联网知识产权保护监测维权平台”和“IPRM 影视监测平台”都是知识产权维权调查的创新服务模式。第三节主要写知识产权维权取证服务，主要从目前国内做得比较大、比较好的科技公司入手，探究各公司在知识产权存证、取证方面的突破性成果。第四节主要写知识产权维权投诉平台服务，主要从电商类平台、资讯类平台和视频类平台分别探究各平台在知识产权投诉方面的创新服务模式。第五节主要写知识产权维权援助服务，主要探究国家和各地方知识产权维权援助中心在技术服务上的创新及成果。第六节主要写知识产权维权的诉讼服务，主要介绍无讼、LegalZoom 和互联网法律服务公司在诉讼服务上的特点和创新模式。

知识产权本身的一些特点导致了知识产权维权存在很多困难。在知识产权维权服务中加入先进的互联网技术后，不仅可以解决在知识产权维权过程中遇到的一些问题，比如调查取证难等，还可以简化维权服务的程序，提高维权效率。

9.2 知识产权+互联网维权调查服务

近年来随着互联网的发展，开店铺、文章创作也都慢慢从实体、纸稿上转移到网上。这种变化给店家及创作者们带来了诸多好处，但也带来了诸多烦恼。售假、仿制、抄袭、洗稿等各种知识产权侵权行为屡见不鲜，屡禁不止。但技术的进步也并不是只助长了投机人群的侵权行为，也让知识产权的维权调查服务更加全面、效率也在不断提升。比如很多公司都开发有能够实现全网监测的维权平台，为维权调查提供了极大的便利。

(1) 上海新净信。上海新净信成立于 2009 年，成立之初，其就将主要业务集中在知识产权保护领域，现在已经发展成为国内为数不多规模较大的知识产权保护服务商，服务的范围涵盖了商标权、专利权和著作权等。公司利用 SaaS 模式推出了三大平台，即互联网知识产权保护监测维权（IPRSEE）平台、IPRM 影视监测平台、易智客知识产权管理平台（Easy-IP）。三大平台针对不同的领域发挥功能，服务不同的用户。

IPRSEE 平台，又称互联网知识产权安全鹰眼，其面向全网，监测的范围可以覆盖到核心电商网站的品牌。IPRSEE 平台的知识产权服务又可以细分为三大块，即大数据监测、线下调查和维权支持。其中，大数据监测包括市场快照、多维大数据在线市场主数据管理（master data management，MDM）、线上维权。①市场快照（eMarketNow）通过平台鹰眼监测云，对销售最活跃和已经形成销售规模的天猫、淘宝平台，即可按用户输入产品的销量从大到小的排列，依据价格、描述、店铺、销量、地区、图片等信息进行采集，并以数据、可视化图表形式，形成品牌产品在线市场概览、渠道销售情况、地区销量分布及 30 天销售额从高到低店铺排序等信息内容。②多维大数据在线市场主数据管理利用平台搜索云对主流的电商平台进行多维度数据采集，通过多维度的数据分析，查找异常的销售活动。数据包括产品型号、销量、销售额、店铺产品展示页和地理分布。然后系统根据对产品页面信息、产品型号、产品来源地、价格和供应地的分析来筛选疑似假货销售商；最后再针对分析筛选出的假货销售商链接进行自动化删除。③线上维权，又称线上市场清扫，这是新净信根据国家有关法律，以及电商平台、社交媒体、互联网搜索引擎的有关知识产权规则，帮助权利人对灰色市场、在线侵权行为和售假行为进行大批量、高效、快速的维权措施之一。同时，通过持续的线上清扫行动，为客户提供全方位的线上执法行动数据统计分析，高效地帮助客户理解和评估在线市场清扫行动带来的成果，优化在线预算分配，建立品牌与平台的合作通道。

以上是新净信在知识产权维权调查阶段开发出的技术手段和具体的实施方法。但上述内容均是依赖平台技术在线上进行操作的，除此之外，新净信还有强大的线下调查服务团队。新净信会在线上维权调查的基础上安排特定人员到疑似售假的电商那里进行测试购买，然后联合相关的权威鉴定机构进行产品鉴定，并出具一份具有权威性的鉴定报告。最后在线下核实环节，新净信利用遍布全国主要城市的调查网络和调查员，对各种线上侵权情报线索开展线下核实服务，走访过程中的照片、语音、视频、测买样品、物流信息、实地照片等，都会作为核实结果的证据保存。

IPRSEE 平台的鹰眼监测系统，结合线下的调查核实服务，实现了在互联网环境下，知识产权线上线下维权调查的紧密联合，为知识产权维权保护提供了基本保障。

(2) 其他维权平台。①深圳安托网络公司，成立于 2011 年，主要业务是为电商们提供全渠道数据采集与数据应用，为客户提供电商渠道秩序管理、电商价格实时监测、知识产权维权等服务。该公司通过互联网平台，监测电商平台上的违法违规信息，然后帮助企业进行维权调查，实现直接精准打击。②上海律加公司主要业务是提供“一站式”知识产权保护服务。它服务的流程包括制定全国维权方案、各省侵权扫描、各省立案诉讼、案件管理、结案归档。在各省侵权扫描阶段，公司会通过整合线下调查资源和在先搜索技术为企业做全面的侵权调查，搜集侵权线索，然后精准打击。

目前在互联网环境下，一些服务平台及公司已经实现了知识产权的线上维权调查、分析。并依托大数据及先进的搜索定位技术，实现了对侵犯知识产权行为主体及其网络行为的严密监测和分析存证，为互联网环境下的知识产权维权提供了有力支撑。

9.3　知识产权+互联网取证服务

知识产权侵权取证难，一直是困扰企业和权利人的大难题。首先从取证人角度来说，取证人一般都是企业的经营者，一心只顾企业的经营和管理，很少会提前做维权准备，维权意识淡薄，取证时已是在侵权发生后，所以导致取证难；其次从取证对象上来说，知识产权本身就具有无形性特征，所以侵权行为也有很大的隐蔽性，尤其是在当下的互联网时代，高度科技化、电子化，都是导致抓取证据难的因素；第三是取证的成本非常高，往往要企业投入大量的人力、物力和时间；第四是取证人在经过努力后取得的证据还要在诉讼程序中证明证据的“三性”，即真实性、合法性和关联性(蒋丽，2019)。

互联网环境为知识产权取证带来了一定的阻力，但同时随着技术的不断革新，也为取证带来了许多便利性、科学性和有效性。其中一项最重要的技术就是区块链。

区块链技术被发现开始于 2008 年中本聪的比特币白皮书——《一种点对点的电子现金系统》的发布。此后，区块链技术由于可以实现数据一致性，具有防篡改、防抵赖等特点，成为知识产权维权存证取证领域的“宠儿”。同时依托区块链技术存证取证的行为也已得到了司法领域的认可，如在 2018 年由最高人民法院颁布的《最高人民法院关于互联网法院审理案件若干问题的规定》(后文简称《规定》)中就确认了依赖区块链技术存取的证据具有法律效力。该《规定》中第十一条为“当事人提交的电子数据，通过电子签名、可信时间戳、哈希值校验、区块链等证据收集、固定和防篡改的技术手段或者通过电子取证存证平台认证，能够证明其真实性的，互联网法院应当确认[①]。”尤其是在版权方面，我国境内已经发展壮大了许多家依赖区块链技术进行存证取证的平台企业，包括酷版权登记变现维权平台、纸贵版权、北京版全家科技发展有限公司等。

(1)酷版权登记变现维权平台。酷版权登记变现维权平台是猪八戒网旗下品牌，是致力于为原创者作品提供版权登记、变现、维权的开放平台。作为重庆市版权局的战略合作伙伴，该平台目前已经有 100 多家代理机构在使用，已有 6.6 万余人通过酷版权平台成功保护了自己的作品。酷版权平台具有区块链技术、时间戳、电子签章+防伪水印、权威保证等优势，可为知识产权维权提供全面、权威的取证服务。

(2)纸贵版权。纸贵版权是纸贵科技旗下的一个网络版权工具型内容平台，“纸贵”以“互联网+版权”模式为基础，服务内容以文字作品、图片作品、VR、AR 等版权内容为核心。成立于 2016 年 7 月的纸贵科技，主要从事区块链技术的开发和企业级区块链解决方案的制定，同时涉及文化版权领域，通过区块链重塑版权价值，力图打造可信任的版权数据库以及数字化版权资产交易平台，并提供侵权监测、法律维权、IP 孵化等相关服务。

纸贵版权在区块链上帮原创者免费登记版权，最快 15 分钟完成确权；并通过区块链，可对音视频、图片、文字等各类型数字作品提供唯一的版权证书，作为版权确权存证的根据，相比于传统版权登记，速度更快、成本更低且无时间空间限制。由于新的《刑事诉讼法》和《民事诉讼法》正式将“电子数据”规定为法定证据种类之一，时间戳等电子证据的取证也在一定程度上简化了取证维权的烦琐程序与所需的时间。另外，纸贵版权还采用了“区块链技术+国家版权局”的双重权威登记方式，在技术上和法律上为版权保护提供双重保障。

①中华人民共和国最高人民法院. [2020-7-21]. 最高人民法院关于互联网法院审理案件若干问题的规定，http://www.court.gov.cn/fabu-xiangqing-116981.html.

另外，纸贵版权还与新华智云合作开发了“媒体大脑版权区块链”，并且是首个被互联网法院认可的版权区块链。这项技术被集成在“媒体大脑·MAGIC 短视频智能生产平台”上，可以对生产的短视频进行一键版权存证，并将链上的电子存证与司法链打通，使存证具有法律效应。“媒体大脑版权区块链”使创作者可一键举证直达杭州互联网法院，真正实现了一种从创作到维权的一站式服务。

相较于酷版权的区块链电子存证取证服务，纸贵科技更加注重与政府机构及其他高科技企业合作。纸贵科技还与新华智云就现在非常火的短视频项目合作开发了更专业的区块链平台，使创作者通过该平台可以将证据直接传送到互联网法院，极大地简化了知识产权维权程序，并且避免了举证全过程的人为因素干扰，保证了证据的完整性和可靠性。

(3)北京版全家科技发展有限公司。北京版全家科技发展有限公司(以下简称版全家)成立于 2016 年 7 月，是厦门安妮股份有限公司的全资子公司，其致力于发展数字版权服务市场。版权家是中国版权保护中心 DCI 研发战略合作伙伴，已累积有版权服务一百多万次。

版权家依托区块链技术推出了一款取证 App——“取证宝”。取证宝利用版权区块链去中心化、不可伪造、不可篡改的特性，加上中国科学院国家可信时间授时、CA 电子签名认证，将电子数据对应的加密信息固定在区块链上，证明电子数据在什么时间完整地存在。而且版权家的取证产品已得到了公安部信息系统安全等级保护三级认证。经过司法鉴定所检测分析后，版权家取证系统具备了成为电子证据的技术条件，其结果数据可以直达互联网法院，并获得了北京互联网法院判决支持①。

相较于纸贵科技，版权家依托区块链技术，开发出一款取证宝 App。取证宝可以直接装载于手机上，方便用户随时随地搜集证据、保存证据。这一 App 简化了从个人客户端到 PC 端的数据传输过程，同时也强化了用户的版权保护意识。并且，版权家的取证产品得到了公安部的认证和司法鉴定所的检测确认，因此从版权家取证产品中提取的证据真实性和权威性可想而知。

(4)亿书链(北京)文化科技有限公司。亿书链(北京)文化科技有限公司(后文简称亿书链)，成立于 2018 年 5 月，是一家专注于使用区块链解决版权存证、版权交易、内容分发、知识创富的技术驱动型文化科技公司②。亿书链拥有完全自主的知识产权区块链产品和技术，具备强大的底层技术开发能力，从底层链搭建开始，到应用层开发，拥有完善的技术文档和开发教程。亿书链是符合 DDN 标准规范的独立区块链应用，是 DDN 网络中的一个独立主链；采用 DPoS(委托权益证明，Delegated Proof-of-Stake)机制，具有 IP 存证、付费授权、追溯取证等基本功能，未来，还将支持通过 DDN 跨链技术，与其他符合 DDN 标准的资产主链互联互通。

---

① 成立于 2018 年 9 月份的北京互联网法院为了提高电子数据的证据效力，与国内多家领先的区块链企业共同建设了区块链电子证据平台——天平链。2019 年 4 月 9 日，北京互联网法院在审结一件侵害作品信息网络传播权纠纷案时，首次使用了“天平链”中的电子证据进行了宣判。而该电子证据的第三方区块链存证平台就是版权家。

② 亿书链虽然也是依托区块链技术进行版权存证，但其业务主要还是聚焦于版权交易、内容分发和知识创富。版权存证只是该公司的一个基础开源业务，主要是为其主营业务搜集资源。所以亿书链在存证取证服务方面不及纸贵科技和版权家专业。

(5) 重庆易保全网络科技有限公司。重庆易保全网络科技有限公司（后文简称易保全），成立于 2014 年，一直致力于区块链的研发和创新落地应用，目前已经是一家能够成熟运用区块链技术进行电子数据固化存证，并被司法机关认可的电子数据存证保全机构。易保全创立了首个“区块链+司法+应用”的模式，以电子数据存证保全为基础，推出了“区块链+司法+电子签约=君子签”“区块链+互联网仲裁=仲裁宝”“区块链+司法+知识产权保护=微版权”等多种应用。

易保全联合了公证处、仲裁委、版权保护中心、司法鉴定中心、CA 机构等共同发起保全链开放平台。同时，保全链已经对接了广州互联网法院以及由最高法牵头的由 30 多家法院参与的司法链。在不断完善的“区块链+司法”模式的基础上，易保全可以为不同客户群体提供取证、存证、出证等一站式区块链保全服务。

在易保全的产品服务中心有一项基于区块链技术的知识产权保护平台——微版权。微版权平台由四个主要阶段性服务组成，即作品确权、侵权监控、网络取证、代理维权。作品确权后，确权内容可在公证处、司法鉴定中心进行同步查询；另外，平台采用北斗卫星授时，通过区块链+时间戳+加密技术，确保确权内容的私密性、安全性和不可篡改。侵权监控可实现全网 24 小时实时监控，一旦发现有侵权行为，系统会立即通知用户侵权信息。在网络取证阶段，由公证处权威取证，并可向公证处申请取证保管函，取证方式包括 URL 网页取证、桌面录屏取证、录像取证、连续截图取证，从而保证取证数据的权威性和完整性；完成取证后可以同步至公证处、司法鉴定中心和版权局，可以避免在私人保存证据期间造成证据不完整、证据可信度低等人为因素的干扰。最后一道代理维权环节，由华安保险公司和中国太平洋保险公司独家定制数据保全险种，购买诉讼保险后，如果遇到了侵权诉讼，事后最高赔付 10000 元。

相较于前面提到的四种存证取证平台，易保全有三大优势：①服务模式细化、全面，包括了“区块链+司法+电子签约=君子签” “区块链+互联网仲裁=仲裁宝”“区块链+司法+知识产权保护=微版权”等；②与多家权威机构合作联合，有公证处、仲裁委、版权保护中心、司法鉴定中心、CA 机构、广州互联网法院等；③数据保全险，这是易保全与华安保险公司和中国太平洋保险公司合作为用户购买的诉讼保险。对于以上五家知识产权维权取证平台的差异的整体比较可详见表 9-1。

(6) 研究结论。综上发现，在互联网环境下，各平台都抓住了最新的互联网技术——区块链为版权存证取证提供技术上的支持和保障。另外，几乎各大平台都与版权局或互联网法院及各类权威中心机构建立了战略合作关系，为版权存证取证提供了司法保障。随着技术的发展，各平台的版权存证取证服务的产品和内容也在不断丰富和细化。但同时也存在着不足，现在利用互联网技术进行知识产权的取证服务的平台还主要集中在版权方面，而几乎未涉及商标和专利。

表 9-1　各知识产权维权取证平台差异对照表

平台名称	技术	联合机构	产品模式	服务内容
酷版权	区块链	重庆市版权局		版权登记、变现、维权
纸贵版权	区块链	国家版权局、新华智云、杭州互联网法院	“区块链+国家版权局”双重登记	版权确权、交易、侵权监测、法律维权、IP 孵化
版权家	区块链	中国版权保护中心、司法鉴定中心、北京互联网法院	取证宝 App、直通天平链	区块链司法存证、版权检测、司法取证、法律服务
亿书链	区块链、DDN、亿书链		内容挖矿、研发挖矿、广告挖矿、存储挖矿、取证挖矿、运营挖矿	版权存证、版权交易、内容分发、知识创富
易保全	区块链、保全链	公证处、仲裁委、中国版权保护中心、司法鉴定中心、CA 机构、广州互联网法院、华安保险公司、中国太平洋保险公司	君子签、微版权、仲裁宝、赋强公证、催大师、业务通	区块链事前存证、司法在线验证、智能高效立案

在国家知识产权局印发的《“互联网+”知识产权保护工作方案》中，有一条主要任务就是“分类建立假冒专利、外观设计专利侵权、商标侵权、发明与实用新型专利侵权线索的在线识别模型，与基础数据库对接，实现对侵权假冒线索的在线识别①。”而目前我国的商标和专利的侵权证据还都是靠人工去搜集整理，耗时耗力，这也一直是企业知识产权维权难的症结所在。因此各平台未来的发展方向应更多考虑如何将区块链技术也应用到商标和专利存证取证方面来，进一步解决企业在知识产权维权取证方面的困境。

9.4　知识产权+互联网投诉平台服务

2016 年 11 月 4 日国家版权局发布《关于加强网络文学作品版权管理的通知》，主要对两类人群给予了规定，一类是通过信息网络直接提供文学作品的网络服务商，另一类是为用户通过信息网络传播文学作品提供相关网络服务的网络服务商。其中规定第一类网络服务商“应当依法履行传播文学作品的版权审查和注意义务”；“应当建立版权投诉机制，积极受理权利人投诉，及时依法处理权利人的合法诉求”。规定第二类网络服务商“应当在其服务平台的显著位置载明权利人通知、投诉的方式，及时受理权利人通知、投诉，并在接到权利人通知、投诉 24 小时内删除侵权作品、断开相关链接②。”

2018 年 8 月，国家知识产权局印发《“互联网+”知识产权保护工作方案》，在推进试点工作方面，对电子商务试点领域要求“通过信息技术手段，全面深化相关协作调度机制。健全对互联网自营、他营、移动客户端交易等不同模式网络交易平台的信息化治理机制，引导平台运用“互联网+”高效处理侵权假冒举报投诉。根据智能检测系统确定线下源头信息，提升源头追溯精准度，高效打击生产源头，切断侵权假冒产品流通链条。”③

①中华人民共和国最高人民法院，[2020-7-21].《最高人民法院关于互联网法院审理案件若干问题的规定》，http://www.court.gov.cn/fabu-xiangqing-116981.html.

②国家版权局，[2020-7-23]. 关于加强网络文学作品版权管理的通知，http://www.ncac.gov.cn/chinacopyright/contents/483/308182.html.

③中华人民共和国最高人民法院. [2020-7-21]. 最高人民法院关于互联网法院审理案件若干问题的规定，http://www.court.gov.cn/fabu-xiangqing-116981.html.

以上两份文件中都提到了网络服务商和电子商务平台都要针对用户的知识产权投诉给予积极应对，并开通相关投诉渠道，结合线下信息，对知识产权侵权行为实现精准维权打击。下面我们就来看看国内各类平台在知识产权投诉方面所做的工作。

9.4.1 电商类平台在知识产权投诉方面所做的工作

国内的各类电商平台很多，本节主要选取了阿里巴巴、京东、拼多多、唯品会四个比较大的平台进行介绍，阐述各大电商平台在知识产权投诉方面的做法和特点。

1. 阿里巴巴知识产权投诉方面所做的工作

阿里巴巴成立于1999年，2017年成立阿里巴巴大数据打假联盟，2019年首次披露"知产保护科技大脑"，从2016年开始，阿里巴巴每年都会公布上一年《阿里巴巴知识产权保护年度报告》，总结上一年的知识产权保护成果。在阿里巴巴知识产权保护平台上设立有完善的知识产权投诉指引和知识产权侵权处理规则。

1）阿里巴巴知识产权投诉指引

知识产权投诉指引，首先给出了阿里巴巴知识产权争议的解决机制，解决机制分为两种：第一种是权利人可以在线提交侵权链接进行投诉，投诉成立后，侵权链接即被移除，后续卖家可以提起申诉，平台将根据双方提交的材料来决定是否恢复已移除的链接；第二种是如果权利人不想通过第一种方式解决纠纷，想通过有权机关投诉或向司法机关起诉，可以通过邮件的方式在平台投诉，并将初步的证据通过邮件发送，平台收到邮件后会根据相关的法律程序进行处理。但要实现以上两种投诉，要先在阿里巴巴知识产权保护平台上注册为平台会员，注册会员需要提交相应的身份证明和知识产权证明。

2）阿里巴巴知识产权侵权处理规则

在知识产权侵权处理规则方面，阿里巴巴针对自己不同的电商平台制定了具有针对性的侵权处理规则，阿里巴巴各平台的知识产权侵权处理规则详见表9-2。

表9-2 阿里巴巴各平台的知识产权侵权处理规则

平台名称	知识产权侵权处理规则
淘宝网 taobao.com	《淘宝网出售假冒商品认定和处罚规则与实施细则》 《淘宝网不当使用他人权利规则与实施细则》
天猫 TMALL.COM	《天猫出售假冒商品的规则及实施细则》 《不当使用他人权利的规则与实施细则》
天猫国际 TMALL.HK	《天猫国际服务条款规则》
飞猪	《飞猪出售假冒商品的规则及实施细则》 《飞猪网不当使用他人权利规则与实施细则》
阿里巴巴 1688.com	《1688 知识产权侵权处理规则》

续表

平台名称	知识产权侵权处理规则
AliExpress	《全球速卖通知识产权保护规则》
Alibaba.com	《国际站知识产权保护规则》

(1) 淘宝和天猫作为阿里巴巴两个重量级的主营电商平台，因为定位不同，所以在侵权处理规则上也存在着差别。①违规类型不同。天猫把违规类型大致分为：严重违规、一般违规；淘宝把违规类型分为：出售假冒商品(即 C 类违规)、严重违规行为(即 B 类违规)、一般违规行为(即 A 类违规)。淘宝把“出售假冒商品”单独列为一类，而天猫没有。其中的原因可能与两个平台的定位有关，天猫的入驻商户都是线下的知名品牌，在入驻时经过了严格的品牌及商品质量审查，所以在天猫出现“出售假冒商品”的概率很小，这就是为什么消费者会感觉天猫的商品质量会好些；而淘宝是零售商城，以个人为单位，在入驻时很难进行严格筛查，所以淘宝平台就在规则里面把“出售假冒商品”单列出来，严格管控，严厉处罚。另外，天猫与淘宝在违规的具体行为分类不同，违规具体行为分类详见表 9-3。②处罚方式不同。天猫采取的处罚方法是“扣分+支付违约金(10000 元以上)”；淘宝采取的处罚方法是“扣分+下架商品、删除商品、删除店铺相关信息、限制发布商品、监管账户、查封账户等”。

表 9-3　违规具体行为分类

平台名称	一般违规	严重违规
天猫	①提供虚假凭证；②恶意骚扰；③不当使用他人权利；④虚假交易；⑤描述不符；⑥滥用会员权利；⑦违背承诺；⑧滥发信息；⑨延迟发货；⑩未更新或变更营业执照信息；⑪发布混淆商品	①未提供准确有效 3C 认证编号；②出售假冒商品；③盗用他人账户；④骗取他人财物；⑤不当获取使用信息；⑥假冒材质成分；⑦扰乱市场秩序；⑧不正当牟利；⑨发布非约定商品；⑩出售未经报关进口商品；⑪提供虚假凭证；⑫恶意骚扰；⑬不当使用他人权利；⑭虚假交易；⑮描述不符；⑯发布混淆商品
淘宝	①发布违禁信息；②提供虚假凭证；③骚扰他人；④不当使用他人权利；⑤发布混淆信息；⑥发布未经准入商品；⑦虚假交易；⑧描述不当；⑨滥用会员权利；⑩违背承诺；⑪滥发信息	①不当注册；②盗用他人账户；③ 骗取他人财物；④不当获取使用信息；⑤假冒材质成分；⑥扰乱市场秩序；⑦不正当牟利；⑧发布违禁信息；⑨提供虚假凭证；⑩骚扰他人；⑪不当使用他人权利；⑫发布混淆信息；⑬发布未经准入商品；⑭虚假交易；⑮描述不当

(2) 天猫出售的主要是中国的品牌商品，而天猫国际的主营是海外直购，出售的是中国以外的商品。那两者的侵权违规处理方式有什么异同呢？首先，在违规类型上相同。天猫和天猫国际都将违规行为分为一般违规和严重违规。其次，在违规行为分类上不同。违规行为分类详见表 9-4。最后，在违规处理方法上也不同。天猫国际主要采取的是“扣分+节点处理”方式，详见表 9-5。

表 9-4 违规行为分类

平台名称	天猫	天猫国际
一般违规	①提供虚假凭证；②恶意骚扰；③不当使用他人权利；④虚假交易；⑤描述不符；⑥滥用会员权利；⑦违背承诺；⑧滥发信息；⑨延迟发货；⑩未更新或变更营业执照信息；⑪发布混淆商品	**①发布禁售信息**；②滥发信息；③虚假交易；④延迟发货；⑤描述不符；⑥违背承诺；⑦恶意骚扰；⑧不当使用他人权利；**⑨未按指定方式收集买家身份证信息**；**⑩滥用会员权利**
严重违规	①未提供准确有效 3C 认证编号；②出售假冒商品；③盗用他人账户；④骗取他人财物；⑤不当获取使用信息；⑥假冒材质成分；⑦扰乱市场秩序；⑧不正当牟利；⑨发布非约定商品；⑩出售未经报关进口商品；⑪提供虚假凭证；⑫恶意骚扰；⑬不当使用他人权利；⑭虚假交易；⑮描述不符；⑯发布混淆商品	①发布违禁信息；②盗用他人账户；**③泄露他人信息**；④骗取他人财物；⑤出售假冒商品；⑥假冒材质成分；⑦扰乱市场秩序；⑧发布非约定商品；⑨不正当谋利；**⑩拖欠天猫国际贷款**；**⑪出售非海外直供商品**；**⑫提供虚假凭证**；**⑬不当注册**

说明：黑体部分为天猫国际与天猫不同的行为分类。

表 9-5 天猫国际“扣分+节点处理”方式

一般违规	严重违规
①商家因一般违规扣分导致被限制营销活动的规则以《天猫国际营销准入基础规则》为准； ②商家因违背承诺和/或滥发信息，除按照前款规定处理外，如累计被扣分达 24 分，则给予店铺监管七天的处理；如累计被扣分达 48 分，则给予店铺监管二十八天的处理	①扣分累计达 12 分：给予店铺屏蔽、限制发布商品、限制创建店铺、限制发送站内信、限制社区功能及公示警告七天； ②扣分累计达 24 分：给予店铺屏蔽、下架店铺内所有商品、限制发布商品、限制创建店铺、限制发送站内信、限制社区功能及公示警告十四天； ③扣分累计达 36 分：给予关闭店铺、限制发送站内信、限制社区功能及公示警告二十一天； ④扣分累计达 48 分：对商家做清退处理

3) 阿里巴巴的诚信投诉机制和权利人共建机制

(1) 在以上知识产权侵权投诉的基础上，阿里巴巴平台又进行了升级，建立了诚信投诉机制，加入诚信投诉机制的会员可以享受到诚信权益，即平台高效处理侵权商品、简化侵权投诉理由或投诉举证材料、可以使用丰富多维的数据看板、预约参加月度电话会议。加入该机制须具备如下条件：①投诉删除率大于或等于 90%；②卖家申诉成功率小于或等于 5%；③三个月投诉量大于或等于 100 件。

(2) 权利人共建机制是在诚信投诉机制的基础上，权利人有主动打击假货的需求，并且愿意投入一定的资源进行知识产权维权，同时愿意加入平台与阿里一同治理售假。权利人进入平台后，会通过诚信投诉账号接收到平台上难以判断的疑似侵权链接。权利人再根据实际侵权情况和自身需求采取相应的后续处理措施。

4) 阿里巴巴的打假模式创新

(1) “技术赋能+多元共治”模式。阿里巴巴经过多年的主动出击打假，已经总结出了高效的打假经验——“技术赋能+多元共治”。这一经验得到了社会各界的认可和国家政府的积极推广。其中“技术赋能”中的技术指的就是“知产保护科技大脑”。“多元共治”就是平台联合执法机关、品牌权利人、消费者等共同治理侵权售假行为。2019 年 2 月份，阿里巴巴首次披露其平台的打假核心技术——知识保护科技大脑，并且向全社会共享。

⑵“打假无疆”社会治理新模式。“打假无疆”就是利用技术手段重构线上和线下打假，让打假范围没有边界，让侵权售假行为无处遁形。

“打假无疆”的具体模式为“技术创新+模式创造+工艺驱动”。在技术创新方面，阿里平台治理部、社会公益部和高德地图联合开发了“打假无疆”系统。该系统主要是鼓励消费者主动加入打假。消费者在线下如果发现了疑似侵权的线索，可以拍照、发送位置等，通过该系统中的全民公益知识产权保护平台上传证据。阿里巴巴通过对比、处理，将该侵权信息发送给权利人进行鉴别、核验。如果消费者上传的是真实有效的信息，即可获得“3小时公益”平台设定的公益时。这是国内首次通过公益的形式将消费者加入打假联盟内。

2. 北京京东世纪贸易有限公司在知识产权投诉方面所做的工作

1998年，北京京东世纪贸易有限公司(以下简称京东)成立；2004年，京东开创电子商务领域。2018年4月26日，京东集团知识产权保护与服务中心在宿迁正式启动，同时与中国文化传媒新文创(IP)平台形成联动机制，提供知识产权确权、交易和保护等知识产权服务。2019年12月，京东“氢舟数字资产产权服务平台”正式上线，氢舟平台的维权服务也由中传新文创(IP)平台的专业维权团队支持，为商家提供成本低、周期短、响应迅速的维权服务。氢舟已打通北京和广州互联网法院平台，将来还要增加智能识别技术、侵权预警、暗水印检测、版权检索和维权保险等服务。

1)科技创新型电商平台

京东积极开拓技术创新领域，旨在从“零售京东”转变为“技术京东”。截至本书成稿时，京东已经在数据处理、信息交换、安全加密、智能物流以及仓储系统等多个技术领域提交了4000多件专利申请。

2018年11月，京东数字科技集团(以下简称“京东数科”)成立。京东数科主要以AI技术驱动产业升级，公司的基础性技术有：AI、数据技术、物联网、区块链等。现在该公司的一站式技术解决方案已经涉及金融、农业、营销、环保、交通、能源、社区、医疗、商超零售、文旅、政务等领域。2020年8月，京东数科与国家知识产权局知识产权发展研究中心达成战略合作，共同对知识产权课题开展联合研究。

2)严审源头式知识产权保护模式

京东平台的商品给人的感觉就是正品、真货，而消费者的这种普遍感受源于京东一直信奉的一个理念：与品牌商直接合作。这种合作方式可以减少流通环节，从而保障产品的质量，维护商业诚信，最终保护平台品牌商们的知识产权。

而对于品牌商们的入驻，京东也有着严格的资质审查环节。对于入驻平台的重点品类的商家一定要有品牌厂商的授权和背书，同时要求商家签署质量承诺书并缴纳质量保证金。这是入驻前的必要程序。为防止商家作假蒙混过关；京东制定了“主动巡查制度”“神秘购买制度”“积分管理制度”三项制度，主动巡查为基本制度，其他平台也都在做。而“神秘购买制度”则是京东的独创，京东集团委托国际知名的检验检测公司匿名购买平台上商家所出售的商品，然后送到品牌方和合作的知识产权部门进行鉴定，一旦发现所购买的商品有问题，平台会立即采取相应的措施进行处理。

3) 京东的知识产权投诉机制

关于京东电商平台的知识产权维权投诉，在京东官网的网址导航中有“知识产权维权”链接。从接口进入后，会出现相关的投诉页面，如图 9-1 所示。

图 9-1　京东电商平台的知识产权维权投诉

图片来源：京东官网

根据页面指示，用户就可以根据自己的需求进行相关的维权操作。用户登录后，会有详细的操作手册，在“帮助中心”还有相关的维权指引。京东电商平台的维权操作如图 9-2 所示。

投诉方	被投诉方
什么是知识产权维权	收到投诉后如何处理
如何发起知产投诉	如何申诉
如何查看投诉进程和处理结果	申诉举证期限
如何撤销知产投诉	被投诉链接是否还可以恢复上架
恶意投诉的权利人可能承担哪些责任	侵犯知识产权会对被投诉人进行哪些处罚
如何解绑维权账号绑定的手机号码	何人有权发起知产投诉

图 9-2　京东电商平台的权操作

图片来源：京东官网

对于投诉的处理，京东也有相关的处理规则，即《知产维权投诉处理规则》《知产维权申诉处理规则》《平台知识产权自查规则》《知产维权投诉人账户分类处理规则》。

(1) 平台自查机制。平台自查是京东平台进行知识产权维权保护的重要举措。京东制定了一套平台自查申诉流程，详见图 9-3。

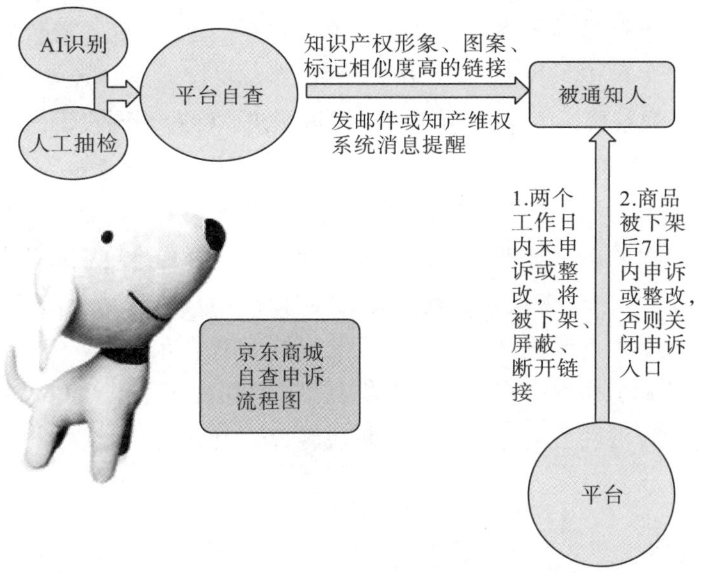

图 9-3　京东的平台自查申诉流程

被通知人如果想要申诉，需要提供如下材料：①被查商品来自权利人的凭证，包括但不限于授权文件、可证明商品合法来源的逐级进货凭证等；②被通知人自行拥有合法知识产权的证明材料；③来自第三方权利人合法授权的凭证，包括但不限于权属证明和/或授权证明；④被自查商品与权利人的知识产权不相同且不相近似的对比说明；⑤在权利人知识产权创作、申请之前的在先公开、销售凭证；⑥其他能够证明不存在侵权行为的补充信息或证据材料。

(2) 知产维权投诉人账户分类处理机制。京东的知产维权投诉人账户分类机制可能借鉴了阿里巴巴的诚信投诉机制，因为核心部分内容很相似，如图 9-4 所示。

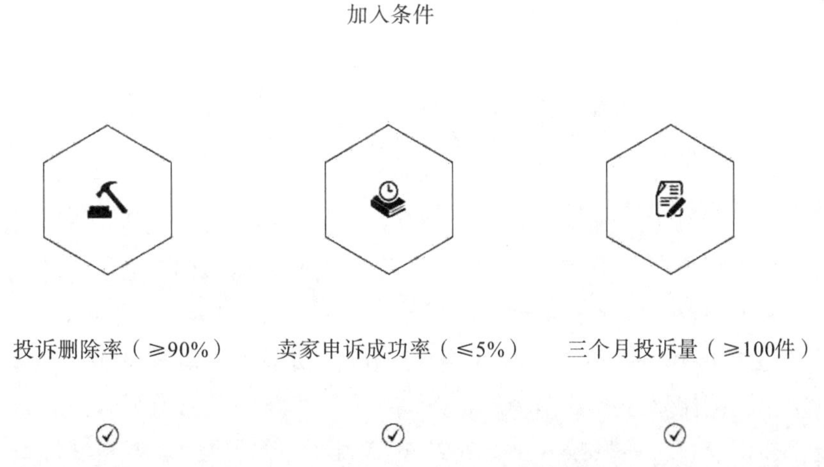

图 9-4　阿里巴巴官网的诚信投诉机制

图片来源：阿里巴巴官网

但京东的知产维权投诉人账户分类处理机制并不止于此，在《知产维权投诉人账户分类处理规则》中，平台按照投诉人不同的投诉行为，将投诉人的账户分为普通投诉账户、诚信投诉账户、待观察投诉人账户和非诚信投诉账户。针对不同投诉人账户类型，处理其投诉的标准也不同。针对普通投诉账户的投诉，投诉流程处理与《知产维权投诉处理规则》一致；针对诚信投诉账户的投诉，平台采取快速处理流程；针对待观察投诉人账户的投诉，平台会采取更为审慎的态度处理，投诉流程处理还是与《知产维权投诉处理规则》一致；针对非诚信投诉账户，平台有权限制其投诉功能、修改用户信息功能及修改权属信息功能，但会保留非其查看历史投诉记录和应对他人维权投诉的申诉功能。

京东建立了基本的知识产权维权投诉机制，并且还在不断继续完善中。京东在处理知识产权投诉方面的时效性很高，能够快速解决客户的投诉(图 9-4)。

2、投诉人账户分类标准

2.1平台方有权参考相关法规、权利人反馈、核查校验等综合因素对投诉人账户予以分类。

2.2符合以下条件的投诉人账户可以作为认定诚信投诉人账户类型的参考因素：

2.21投诉人所提交的投诉信息合法、真实、有效；

2.2.2最近前6个月内投诉成立率≥95%；

2.2.3最近前6个月内被投诉人的申诉成立率≤5%；

2.2.4最近前6个月的维权系统投诉量≥100件；

2.2.5与平台方建立有良好合作关系。

图 9-4 京东官网的诚信投诉机制

图片来源：京东官网

3. 拼多多在知识产权投诉方面所做的工作

拼多多电商平台创办于 2015 年 9 月，以独创的社交拼团为核心模式，在短时间内迅速开拓了一部分电商平台市场，并一跃成为第二大电商销售平台。2018 年 11 月 13 日拼多多知识产权保护平台正式上线，主要提供商品投诉服务。

1)“淘宝式”的知识产权打假模式

拼多多公布了平台在 2019 年第一季度财报，财报显示，2018 全年，通过严密的大数据风控系统与人工巡检，拼多多主动关闭了超过 6 万家涉嫌违法违规店铺，前置拦截近 3 千万条侵权及违规链接。此外，2019 年第一季度，拼多多的研发费用投入增加至 6.671 亿元，与去年相比同比增长 816%，研发投入的很大一部分用在了平台治理、风控技术和预防商户侵犯知识产权等研发投入上。2020 年 3 月 15 日，拼多多发布《消费者权益保护年度报告(2019)》显示：整个 2019 年，97%的疑似侵权链接上线前即被平台拦截封杀；超过 8.8 万家涉嫌违法违规店铺被平台主动关闭。除了数据上的差异，拼多多的打假方式与 2015 年的淘宝打假模式如出一辙。

2) 拼多多的知识产权保护平台

(1) 详细的投诉流程指引。如图 9-5 所示，拼多多知识产权保护平台，提供了详细的知识产权维权投诉流程介绍，并有相应的视频教程，投诉人完全不用担心操作的问题。

图 9-5　拼多多的知识产权维权投诉流程

图片来源：拼多多知识产权保护平台

(2) 拼多多假货处理规则。①在假货防控上，是在商家将商品上架后，向平台后台提供能够证明商品来自正规渠道或商品是正品的证明。②在样本来源上，规则中列出了四类平台获取样本的途径，平台抽检人员可任选其一。四类途径分别是：A.平台自行或者委托他人自商家店铺购买商品；B.商家自行向平台提供商品；C.消费者或品牌方向平台提供来自商家店铺购买的商品；D.其他途径获取且能够证实系商家店铺售出的商品。③在涉嫌售假判定标准及处理上，拼多多采取的是以普通人的知识水平标准独立判断所抽检的商品是否为假货，独立判断的内涵意思是不以实际收到投诉或样本等任何事项为前提。在处理涉嫌售假的商家方面，规则中给出了五项措施，平台任选其一或多项即可。五项措施分别是：A.部分或全部商品降权、屏蔽、下架、禁售；B.部分或全部商品移除资源位、禁止上资源位、移除广告；C.店铺禁止上新、禁止上架；D.限制店铺资金提现；E.通过获取样本、用户回访等方式进行进一步核实。④在假货确认及处理上，拼多多的假货确认标准是：收到来自官方(包括但不限于品牌方、行政机关、司法机关等)的邮件、鉴定报告、行政调查结论、司法判决等证据，或商家主动承认售假事实，至此商家售假事实成立。假货事实成立后，平台给出了六种处罚措施：A.该商品永久下架；B.限制店铺资金提现；C.扣除商家保证金和/或商家账户货款余额作为消费者赔付金，用于对假货订单消费者进行赔付；D.根据售假程度以及销售历史，平台有权对售假店铺采取包括但不限于商品移除资源位、禁止上资源位、移除广告、降权、屏蔽、下架、禁售，或禁止上新、禁止上架的限制措施；E.根据售假程度以及销售历史，平台有权终止与该商家合作；F　若涉及刑事责任的，平台有权移交公安、司法机关处理。以上六种处罚措施，平台可以选择其一或多项进行处理。

4. 亚马逊在知识产权投诉方面所做的工作

亚马逊成立于 1995 年 7 月，总部位于美国西雅图，其成立之初的定位就是做“地球上最大的书店”。在 1997 年上市后，亚马逊开始拓宽商品品类，到 2000 年，亚马逊的口号变为了“最大的网络零售商”。亚马逊一直把“最以客户为中心的企业”作为公司发展的目标，因此亚马逊开拓了第三方开放平台、推出网络服务(Amazon Web Services，AWS)、Prime 服务、外包物流服务(Fulfillment by Amazon，FBA)、自助数字出版平台(Digital Text Platform，DTP)[①]等服务。2004 年 8 月亚马逊全资收购卓越网，从此亚马逊中国网正式上线，总部设在北京。

作为大型的跨境电商平台，亚马逊目前在全球拥有十多个站点，针对不同的站点有不同的知识产权政策。下面就以欧洲站为例介绍一下亚马逊拥的知识产权政策和知识产权维权投诉策略。

1) 亚马逊的知识产权政策

在亚马逊卖家中心(amazon seller central)的知识产权政策介绍中包含以下部分：版权、商标、专利、外观设计专利、平行进口商品、实用新型专利、设计专利等 8 个部分。

(1) 版权。所售商品的版权问题：卖家必须获得权利人授权或卖家的使用行为受到权利用尽原则[权利用尽原则通常允许转售合法购买的正品实物(如书籍或 CD，无需获得版权所有者许可]的保护。但是在欧洲，仅当涉及具体产品(商品)为进口商品，或者此前已征得版权所有者(即所有者或其授权出售的人员)同意在欧洲经济区(EEA)出售，才适用此原则。在欧盟成员国中，任何商品设计都可能受版权保护，所以版权和设计权保护可以并存[②]。

(2) 商标。①假冒的定义：假冒是商标侵权的一种特定类型。假冒是指在商品或包装上非法仿制注册商标或与注册商标极其类似的标志。②商标的保护范围：国家商标不能在欧盟为商标所有者提供保护，而欧盟商标可在所有联盟成员国中为所有者提供保护。因此，如果卖家要在欧盟销售自己品牌的商品还要申请欧盟商标。③未经权利人许可使用其商标的情况：商品是正品，不是平行进口商品，就可以使用未经授权的商标来销售此特定商品。除此之外的其他未经授权的商标使用大多数都构成侵权行为。

卖家合法使用他人商标的情况如下所示。A.如果销售正品，卖家可以使用商标名发布这些商品。例如，发布“Pinzon”正品的卖家不一定侵犯 Pinzon 商标的所有权，因为该卖家仅使用该商标来识别正品。B.使用商标文字的普通字典含义时。C.真实地陈述某商品与商标商品兼容时。例如，如果卖家提供与 Kindle 电子阅读器兼容的专用线，并说明它

①亚马逊 2011 年 1 月 21 日对其 Kindle 自助数字出版平台(Digital Text Platform)进行了更名——把名字从 Digital Text Platform 改成了 Kindle Direct Publishing。

② 亚马逊卖家中心是以卖家在英国销售为例的知识产权相关政策作为详细说明。

“与 Kindle 兼容”，只要陈述真实且不造成混淆，则通常不构成商标侵权。但请注意，某些带有“类似”字眼的声明(如称商品“与 Kindle 类似”或“优于 Kindle”)属于商标侵权。图 9-6 展示了在亚马逊网标注商品品牌的正确方式。

商品名称	品牌	商品状态
AmazonBasics 扬声器	（留空）	【非在售】商品，由于“品牌”字段错误所致。由于“品牌”属性为空（不是“AmazonBasics”），商品名称不能暗示该商品就是 AmazonBasics 商品。
AmazonBasics 扬声器	AmazonBasics	【在售】商品，具有正确的“品牌”字段使用方式和可接受的商品名称。
6 英尺长 USB 充电线，与 AmazonBasics 扬声器兼容	（留空）	【在售】商品，具有可接受的商品名称和“品牌”字段使用方式。商品名称表明兼容性，但并不暗示这是 AmazonBasics 品牌商品；普通商品的“品牌”字段可以留空。
6 英尺长 USB 充电线，与 AmazonBasics 扬声器兼容	无线扬声器公司	【在售】商品，具有正确的“品牌”字段使用方式和可接受的商品名称。

图 9-6　在亚马逊网标注商品的品牌的正确打开方式

图片来源：亚马逊官网

(3) 专利、外观设计专利、实用新型专利政策与我国的没有太大差异，这里就不详述了，下面介绍一下我国没有的政策。①平行进口商品。平行进口商品是欧盟特定的一种知识产权侵权类型。比如，如果您在欧洲经济区（European Economic Area，EEA）之外的地区或国家采购了某些商品，这些商品的知识产权所有者(特别是商标所有者、版权持有者和许可证持有人)可能会禁止您在 EEA 进口或销售他们的商品。即使权利人在欧洲经济区也销售这些商品，只要他们拥有 EEA 的知识产权，这个平行进口商品禁令已然有效。在此最关键的点就是，必须征得权利所有者的同意。②设计专利。设计专利是针对整个或部分商品的外观，特别是体现商品线条、轮廓、颜色、形状、表面结构和/或材料和/或其装饰的特征的一种法律保护形式。其包括包装、图形符号和字体在内的任何工业或手工艺品都可归类为商品。可拆卸和可组装商品的部件也可受到保护。

设计专利也具有地域性，设计专利权可自动获得，不需要进行注册或办理其他手续。但是未注册的设计专利权在范围和保护期限(3 年)上比注册过的设计专利权受到更多的限制。

2) 亚马逊的知识产权侵权投诉机制

(1) 侵权投诉入口。在亚马逊官网有知识产权投诉入口，但投诉者仅限商标持有者或代理人。在投诉问题选择项中有四类，分别是：A.版权问题——未经授权使用受版权保护的材料，如文本、照片、视频、音乐和软件；B.商标问题——未经授权使用可确认并区分出商品来源的单词、短语、符号和/或设计；C.专利问题；D.其他投诉。其中，版权问题的具体内容选项包含：实际商品或包装包含未经授权的受版权保护内容或侵权图品；商品或包装为盗版；商品详情页面上使用了未经授权的图片；商品详情页面上使用了未经授权的文本。商标问题的具体内容包含：非法使用我商标的产品详情页面(例如商品名称、商品图片和商品介绍)；商品或其包装上有我的商标；假冒产品。专利问题方面就需要填写专利号等。

(2) 侵权投诉申诉。如果卖家收到权利人的投诉和亚马逊平台的处罚后，可以提出申诉和争议(图 9-7)。

(3) 对于多项侵权警告，如何申诉。如果卖家收到了多项知识产权侵权警告，卖家可以到亚马逊卖家平台进行申诉，申诉之前需要准备涉嫌侵权的 ASIN(亚马逊标准识别码)列表和以下内容中的一项：A.证明商品真伪的发票(您可以删除定价信息)；B.证明商品真伪的订单编号；C.权利所有者提供的授权书(不能是转发电子邮件)；D.认定您的商品未侵犯宣称的知识产权或宣称的知识产权无效或无法执行的法院命令。

(4) 对于账户暂令停售，如何申诉。如果卖家的账户因权利人提交了知识产权侵权通知而暂令停售，卖家可以向亚马逊平台提供可行的行动计划进行申诉。亚马逊平台将会根据卖家提交的行动计划进行评估，以此来决定是否可以重新开通卖家账户，平台也有权利最终关闭侵权者的账户。可行的行动计划包含以下内容：A.您销售涉嫌侵权商品和/或上传涉嫌侵权内容的原因；B.为确保自己不再侵权已经采取的措施；C.未来如何避免侵权；D.任何其他相关信息。

通知或警告的类型	您可以采取的品施
对于您从未在亚马逊上发布的商品	回复您收到的通知，并告诉我们您从未发布过所报告的商品，我们将展开调查，以确定这其中是否出现差错。
如果您与权利所有者建立了关系	如果您持有的许可或其他协议允许您使用通知中指出的知识产权，请联系提交投诉的权利所有者，请求对方撤回。如果我们收到权利所有者的撤回请求，您的内容可能会被恢复。
商品或包装上的商标侵权行为或假冒侵权行为	使用卖家账户中显示的账户状况控制面板提供可证明商品真伪的发票或订单编号。然后，我们将重新评估该通知，您的内容也可能会恢复。
商品详情页面上的商标侵权行为或假冒侵权行为	修改商品详情页面以确保其不侵犯商标权，然后前往账户状况页面提交您的申请。或如果认为您的商品被错误移除，可以前往账户状况页面提交您的申请。请提供支持文件(例如授权书、许可协议)。然后，我们将重新评估该通知，您的内容也可能会恢复。
专利侵权	回复您收到的通知，并说明您认为处理有误的具体原因。您还可以提供法院命令，证明您的商品未侵权，或者声称的专利无效或无法执行。
版权侵权	您可以根据《数字千年版权法》提交反驳通知。反驳通知必须发送至版权警告中提供的电子邮件地址，其中必须包含： • 您的手写签名或电子签名，您可以通过电子方式签名，具体方式为键入您的姓名，并播明其用作签名:"/s/卖家名称" • 播明已被移除或禁止访问的材料，以及材料被移除或禁止访问之前出现的具体位置。ASIN 通常可以满足要求。 一份声明，表明您确信材料由于出现错误或误识别而被移除或禁用，如所言不实，甘受伪证罪处罚。 • 您的姓名、地址和电话号码，以及一份表明您同意接受卖家地址所在司法辖区的联邦地方法院管辖权的声明;或者，如果您位于美国境外，则声明您受美国华盛顿西区地方法院的管辖，并且您将接受举报版权侵权行为的个人或其代理人送达的法律文件。

图 9-7 亚马逊平台的侵权投诉申诉

图片来源：亚马逊官网

3) 阿里全球速卖通与亚马逊的知识产权保护差异

阿里全球速卖通成立于 2010 年，是阿里巴巴集团打造面向国际的跨境电商平台。全球速卖通也被卖家称为“国际版淘宝”。目前，全球速卖通的买家已经遍布 220 多个国家或地区，平台上的商品品类也达到 30 多个类目。虽然全球速卖通和亚马逊都是做跨境电商，但它们在经营方式和知识产权政策方面存在着差异。

(1)经营方式差异。全球速卖通的卖家均来自中国，买家是除中国(港、澳、台除外)以外的公民。而亚马逊则没有这样的限制。前者是把中国的商品销往全世界，而后者是整合世界的商品在世界各国出售。

(2)知识产权侵权投诉机制差异。亚马逊平台的知识产权政策上文已经详细介绍过了。全球速卖通的知识产权规则详见图 9-8。全球速卖通平台的定位决定了速卖通的知识产权政策的类目来自中国的知识产权类目，包含了商标、著作权和专利。

侵权类型	定义	处罚规则
商标侵权	严重违规：未经注册商标权人许可，在同一种商品上使用与其注册商标相同或相似的商标	1）三次违规者关闭账号
	一般违规：其他未经权利人许可使用他人商标的情况	1）首次违规扣0分 2）其后每次重复违规扣6分 3）累达48分者关闭账号
著作权侵权	未经权利人授权，擅自使用受版权保护的作品材料，如文本、照片、视频、音乐和软件，构成著作权侵权。 实物层面侵权： 1）实体产品或其包装被盗版 2）实体产品或其包装非盗版，但包括未经授权的受版权保护的内容或图像 信息层面信息： 1）图片未经授权被使用在详情页上 2）文字未经授权被使用在详情页上	1）首次违规扣0分 2）其后每次重复违规扣6分 3）累达48分者关闭账号
专利侵权	外观专利、实用新型专利、发明专利的侵权情况 （一般违规或严重违规的判定视个案而定）	1）首次违规扣0分 2）其后每次重复违规扣6分 3）累达48分者关闭账号 （严重违规情况，三次违规者关闭账号）

图 9-8　全球速卖通的知识产权规则

图片来源：全球速卖通官网

比较两家平台的知识产权政策，可以看出，在速卖通平台，针对知识产权侵权行为都有一个“缓冲期”，比如商标侵权严重违规者可以有两次的容错机会，一般违规的容错机会更多。但在亚马逊，卖家一经权利人投诉，平台就会发出警告或关闭卖家的账户，容错率几乎为零。

4)阿里巴巴、京东、拼多多的知识产权维权状况比较

(1)知识产权维权综合比较。当然我国的电商平台还有很多，比如唯品会、苏宁易购等。本节以阿里巴巴、京东、拼多多为例，概述了各电商平台在互联网环境下的知识产权投诉机制和侵权处理规则状况，现以表格的形式来比较各电商平台在互联网环境下的知识产权投诉差异，各电商平台知识产权投诉机制及侵权处理规则状况详见表 9-6。

表 9-6 各电商平台知识产权投诉机制及侵权处理规则状况表

平台名称	投诉入口	投诉机制	侵权处理规则	知识产权保护平台/中心	其他
阿里巴巴	平台官网有“知识产权”接口	诚信投诉机制、权利人共建机制	针对不同平台有不同的处理规则，有《淘宝网出售假冒商品认定和处罚规则与实施细则》等共 10 份	阿里巴巴集团知识产权保护平台	打假联盟、知产保护科技大脑、“三振出局”制
京东	平台官网有“知识产权维权”接口	《知产维权投诉人账户分类处理规则》	《知产维权投诉处理规则》《知产维权申诉处理规则》《平台知识产权自查规则》《知产维权投诉人账户分类处理规则》，共 5 份	京东集团知识产权保护与服务中心(还未上线)	“主动巡查制度”“神秘购买制度”“积分管理制度”
拼多多	平台官网有“维权诉讼指引”接口		《拼多多假货处理规则》	拼多多知识产权保护平台	

(2)出售假冒商品认定及处理方式比较。阿里巴巴(以淘宝为例)、京东和拼多多针对平台内出售假冒商品的认定标准和处理规则都不相同。

①出售假冒商品认定标准。淘宝：指卖家出售假冒注册商标或盗版商品的行为。京东：指商家出售假冒、盗版商品的行为。拼多多：“假货”指假冒商品及盗版商品。假冒商品包括假冒注册商标或假冒他人厂名、厂址的商品。

三家电商对“出售假冒商品”的定义都包含盗版商品，这个无可争议，但在“假冒商品”的定义上有些区别。

淘宝和拼多多所说的“假冒商品”都是指假冒注册商标的商品。但淘宝对假冒注册商标商品的定义是未经注册商标权人许可，在同一种商品上使用相同商标的商品，而且不包括下列三种情况：根据卖家商品的全部信息，不会误认为属于权利人或者其授权人生产的商品；进口商品来源国的权利人与持有相同商标的中国权利人不同；商品使用的商标先于注册商标在中国使用。

拼多多则分三步来判定售假行为：第一步是涉嫌售假判定，以普通人的知识水平标准独立判断商家是否涉嫌销售假货。并且这个判断标准不以实际收到投诉或样本等任何事项为前提。第二步疑似假货判定，还是以普通人的知识水平为标准，抽到的商品和目前市场上的该商品在包装和内容上有差别，而且不是该商品的旧包装的或者是按照品牌方提供的鉴别方法鉴别出是假货的判定为疑似假货。第三步假货确认，平台收到来自官方(包括但不限于品牌方、行政机关、司法机关等)的邮件、鉴定报告、行政调查结论、司法判决等证据，或商家主动承认售假事实的，才能确认是售假。

京东对“假冒、盗版”商品的认定包括：A.经司法、行政机关认定商家出售假冒、盗版商品。如：各级人民法院通过判决等司法文书或工商、版权、专利、海关等行政机关通过行政处理等行政文书认定商家出售假冒、盗版商品。B.商家所出售的商品经购买并经鉴定为假冒、盗版商品。如：商家出售的商品被购买后，权利人及其授权的代理人出具鉴定报告，鉴定该商品为假冒、盗版商品。并且京东平台通过京东抽检抽查和投诉反馈(包括：

权利人投诉；消费者维权投诉以及其他渠道投诉反馈）获得出售假冒商品的行为信息。

②出售假冒商品的处理方式。淘宝：采取的是“扣分+违规处理”方式。淘宝网针对出售假冒商品实行“三振出局”制，即卖家每次出售假冒商品的行为记为一振，若同一卖家出售假冒商品累计达三振，将被查封账户。同时淘宝还会根据违规情节严重程度采取下架商品、删除商品、限制发布商品、限制解冻保证金、支付违约金、查封账户等措施。

拼多多：拼多多根据分出的三步假货认定步骤，分别采取了不同的处理措施（均已在前文列出）。但三类处理措施有一个共同点，就是平台可以采取其中一项措施或多项，对出售假冒商品的惩罚力度完全由平台掌控。

京东：采取包括但不限于违规商品下架、限制发布商品、屏蔽店铺等处理，并第一时间对涉嫌假冒商品的店铺进行调查，根据调查结果进一步对认定存在售假行为的店铺进行关闭店铺，关闭关联店铺、冻结相应货款及质保金等处理。

三家电商在对出售假冒商品的认定和处理上都有差别。总体来说，京东的认定和处理措施严谨、严格，而淘宝和拼多多则相对较宽松些。这也和两个平台对自身的定位和发展经营模式有关。

在互联网环境下，线上电商平台也提供着越来越优质便捷的服务，知识产权投诉是消费者及经营者们知识产权维权的入口和最基本的权利保障。但凡是大集团、大平台，它们都会尽力管理好消费者或经营者们的知识产权投诉，在投诉中提高集团或平台的服务质量，在投诉中维护平台用户们的知识产权，为国家和社会的知识产权保护出一份力。

在上文举例的电商平台中，各家平台的官网都有知识产权投诉入口，阿里巴巴集团的投诉机制全面、详细，京东集团也正在努力建设自身的投诉机制。其他平台也都在紧跟其后，努力改进自己平台的知识产权保护状况。

9.4.2　资讯类平台在知识产权投诉方面所做的工作

随着国家知识产权保护意识不断提高，知识产权保护不再局限某一领域，而是涉及生活中的各个领域。互联网的发展使每日的、国内外的资讯传播越来越迅速、便捷。而在资讯领域的知识产权保护做得怎么样呢？我们首先就来看看我国三大资讯平台的知识产权投诉机制的建设情况。

1. 深圳市腾讯计算机系统有限公司的知识产权投诉机制的建设情况

深圳市腾讯计算机系统有限公司（下文简称：腾讯），于 1998 年成立，目前是中国最大的互联网综合服务提供商之一，也是中国服务用户最多的互联网企业之一。腾讯旗下的服务产品有：QQ、微信、QQ 空间、QQ 游戏、腾讯网、腾讯新闻客户端、腾讯视频等。

1）腾讯知识产权平台

（1）2017 年上半年，腾讯知识产权平台正式上线。该平台的主要功能是为用户提供便捷的知识产权侵权投诉入口，另外还有知识产权保护和资讯动态两个模块。①知识产权侵权投诉：腾讯的知识产权投诉主要为在线投诉，在投诉页面显示有各产品平台的入口，包括腾讯视频、腾讯网、微信、腾讯内容开放平台、QQ空间、腾讯微云、Tencent wegame、腾讯手机管家、QQ游戏、腾讯广告、微信广告、QQ小程序开放平台、企鹅电竞、腾讯课堂、腾讯游戏学院。点击相应的入口后，会出现相应的侵权投诉流程指引。②知识产权保护：腾讯成立了专门的知识产权维权团队，该维权团队可以利用先进的技术监测系统、多点布局取证，整合各方权利主体资源，采用多种维权方式多管齐下，全方位维权。在保护他人知识产权方面，腾讯首先对用户进行宣传教育提示，提醒用户不得侵犯他人的知识产权，然后安排专门的服务人员处理相关知识产权侵权投诉(图9-9)。③资讯动态：主要及时发布与知识产权相关的资讯、动态。可以让平台及权利人第一时间看到并及时保护自身的知识产权。

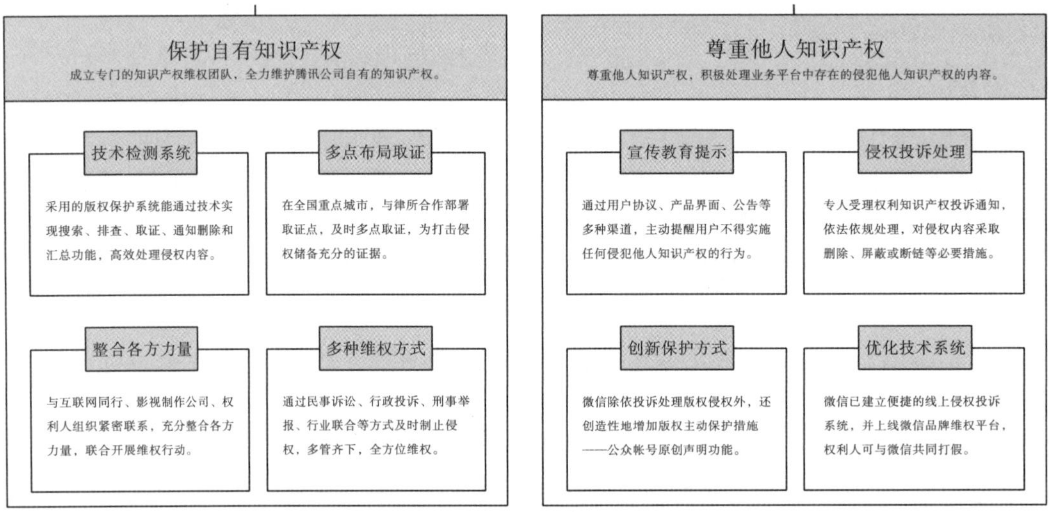

图9-9　腾讯知识产权平台

图片来源：腾讯知识产权保护平台官网

(2)知识产权保护机制。腾讯知识产权平台的知识产权保护机制包括四个方面。①协议和规则：通过制定各类明确、清晰和完整的用户协议、服务条款以及运营规范保护用户的合法权益。②合作与共治：与各权利人或品牌企业共同搭建共治平台，共同解决网络知识产权维权难题，打击违法侵权行为。③技术与创新：平台运用人工智能、大数据等最新技术手段，用产品思维帮助权利人确权维权，助力知识产权保护。④全电子化投诉：建立了多场景、电子化的侵权投诉流程，为权利人提供便利、高效、友好的侵权投诉体验。

2)腾讯知识产权保护白皮书

2017年4月15日腾讯在知识产权湖南论坛上发布了《腾讯知识产权保护白皮书》(以下称“白皮书”)，白皮书阐释了腾讯的知识产权保护原则为“事前预防、事后救济、协调共治”。

(1)知识产权保护制度建设：在知识产权保护制度建设方面，截至2016年底，腾讯针对六款产品发布了30项制度，其中公司级的协议和政策有《腾讯服务协议》和《版权保护投诉指引》，这两项适用于腾讯公司下的所有产品。其他协议及政策详见图9-10。

(2)知识产权保护现状：腾讯六大产品收到的投诉量分类表(2015年1月～2016年12月)详见表9-7。从表9-7可以看出，腾讯的知识产权侵权投诉案件主要集中在微信和腾讯视频两个产品中，这两款产品也是使用频率最高的。从知识产权侵权投诉类型来看，腾讯所收到的投诉类型主要是版权和商标，专利只占了很少一部分。

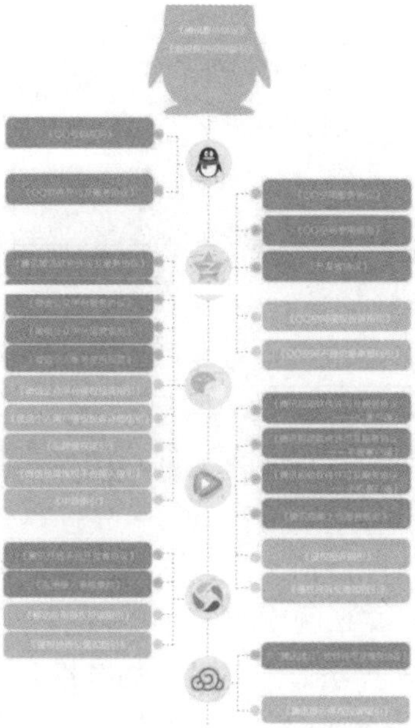

图9-10　腾讯其他协议及政策

图片来源：腾讯研究院公号。(见彩图版)

表9-7　腾讯六大产品收到的投诉量分类表(2015年1月～2016年12月)

产品名称	投诉量	商标投诉占比/%	版权投诉占比/%	专利投诉占比/%	其他
QQ	1500余件	41.33	58.67		
QQ空间	1000余件	2.86	96.19	0.95	
微信	个人账号投诉107000余件	9.00	7.50	0.20	
	公众号文章投诉61000余件	10.00	41.00		
腾讯视频	15000余件	约2.00	98.00		
应用宝	1200余件	55.34	34.77		约9.89
腾讯微云	3700余件		74.41		25.59

数据来源：《腾讯知识产权保护白皮书》。

2. 微信的知识产权投诉机制的建设情况

腾讯在 2011 年 1 月份推出微信，它是一款免费的综合型互联网社交通信工具。用户可以通过网络发送语音短信、视频、图片和文字，也可以使用“朋友圈”“公众平台”“摇一摇”等服务和功能。微信相继发布了多个知识产权保护报告及白皮书，向社会大众公开微信在知识产权保护方面所做的努力和成果。它们分别是：2016 年 1 月发布《微信知识产权保护白皮书》；2018 年《微信品牌权利人保护报告》；2019 年《微信知识产权保护报告》；2019 年《企鹅号原创内容生态报告》。

1) 微信的知识产权保护

微信从 2011 年上线以来，就迅速在广大民众生活中迅速普及，用户人数达到 11 亿多。如此高使用率的产品，知识产权投诉维权当然也必须要特别重视。

知识产权保护体系：目前，微信知识产权保护团队已建构了一套“三位一体，两大重点，全场景覆盖”的知识产权保护体系，即集微信品牌维权平台、微信版权保护计划、全电子化侵权投诉系统为一体，以商标权、版权保护为重点，覆盖微信个人账号、公众号、小程序等全部场景的知识产权保护体系。其中，微信还创造性地增加“原创声明”，提高版权保护的主动力量。在技术上，微信建立了便捷的线上侵权投诉系统，并上线微信品牌维权平台，与权利人联合共同打击侵权行为。知识产权具体保护措施如下所示。

(1) 规则+技术：①原创声明功能，当作者对文章标注了“原创”声明后，该文章就受到了版权保护。如果有人想要转载该篇文章，需要征得作者同意，开通白名单，然后在他人转载的公号上，可以直接显示文章的来源及作者。这一功能背后包含了“算法”“规则”和“人工”三个方面的支持。在算法方面，系统通过拆分文章词句，快速找出相似集合，计算文章的相似度；在规则方面，标注原创需要符合相应的规则，如自行创作、独家授权、非公共信息、非整合他人作品等；在人工方面，当系统对文章是否为原创的判断出现问题时，权利人可以对智能对比结果进行申诉，可以通过违规标识原创投诉、文章抄袭投诉等来维护自己的合法权益。原创声明功能不但保障了原创作者的版权权益，同时也能激励人们投入更多精力进行高质量的作品创作，而不是抄来抄去。②引用功能即是当作者在创作时引用了他人文章的内容时使用该功能，引用部分的内容就会自动形成标准引用格式，作者还可以在后台标注引用部分的来源。引用功能可以说是原创声明功能的一个补充，将文章版权的保护细化到了段落。③关联账号打击功能是针对有些被投诉的人利用自己关联的一些个人账号宣传其侵权账号的信息，从而为自己的个人账号引流行为而设定的。微信知识产权保护团队在 2018 年利用算法和模型训练，挖掘被投诉账号背后的关联账号，并将关联账号发送到审核人员处，让审核人员根据相关证据核查关联账号是否涉嫌侵权。如果关联账号也有侵权行为，可以和被投诉账号一并处理。

(2) 多方联动：“洗稿”投诉合议机制主要是组织长期进行优质内容创作的原创作者对有争议的作品进行评估判断。首先是邀请原创作者们建立“洗稿投诉合议小组”，然后合议组对投诉的作品进行评审判断是否为“洗稿”作品。品鉴团是针对创意小游戏的保护而建立的。该品鉴团由十几位专家成员组成，主要探索评价创意小游戏的合适的规则，发掘具有显著性创意的优质内容。品鉴的内容包括关卡设计、核心玩法、美术效果和音效等。

(3)线上线下联合：微信团队联合多个品牌方、版权方和多个地方的警方人员对线下侵权行为进行刑事打击。首先微信团队根据品牌维权平台上的投诉信息，与各品牌权利人进行综合分析、研究，然后再配合当地警方，对线下侵权行为人进行精准打击。

(4)知识产权保护成果：在《2019 年微信知识产权保护报告》中，2018 年 1 月～2019 年 6 月，微信共处理品牌侵权个人账号数超过 11 万个，删除涉嫌版权侵权的公众号文章超 15 万份，清除公众号品牌侵权信息 6 万多条，平均每天主动拦截假冒注册行为 1.1 万个。这一年半以来，有 280 家知名品牌权利人加入微信品牌维权平台，在此期间，该平台累计向品牌权利人推送用户举报线索超过 50 万条。针对推送的线索，采取线下跟踪，实现从线上到线下的全链条打击。

2)微信知识产权投诉机制

(1)“一站式”闭环投诉渠道。为了帮助品牌权利人维护自身的知识产权，微信建立了品牌维权平台。品牌权利人在该平台可以投诉打击发布仿冒信息的个人账号或公号。随着技术的发展，微信在合规合法的前提下对投诉流程及渠道进行了重新整合，帮助品牌权利人实现了“一次认证，全场通用”的“一站式”闭环投诉渠道。品牌权利人只需要在“品牌维权平台”填写过主体信息认证和登记过品牌方资质材料即可，当品牌权利人登录个人账号，并发现了仿冒信息时，可以直接用个人账号进行直接投诉，并且在投诉过程中，品牌权利人无需再次填写信息认证和提交证明材料，系统可自动从后台提取相关证明材料。品牌权利人确认好投诉内容后，即可一键提交投诉。“一站式”投诉渠道的开通提升了品牌权利人的投诉效率和操作体验，让投诉不再是一个烦琐的填表过程。

(2)“全场景+全电子”侵权投诉与反馈机制。①“全场景”是指投诉和反馈入口覆盖面广，主要包括：微信个人账号、公众号、小程序、小游戏、微信看一看等。用户在浏览微信个人账号的单聊、群聊场景、账号主页、朋友圈、公众号主页、公众号文章、小程序主页、看一看等场景的时候，遇到有侵权信息，均可在本页面进行投诉，非常便捷。②“全电子”是指在侵权投诉系统和审核系统之间，权利人的侵权投诉、微信的信息转送、侵权方的自认侵权以及微信的评估结果通知等信息，均是通过电子化系统进行交互，无需提交任何纸质材料(图 9-11)。

3)微信第三方知识产权保护网站

微信第三方知识产权保护网站提供了全面系统的知识产权维权投诉指引(图 9-12)和微信维权机制(图 9-13)介绍。另外，在该网站还有详细的规则介绍以及与知识产权和知识产权投诉相关的知识点问答，这样可以方便公众了解微信的知识产权规则和维权渠道。

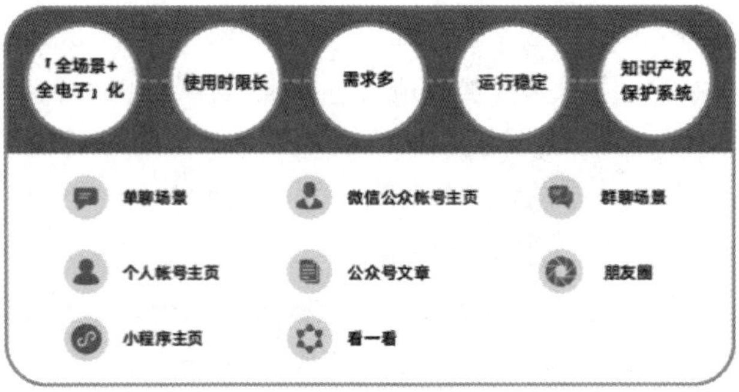

图 9-11 “全场景+全电子”侵权投诉与反馈机制

图片来源：《2019 微信知识产权保护报告》

图 9-12 知识产权维权投诉指引

图片来源：微信第三方知识产权保护官网

图 9-13 微信维权机制

图片来源：微信第三方知识产权保护官网

目前已有超过 10 亿人在用微信，作为一款多功能的社交软件，微信在当今社会中的普及率已经很高。巨大的用户群，多样化的功能也给微信用户的知识产权保护带来了巨大的挑战。从前文的介绍中，可以知道，微信团队也在不断改革技术，提高微信平台的知识产权维权效率，拓宽维权投诉渠道，创新维权投诉机制，在“互联网+”的环境下，为用户提供了高效、便捷的知识产权维权服务。

3. 今日头条的知识产权投诉机制的建设情况

今日头条，是由字节跳动公司在2012年开发的一款手机应用。今日头条与其他类的资讯平台不同，它不做内容，而专做信息个性化推送。依靠个性化推荐引擎技术，今日头条可以根据用户的喜好和位置等选取相应的资讯信息，不仅仅局限于一般的新闻，还包括游戏、音乐、视频、购物等内容供用户浏览。利用大数据算法，今日头条真正做到了为每个人私人定制新闻资讯等娱乐休闲内容。此种方式后来也被其他互联网公司模仿。

1) 今日头条的知识产权官司

因运营方式的特殊性，今日头条先后遭到凤凰新闻客户端、腾讯、搜狐和南方日报等资讯平台的指责和知识产权诉讼。2016年11月1日，凤凰网因今日头条恶意劫持凤凰新闻流量，将今日头条告上法庭要求其赔偿经济损失费用共计2000万元。2017年5月，南方日报针对今日头条客户端未经许可擅自转载南方日报社版权作品近2000条，而发布了侵权公告。2018年4月，腾讯和搜狐以涉嫌侵犯其所属作品的信息网络传播权为由，先后将今日头条诉至海淀法院。最后法院判决今日头条应当对其侵权行为承担相应的法律责任，涉案的287宗案件全部被判侵权，赔偿总额达27万余元。

2) 今日头条的知识产权投诉机制

屡次被告侵权的今日头条在知识产权投诉方面提供了哪些服务呢？今日头条在知识产权投诉方面，只是官网上有一个“侵权投诉”入口。从入口进入后是投诉指引页面，权利人如果遇到侵权，可以向今日头条发出书面投诉通知，该通知是根据《信息网络传播权保护条例》及《最高人民法院关于审理利用信息网络侵害人身权益民事纠纷案件适用法律若干问题的规定》等规定所包含的内容。

4. 小结

资讯类平台的知识产权保护，从阿里巴巴和腾讯的比较来看，两家虽然从属不同的领域，但大力推进知识产权保护策略的时间基本同步。腾讯在知识产权保护方面所做的投入和努力可以说领先其他资讯类平台一大截。在知识产权投诉方面，腾讯专门打造了知识产权保护平台，平台上针对不同的产品，给出相应的知识产权投诉指引。而且还为拥有大量用户的微信，专门建设了知识产权投诉机制，方便更多用户投诉维权。其他资讯平台，如今日头条，官网上没有知识产权投诉的入口，只有“侵权投诉”入口。该入口是针对平台的所有类型的投诉，而不是只针对知识产权投诉。甚至还有些大的资讯平台，连“侵权投诉”入口也没有，只在官网网页边上有一个“意见反馈”入口。

与电商类平台相比，资讯类平台自身的知识产权保护及维权投诉设置还需要继续完善。资讯平台是民众每天接触最多，信息内容传播最迅速、最频繁的地方，如果没有完善的知识产权保护机制和投诉机制，那么权利人的知识产权就会面临被侵权的风险，进而会影响信息内容传播质量。

9.4.3 视频类平台在知识产权投诉方面所做的工作

视频类平台，尤其是短视频平台是近些年来为受众所喜闻乐见的娱乐平台。随着视频平台的规模不断扩大，内容不断丰富、多样化。视频类知识产权保护的重要性也日渐突出。

早在 2018 年 9 月份，国家版权局就约见了 15 家短视频平台企业强调短视频版权监管问题。这 15 家短视频平台企业分别是：抖音短视频、快手、西瓜视频、火山小视频、美拍、秒拍、微视、梨视频、小影、56 视频、火萤、快视频、哔哩哔哩、土豆、好看视频。国家版权局当即提出了四点要求：一是加强内容版权管理，要坚持先授权后传播的著作权法基本原则，规范内容版权管理使用制度，未经授权不得直接复制、表演、传播他人影视、音乐、摄影、文字等作品，不得以用户上传为名、滥用“避风港”规则对他人作品进行侵权传播；二是加强维权管理，要完善版权投诉处理机制，履行好法定的“通知-删除”义务，及时受理权利人的投诉通知，并快速移除相关侵权作品或断开相关侵权链接；三是加强侵权处置，采取有效措施防止用户未经许可违法上传、分享他人作品的行为，特别是以合理使用为名对他人作品删减改编并通过网络传播的行为，对于多次侵权被投诉的用户，应当采取列入黑名单、暂停或者终止服务等处罚措施；四是加强社会共治，对国家版权局发布的重点保护预警作品及权利人提交的热播热映作品，要加强版权审核并及时处置[①]。

随着国家对视频类平台的版权监管力度越来越大，就连从电商平台起家的阿里巴巴也在 2019 年 4 月 23 日开启了“视频版权保护计划”，该计划主要依托“知产保护科技大脑”“视频指纹”“千里眼”等打假技术，同时联合电影公司、发行方等社会各界力量，用“技术赋能+多元共治”的数字经济治理体系，防控和打击盗版视频，保护知识产权。

1. 抖音在知识产权投诉方面所做的工作

抖音是字节跳动公司旗下的一款 App 短视频产品，2016 年 9 月正式上线。作为一款第三方视频服务平台，抖音上的内容都是由创作者提供，而平台只负责内容的管理和推广。根据数据统计公司 Sensor Tower 公布的 2019 年 App 下载数据，抖音国际版 TikTok 下载量高达 7 亿次，仅次于 WhatsAPP 高居全球第二名。如此火爆的手机 App 应用，抖音在知识产权维权投诉方面都做了哪些工作呢？

用户可在 App 中直接举报。用户在刷视频的过程中，如果遇到有侵权作品，可点击右下方的分享箭头，然后点击“举报”图标，即可进入“视频举报”页面。在“视频举报”

①国家版权局，[2020-8-25].国家版权局约谈 15 家短视频平台企业，http://www.ncac.gov.cn/chinacopyright/contents/518/385130.html.

页面有四类选项，分别是：内容违规、侵权、未成年和其他。在内容违规中有一项“非原创内容举报”，该入口可以举报任一抄袭的视频作品。知识产权侵权投诉的内容都集中在“侵权”入口内。其中的侵权类型包括著作权、商标权、名誉权、肖像权、隐私权和无法确定侵权类型。权利人和代理人均可进行投诉举报。同样，在举报时，需要权利人或代理人填写权利人的个人及公司信息、身份证明或营业执照、权属证明材料和侵权情形描述。在侵权投诉处理方面，抖音没有自己制定的投诉处理规定，其处理方式主要依据相关的法律法规。

2. 快手在知识产权投诉方面所做的工作

快手是北京快手科技有限公司旗下的一款 App 短视频社区产品。2012 年快手从纯应用工具转型为短视频社区，2017 年快手用户量超过 5 亿。

在快手 PC 端官网页面的“联系我们”中有“违规举报”入口。该入口页面主要内容是《违法和不良信息举报受理和处置管理办法》，其中详细列出了有关违规举报的指引和平台在接到投诉举报后具体的处理方式等。另外在官网最底端有“中央网信办(国家互联网信息办公室)违法和不良信息举报中心”网页链接，用户也可点击此链接进行投诉举报。

快手 App 上也有投诉举报入口，打开视频，同样也是在“分享”箭头下点击“举报”，即可出现“作品举报”界面。和抖音相似，该界面也分为四个部分，其中“侵权”部分包括“侵犯我的权益”和“盗用他人作品”两类。在“侵犯我的权益”中共有 6 种类型，即侵犯著作权、侵犯商标权、侵犯名誉权、侵犯隐私权、侵犯专利权和其他侵权问题。该内容和抖音不同的是有侵犯专利权，没有侵犯肖像权。在填写举报资料界面，快手的指导信息更丰富、更详细。

3. B 站在知识产权投诉方面所做的工作

B 站全称为哔哩哔哩(bilibili)，创建于 2009 年 6 月。在创建初期，B 站主要是一个 ACG(动画、漫画、游戏)内容创作与分享的视频网站。在后续的发展中，B 站的内容越来越广泛，但仍以动漫、游戏视频和直播为主。

在知识产权保护方面，B 站的官方网站有“侵权申诉”入口，点击进入后有侵权申诉指引和恢复删除指引。权利人如若要申请侵权投诉需要准备相应的材料：权利人主体信息和相关材料；权利人申诉内容及要求；构成侵权的初步证明材料。投诉人若要进行申诉，只需要准备：被删除方主体信息和相关资料；不构成侵权的初步证明材料。

4. 爱奇艺在知识产权投诉方面所做的工作

爱奇艺是百度公司投资组建的独立视频公司，创立于 2010 年，爱奇艺从创立之初就坚持悦享品质的公司理念，致力于为用户提供清晰、流畅、界面友好的观影体验。

1）爱奇艺的版权保护：DRM 系统

2018 年 5 月份，爱奇艺研发的数字版权管理（digital rights management，DRM）系统获得中国最权威的广播影视数字版权组织 ChinaDRM 实验室的认证，成为中国首个获得此认证的互联网视频平台。DRM 系统是遵循 ChinaDRM 标准研发的数字版权保护方案。爱奇艺 DRM 的数字版权保护方式首先是对视频内容进行加密形成密钥，然后把密钥和播放权捆绑在一起，形成播放许可证，最后授权给各个端口。这样既可以有效防止侵权者直接窃取视频内容，同时又可以有效防止普通用户的非法观看行为。和从外部购买的 DRM 系统相比，爱奇艺自己研发的 DRM 系统的成本更低，技术支持更稳定，用户的体验也很好，同时也更好地保护了内容创作者的权益。

2）爱奇艺的通知删除规则：线上线下并行

爱奇艺官方网站的下部连接中，有“侵权举报与投诉”，权利人可以在这里申请删除侵权视频。①权利人要投诉时需要准备和提交的材料：填写完整的申请删除表单；权利人主体信息材料；构成侵权的初步证明材料；权利人保证；其他材料（如果已经提起投诉或诉讼，须提交相关证明）。②被投诉人想要恢复已删除的内容，也需要准备和提交相应的材料：填写完整的恢复删除表单；被删除方主体信息材料；不构成侵权的初步证明材料；被删除方保证；其他材料。③爱奇艺平台提供了两种投诉和申诉渠道：一是直接在线上申请并提交以上材料电子版；二是直接邮寄上述材料到相应的地址。

5. 小结

从以上各视频平台的知识产权投诉机制建设方面，可以发现视频类平台的知识产权投诉机制建设非常简单，均是在官网或 App 上设置投诉入口，指引权利人如何进行知识产权侵权投诉。另外各视频平台并没有属于平台自身的知识产权投诉处理规则和办法，大部分只停留在“通知—删除”规则上。

随着互联网技术的发展，视频、短视频已经深入人们的生活、工作和娱乐等各个方面。但针对视频的知识产权保护措施，还都只停留在初级阶段。想要加大对视频版权的知识产权保护，就不能仅仅局限于“通知—删除”规则，而应当考虑加大技术投入，从根源上抑制侵权视频的出现和传播。另一方面，权利人的个人能力和时间是有限的，他们对视频版权侵权的打击威慑力非常弱，视频类平台应该联合各版权平台、社会各界人士和司法公安机关，联合打击视频版权侵权行为，从而形成社会合理，让侵权者们无处遁形，这样才能为视频类产业发展保驾护航。

9.5 知识产权+互联网维权援助服务

知识产权维权援助是指知识产权主管机关或其设立的维权援助机构，在职权或服务范围内，合理调配社会资源，对经济困难或遭遇难以解决的知识产权事项的权利人、利害关系人等主体提供帮助，协助其解决困境，维护其合法权益的制度。概括来说，知识产权维权援助服务就是协同知识产权保护的服务。各地可以根据本地的实际社会经济状况和实际需求，提供相应的服务。

1) 发展知识产权维权援助服务的必要性

21 世纪以来，我国专注于科技创新发展，知识产权保护工作显得尤为重要。首先，科技虽然正在快速发展的高速公路上，但是人们的知识产权保护意识还很弱，还需要加强。其次，我国知识产权保护的社会建设基础还很薄弱，各类知识产权维权服务工作还不够完善，社会公众及中小企业的创新成果急需妥善保护。最后，各类社会主体的创新能力在不断提高，随之也出现了多样化、多层次的知识产权维权服务需求，急需各地建立相应的知识产权维权服务中心帮其缓解困局。

2018 年 6 月 10 日国务院下发《国务院关于积极有效利用外资推动经济高质量发展若干措施的通知》，《通知》在加强知识产权保护力度上提出“加强维权援助和纠纷仲裁调解，推进纠纷仲裁调解试点工作，推动完善知识产权保护体系。”①

2020 年 6 月 16 日，国家知识产权局又发布了《关于进一步加强知识产权维权援助工作的指导意见》，《意见》目标就是“力争到 2025 年，知识产权维权援助覆盖范围基本合理，服务水平适应需求，工作机制得到健全，服务质量有效提升，支撑保障有力加强，机构队伍稳定壮大，社会服务满意度显著提高。”②

国家也在大力倡导建设知识产权维权服务体系，解决社会企业保护知识产权之需，最终助力我国的知识产权保护事业。

2) 知识产权维权援助服务的工作内容

国家知识产权局在《关于进一步加强知识产权维权援助工作的指导意见》中，详细说明了知识产权维权服务工作的主要内容。①提供公益援助，主要为自然人、法人或其他组织的专利、商标、地理标志、集成电路布图设计等提供知识产权申请服务；②提供咨询指导服务，提供有关知识产权法律法规、授权确权程序与法律状态、纠纷处理方式、取证方法等咨询指导服务；③组织和提供知识产权公益研讨、培训；④组织提供知识产权侵权判定参考意见；⑤提供解决方案和建议，为重大公共知识产权纠纷或争端组织提供解决方案或建议；⑥提供分析预警服务，为公共研发、经贸、投资、技术转移或知识产权对外转让等活动组织提供分析预警；⑦提供驻场服务，为展会、交易会、大型体育赛事、创新创业活动、文化活动等提供驻场等维权援助服务；⑧提供技术支持，为知识产权行政执法、行政裁决、司法保护、仲裁调解、诚信体系建设等工作提供技术支持。

---

①北京市人民政府，[2020-8-10].国务院关于积极有效利用外资推动经济高质量发展若干措施的通知》，http://www.beijing.gov.cn/zhengce/zhengcefagui/201905/t20190522_61305.html.

②中人民政府网，[2020-8-25].国家知识产权局印发《关于进一步加强知识产权维权援助工作的指导意见》的通知，http://www.gov.cn/zhengce/zhengceku/2020-06/17/content_5519881.htm.

在国家知识产权局的不断推进下，截至2020年上半年，我国可以提供维权援助服务的中心包括：知识产权保护中心31家、快速维权中心20家、维权援助中心76家，分布在29个省(自治区、直辖市)，全国各地也已建设了918家维权援助分中心和工作站，覆盖了全国大部分地区。

9.5.1 中国知识产权维权援助中心

2020年4月26日全国统一的知识产权维权援助对外服务窗口和管理平台——中国知识产权维权援助线上服务平台正式上线，中国知识产权维权援助网可以为公众提供知识产权维权援助申请入口(图9-14)。该站具有3大功能，一是面向社会公众，提供在线维权援助申请的全国统一入口，用户可以线上填写申请事项，选择受理机构，还可以及时查询维权结果；二是整合了全国的维权援助资源，包括各地方维权援助机构的名录和联系方式，同时提供各地维权援助政策、工作动态、典型案例、维权知识等，旨在更好地满足新形势下权利人的知识产权维权援助需求；三是建立了全国维权援助机构信息管理和共享平台，网站提供了信息报送系统和维权援助管理系统，通过信息化手段实现案件受理、答复反馈、信息报送、数据管理、资源共享和决策支撑等①。

图9-14 中国知识产权维权援助网

①国家知识产权局，[2020-8-7].中国知识产权维权援助线上服务平台上线运行》，http://www.cnipa.gov.cn/ztzl/2020nqgzscqxzz/2020xzzhdjj/1148106.htm.

除了线上 PC 端的综合性知识产权维权援助平台，国家还开通了知识产权维权援助微信公众号。而微信公众号的主要模块和网站上大体一致，可以提供维权援助在线申请、结果查询、各地动态资讯等。

9.5.2 各地知识产权维权援助中心

(1) 中国(江苏)知识产权维权援助中心：兼具海外知识产权纠纷指导。中国(江苏)知识产权维权援助中心在官网提供了五种维权援助与举报投诉方式，分别是电话、线上、电子邮件、信件和现场办公。线上的知识产权维权援助，需要在官网点击"在线举报和维权"图标，然后填写弹出的表格，相关工作人员会在 5 个工作日内给予答复。具体的维权工作流程如图 9-15 所示。

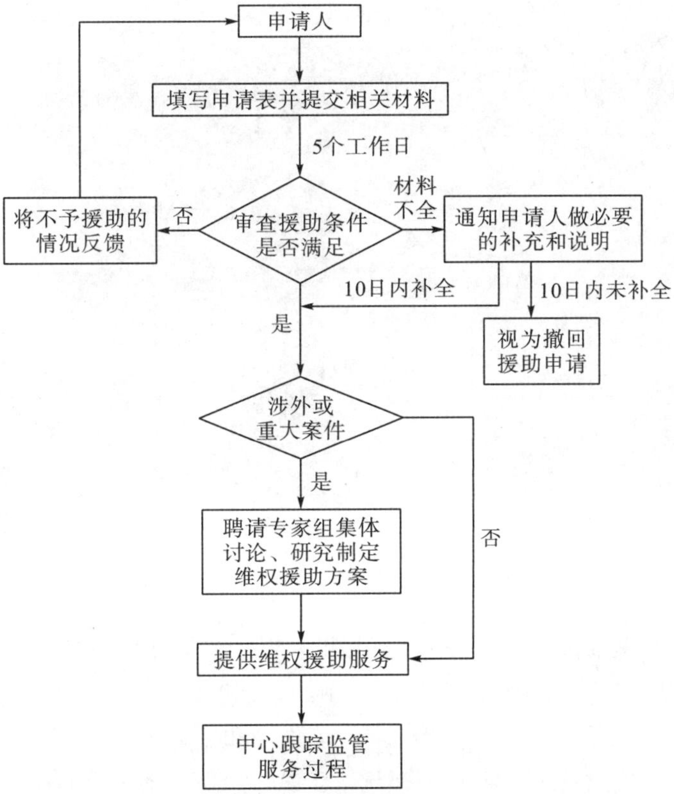

图 9-15 具体的维权工作流程

图片来源：中国(江苏)知识产权维权援助中心官网

另外，该中心还是国家海外知识产权纠纷应对指导中心的一个分中心，目前还在筹建阶段，正在向社会征集具备海外知识产权纠纷应对指导能力的专家学者。因此该中心官网具有相关的海外知识产权纠纷动态资讯。

(2) 中国(河南)知识产权维权援助中心：知识产权社会法庭。中国(河南)知识产权维权援助中心除了具备基本的维权援助申请指南和入口外，还设立了知识产权社会法庭。该法庭的设立主要是为了用协商的方式解决知识产权侵权纠纷，引导侵权纠纷双方在理性对话的方式下达成和解，避免了烦琐的诉讼程序，最终达到双赢。

(3) 中国(广西)知识产权维权援助中心。中国(广西)知识产权维权援助中心是国家级知识产权维权援助公益服务类机构，主要为全自治区企事业单位和发明人提供知识产权领域的举报投诉和维权援助服务，为重大的研发、经贸、投资和技术转移活动提供知识产权分析论证、评估和预警等服务。在该机构的官网页面有举报投诉入口、维权援助入口和在线咨询入口。维权援助可进行线上申请，中国(广西)知识产权维权援助中心具体的维权援助工作流程如图 9-16 所示。

图 9-16 中国(广西)知识产权维权援助中心具体的维权援助工作流程

图片来源：中国(广西)知识产权维权援助中心官网

(4) 厦门知识产权维权援助中心：维权援助+纠纷调解。厦门知识产权维权援助中心官网提供了维权援助入口和纠纷调解入口，其中纠纷调解入口又分为人民调解和仲裁调解。除此之外，官网还提供了维权援助的专家库、工作站和服务机构，可供社会大众参考选择。

(5) 各地知识产权维权援助中心的现状。①基本上都有独立的中心官网和独立的办公地点。②都设立了多种维权援助渠道，包括线上申请、电话咨询、邮件等。③都有与当地合作的专家和合作单位。如中国(江苏)知识产权维权援助中心的合作专家有二十多位，分别来自各相关单位的负责人、各高校的科研人员及知识产权行业的企业高管等。合作的单位有江苏省科技情报研究所、江苏大学江苏省知识产权研究中心、南京理工大学知识产权学院、南京市科技情报研究所等。④一些中心推出创新维权服务模式。如河南知识产权维权援助中心推出了知识产权社会法庭服务模式，为知识产权侵权纠纷提供了一个平心静气理性交流的场所，缓解司法机关的知识产权诉讼压力。

(6) 各地知识产权维权援助中心的问题：①有些网站运营服务未跟上。比如中国(广西)知识产权维权援助中心官网的维权援助入口和举报投诉入口打不开。还有的网站信息未及时更新，新闻陈旧。②在线维权援助效率低。各地的知识产权维权援助至少都需要 5 个工作日的答复期，另外还有 10 个工作日的材料补充和审查期，费时太长。③服务模式单一。虽然有些地方知识产权维权援助服务中心做出了一些创新模式，但大部分的维权援助中心还是采用单一的服务模式。如广西知识产权维权援助中心只提供简单的新闻资讯、典型案例和产品预警等。

9.5.3 海外知识产权维权援助中心

随着我国对外开放水平的不断提高，我国企业也都纷纷走出国门，探寻新的国际市场。然而走出去的企业也不断遭遇海外知识产权纠纷和诉讼，而且此类纠纷的数量也在逐年增多。官方调研显示，我国 27%的企业曾在海外遭遇知识产权侵权，其中 71%的企业未采取维权措施，而有近 70%的外向型企业不了解贸易目的国的知识产权制度环境、审批流程等关键信息，企业获取海外知识产权信息的不足严重制约了海外市场开拓。针对此种情况，国家也陆续出台了相关政策和指导意见。

2015 年 12 月 18 日，《国务院关于新形势下加快知识产权强国建设的若干意见》提出，“(二十四)加强海外知识产权维权援助。制定实施应对海外产业重大知识产权纠纷的政策。研究我驻国际组织、主要国家和地区外交机构中涉知识产权事务的人力配备。发布海外和涉外知识产权服务和维权援助机构名录，推动形成海外知识产权服务网络。”[①]

2019 年 11 月 24 日，中共中央办公厅、国务院办公厅印发《关于强化知识产权保护的意见》，其中第 14 条就提到“加强海外维权援助服务。完善海外知识产权纠纷预警防范机制，加强重大案件跟踪研究，建立国外知识产权法律修改变化动态跟踪机制，及时发布风险预警报告。加强海外信息服务平台建设，开展海外知识产权纠纷应对指导，构建海外纠纷协调解决机制。”[②]

1) 海外知识产权信息服务平台——智南针

智南针是由国家知识产权局保护协调司指导，中国知识产权报主办的，用以解决国内企业在走出去的过程中对海外知识产权保护信息不了解等问题。

智南针的主要应用场景包括：①海外知识产权法律法规数据库，共收录了 189 个国家或地区的 1399 部知识产权法律法规；②海外知识产权实务指引，针对不同的国家和地区推出了不同的知识产权实务指引手册；③海外知识产权实务专家在线答疑；④海外知识产权服务机构库，目前网站上共有全球 20 余个国家的海外知识产权服务机构 70 余家，国内

①中国人民政府网，[2020-8-25].国务院关于新形势下加快知识产权强国建设的若干意见，http://www.gov.cn/zhengce/content/2015-12/22/content_10468.htm.

②中国人民政府网，[2020-8-25].中共中央办公厅 国务院办公厅印发《关于强化知识产权保护的意见》，http://www.gov.cn/xinwen/2019-11/24/content_5455070.htm.

涉外知识产权服务机构近 300 家的详细信息；⑤智南针沙龙，主要是邀请著名的海外知识产权实务专家与企业进行面对面交流，解决企业在走出去的过程中遇到的痛点问题；⑥海外知识产权环境概览库，为企业提供海外当地的知识产权环境概览；⑦海外专利申请信息库，整合了近 20 个国家或地区的专利申请流程、费用信息，并且根据各国或地区的政策调整状况进行实时更新；⑧海外知识产权信息检索专栏，为企业提供详细的信息检索指导。

除了以上各类服务场景外，从智南针官网可以直接进入国家海外知识产权纠纷应对指导中心，进行纠纷申报和流程查询。智南针具体的处理流程如图 9-17 所示。

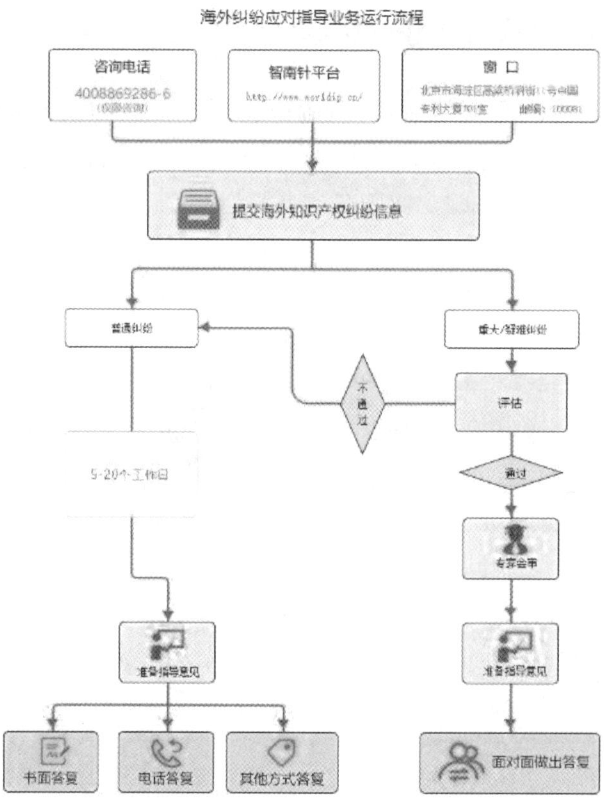

图 9-17　智南针具体的处理流程

图片来源：智南针官网截图（见彩图版）

2）国家海外知识产权纠纷应对指导中心

国家知识产权局知识产权保护司在 2019 年 7 月组织设立了国家海外知识产权纠纷应对指导中心，该中心“旨在聚焦海外知识产权纠纷应对存在的难点和痛点，构建国家层面海外知识产权纠纷信息收集和发布渠道，建立中国企业海外知识产权纠纷应对指导与协助机制，提高企业“走出去”过程中的知识产权纠纷防控意识和纠纷应对能力。”[①]之后，

①国家知识产权局. [2020-8-2].国家海外知识产权纠纷应对指导中心成立》. http://www.gov.cn/fuwu/2019-07/15/content_5409236.htm.

该中心确定设立了第一批（10家）分中心，分别是北京市知识产权维权援助中心、江苏省专利信息服务中心、中国（浙江）知识产权保护中心、安徽省知识产权事业发展中心、湖北省知识产权发展中心、广东省知识产权保护中心、四川省知识产权保护中心、上海市浦东新区知识产权保护中心、中国（宁波）知识产权保护中心和中国（深圳）知识产权保护中心。各个地方分中心主要负责："①海外知识产权纠纷信息收集与报送；②海外知识产权纠纷案件业务指导；③海外知识产权风险防控培训与宣传；④海外知识产权纠纷应对资源协调"[①]，将海外的知识产权维权援助服务工作进一步细化，落到实处。

3）北京市海外知识产权公共服务信息库

北京市海外知识产权公共服务信息库提供了大量海外信息服务，包括：①国别知识产权制度，主要提供最新的专利、商标、版权、地理标志相关国家知识产权的制度和要点解读；②海外诉讼检索，主要提供了5万多例海外诉讼的案例，帮助企业快速找到同类诉讼案例参考；③服务机构与律师库，主要储存了100家海外知识产权服务机构和50多位擅长处理海外知识产权纠纷的律师信息；④经验分享，主要让有经验的企业和服务机构进行经验分享；⑤应诉指导，主要是归纳总结出海外典型的知识产权诉讼案例中的应诉流程和要点供企业使用；⑥统计分析，主要提供一些细化的案例统计分析，为企业提供完备的数据支持。

在互联网环境下，我国的知识产权维权援助服务也在不断探索"互联网+"的创新模式，先后推出了"智南针"海外知识产权服务平台和中国知识产权维权援助线上服务平台。概括来说，前者为我国企业的海外知识产权维权援助服务提供了一站式、全方位的智库式服务，后者则为国内企业的知识产权维权援助服务提供了一站式解决途径，提升了服务的效率和服务质量。

未来的发展中，知识产权维权援助服务将继续发挥着重要作用，因此要继续深入融合互联网技术，探寻与"互联网+"深度融合的创新服务模式。一方面利用"互联网+"新模式继续优化国内和海外的知识产权维权援助服务，为企业及社会公众提供更加便捷、高效的贴心服务；另一方面需要将"互联网+"新模式融入各个地方中心，让便捷的服务深入基层，深入群众，让全社会获益。

9.6 知识产权+互联网诉讼服务

9.6.1 无讼——诉讼服务全生命周期管理平台

无讼是于2014年由天同律师事务所成立的法律+互联网公司，同年12月无讼App上线，目前拥有80万用户，成为中国最大的法律服务平台。2016年10月，无讼发布国内首个法律人工智能机器人；2017年12月，无讼与中科院软件所联合成立人工智能实验室；

①中国人民政府网，[2020-8-26].国家知识产权局办公室关于印发国家海外知识产权纠纷应对指导中心地方分中心管理办法（试行）和工作考核细则（试行）的通知》，http://www.gov.cn/zhengce/zhengceku/2020-08/03/content_5532107.htm.

2018 年 12 月，平台认证律师达 14 万；2019 年 11 月，无讼 App 下载量达 110 万。

无讼先后推出了多款互联网产品：无讼案例、无讼法规、无讼名片、无讼合作、人工智能法小淘等。无讼的创立目标就是借助互联网和先进信息技术，构建更加公平正义的法律服务平台。

无讼面向企业提供无讼开务和无讼查档服务，方便企业案件管理和简化案件办理程序，帮助企业高效率处理案件。

(1) 无讼开务。①法务信息化平台，全面统筹诉讼案件。该平台上聚合了企业的所有案件信息，用户可以直观了解案件的整体进展；并设有专门的办案工作台，可以帮法务将案件工作分类展示；在平台上进行操作时，每一步都会留痕，权责清晰。平台上内置了标准化的案件流程，用户可以实时查看案件流程。另外，该平台还内置了标准化的文档模板供用户使用，录入到平台工作台的案件文档会自动归档分类，一键打包后即可形成“卷宗库”。②人员协同管理。其包括各类权限设置，保障案件的保密性。在律师管理平台可查看到用户对每位律师的评价，帮助用户快速决策选择律师；还可以添加成员，实现多角色协同办案。③数据实时记录。案件的整体概况会以图表的形式呈现，一目了然。数据统计维度与国资委监管汇报要求高度统一，可实现快速呈上汇报。

(2) 无讼查档。无讼平台提供全国范围单项法律事务协作服务，包括户籍信息、工商内档、婚姻信息、房产信息、工商外档、车辆信息、身份信息、社保信息、代立案和代出庭。在无讼平台，用户只要产生查档需求，然后发单即可获得档案信息。企业可在平台进行充值，查档的费用可一次性缴付，无需查一次缴一次。

9.6.2 LegalZoom——律师事务所的互联网模式

LegalZoom 成立于 1999 年，2001 年 LegalZom.com 正式上线运营。LegalZoom 创立之初的定位就是主要为中小企业以及家庭提供法律服务。

LegalZoom 的核心产品有：①互动型法律文书制作 (interactive legal document)；②长期法律咨询服务 (subscription legal plans)；③持牌律师撮合交易 (subscription registered agent services)。

LegalZoom 自称是“法律文书的制造工匠”，源于它的第一个核心产品——互动型法律文书制作 (interactive legal document)，即用户可以直接登录 LegalZoom 网站，通过一步一步回答问题的方式将自己的需求描述清楚，然后网站通过智能系统生成简易的法律文书，发送给用户。智能系统生成的简易法律文书包括注册有限责任公司、申请商标、草拟合同、制作遗嘱和委托书等。

9.6.3 其他平台

(1) 中顾法律网——法律咨询门户。中顾法律网成立于 2005 年，网站设立法律咨询、专业律师、法律知识、法律法规、律师自媒体等入口。主要提供法律资讯、法律法规下载、法律爱好者交流等服务。

中顾法律网成立 7 年，共建有 357 个城市分站，全国 20 万律师中的 71%已在本站注册，累计解决法律咨询 556.5 万条，成功交易案件 6.3 万宗。2018 年，中顾法律网已有全国 95%以上的执业律师加盟，涉及 53 个专长领域，遍布全国 34 省、近四百个大中城市，借助中顾法律网一起为全国企业、公众等法律需求者提供高效优质的法律服务。中顾法律网提供在线法律咨询服务模式如图 9-18 所示。

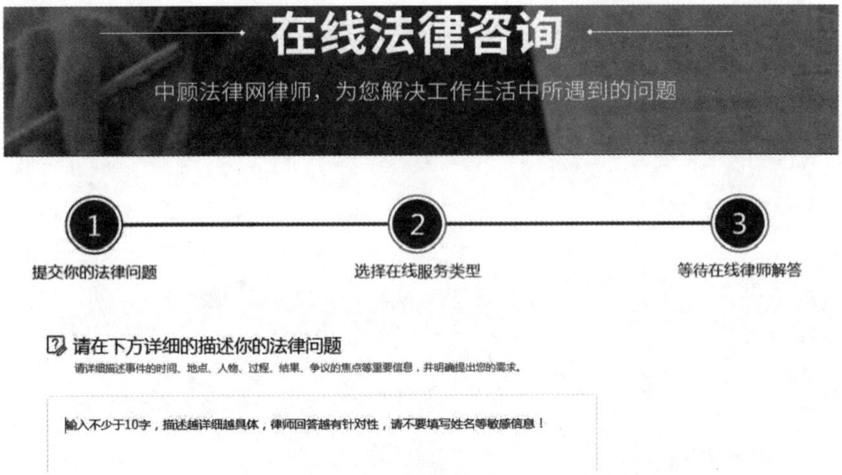

图 9-18 中顾法律网提供在线法律咨询服务模式

图片来源：中顾法律网官网

(2) 易法通——互联网+法律电商。易法通成立于 2011 年，自身定位为国内在线专业垂直法律服务电商平台。易法通通过企业技术革新，自主研发在线法律服务业务管理信息化平台和各类法律信息化数据库，成为国内法律专业服务的电子商务平台，实现了将传统的法律服务搬到线上。

易法通的主要服务有：中小企业及个人常年法律顾问服务；律师推荐和诉讼事务管理服务；为中小企业、个人提供单项法律事务服务；专业法律实务垂直搜索引擎；金融机构标准化法律催收业务。

易法通的各类业务模仿了电商平台出售商品的模式进行定价或者不定价显示。各类法律文书定制撰写服务详见图 9-19。

(3) 简法帮——中国版“LegalZoom”。简法帮 2015 年 6 月正式上线，简法帮的定位即是为初创企业提供交互性法律文件的在线自制服务。目前，简法帮正式推出的产品包括：天使融资和股权激励全套法律文件的免费自制服务；股权架构设计中的合伙协议和代持协议；以及企业日常合同的文件制作服务。用户可通过网页版或手机版填写问卷，免费生成符合市场主流实践需求的专业文件，可预览和下载，并可返回修改和重复使用(图 9-20)。

图 9-19　易法通的各类法律文书定制撰写服务

图片来源：易法通网官网

图 9-20　简法帮

图片来源：简法帮官网

9.6.4　小结

以上是目前“互联网+法律诉讼”创新模式的几个代表企业模式。无讼提供了全生命周期的诉讼服务管理平台，平台运用互联网技术让许多烦琐的法律环节变得简洁高效；LegalZoom 运用智能生成系统为中小企业和家庭提供低成本的法律文书服务和商标注册服务。中顾法律网是全国性的法律咨询门户，为用户提供法律咨询和律师服务。易法通定位于法律电商，将法律文书等服务以商品的形式标明价格和服务内容供用户选择。简法帮作为中国版的 LegalZoom，利用智能生成系统帮助初创企业和中小企业提供法律文书等自助服务。

上述提供法律诉讼服务的平台，在不同程度上都使用了互联网技术，让传统的法律服务不再仅仅局限于小范围内的人群，而是扩展到了大众生活中，方便人们咨询和使用。但仍存在一些不足，比如，法律服务领域不够精细化；“互联网+”的创新服务模式单一等。在未来的发展中，各大平台还需要细分法律服务的领域，比如知识产权法律服务，就需要专业的律师提供。另外目前“互联网+法律服务”的模式仅限于各种法律文书简易版的自助生成和各类法律流程的智能化管理，并未深耕到细分化的专业领域。具体到知识产权法律服务中，专利申请是一个非常重要的部分，目前专利申请书的撰写还是由专门的专利代理师来代写，耗时耗力。未来也许可以利用 AI 技术初步探索专利申请书的系统自动生成模式，提升专利申请的效率。另外知识产权诉讼案件有几大特点：①专业性极强；②民事诉讼、行政诉讼兼具；③具体的侵权损失难以计算；④取证相对比较困难。这些特点也是提供法律诉讼服务的难点。因此未来需要采用“互联网+”的创新服务模式解决这些困难，提高知识产权保护效率。

第十章　运营服务：知识产权+互联网运营服务创新

10.1　概述

知识产权运营与交易似有重合之处，但也有一定区别。知识产权运营就是把具有无形资产特性的知识产权作为一种有价值的标的物，然后综合运用技术挖掘布局、资本运营、市场运用等手段，最终以知识产权许可、交叉许可、技术转移、专利权质押融资、购买与转让等方式，实现知识产权隐形资产收益最大化的过程。可见，如果把交易的范围确定为购买与转让、许可，那么运营就是一种包括技术孵化、转移转化、质押融资、转让许可、知识产权证券化等多种方式的综合运营。

知识产权运营是实现知识产权效益的关键环节，是科技创新的重要驱动环节。2014年12月国务院在《深入实施国家知识产权战略行动计划(2014—2020年)》中提出了知识产权运用效果的目标，即“知识产权运用效果显著增强。市场主体运用知识产权参与市场竞争的能力明显提升，知识产权投融资额明显增加，知识产权市场价值充分显现[①]。”紧接着，2015年国务院又在《国务院关于新形势下加快知识产权强国建设的若干意见》中强调了要加强知识产权交易平台建设，“构建知识产权运营服务体系，加快建设全国知识产权运营公共服务平台。创新知识产权投融资产品，探索知识产权证券化，完善知识产权信用担保机制，推动发展投贷联动、投保联动、投债联动等新模式。在全面创新改革试验区域引导天使投资、风险投资、私募基金加强对高技术领域的投资。细化会计准则规定，推动企业科学核算和管理知识产权资产。推动高等院校、科研院所建立健全知识产权转移转化机构。支持探索知识产权创造与运营的众筹、众包模式，促进‘知识产权+互联网’融合发展。”[②]

从以上内容足以看出我国政府机关对知识产权运营的重视。首先，我国力主建立“平台、机构、资本、产业”四位一体的知识产权运营服务体系。“平台”即是在北京建设全国知识产权运营公共服务平台，在西安、珠海建设两大特色试点平台；“机构”即国家知识产权局会同财务部采取股权投资的方式支持20家知识产权运营机构；“资本”有国知智慧知识产权股权基金、四川省知识产权质押融资风险补偿基金、山东省知识产权质押融资风险补偿基金、广东省知识产权质押融资风险补偿基金、福建省小微企业专利权质押贷款风险补偿资金等；“产业”是指在2015年10月29日，中国工程院网站发布的“《中

①中国人民政府网，[2020-8-31].国务院办公厅关于转发知识产权局等单位深入实施国家知识产权战略行动计划(2014—2020年)的通知.

②中国人民政府网，[2020-8-31].国务院关于新形势下加快知识产权强国建设的若干意见，http://www.gov.cn/zhengce/content/2015-12/22/content_10468.htm.

国制造 2025》重点领域技术路线图”中提到的十大重点领域，即新一代信息技术产业、高档数控机床和机器人、航空航天装备、海洋工程装备及高技术船舶、先进轨道交通装备、节能与新能源汽车、电力装备、农业装备、新材料、生物医药及高性能医疗器械。

随着政府和社会各界对知识产权运营的支持和努力，我国的知识产权运营平台及服务体系建设也有了初步成效。10.2 节主要介绍全国知识产权公共运营平台及各地方分中心；10.3 节主要介绍我国各地特色产业的知识产权运营平台的运营服务；10.4 节介绍我国科研院所的知识产权运营服务状况，包括中科院系统和江苏产业技术研究院；10.5 节主要介绍国内城市知识产权运营体系建设；10.6 节介绍国内高校的知识产权运营平台；10.7 节主要为国外一些知识产权运营状况和模式，以期获得有益的借鉴。

10.2 全国知识产权公共运营平台及各地分中心的平台建设及运营情况

10.2.1 国家知识产权公共运营平台的平台建设及运营情况

国家知识产权运营公共服务平台（下称“国家平台”）是我国第一个全国性知识产权运营平台，是由国家知识产权局牵头，会同财政部共同发起的试点项目，是国家“1+N”知识产权运营体系的核心载体，主要为专利转移转化、收购托管、交易流转、质押融资、专利导航等提供平台支撑，提高专利运用效益。国家平台已于 2017 年 4 月 26 日正式上线。国家知识产权公共运营平台运营模式为 w 电商式交易+专业数据。

国家平台首先提供的是一种知识产权的电商平台式服务，其官网用了一个很通俗的名字——服务集市。服务集市提供七大类的知识产权服务，即知识产权代理服务、知识产权法律服务、知识产权信息服务、知识产权商用化服务、知识产权咨询服务、知识产权培训服务、知识产权托管服务。各大类服务下又有细分，如在知识产权商用化服务下包含了知识产权评估、价值分析、知识产权交易、知识产权转化、知识产权运营、高价值专利培育、股权投融资服务、质押融资服务、信贷服务、担保服务、保险服务和其他商用服务等 12 小类。各领域知识产权服务商可以在国家平台上注册成为会员，展示自己所提供的服务，并标上价格或者标注“面议”。国家平台对各服务商注册的委员施行两级制管理，即注册会员和认证会员。认证会员比注册会员等级高，而等级越高会员享受的权益也就越大（表 10-1）。各服务商在国家平台注册成为会员后需要向国家平台按时缴纳保证金和服务费等费用，而国家平台对各服务商有监督和管理的权利。

其次，国家平台提供全面的专业数据库服务，共有八大类数据库服务，即中文专利数据、国际专利数据、专利检索数据、分类号数据、审查过程数据、专利支撑数据、数据验证、数据统计分析服务等。每个大类下也有小类，如国际专利数据下就有世界专利著录项目信息、世界专利全文文本、世界专利全文图像（图 10-1）。

表 10-1 国家知识产权公共运营平台的注册会员和认证会员

类型		级别	
		注册会员	认证会员
个人会员		1. 浏览平台网页	1. 知识产权项目供需信息登记、展示、交易、评价； 2. 服务集市(买家功能) 3. 创客空间在线交流； 4. 其他国家平台提供的服务
机构会员	服务机构会员	2. 会员中心	1. 知识产权项目供需信息登记、展示、交易； 2. 服务集市(卖家功能)；开设服务店铺(以取得相应资质为前提)； 3. 创客在线交流； 4. 其他国家平台提供的服务
	其他机构会员		1. 知识产权项目供需信息登记、展示、交易； 2. 服务集市(买家功能)； 3. 创客空间在线交流； 4. 其他国家平台提供的服务

图 10-1 国家知识产权公共运营平台的专业数据库服务

图片来源：国家平台官网

另外，国家知识产权公共运营平台的数据库服务还创设了专题库，共有 31 个专题，比如平台根据 2020 年初出现的新冠肺炎疫情创建了抗击新型冠状病毒肺炎疫情专利运营专题数据库，并向社会开放，为各医疗机构、科研院所等提供及时、专业的防疫专利信息服务(图 10-2)。

图 10-2 国家知识产权公共运营平台的专题库

图片来源：国家平台官网

10.2.2　科学技术部与科学技术协会相关平台的建设和运营情况

中华人民共和国科学技术部从 2013 年开始，在全国范围内共批准建立了 11 个技术转移区域中心，分别是国家技术转移集聚区(北京)、国家技术转移南方中心(深圳)、国家技术转移苏南中心(苏州)、国家技术转移东部中心(上海)、国家技术转移中部中心(武汉)、国家技术转移东北中心(长春)、国家技术转移西北中心(西安)、国家技术转移西南中心(成都)、国家技术转移海峡中心(福州)、国家技术转移郑州中心、国家技术转移海洋中心(青岛)。另外，还建立了一个国际运营试点平台，一个创新资源共享平台。每个中心所在城市不同，中心的定位和服务模式也不同。从地域范围和功能分布来看，11 家区域中心覆盖了北方、南方、东部、东北、中部、西北、西南七大片区。

1) 国家技术转移集聚区：技术转移国际化+技 E 网

国家技术转移集聚区于 2013 年 9 月 13 日在北京中关村挂牌成立。这也是国内首个以技术转移为主要内容构建的技术转移和创新资源集散中心。国家技术转移集聚区设立的宗旨就是打造具有全球影响力的国际技术转移大平台。国家技术转移集聚区从成立开始的一年时间里集聚了 84 家科技服务机构、700 多家金融机构、1000 多家高科技研发服务类企业。共挖掘技术供给与国内需求 1600 多条，服务企业 2000 多家，已促成 30 多个项目落地北京。其线上国际平台——技 E 网(www.ctex.cn)是中国技术交易所在科技部和北京市科委支持下建成的，并在 2014 年 12 月正式上线。截至 2017 年底，该平台已建成 67 个地方频道、17 个专业频道和 3 个国际频道，累计拥有注册用户超过 10 万名，优质项目积累超过 32 万余项，并向各地客户推荐超过 10 万项，累计为各类用户提供专家、人才、仪器、投融资等创新服务资源超过 5 万次，通过网络竞价的方式，累计服务各类企业超过 5 万次，通过在线路演、网络展会、竞价交易等信息化的手段辅助各类客户线下活动超过 100 场，对接 170 余家高校及研发机构，以及韩国、俄罗斯、新加坡、德国等十个国家，已成为中国领先的技术交易网络平台。

技 E 网平台设有国有成果交易、国际馆、科技金融、能力交易、咨询大厅、服务大厅、地方频道、技术经纪人等窗口。另外，它还设有快速通道，分别为：我要找项目、我要找专利、我要找需求、我要找融资、我要找能力、我要找仪器、我要找专家、我要发布项目/需求、我要发布路演、我要发布/参与展会。

2) 国家技术转移南方中心：50%以上的国家级技术转移机构

国家技术转移南方中心由科技部和深圳市政府共同建设成立，于 2014 年 11 月 25 日正式启动，标志着新时期全国技术转移一体化新格局的两大中心枢纽完成布局。

国家技术转移南方中心与国家技术转移集聚区(北京)共同承担着全球性技术转移枢纽的重要使命。在《深圳市技术转移及服务机构发展研究报告(2019 年度)》中提到，该中心目前已完成建设 1300 平方米的展示厅和 1700 平方米的小型技术转移服务机构集聚区。其中，展示厅可展示技术转移成果、举办交流、培训等活动；集聚区已引进博士科技、中科院知识产权投资、对接平台科技发展有限公司等机构，其中国家级技术转移机构占50%以上，现已逐步开展基础技术转移服务工作，成果产业化全程服务体系已具雏形①。2019 年，深圳市全市 PCT 专利申请量 17459 件，占全国总量的 30.74%，占全省总量的 70.61%，连续 16 年居全国大中城市第一②。

3）国家技术转移苏南中心

国家技术转移苏南中心（下称“苏南中心”）是全国“2+N”技术转移体系布局在苏南地区的一个重要功能性平台。该中心在 2014 年 2 月正式获批，地点位于苏州市。苏南中心主要是以技术转移、科技金融、公共研发、科技咨询等为重点的集成化科技创新服务平台。

苏南中心自成立以来，共促成技术供需双方合作 103 项，技术合同总金额 2.05 亿元。目前，已有 61 家国内外知名的科技服务机构入驻，资源平台已拥有合作机构 109 家、科技企业 6264 家、科技金融专家 400 多名。

苏南中心的线上平台运营模式为自主创新服务超市。该平台服务内容主要涉及项目申报、科技活动、技术转移、人才猎聘、知识产权、科技咨询等一站式服务，还会展示企业和服务机构形象、推介项目、交流交易，目标是成为对接和汇聚各种信息、设施、载体、成果、人才的窗口。苏南中心的平台设有五个供需窗口链接，分别为找资源、找产品、找专家、找需求、找服务商。并且，苏南中心还设有“服务商入驻”，指导服务商在平台入驻，完善平台供需资源。服务超市平台服务产品数量目前共 2458 个（图 10-3）。

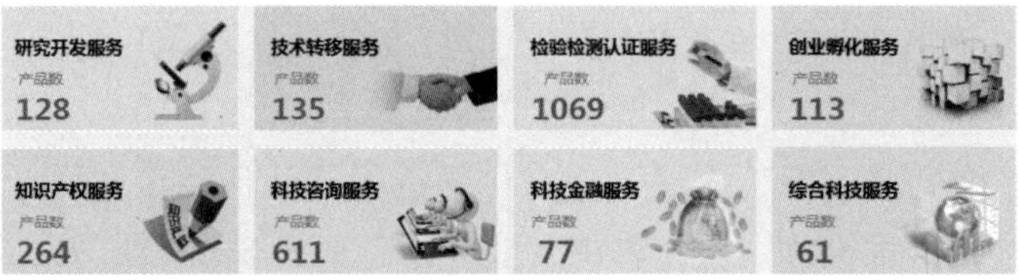

图 10-3　国家技术转移苏南中心的服务内容

图片来源：自主创新服务超市官网

目前，苏南中心的自主创新服务超市平台上共有企业 25507 家、服务机构 3032 家、设备仪器 4000 台/套、技术成果 3332 项、技术需求 886 项、供需对接 651 项。平台的在线交易总额为 16.27 亿元，其中科技金融 6.56 亿元、检验检测 0.52 亿元、研究开发 0.22 亿元、创业孵化 0.18 亿元、四技交易 8.79 亿元（图 10-4）。

①深圳市科技创新委员会，[2020-9-3].深圳市技术转移及服务机构发展研究报告（2019 年度），http://stic.sz.gov.cn/xxgk/sjfb/sjjd/content/post_7381156.html.
②深圳市市场监督管理局，[2020-9-3].深圳市 2019 年度知识产权统计分析报告，http://amr.sz.gov.cn/xxgk/qt/ztlm/sjfb/index.html.

图 10-4　国家技术转移苏南中心的自主创新服务超市平台

图片来源：自主创新服务超市官网

4）国家技术转移东部中心

国家技术转移东部中心（下称“东部中心”）坐落于上海市张江国家自主创新示范区，由科技部和上海市政府共同推进，在上海市科学技术委员会指导下，于 2015 年 4 月 23 日正式揭牌成立。

(1)运营模式为“3+3”服务模式。东部中心共有三块业务：一是建设基础网点服务平台的中心主体；二是打造海外收购最优质的全要素平台；三是建设全国高校技术市场。东部中心主要提供技术交易、科技金融、产业孵化全链条服务，打通高校、科研机构、企业间科技成果的转化通道。它的目标是，构建平台化、国际化、市场化、资本化、专业化的第四方平台，打造科技成果转化创新生态体系。东部中心运营模式细分为四个模块：技术需求、技术供给、增值服务和中介服务（图 10-5）。

图 10-5　东部中心的运营模式

图片来源：国家技术转移东部中心官网

(2)运营基础：“1 库+5 中心+1 国际”。在具体落地知识产权运营工作上，东部中心搭建了上海科技成果库、技术商城运营中心、全球渠道运维中心、交易金融服务中心、成果转化示范区服务中心、战略研究中心、波士顿园运营的“1 库+5 中心+1 国际”基础框架。

5）国家技术转移中部中心——“6+2+1”技术转移服务模式

国家技术转移中部中心（下称“中部中心”）由科技部与湖北省政府、湖北省科技厅共同推动建设，于 2016 年 5 月 6 日在武汉市正式启动。中部中心的定位是打造国家级技术转移机制和模式创新示范区。

（1）运营模式：“6+2+1”模式。“6”是指 6 个关键支撑平台；“2”是指襄阳市、宜昌市两个区域分中心；“1”是指武汉“1+8”城市圈。截至 2016 年，平台“共计采集加工入库各类资源 1580 余万条，涉及科技成果、企业技术需求、企业融资需求、技术专家、科技机构、省级及以上工程技术研究中心、重点实验室及科技企业孵化器等 10 余种资源。2016 年，该平台完成知识产权转让项目 73 宗，金额 4.59 亿元”（郭曼，2017）

（2）线上平台资本谷运营模式：互联网+科技金融+交易。中部中心的湖北科技金融创新创业服务平台，也即资本谷是在国家技术转移中部中心的指导思想下建立的，运用“互联网+科技金融+交易”创新模式，为科技型中小企业提供一站式资本市场融资解决方案，是极具公信力的金融服务平台。该平台拥有科技投融资、股权和知识产权交易、科技咨询和政策支撑四大服务功能。平台官网资本谷为此设置了资本汇、项目汇、服务汇和政策汇四个模块，资本汇下有股权融资和债权融资（图 10-6）；项目汇将需要融资的项目分为种子期、初创期、成长期、成熟期、重组期；服务汇下有金融服务、财税法律、咨询培训、技术服务、认证评估、建立监测、知识产权等服务；政策汇下汇集了“六字政策”（图 10-7）。

图 10-6 线上平台资本谷运营模式

图片来源：资本谷官网

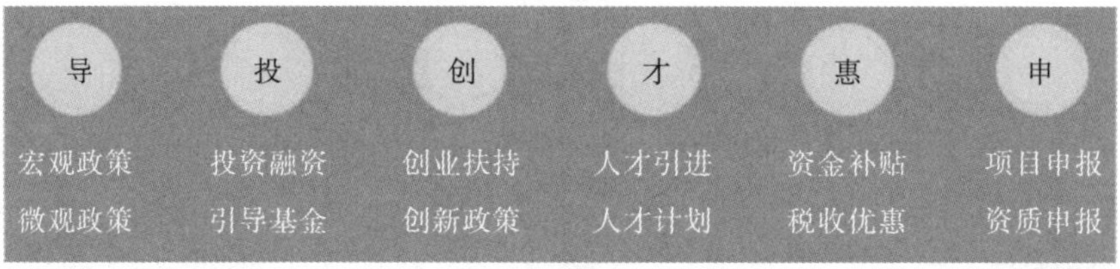

图 10-7 政策汇

图片来源：资本谷官网

目前平台共有优质企业 13015 家、园区孵化器 86 家、精选机构 160 家、金融产品 84 个、投融资对接金额 28.37 亿元。

6) 国家技术转移东北中心

国家技术转移东北中心（下称“东北中心”）由吉林省科技厅牵头建设，主体位于长春市。东北中心的定位是区域性的技术转移服务高地、全国性的先进技术对接平台和国际性创新资源链接载体，同时希望能带动东北地区形成跨机构、跨行业、跨国家的技术转移新格局。

(1) 运营模式：“五位一体”服务体系。“五位一体”是指东北中心要实现以下五个目标，作为技术转移的支撑环节。五个目标分别为：①链接一流创新资源要素；②集成一群技术转移服务机构；③创新一批新型技术交易模式；④建立一个公共研发联盟体系；⑤带动一体化创新创业活动。

(2) 线上平台：市场化运营模式。吉林省科技大市场是东北中心的主要依托线上平台，该平台采用市场化运营模式，主要提供成果发布、项目筛选与推介、网络会展、项目撮合、在线咨询、洽谈对接、技术评估、交易公证、技术交付、款项支付等服务。最终实现引导和召集技术、人才、资金、政策等创新要素的供需双方同步在线对接，为各类技术转移提供全流程服务。

7) 国家技术转移西北中心

国家技术转移西北中心（下称“西北中心”）由陕西省科技资源统筹中心、沣东新城统筹科技资源改革示范基地、西安科技大市场三家联合共建，地处西安市沣东新城统筹科技资源改革示范基地，于 2016 年 5 月 13 日正式揭牌成立。西北中心的主要定位为打造丝绸之路经济带技术转移中心。

(1) 线上平台：提供“3G 孵化体系”等特色服务。作为西北中心的线上服务平台，陕西省科技成果转化创新综合服务平台推出了“3G 孵化体系”、科技成果转化服务云平台、西安专利大数据综合分析系统、技术交易、产学研合作、国际技术转移等多项特色服务。

(2) 服务范围。西北中心的线上服务平台的服务范围囊括了西安十余家高校及科研院所、上百家企业、数十个创业团队。在平台网站设有供需中心、交易中心、服务中心、推广中心、数据中心和资讯中心。供需中心包含项目供给、需求信息、投融资信息；交易中心包含竞价大厅、国有挂牌、交易公示和技术合同登记；服务中心包含专家人才和各类服务（法务、代理、专利检索、资产评估、培训、GLP、高新认定）；推广中心包含产品展示、企业风采、在线路演、网络展会；数据中心即西安专利大数据综合分析系统；资讯中心包含最新资讯、动态公告、政策法规。

西北中心的建设给陕西省的技术转移转化做出了重要贡献。“陕西省 2019 年登记各类技术合同 53004 项，技术合同成交总额达 1467.83 亿元，同比增长超 30%，排名位居全国第五，较上年前进一位。”①

8) 国家技术转移西南中心

国家技术转移西南中心(下称“西南中心”)是由四川省科技厅会同成都市政府、成都高新区管委会共同筹建，于2016年12月23日落地成都市。西南中心主要对接“一带一路”和长江经济带国家战略，打造全链条的技术转移服务业态。

(1) 运营模式：“1+4+N”服务体系。“1+4+N”即以成都高新区菁蓉国际广场为核心载体，在重庆、云南、贵州、西藏四省区建立西南中心分中心，持续构建加拿大北美分中心、成都天府新区、绵阳高新区等多个技术转移分中心及工作站。

(2) 区域技术转移公共服务平台。西南中心“采用线上线下相结合的服务模式，聚集优质科技服务资源，明确‘立足四川、面向西南、辐射全国、链接全球’的发展定位，着力打造西南地区专业化的技术成果交易市场、高新技术服务超市、技术转移服务机构核心聚集区、技术转移人才培养基地、军民融合技术交易平台、高校院所成果集散地和国际技术转移示范区。”平台设有七大中心，分别为资源中心、对接中心、交易中心、评估中心、经纪中心、政策中心、统计中心。其中资源中心包含了科技成果、技术专家、大学城、技术需求、服务机构；对接中心主要负责承接在先需求对接服务。

(3) 线上交易：西南中心全程存证+线下鉴证。西南中心的交易中心下设有“科易宝”技术交易服务系统，可以对技术交易提供全程存证、线下鉴证、专业服务和交易规范等技术支撑和保障。

目前该平台拥有技术成果资源139529项、技术专家7646位、科研院所272所，促成供需对接66次、签约合同38份，合同金额达5244万元。

9) 国家技术转移海峡中心

国家技术转移海峡中心(下称“海峡中心”)于2016年3月10日揭牌成立，主体建设位于福建省福州市。海峡中心的定位是建立链接海峡两岸创新资源要素的技术转移枢纽。

(1) 运营模式：“一中心三平台”。“一中心三平台”是指福建海峡技术转移中心，海峡技术转移公共服务平台、海峡技术转移众投平台、海峡科研众包平台。

(2) 海峡技术转移公共服务平台。平台主要有项目管理、发布、对接、交易等功能，主要包括“科技资源中心、科技咨询中心、对接活动中心、在线交易系统、技术交易价格评估系统、数据统计中心”六大核心模块，海峡技术转移公共服务平台的具体功能架构详见图10-9。

目前海峡技术转移公共服务平台拥有科技成果43899项、技术需求4552项、科研院所236所、技术专家5646位；供需对接5763次、达成意向262次；签约合同41份，合同金额1700万元。

---

①中国科技部，[2020-9-4].陕西省技术合同成交额再创新高，http://www.most.gov.cn/dfkj/shanx/zxdt/202001/t20200131_151323.htm.

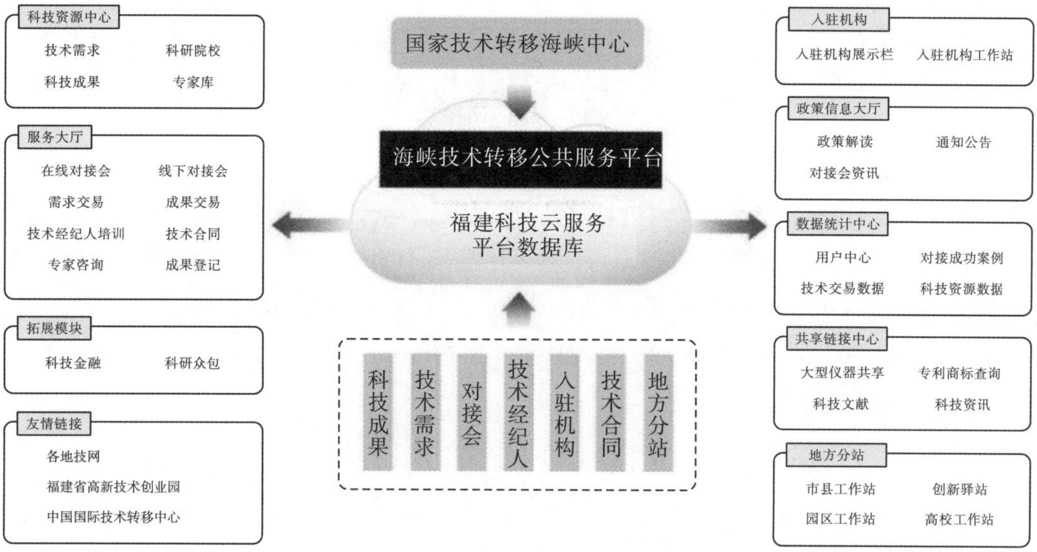

图 10-9 海峡技术转移公共服务平台的具体功能架构

图片来源：海峡技术转移公共服务平台官网

10) 国家技术转移郑州中心

国家技术转移郑州中心（下称“郑州中心”）于 2016 年 11 月 13 日正式运营，位于郑州市郑东新区，建设用地 33.8 亩，规划总建筑面积 168350 平方米，总投资 8.99 亿元。郑州中心希望打造中部地区技术转移全链条服务先行区。

(1) 运营模式：“三区八平台”。“三区”是指技术转移服务中心区、技术产权交易区和技术研发服务区；“八平台”是指国际技术转移服务平台、全省产业集聚区技术转移服务平台、创新成果展示和发布平台、科技资源共享服务平台、科技综合服务平台、技术交易服务平台、科技金融服务平台、新兴产业研发服务平台等八大公共服务平台。

(2) 河南省科技成果转移转化公共服务平台。该平台网站设有技术转移大会、技术成果库、技术需求库、高层次人才库、数据展示、线上展厅等入口。目前平台注册机构 5078 家，技术成果 22835 个，技术需求 4042 个，高层次人才 11759 位，技术成果对接 1204 次，技术需求对接 1207 次。

11) 国家技术转移海洋中心

国家技术转移海洋中心（下称“海洋中心”）落户于青岛高新区，于 2014 年 10 月 28 日正式揭牌成立。海洋中心主要发挥“海洋”优势，打造国际级海洋技术转移交易平台。

(1) 运营目标：“一化三服务”。“一化”是指发展特色化海洋科技成果转化；“三服务”是指服务项目、服务人才、服务企业。

(2) 运营模式：“海洋技术+孵化+转移+交易+基金”。海洋中心的工作重点是开展国家海洋技术交易市场、信息服务平台、共享数据中心、协作工作机制、国际转移平台、海洋科技成果转化基金、公共研发服务平台和海洋特色产业化基地8个方面的建设工作，发挥以海洋为主要特色的高科技研发及产业基础条件和优势，打造国家级海洋技术转移交易平台，推进国家海洋强国和山东半岛蓝色经济区战略实施。

(3)国家海洋技术转移中心平台——蓝海技术交易网。蓝海技术交易网已经于2020年3月份正式上线。平台集“展示、交易、共享、服务、交流”为一体，是公益性海洋领域技术转移和知识产权交易协同创新平台。该平台汇集了3万余项全国前沿涉海科技成果资源，涉及海洋工程装备、船舶制造等领域①。2018年1～9月青岛市共完成涉海技术交易491项，技术合同成交额6.52亿元，同比增长31.5%。

12)上海国际运营试点平台

2018年4月4日，国家知识产权局批复成立国家知识产权运营公共服务平台国际运营(上海)试点平台(简称“上海平台”)。2019年4月22日上海平台的“中知路”平台正式上线运营。该平台的主要业务是知识产权国际运营，主要目标是在知识产权跨境交易、国际知识产权金融创新方面探索经验。

(1)运营模式：知识产权网店+直播竞拍。该平台设立之初就抱着这样的初衷：让知识产权权利人进行知识产权交易像网上开店、网上购物一样方便。因此该平台的产品服务非常丰富。

(2)平台服务内容。①交易产品：发明专利、实用新型、外观设计、IC布图设计、植物新品种、商标、版权、软著、专利组合等；②运营服务：智慧服务、IP咨询、IP托管、IP运营开发、IP需求开发；③金融服务：IP质押融资、IP资本运作、IP运营基金、服务科创板；④国际业务：“一带一路“服务、海外预警与维权、国际运营基金、国际IP保险、国际IP并购、IP翻译引擎；⑤重点产业：生物医药、农业科技、人工智能、航工航天、集成电路、新一代信息技术、新能源、新材料。

2020年5月11日，国家知识产权国际运营(上海)平台与长三角G60科创走廊联席办公室共同举办了“2020年长三角G60科创走廊科技成果拍卖会”。这是国内首次采用线上直播与互联网竞价相结合的知识产权创新交易模式，主要以拍卖的形式，为长三角G60的科技创新项目进行现场竞价成交。

一年内，上海平台完成了70多宗科技成果转移转化及服务项目，达成近3亿元的交易额。已有60多家国际机构加入了上海国际知识产权运营联盟。

13)“科创中国”创新资源共享平台

“科创中国”创新资源共享平台由中国科协主办，并在2020年5月30日正式上线运营。该平台将发挥科学家品牌、多学科综合交叉、央地无缝对接、国际组织联系等优势，旨在打通堵点、连接断点，引导技术、人才、数据等创新要素流向企业、地方和生产一线，

①中国自然资源部官网，[2020-9-4].国家海洋技术转移中心平台上线——助力企业破解难题》，http://www.mnr.gov.cn/dt/hy/202003/t20200310_2501123.html.

加快促进科技向现实生产力转化；将探索产学融合的组织机制和激励机制，服务具有创新需求的重点区域、重点产业和科技型企业，联结高校、院所、新型研究机构及科学家团队，实现供需对接，推动技术交易规范化、市场化，让科技更好地服务经济社会发展。

该平台不仅具有真实可信、共建共享、创新协同、共享共赢的特点，还具有如下特色。①目的式搜索模式。在“科创中国”创新资源共享平台的主页就可以看到整个网站的六大板块全部是以“找+N”命名。六大板块分别为：找服务、找设备、找专家、找技术、找资金、找政策。这种目的式搜索直击用户需求，通俗、简洁，对不熟悉知识产权运营服务的用户来说非常实用、贴心。②资源丰富。在平台的六大板块下都具有非常丰富的资源，如在“找专家”板块下，各领域的专家一共有33240人；在“找资金”板块下，按资金来源分为投资机构、中介机构和精选资金三种，投资机构共有775家，中介机构共有50家，精选资金(包括个人、企业和国资)共70项。③资源多元化。平台除了提供以上六大板块的服务外，还有云课堂、云路演、抗疫专题、资源导航、创新邀约、双创在线、智库研报、创意设计、综合资讯和启创中心专栏。如在资源导航板块有全国学会、企业服务平台、投融资机构、国家重点实验室、高新技术产业园区、科研机构、智库机构、众创空间、会计师事务所、法律服务机构等名称列表和链接。④内容实时更新。综合资讯板块下的资讯内容每天都有更新，另外，行业报告、研究报告等都在实时更新。

10.3 各地特色产业知识产权运营平台的运营服务

10.3.1 军民融合知识产权运营平台的运营服务

1. 国家知识产权运营军民融合特色试点平台

国家知识产权运营军民融合特色试点平台(下称“军民融合平台”)成立于2015年，由财政部和国家知识产权局批复设立，地点设在西安市，是国家知识产权运营“1+2+20+N”体系的重要组成部分(“2”之一)。2017年2月军民融合平台的线上交易平台正式上线。

(1)运营模式：5大功能模块+3大线下体系。国家知识产权运营军民融合特色试点平台的“5大功能模块”是指知识产权交易运营线上平台、云服务知识产权大数据中心、线下服务大厅及运营服务体系、知识产权运营转化基金、军民融合知识产权研究院；“3大线下体系”包括专利技术经理人协会、中国军民融合知识产权运营联盟、“一带一路”知识产权联盟。

(2)特色服务：专利价值评估+专利技术效果认定+专利技术投资孵化。国家知识产权运营军民融合特色试点平台还提供专利价值评估、专利技术效果认定和专利技术投资孵化3大特色服务和一系列常规化专利服务，包括专利信息检索、专利信息分析、专利预警、专利导航、重大经济活动知识产权评议、价值评估、知产金融、专利申请、专利转让许可、专利维权、专利质押融资、军工四证受理、军民融合政策解读、解密国防专利数据深加工等。

国家知识产权运营军民融合特色试点平台的专利价值评估采取的是“数据机器+人工评估”系统；专利技术效果认定主要依托大数据平台和近千家实验室和近万套的实验设备，把未投入市场的专利或者技术方案拿到实验室测验或者做出样品，以此来评定该专利的技术效果；专利技术投资孵化是由平台组建专利运营基金，对一些技术进行孵化。

从成立到2017年2月，国家知识产权运营军民融合特色试点平台已收录解密国防专利2300多项，普通专利5000多项，商标1000多项，技术项目800多项。

(3)成功案例。2016年，国家知识产权运营军民融合特色试点平台促成了一家企业的专利转移转化。西安一家研究所拥有一个专利包，总计有360件专利，专利包囊括了几大技术方向，每个技术方向都包含若干件专利，且这些技术都有一定的关联性。军民融合平台对这家研究所的这个专利包进行了专利评估后，认定专利包里的专利不仅技术实力突出，还可以广泛应用于军事和民用领域。于是国家知识产权运营军民融合特色试点平台联系了某军工企业，向其展示了研究所的专利包，为双方进行业务接洽牵线，成功帮助该研究所转移转化了部分专利。

2. 山东军地集团的军民融合“保姆式”服务模式

山东军地集团是全国首家全要素军民融合科技服务互联网平台，公司成立于2015年，注册资金6000万元。军地集团是一家集信息技术研发应用、科技服务、产业运营于一体的综合型企业。2020年4月28日，该公司的线上平台“军地网1.13版”正式上线。上线后的“军地网”主要聚焦军地产业技术融合、聚焦国防知识产权运营、聚焦产业主线规划运营。“军地网”设有政府专区、企业专区、科技服务、退役军人服务、专家1对1、军地合作伙伴、民参军服务网。

(1)政府专区——做政府服务的“马前卒”。山东军地集团可以为政府提供八大军民融合平台建设服务，有军民融合公共服务平台定制、军民融合信息管理系统开发、军民融合产业对接活动组织、军民融合产业研究规划编制、军民融合产业招商运营、军民融合产业引导基金、军民融合大数据应用软件研发、欢乐军迪军事文旅项目建设。目前该服务覆盖30多个省市地区，服务于6个政府公共服务平台，承担了13项国家省部级重大专项。

(2)企业专区——企业服务的“连心桥”。山东军地集团针对企业提供的服务包括：企业民参军智能自测系统、民参军可行性分析、军地需求对接、军工资质咨询辅导等。目前服务的企业有4067家，军地需求对接270家。

(3)科技服务——企业技术资本的“媒婆”。山东军地集团的科技服务主要包括：军民技术转移转化、国防知识产权运营管理、科技金融服务、创新基地运营。同时为企业、技术和资本提供对接服务，对接模式如图10-9所示。

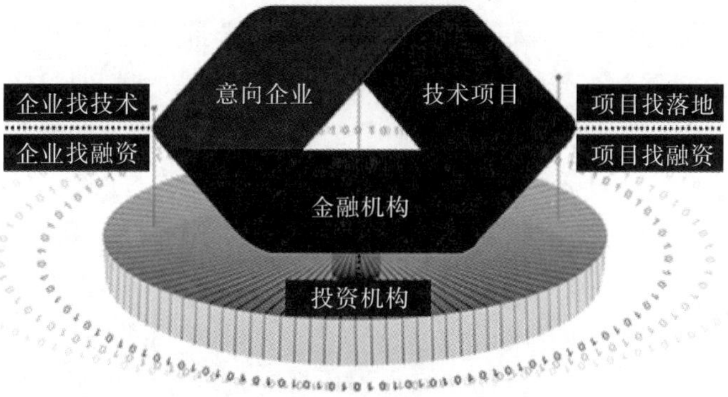

图 10-9 对接模式

图片来源：军地网

山东军地集团目前已建成4个军民融合产业创新运营基地。另外，山东军地集团还为退伍军人提供再就业培训、创业培训等服务；还有军地合作伙伴计划，共8种类型，企业可根据自身情况选择合适的计划。其中，最具特色的是为企业提供“保姆式”的全流程服务。

除了上面两个军民融合知识产权运营主体外，各个省都有自己的军民融合公共服务平台，不过各个省的公共服务平台只提供了最基本的供需信息和技术产品信息，并没有专业的运营模式和策略。

10.3.2 金融创新知识产权运营平台的运营服务

1.“自营+联营+他营”式知识产权运营

国家知识产权运营公共服务平台金融创新（横琴）试点平台由财政部和国家知识产权局在2014年12月批复成立，该平台与上面提到的军民融合平台共同组成了国家知识产权运营“1+2+20+N”体系中的“2”。2017年6月19日，该平台下的线上平台——七弦琴国家知识产权运营平台（下称“七弦琴平台”）正式上线运营，设立于广东省珠海市自贸区。七弦琴平台也是全国首个金融创新知识产权运营交易平台。该平台的两大核心业务是知识产权金融创新、知识产权跨境交易。

该平台主要有4大功能模块和4大业务体系。“4大功能模块”是指社交、IP金融、IP电商、大数据；“4大业务体系”是指信息化、核心业务、派生业务、支撑业务。该平台具体的服务内容：线下主要为企业、高校院所、政府、同行、个人5大客户提供服务，以高价值专利培育布局、专利导航、国家培训基地、研究院、运营公共服务分平台、知识产权顾问、无效诉讼、专利技术运营转移、商标品牌策划、管理咨询等为重点的服务内容。并最终综合为8大交易服务品类，分别为知识产权资产（专利、商标、版权）；知识产权运营服务（受托、收购、专利池、标准化）；知识产权服务（代理、诉讼、分析、咨询、培训）；知识产权创业项目（以知识产权为核心的创业项目）；创业辅导及投融资服务；研发服务；

设计产业服务；知识产权支撑型商品。其线上七弦琴平台支持 8 大功能，分别为知识产权新闻、商城、服务、培训、挂牌交易、大数据、专利评价、时间标志。

该平台线上运营模式为自营+联营+他营。“自营”就是七弦琴平台上自有的知识产权交易、培训服务、咨询服务和代办服务等；“联营”就是七弦琴平台联合一起加入联营的合作伙伴在平台开设网店，施行双品牌运作，最终实现互利共赢，交易过程中的风险需要共同承担；“他营”是指个人或者机构入驻七弦琴平台后，作为第三方经营者在平台经营服务产品，当然机构和个人入驻平台需要提供一系列的证明材料。

截至 2018 年 6 月七弦琴平台的知识产权质押融资规模达到了 8690 万元，共向珠海企业放贷 1200 万元；平台与全国 76 个品牌机构达成了联营合作协议，平台注册会员近 20 万；品牌活动有“中国专利运营年度报告”“中国企业专利实力 500 强年度报告”“中国高校专利实力 100 强年度报告”“中国知识产权横琴论坛”“粤港澳大湾区高价值专利培育布局大赛”。

2.“知本”变“资本”的知识产权证券化

2017 年 9 月 15 日，国务院印发的《国家技术转移体系建设方案》中就提出“开展知识产权证券化融资试点，鼓励商业银行开展知识产权质押贷款业务。”①

(1) 国内首单知识产权供应链金融资产支持专项计划。2018 年 4 月 11 日，中共中央、国务院发布《关于支持海南全面深化改革开放的指导意见》，在实施创新驱动发展战略中，明确提出“鼓励探索知识产权证券化，完善知识产权信用担保机制。”②

2018 年 12 月 18 日，我国国内首单知识产权供应链金融资产支持专项计划——奇艺世纪知识产权供应链金融资产支持专项计划在上海证券交易所成功获批，并于 2018 年 12 月 21 日成功发行。其总规模 4.7 亿元，基础资产标的物均为知识产权，并且被评为“AAA 级”优质证券。

(2) 我国首支知识产权证券化标准化产品——深圳“文科一期 ABS”。2019 年 8 月 9 日，中共中央、国务院在《关于支持深圳建设中国特色社会主义先行示范区的意见》中提出要加快实施创新驱动发展战略，支持深圳“探索知识产权证券化，规范有序建设知识产权和科技成果产权交易中心。”③

2019 年 3 月 28 日，“第一创业-文科租赁一期资产支持专项计划”（下称“文科一期 ABS”）在深圳证券交易所成功设立，这是我国首支知识产权证券化标准化产品。底层资产租赁标的物为发明专利、实用新型、著作权等共计 51 项知识产权，覆盖艺术表演、影视制作发行、信息技术、数字出版等多个细分行业。其产品总规模达 7.33 亿元。

①中国人民政府网，[2020-9-9]. 国务院关于印发国家技术转移体系建设方案的通知，http://www.gov.cn/zhengce/content/2017-09/26/content_5227667.htm.

②中国人民政府网，[2020-9-9]. 中共中央 国务院关于支持海南全面深化改革开放的指导意见，http://www.gov.cn/zhengce/2018-04/14/content_5282456.htm.

③中国人民政府网，[2020-9-9]. 中共中央 国务院在关于支持深圳建设中国特色社会主义先行示范区的意见，http://www.gov.cn/xinwen/2019-08/18/content_5422183.htm.

(3)国内首个专利知识产权储架 ABS 项目。2020 年 9 月 8 日，浦东科创 1、2 期知识产权 ABS 在上海证券交易所挂牌，该款证券项目是上海市的首个知识产权证券化项目，是上海面向中小型技术企业，为其提供融资服务。目前总计发行金额 1.05 亿元，涉及 102 件已授权专利。

10.3.3 集成电路知识产权运营平台的运营服务

1. 上海硅知识产权交易中心有限公司的成套式集成电路运营

上海硅知识产权交易中心有限公司(SSIPEX)是由国家工业和信息化部与上海市在 2003 年联合创建的公共服务平台。该中心创建的目标就是促进我国集成电路设计业成长，提升电子信息业的知识产权服务水平。它的运营包括：芯片定义、芯片设计、芯片制造、芯片封装、芯片测试、芯片推广。

在数据方面，该中心与上海交通大学微电子学院、清华大学微电子所、中国科学院 EDA 中心、上海集成电路行业协会、国家集成电路西安产业化基地、苏州中科集成电路设计中心、国家集成电路成都产业化基地等单位达成了数据共享协议，目前在专利信息中心下还有五大数据库，包括专利检索数据库、可售/许可专利库、专题专利数据库、集成电路布图设计数据库、知识产权司法判例数据库。上海硅知识产权交易中心有限公司在分析咨询服务下有知识产权战略规划与实施、行业与项目专利分析评议、专利检索分析、产品与技术专利策略；司法鉴定可以鉴定的有专利类、商标类、著作权类、商业秘密类、集成电路布图设计类。

2. 中关村集成电路设计园产业服务平台的“一平台三节点”式运营模式

2019 年 11 月 27 日，正式启动上线，标志着北京首个专注于芯片产业的服务平台成功上线。这也标志着中关村集成电路设计园施行“一平台三节点”运营模式的正式开启。①“一平台”主要是在线上平台——中关村集成电路设计园产业服务平台开通有关芯片设计的全业务链服务功能，为 IC 设计企业提供 EDA、IP、流片、封测、检验认证、财税、法律、知识产权等一系列服务。在线下则建有服务大厅，设置 5 个窗口，聚集 50 多家服务机构为企业提供服务，实行线上线下相结合的服务措施。②“三节点”分别是人才节点、孵化节点和投融资节点。在集成电路产业中，目前发展的困境是缺专业人才，缺资金。而中关村集成电路设计园提出的“三节点”模式就是为芯片设计企业解决发展的后顾之忧。其中人才节点就是联合多家学院和企业打造一个 IC 培训平台，精准培养专业化人才。孵化节点采取“孵化+认股权+基金”的创新模式提供政策咨询、融资对接、专家导师、技术环境搭建等服务。投融资节点一方面体现在芯创基金上，设计园自身成立了 15 亿元的中关村集成电路产业投资基金，第一期募资 3 亿元。另外一方面设计园联手中关村创投、中发展创投、启航基金、北京集成电路产业投资基金等，面向集成电路上下游企业，提供覆盖全生命周期的投融资服务(图 10-10)。

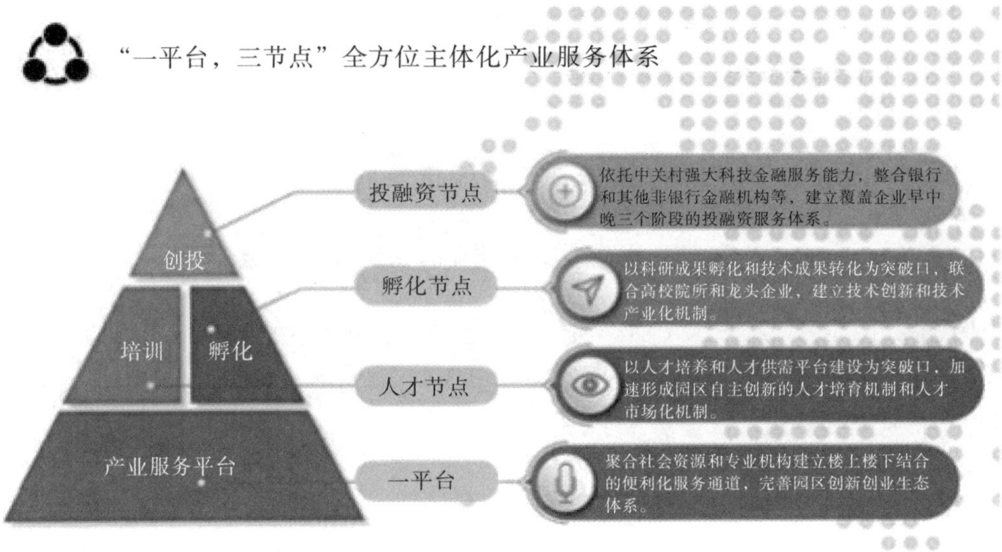

图 10-10 "一平台三节点"式运营模式

图片来源：房讯网

3. 南京市集成电路产业知识产权运营中心的"人才+技术+资金+市场"运营模式

2019 年 12 月 18 日，南京市集成电路产业知识产权运营中心正式授牌成立，是全国首个涵盖人才、技术、资金、市场等全方位产业要素的集成电路公共服务平台。

针对四个关键性产业要素，南京市集成电路产业知识产权运营中心设立了四大特色平台，即人才资源平台、开放创新平台、公共技术平台和产业促进平台。①人才资源平台，主要是根据全国或区域范围内集成电路产业发展的需求，然后整合全国专业优质的培训资源，打造实训基地，进行 IC 设计、封测、制造、应用等领域复合型、技能型、创业型人才培训。②开放创新平台，主要负责挖掘高校和科研院所的先进性、前沿性科技成果，对接有需求的企业，快速实现技术产品化和产业化。③公共技术平台，主要是为 IC 芯片设计和实验应用提供技术支持，技术资源包括 EDA 计算中心、IC 研发仪器设备共享实验室、物联网应用场景实验室、IC 大仪共享信息化平台服务，同时引入 Design Service、芯片可靠性测试分析、MPW 流片代理、IP 等。这可以大大节省研发成本，实现技术资源的高效使用。④产业促进平台，主要是通过联动芯片产业的下游产业企业，如物联网、人工智能、智能制造三大领域，将芯片技术落到实处，将技术直接接入到有需要的企业，实现技术与市场的无缝对接。

10.3.4 中国汽车产业知识产权投资运营中心的运营模式

2017 年 12 月 29 日，国家知识产权局发布了《关于同意北京市建设中国汽车产业知识产权投资运营中心的批复》文件，中国汽车产业知识产权投资运营中心至此开始进入建设阶段。2018 年 10 月 8 日，该中心正式投入运营。该中心是由海淀区人民政府、北京汽车集团产业投资有限公司、中海金岳投资管理有限公司、北京领知数据服务中心等共同出资成立。

该中心主要聚焦汽车垂直领域知识产权的投资运营，主要是为处在不同发展阶段的技术型汽车企业提供投融资服务。中心广泛对接银行、券商、投资机构与国内外汽车产业链龙头企业资源，努力让知识产权引导资金引领我国汽车行业的高质量发展。中心基于汽车产业知识产权金融大数据的投融资与咨询，通过汽车产业知识产权投资运营基金，运用人工智能和大数据手段探索知识产权股权投资新模式的落地；为不同发展阶段的企业提供以知识产权为核心的融资产品，为企业提供便捷的融资渠道；构建汽车高价值专利培育中心，为企业提供一站式知识产权创造布局、资产管理运用服务；大数据平台可以为投资决策和创新规划提供全方位信息支撑。

10.4　科研院所的知识产权运营平台的服务状况

10.4.1　中国科学院系统的服务状况

2016 年 3 月 18 日，中国科学院印发《中国科学院促进科技成果转移转化专项行动实施方案》，方案中提出设立“中国科学院知识产权运营管理中心”，构建“运营管理中心”加若干“运营服务平台”的知识产权服务体系；设立“中国科学院成果转化与知识产权运营基金”支持重点专利再次开发；建设统一的科技成果信息服务平台，与科技论坛、成果对接会等传统形式相结合，对可转化科技成果进行线上线下同步发布等重要举措指导[①]。随着专项行动的持续推进，2016 年 7 月 25 日，“中国科学院知识产权运营管理中心”正式揭牌成立。

(1) 专利交易模式：“先试用后付费”。在中国科学院知识产权网的知识产权转移转化信息系统中设有“中国科学院‘先试用后付费’知识产权(专利)交易平台”。在具体某项专利技术后都有“立即试用”和“立即购买”，用户可点击“立即试用”进入交易平台注册。

目前平台提供两种试用方式：一般许可试用和独家许可试用。一般许可试用不排斥其他用户试用，独家许可试用则排斥其他用户试用。试用时间可以是半年以上和两年以上，一般半年的试用是免费的，如果时间稍长，费用要由专利试用者和专利提供者进行商量决定。其具体试用流程如图 10-11 所示。

①中国科学院科技促进发展局，[2020-9-10]. 中国科学院促进科技成果转移转化专项行动实施方案》，http://www.std.cas.cn/zcfg/ynwj/201604/t20160406_4551960.html.

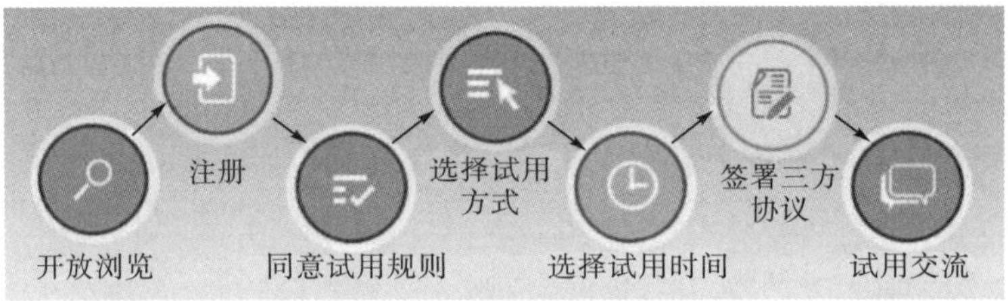

图 10-11 中国科学院知识产权网的知识产权转移转化信息系统

图片来源：中国科学院知识产权网

(2)运营模式：科研成果+专业服务一体化模式。中国科学院科技产业网汇集了全院和 20 多家分院的科研成果，每项科技成果都显示了详细的技术信息供需求方查看。另外，各分院根据自身的技术特点提供科技服务，让专业人员操作，保证技术成果安全落地实现产业化(图 10-12)。目前网站共有成果专利 87897 项、机构企业 292 家、科研院所 193 家、服务需求 375 项。

图 10-12 中国科学院科技产业网

图片来源：中国科学院知识产权网

10.4.2 江苏产业技术研究院的服务状况

江苏省产业技术研究院(JITRI)成立于 2013 年 12 月，成立之初就定位于在科学到技术转化的关键环节，打通科技成果向现实生产力转化的通道，为产业发展持续提供技术。JITRI 发挥的作用就是两个桥梁的作用，即大学或科研院所与工业界的桥梁，全球创新资源与江苏省工业的桥梁。

目前 JITRI 下有 40 多家专业研究所，以及多家与企业直接合作的联合创新中心。在管理机制上 JITRI 有自己的新路子。

(1)一所两制。“一所两制”主要是针对在高校院所运行机制下开展高水平创新研究的研究人员和独立法人实体聘用的专职从事二次开发的研究人员，实行两种管理方式。其中，独立法人实体管理方式大大提高了地方和企业的积极性，同时也提高了科研院所和高校对技术转移转化的积极性(图 10-13)。

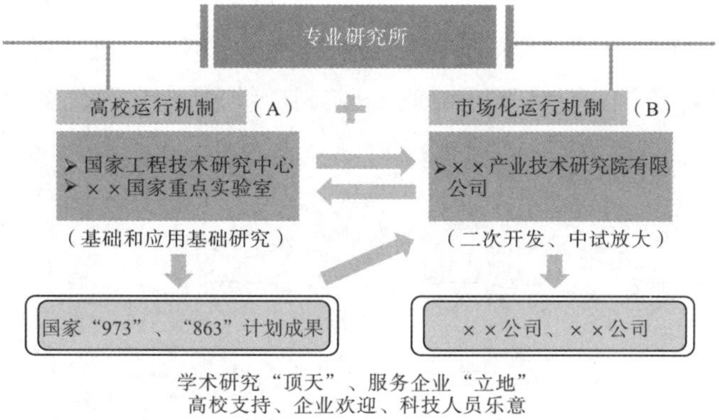

图 10-13 JITRI 的“一所两制”

来源：江苏省产业技术研究院官网

(2)项目经理制。JITRI 在财政资金的使用方式上做出了创新，采用项目经理制。赋予项目经理组织研发团队、提出研发课题和决定经费分配的权利。项目经理的人选须具备以下基本条件：①是国内外相关产业和技术领域中一流的领军人才；②具备在战略必争领域和前瞻性领域布局实施产业重大研发项目的能力；③能够有效集成各类创新资源和要素，促进重大科技成果转化，创办科技型企业；④能够集聚高层次创新创业人才及团队，开展重大基础研究成果的“二次开发”及产业关键核心技术的联合攻关(图 10-14)。

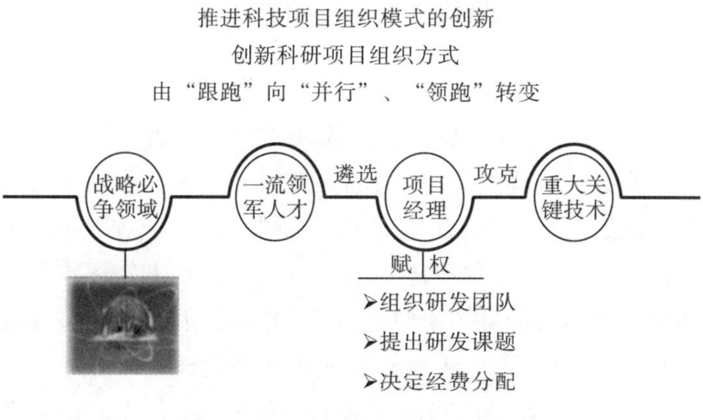

图 10-14 JITRI 的项目经理制

来源：江苏省产业技术研究院官网

如图 10-15 所示，首先在开始阶段 JITRI 会拨出经费，支持项目经理进行调研，然后形成成立专业研究所或公司的规划方案。JITRI 会对方案进行专家评审，分析方案规划的可行性。方案通过后，JITRI 就会下拨经费给项目经理，由项目经理进行组建团队和项目落地。在此期间，JITRI 会发挥自身与政府和企业资源等优势，帮助项目经理寻找土地、投融资、设备、技术人才等。

(3) 项目经费合同制。在项目经费管理机制上，JITRI 抛弃了传统的按照项目进行经费拨付的方式，改为以技术转移转化合同作为项目考核标准，以此标准来拨付项目经费。具体绩效考核由三部分组成，分别为合同科研绩效、纵向科研绩效、衍生孵化企业绩效等（图 10-15）。

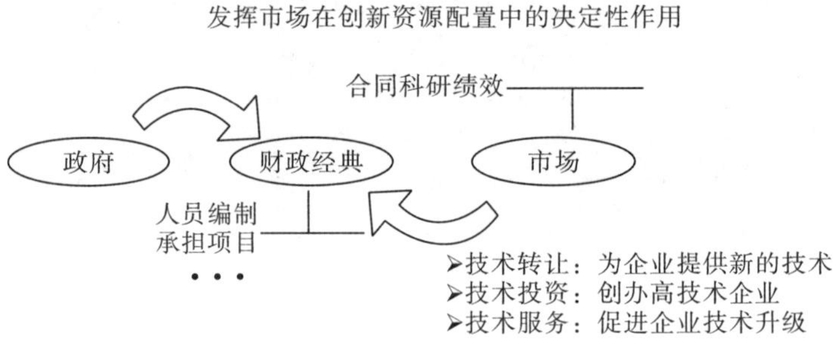

图 10-15 JITRI 的项目经费合同制

来源：江苏省产业技术研究院官网

作为科技体制改革的“试验田”，江苏省产业技术研究院在短短的 4 年时间建设了 41 家新型研究机构、衍生孵化了 500 多家企业。

10.5 各城市知识产权运营体系建设情况

10.5.1 城市知识产权运营体系建设

自 2017 年起，每年财政部、国家知识产权局会在全国选择若干创新资源集聚度高、辐射带动作用强、知识产权支撑区域发展需求迫切的重点城市（含直辖市所属区、县），支持开展知识产权运营服务体系建设，旨在加快构建知识产权运营服务体系，充分释放知识产权综合运用效应，促进经济创新力和竞争力不断提高，服务高质量发展。

经城市自愿申报、省级财政和知识产权部门审核推荐、专家评审等，国家每年确定一批重点城市进行知识产权运营服务体系建设，拨付相应的财政资金进行重点支持。以 2019 年为例，在《关于开展 2019 年知识产权运营服务体系建设工作的通知》所述，“中央财政对每个城市支持 1.5 亿～2 亿元，2019 年安排 1 亿～1.5 亿元，剩余资金以后年度考核通过后拨付。城市可采取以奖代补、政府购买服务、股权投资等方式，统筹用于支持知识产权运营服务体系建设工作。”

重点城市需要完成的主要任务是聚焦知识产权创造运用重点领域和薄弱环节，贯通专利、商标、地理标志各类别知识产权。其主要内容有以下方面。一是强化知识产权对产业发展的支撑作用。推动构建以知识产权为纽带的协同创新机制，发挥专利信息对产业规划和企业经营的指导作用，探索知识产权支撑产业高质量发展的有效路径。二是优化知识产权创造的产出质量。坚持质量第一、效益优先，建立以运用为导向的知识产权创造机制，以高价值知识产权助推产业高质量发展。三是提高创新主体对知识产权的运用能力。分类施策提高创新主体知识产权管理运营能力，强化知识产权公共服务供给，打通创新主体知识产权运营全链条。四是拓展知识产权金融服务范畴。着力推广知识产权质押融资等知识产权金融服务的实施成果，深入推进知识产权金融服务创新，加快促进知识产权与金融资源融合。五是建设区域性知识产权运营服务集聚区，打造区域知识产权重点机构，服务产业创新驱动发展。六是探索支持高校、科研院所建立知识产权运营中心，积极试点知识产权混合所有制改革。

既然有资金支持，也就会有相应的绩效目标考核。重点城市建设三年期满时的目标一般有以下几项必须要达成。

2019 年第三批的目标是：①知识产权支撑区域发展。试点城市知识产权服务业发展水平显著提升，服务产业发展能力显著提升；建设知识产权运营服务集聚区，培育 5 家以上专业化、年主营业务收入 1000 万元以上的知识产权运营机构，年营业收入增幅高于当地平均水平；开展产业规划类专利导航项目 10 个以上、企业运营类专利导航项目 30 个以上。②提升知识产权产出质量。形成 20 个以上规模较大、布局合理、对产业发展和国际竞争力具有支撑保障作用的高价值专利组合，其中发明专利数量不低于 50 件，PCT 申请不低于 10 件；加强商标海外布局与实施。③提高知识产权运用能力。创新能力强、知识产权工作基础扎实的企业、高等学校、科研院所知识产权管理规范贯标数量达到 100 家以上；专业知识产权托管服务累计覆盖中小微企业 1000 家以上；知识产权交易、许可额年均增幅 20%以上。④拓展知识产权金融服务。专利、商标品牌质押融资金额，知识产权保险金额年均增幅 30%以上，质押次数年均增幅 30%以上；积极推进专利商标混合质押。

2020 年第四批城市的绩效目标是：经过三年的时间，在重点城市构建起规范化、市场化的知识产权运营服务体系，建立健全知识产权运用促进的制度规范，促进知识产权市场价值充分实现，支撑区域经济高质量发展。重点城市要结合自身实际，在下列指标基础上，合理测算设定量化指标。①知识产权转让、许可数量年均增幅 20%以上；知识产权质押融资金额和项目数年均增幅 30%以上；专利技术合同成交额年均增幅 40%以上；支持 100 家以上中小企业成功转化高校院所专利技术；推动发行知识产权证券化产品 1 单以上，促进高价值专利组合融资。②专利密集型产业增加值和实施地理标志运用促进工程的地理标志产品产值显著提升；实施产业类专利导航示范项目 5 个以上；打造若干特色鲜明、竞争力强、市场信誉好的区域商标品牌。③200 家以上创新能力较强、知识产权基础较好的企业、高等学校、科研院所通过知识产权管理规范贯标认证；支持国家知识产权试点示范高校建设；专业知识产权托管服务累计覆盖中小企业 1000 家以上；市场主体商标布局和品牌培育水平显著提升。④高水平建设知识产权服务业集聚区，建设 1 家区域性知识产权运营服务平台，培育 3 家以上产业知识产权运营中心，扶持一批专业化、市场化、复合型的知识产权服务机构；知识产权服务行业监管全面加强，知识产权服务区域和产业发展能力显著提升。

与 2019 年相比，2020 年的绩效目标可以看出有几点不同：①更加注重专利许可、转让、质押、技术合同的效益的增长，不再强调考核知识产权运营机构的收益；②新增了知识产权证券化这一新型的运营模式；③提出高水平知识产权服务业集聚区建设目标。实践中，知识产权服务企业以中小型企业为主，大型企业少、知识产权强势企业不多，需要更有力的支持。知识产权运营服务体系建设重点城市名单见表 10-2 所示。

表 10-2 知识产权运营服务体系建设重点城市名单

批次	城市
第一批	苏州市、宁波市、青岛市、郑州市、长沙市、成都市、西安市、厦门市
第二批	北京海淀区、上海浦东区、南京市、杭州市、武汉市、广州市、深圳市、海口市
第三批	台州市、济南市、上海徐汇区、无锡市、东莞市、石家庄市、天津东丽区、重庆江北区、大连市、泉州市

10.5.2 天津模式：“科研众包”

“科研众包”是天津市科技局于 2019 年 7 月开启的供需对接新模式，通过“企业出题、能者破题”的方式进行企业间的互动比拼，将企业聚集起来，解决企业共同的技术难题，挖掘企业的技术创新需求。

目前“科研众包”已具备“1 个平台+1 套机制+N 个队伍”的运作体系。“1 个平台”是指科研众包工作平台；“1 套机制”是线上线下相结合的机制；“N 个队伍”包括技术需求挖掘团队、技术需求筛选团队等。“科研众包”首先是对企业技术需求进行收集、甄别和筛选。很多企业有技术需求，但并不知道具体需要哪项技术，导致技术需求模糊、不确定，无法精准对接。因此科研众包平台通过线上和线下方式将搜集的需求经过专业技术经理人进行鉴别，再请专家团队对鉴别出的技术需求进行分析筛选，然后发布。后续在针对发布的技术需求采取“悬赏”征集解决方案的方式完成对接。“科研众包”的具体流程如图 10-16 所示。

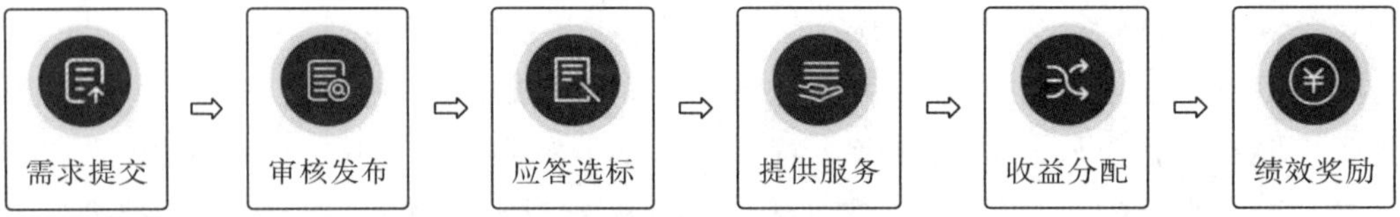

图 10-16 “科研众包”的具体流程

图片来源：天津市科研众包平台

天津市科研众包平台开启半年以来，共征集发布 350 家企业的技术需求 534 项，撬动企业意向投入 3.2 亿元；71 家国内外应答单位提交解决方案 210 项；开展需求挖掘、技术对接等活动近 40 场，对接成功项目 48 项，合同金额达到 8334.53 万元[①]。

10.5.3　南京模式：一核两翼多平台

南京模式的“一核”是指以中国(南京)知识产权保护中心为建设主体，建设集数据支持、情报研究和运营展示于一体的核心平台；“两翼”是指南京江宁区国家知识产权服务业集聚实验区和江北新区知识产权金融创新中心两大功能服务区；“多平台”是指打造若干个知识产权专业特色服务平台和知识产权运营中心。

2020 年南京市新认定 4 家知识产权公共服务载体，其中知识产权公共服务平台 1 家、知识产权运营中心 3 家。自此，南京市知识产权公共服务平台达到 10 家、知识产权产业运营中心达到 11 家，标志着南京市知识产权运营服务体系“一核两翼多平台”体系架构平台体系进一步完善。

近年来，知识产权公共服务载体的构建有效助推了知识产权运用和发展，相关平台或中心为南京市 1500 多家企业提供知识产权融资服务，融资金额累计达 50 亿元；为 6766 家中小微企业托管知识产权，托管有效专利 4.919 万件；举办了 22 场次各类人才培训活动，培训学员 2500 余人次；推动南京市年技术合同成交额超 591 亿元，同比增长超 27%，其中，涉及知识产权的成交额超 128 亿元，占比 21.76%。下一步，南京市将进一步整合知识产权公共服务平台与知识产权运营中心资源，做到优势互补、共同提升，服务南京市知识产权运营工作，探索更多特色化、专业化知识产权服务路径。

10.6　高校知识产权运营平台的运营状况和模式

10.6.1　总体概况

近几年，我国的知识产权运营状况虽然有所提升，但也只是出于平稳发展的状态，专利转化率还处于较低水平。根据国家知识产权局《2019 年中国专利调查报告》中的数据“自 2017 年以来，有效专利实施率从 50.3%逐步上升至 2019 年的 55.4%，专利实施状况稳中有升。从发明专利来看，2019 年有效发明专利实施率为 49.4%、产业化率为 32.9%、许可率为 5.5%、转让率为 4.4%，较上年依次分别提升 0.8、0.6、1.0、0.6 个百分点。”[②]

“调查显示，2019 年我国专利实施状况总体平稳，专利布局意识整体良好，高校和科研单位专利运用仍有较大提升空间，信息不对称是制约专利权有效实施的最主要因素。”[③]

“高校和科研单位专利运用水平较低。高校和科研单位有效专利实施率(高校 13.8%，科研单位 38.0%)、产业化率(高校 3.7%，科研单位 18.3%)远低于企业的 63.7%、45.2%；

①李培，[2020-9-10].“企业出题，能者破题”——天津“科研众包”助力企业技术创新，新华网，http://www.tj.xinhuanet.com/jz/2020-04/25/c_1125903840.htm.
②国家知识产权局，[2020-8-28].2019 年中国专利调查报告，http://www.cnipa.gov.cn/tjxx/index.htm.
③国家知识产权局，[2020-8-28].2019 年中国专利调查报告，http://www.cnipa.gov.cn/tjxx/index.htm .

许可率(高校 2.9%，科研单位 2.0%)、转让率(高校 3.2%，科研单位 1.3%)、作价入股比例(高校 2.0%，科研单位 1.7%)也明显低于企业的 6.1%、3.7%、3.1%。未实施专利中，高校和科研单位表示相当比例是用于完成专利评审或考核、获得奖励等目的，高校两项占比分别为 56.3%、41.6%，科研单位两项占比分别为 48.6%、42.1%，表明高校和科研单位专利布局受政策因素影响偏高。”（表 10-3 和表 10-4）①

表 10-3 不同专利权人有效专利实施率(%)

	企业	高校	科研单位	个人	总体
有效发明专利	62.1	16.8	31.1	29.8	49.4
有效实用新型	63.3	10.7	46.0	29.1	56.9
有效外观设计	67.0	5.5	63.2	43.9	57.4
合计	63.7	13.8	38.0	36.8	55.4

注：有效数据量为：企业、高校、科研单位、个人分别为 10552、658、301、1242，总计为 12753。本表因小数取舍而产生的误差均未做配平处理。
来源：《2019 年中国专利调查报告》。

表 10-4 不同专利权人有效专利产业化率(%)

	企业	高校	科研单位	个人	总体
有效发明专利	43.8	4.5	13.8	20.1	32.9
有效实用新型	44.1	2.9	23.3	19.2	39.2
有效外观设计	51.2	1.1	37.6	31.0	42.8
合计	45.2	3.7	18.3	25.4	38.6

注：有效数据量为：企业、高校、科研单位、个人分别为 10552、658、301、1242，总计为 12753。本表因小数取舍而产生的误差均未作配平处理。
来源：《2019 年中国专利调查报告》。

以前的高校知识产权运用多为职称晋升、科研开发而生；科研成果理论性强、产业化能力较为薄弱；缺乏运营人才，又无完善的运营模式，所以知识产权运营提升空间很大。近年来，随着知识产权运用能力的提升，高校知识产权也涌现出许多优秀的典型案例。

10.6.2 山东理工大学的知识产权运营模式与特点

2017 年 3 月 24 日，山东理工大学毕玉遂教授研究团队发明的“无氯氟聚氨酯化学发泡剂”，以 5 亿元获得 20 年专利独占许可使用权，由补天新材料技术有限公司收入囊中并进行转移转化运营，创造了当时全国转让独占许可使用费的最高纪录。

后来，获得这一专利使用权的补天新材料技术有限公司实现聚氨酯喷涂领域对物理发泡剂的替代，同时与国内几家代表性的公司展开了合作，产品从 2018 年 1 月 18 日开始正式出口。“无氯氟聚氨酯新型化学发泡剂”是毕玉遂教授研究团队 14 年科研成果的结晶，

①国家知识产权局，[2020-8-28].2019 年中国专利调查报告，http://www.cnipa.gov.cn/tjxx/index.htm.

由此实现的 5 亿元“天价”转让费不仅是对科研人员研究成果价值的充分肯定，同时也是专利导航助推企业实现科技成果转化的最好证明。山东理工大学知识产权的成功运营，有以下几个特点。

(1) 高校里的教授对于知识产权创造很擅长，但对于专利的保护、运营、技术秘密的担心却常常束手无策。长期以来在聚氨酯喷涂领域一直使用物理发泡剂，而这种发泡剂含氯含氟破坏臭氧层，进而影响到地球的生态环境。为了解决这一问题，2003 年，毕玉遂研究团队开始研究新型发泡剂，历时 14 年终于发明出了无氯氟聚氨酯化学发泡剂，这种发泡剂不仅成本低而且更加环保，可以说是攻克了一个世界性难题。虽然整个研究过程中困难重重，科研人员为此付出了极大的心血和精力，但对研究团队来说最困难的是这一聚氨酯产业颠覆性发明问世之后，如何对其进行知识产权保护。2011 年无氯氟聚氨酯化学发泡剂研发出来之后，由于其涉及整个行业的发展，引起了国外化工巨头公司的关注。虽然该研究团队一直担忧泄露技术方案，但一直到 2016 年都没有进行知识产权保护。甚至在 2013 年 9 月，科研团队实验室的 18 台计算机硬盘被盗，万幸的是关键技术不在其中。可见高校知识产权包括技术秘密与专利管理极需强化。

(2) 国家知识产权局亲自派专家辅导，进行专利导航与专利布局。2017 年 5 月，国家知识产权局“微观专利导航项目工作组”进驻山东理工大学，由知识产权保护方面的顶级专家对“聚氨酯化学发泡剂”项目特定专利开展“微观专利导航”。经国家知识产权局专家组审查和国内外检索后确认：“无氯氟聚氨酯化学发泡剂”是革命性的颠覆性的发明，是重大的理论创新和技术发明。从 2016 年 6 月到 2017 年 8 月，工作组与毕玉遂经过一年多的交流和研讨，最终，新型聚氨酯化学发泡剂申报了 4 项国家发明专利和 1 项国际专利。正是这支国内顶级专业团队的专利导航创造出了 5 亿元的天价转让费。

或许有人会说这是毕教授以及山东理工大学的幸运。但与其说是幸运，不如说是中国太需要这样的高质量发明创造、高价值专利运营了。现在，越来越多的知识产权许可、转让、证券化等典型案例涌现出来。高价值专利的运营、国际化布局也将层出不穷、日新月异。

10.7　国外知识产权运营平台概况与事例

10.7.1　简述

知识产权运营是多种多样的，范围也很广。国外的知识产权运营也呈现不同的形态，有技术转移、技术孵化、专利池运营等，甚至就有一些企业专门以知识产权运营为主业。在前面讲述知识产权交易服务时，也提到了美国国家技术转移中心、韩国技术交易所、高智发明等以交易为主的平台。本节以技术孵化、技术转移、专利池运营、专利实体几种模式为主进行简要介绍和分析。

10.7.2 技术孵化模式：以 EdisonNation 公司为例

EdisonNation 公司是 2001 年开始的一家致力于从创意、孵化、IP 化、商业化和产业化的公司。其主要使命是帮助人们将产品创意商业化。

EdisonNation 公司主要的模式有以下几种。①创意库。任何一个人可以将其创意提交给该平台，并支付 25 美元的费用，进入该公司的创意库。公司会评估该创意，并由公司选择是否将其产业化。企业会员也可以在创意库中进行搜索，寻找合适的创意进行商业化。②企业创新创意悬赏征集与应征。企业会员可以在平台上公开悬赏征集生活中的创意、研发所需的创新创意。人们可以应征并获得企业的回报。③创意专利化产业化。公司可以筛选创意，将由公司出钱将创意申报专利，组织资金和各种资源，把创意商业化、产品化、产业化之后，与创意人进行利润分成。EdisonNation 公司至少会有 8 个步骤来评估、商业化人们的创意，一旦完成 8 个步骤，创意人就有望得到收益。

如果创意一旦变成专利，许可给商业化的公司，则许可费用将会分配给创意人 50%，其余 50%归 EdisonNation 公司。如果创意或专利产品化后，创意人有望获得销售额 7.5%的收益。

由此看来，EdisonNation 公司对于创意的商业化已经有一整套流程、资源来开展。这套商业化的模式也很值得学习借鉴和研讨。

10.7.3 技术转移模式：TTO（技术转移办公室）

国外许多大学和科研院所也都有自己的技术转移办公室。有的成立得很早，比如 1970 年斯坦福大学成立了 TTO，专门负责技术转移和科技成果转化工作，成为大学中技术转移市场化的先行者。

通过设立技术转移办公室或专门机构，促进大学技术转移，帮助研究人员或师生把科技进步转化为有形产品并为社会造福，为发明者和校方带来收入回报以进一步支持大学的自由研究和教育。

从组织模式来看，基于 TTO 的主要职能，世界知名大学技术转移办公室的组织模式主要有内部、外部和混合三种：内部模式下，TTO 依附于大学行政管理体系，包括内部单一办公室和内部多办公室两类；外部模式下，TTO 独立于大学，包括单一公司、多公司及区域混合三类；混合模式则整合了内部和外部模式的特征。目前以内部单一办公室为主。技术转移活动具有不确定性大、风险性高、时效性快等特征，以内部单一办公室模式组建 TTO，委托 TTO 全面负责科研成果的登记、申报、评估、投资、转移转化等事宜，有利于集中资源和集中管理、运营。

技术转移办公室主要的职能有：①专利、版权许可；②知识产权保护、管理；③为发明披露过程提供便利；④资助研究和为发明人提供帮助；⑤公共服务（推广、信息、技术）；⑥加强与产业部门的联系；⑦促进地区经济发展；⑧创业和创办新公司。由于各高校之间定位的差异性，导致功能有所差别。如斯坦福大学认为教师的主要职责是教学与科研，因此学校坚持不创办企业，技术许可办公室将新技术转移至企业界即可，不具备创办新公司这一职能。而麻省理工学院的技术许可办公室的其中一大职能就是通过创办新公司为学生提供就业机会。

在收入分配方面，技术转移办公室出让专利许可所得收入主要分配给发明人、发明人所在院系、学校以及技术转移办公室四个主体。如斯坦福大学将收入的15%用于维持OTL（Office of Technology Licensing，技术许可办公室）运作，剩余的收益被分为三部分，1/3归发明者，1/3归发明者所在的系，1/3归发明者所在的学院。美国大部分的技术转移办公室是大学中的独立部门，很少有专门经费支撑其运行，其收入主要来源于技术转移活动。值得注意的是，针对大学内部TTO的自身盈利状况，世界知名大学一般不做考核。例如，斯坦福OTL自成立以来大多数年份是亏损的，校方的要求是能够保持盈亏平衡即可（常旭华等，2017）。

10.7.4 专利池运营模式：MPEG LA为例

前面曾谈到高智公司采用自主研发＋专利收购的二次开发组合方式，形成专利池开展对外专利许可获利。这是一种专利许可运营模式。还有一种更为典型的许可经营模式就是，组建专利池并进行运营。

专利池运营模式通常会与技术标准有关。无论是国际标准还是国家标准、行业标准或事实标准，都有可能借助于标准在某个行业的广泛运用与推广，从而让专利成组合形态许可给全行业。符合标准的专利技术所有人结成联盟，并且统一将专利注入一个共同的专利池（patent pool）中，对外进行公平、合理、无歧视的许可。这既对专利权人通过专利与标准获得市场的垄断收益有莫大的利益，也对社会广泛采用新技术标准克服宽泛、复杂、混乱的专利丛林有一定的好处。这种模式自然就慢慢发展起来，并且有了许可成功的应用。专利池的许可模式国内国外都有。这里略举几例。

（1）MPEG LA有限责任公司。MPEG LA有限责任公司是一家全球一站式技术与标准专利许可的公司。其组建的标准与相应的专利池包括，MPEG 2、H.264、ATSC等。

以MPEG LA公司的ATSC专利池为例，许可项目提供公平、合理、无歧视的专利许可，这些专利是美国高级电视系统委员会（Advanced Television System Committee，ATSC）采用的数字电视标准中的基本专利，并且在销往美国、韩国、墨西哥、加拿大以及其他国家的数字电视中均会用到。MPEG LA的ATSC专利池许可目前包含的专利来源于飞利浦、LG电子、松下电子、三菱电子、三星电子、亚特兰大科技公司、Zenith电子公司。MPEG LA的目标是尽可能向全球提供ATSC基本专利；新的基本专利和新加入的专利许可人可以加入专利池，并且在目前的许可条件上专利许可费并不会增加。ATSC专利池是为了方便被许可人以一个交易合同就能从ATSC多个专利权人处获得必要的专利许可，而不是与他们中的每一个专利权人进行谈判和单独签约。

(2)通信领域ETSI-5G标准。很多人都知道在5G通信领域，华为的专利已经占据了相当优势的地位。这种优势地位从何体现？主要就是从5G标准中的基本必要专利数量与质量来体现。根据ETSI的数据，截至2019年3月19日，其已宣布12002个专利家族。Muzammil Hassan、Aman Kumar和Matt Luby三位在《谁拥有5G核心专利？——5G SEP的详细分析》选择了所有已申报的符合5G相关规范和项目的专利，从而产生了63985份单独的专利文件(授权专利，已公开专利申请和非公开专利申请)。其中约500个非公开专利文件被排除，其余约63500个专利文件被归为12002个专利族。截至2019年12月31日，拥有1002个具有有效法律地位的已授予专利的专利族中的6402个被保留，其余被排除①。

这些标准都会征集、发现并要求披露是否含有专利以及具体有哪些专利，是免费许可还是收费许可。如果一项专利进入标准的专利池中，那其含金量也大为提升。标准中的基本专利会过期，但是我们看到，标准却总会在相当长的时间内都在收取专利许可费用。以音频领域的标准MPEG-2、MPEG-4为例，这些标准公布了其专利池的专利清单，并且每年还在不断地更新标准采用的新专利技术，也就是说，标准有关的许多公司旧的专利不断过期，同时新的专利也在不断地加入标准中。

单个专利一旦过期，就不能再收取许可费用。专利池中由于专利的有效期限高低不同，再加上技术与标准不断迭代创新，标准不断发展，专利也不断发展。

10.7.5 专利实体模式：NPE

如果说高通这样的专利强势运营企业像是一种“专利大鳄”，那么那些以专利诉讼为手段的“Patent troll”就像是一些专利小鱼。专利战是常见的商业行为，1993年美国用“专利蟑螂”或“专利流氓”来形容积极发动专利侵权诉讼的公司，此外“专利海盗”亦被用来形容专利侵权。然而，积极发动专利侵权诉讼只要是一种正常的法律维权行为，也就犯不上用道德的字眼来形容。作者认为，用一个中性的词汇——“专利实体”来描述较为妥当。

这类专利实体公司(patent entity)，也即通常所说的Non-Practicing Entity(NPE)，译为“非执业实体”，又称“非专利实施实体”“非生产专利实体”“不制造专利权”“专利鲨鱼”“专利营销”“专利许可公司”“专利经营公司”等，它们拥有大量专利，却不利用专利从事生产销售等经营活动。

最常见的NPE是科研机构，当然，还有一些NPE主要以专利授权许可为主要盈利模式，同时以发起专利诉讼作为主要促成合作手段。IntellectualVentures(高智发明)、NTP、Interdigital、Acacai、BlueSpike、Smart flash、RPX(Rational Patent Exchange)、SISVIL和Digital choice等都在其中。根据NPE运作模式或诉求不同，可以分为三种类型的专利实体。

(1)研究型专利实体。该类实体主要以科研机构为主，一般不以营利为目的，侧重科

①Muzammil Hassan,Aman Kumar,Matt Luby，[2020-11-10].谁拥有5G核心专利？——5G SEP的详细分析，http://www.360doc.com/content/20/0711/11/30656440_923541558.shtml.

技创新，比如一些高校或科研院所。对于研究型 NPE 机构，企业可以加强合作，通过项目资助等方式，提早获得一些前瞻性技术专利的许可授权。这也不失为一种双赢的做法。

(2)营利性专利实体。这类专利实体主要通过许可授权或诉讼获得收入，由于自己不从事商品生产，不担心被诉也无专利交叉许可需求。

许多公司对于营利性专利实体都心存警惕。从市场竞争的角度，可在适当时候，通过投资或入股方式，掌握一定的 NPE 机构资源，借此可遏制竞争对手。如果一旦被此类机构起诉，则需综合考虑通过投资、谈判、诉讼以及专利无效等手段，有效化解一些风险。也有一些机构或公司通过防卫性公开使大量技术能够得到及时的公开以及行业的普遍使用。防卫性公开也是对抗和预防营利性专利实体的一种有效手段。

(3)联盟型专利实体。此类专利实体相当于特定领域或行业的联盟机构，通过汇集成员专利或购买专利，方便成员使用，比如美国专利公司 RPX(rational patent exchange)，MPEG LA。本书将之集中归纳为上文的专利池运营模式之中讨论。对于联盟型专利实体，企业可以选择积极加入。需根据自身专利积累情况，结合所处行业特点，选择加入一些专利池，通过支付少量费用，获得大量专利授权许可。

总的说来，专利实体是专利运营繁荣到一定程度、专利保护强化到一定程度的体现。从知识产权运营的角度来看，也是一种技术市场环境下的客观存在现象。

结语："知识产权+互联网"到"知识产权+"

知识产权行业是一个细分的市场。当插上互联网+的翅膀后，一些企业得到了成长、甚至腾飞。在可以预见的未来，或许会出现一些行业的2～3家龙头企业，甚至是独角兽企业。

从更广泛意义上讲，如果说过去是从没有互联网式的传统服务转变为现如今的"知识产权+互联网"，以后或许可以走向"知识产权+"。比如"知识产权+金融""知识产权+产业园区""知识产权+品牌""知识产权+国际贸易""知识产权+证券化""知识产权+创造"等。

互联网改变了许多行业，包括知识产权行业。但是知识产权改变了多少行业呢？互联网渗透了许多行业和领域；知识产权本来也与许多行业有联系，只是可能渗透还不够深。知识产权其实也与许多行业和领域紧密相关，无论是版权、专利还是商标。哪个行业没有作品？哪一个行业不需要品牌与商标？技术在当下简直是无孔不入。但是知识产权的影响力却似乎远远比不上互联网，这也是一件值得深思的事情。或许，什么时候，知识产权的渗透程度已经变成如同互联网一样深入，影响力也如互联网一样大，那么，知识产权业就真正实现了现代转型，知识经济、创新驱动就真正体现出强大的价值。

这里面得益于知识产权在科技创新、经济与金融、法律与社会中越来越突出的作用。注册制的科创版机制及其以知识产权为核心的科创属性的推出即是其中一典型例证。中国品牌走向世界品牌，从"中国制造"走向"中国智造"，都会带动整个知识产权行业融入更广阔的经济社会活动之中。

科技对于知识产权业、科技服务业的变迁正在发挥着巨大的作用。人工智能、大数据与云计算、区块链等技术都正在改变知识产权行业。许多新业态新模式正在悄无声息地进行。也许还有太多的新模式、新技术、新思维我们还没来得及看到，也还没来得及纳入本书的研究之中，但现实中已经有人在尝试。

写到这里，我们也意识到，重要并不是结束，而是新的开始。知识产权+互联网正在兴起和蓬勃生长中。许多新生事物也许正在萌芽。相信这些潜在的创新，都会在将来某一天发挥其市场中的作用。

参 考 文 献

常旭华，陈强，刘笑，等，2017. 开展全流程管理，推进高校科技成果转化应用——世界知名大学技术转移办公室（TTO）运行模式与启示[J]. 科技中国，08：82-85.

陈希，殷倩倩，2015 .“互联网+”与中国知识产权服务业发展[J]. 湖北省社会主义学院学报，000（3）：66-70.

耿逸冰，2015. 知识产权交易平台的融资模式设计[D]. 南京：东南大学.

郭曼，2017. 国家技术转移区域中心评述[J]. 中国科技产业,（12）:31.

黄建，王华清，2019 .“互联网+”知识产权服务探讨[J]. 科技资讯，12：167-171.

黄忠义，2020. 我国区块链行业应用现状、问题及对策研究[J]. 科技中国，01：6.

姜奇平，2015 .“互联网+”与中国经济的未来形态[J]. 人民论坛·学术前沿：52-63.

蒋丽，2019. 破解民企取证难题 公证渐成维权利器——以知识产权保护为角度[J].中国公证，6.

孔军民，2016. 中国知识产权交易机制研究[M]. 北京：科学出版社.

刘庆新，2018.“互联网+知识产权”生态新模式研究[J]. 常州信息职业技术学院学报，17（5）：76-77.

刘伟，蔺宏宇.[2016-11-01]. 区块链技术原理及基于区块链技术的知识产权服务浅析[EB/OL]. 产权导刊. http://www.airitilibrary.com/Publication/alDetailedMesh?DocID=cqdk201611019

迈克尔·波特，2002. 国家竞争优势[M]. 北京：华夏出版社.

王捍政，2019. 论知识经济时代的主要特征[J]. 现代营销·学苑版，6：68.

王颖聪，姚林青，2012. 中国常态化版权交易平台建设研究[J]. 现代出版，（1）：21-25.

吴洁仑，王智源，2010.知识产权交易形式解析与风险控制问题研究[J]. 科技管理研究，30（10）：147-150.

谢冰，2016. 基于互联网的知识产权交易平台构建[J]. . 中国新通信，18（22）：68-68.

许玲，2018 .“互联网+”知识产权运营平台构建研究[J]. 科技促进发展，14（7）：680-681.

杨建锋，张磊，2013. 知识产权交易市场发展的国际经验及对中国的启示[J]. 科技进步与对策，30（19）：6-8.

杨熳，2017. 基于区块链技术的会计模式浅探[J]. 新会计，（9）：57-58.

易继明，2019. 司法体制改革中的知识产权法庭[J]. 法律适用，3：28-38.

尹俊玲，2018.“互联网＋”背景下知识产权交易平台建设研究[D]. 合肥：中国科学技术大学.

约瑟夫·熊彼特，1990. 汉译世界学术名著丛书：经济发展理论[M]. 北京：商务印书馆.

张帅，2016. 一种基于身份认证的可信时间戳服务体系研究[D]. 北京：中国科学院研究生院.

张帅，2018. 中细软知识产权运营服务体系构建研究[D]. 成都：电子科技大学.

张维，2014. 在线数字版权交易平台的法律问题研究[D]. 上海：华中师范大学：17-22.

赵建国，2013. 实施专利导航试点工程 促进产业持续健康发展[N]. 中国知识产权报，2013-11-22（3）.

郑杰，2014 . 浅谈知识产权运营中心平台建设意义[J]. 企业技术开发，33（2）：88-89.

钟佳佳，2007. 知识产权+互联网交易机制[J]. 中国发明与专利：62.

朱永成，2017. 浅谈“互联网+”技术在各行业中的应用及展望[J]. 科技风，000(003)：75-76.

Amable B J B，2010. Chatelain and K.Ralf. Patents as collateral[J]，Journal of Economic Dynamics and Control，34(6)：1092-1104.

后　记

世界上最远的距离，不是昨天到今天，而是今天到明天。世界上更远的距离，不是从不知道到知道，而是从知道到做到。

本书源于 2015 年中细软集团知识产权研究院成立时的初心，那就是在做一点战略研究之外，还想要做一点行业研究。我们知道，在知识产权这个细分领域，有许多人在实践中不断创新，也有一些人埋头在做知识产权理论的深入研究。而对知识产权行业本身从宏观到微观，从商业到法律，从品牌到科技做一番全景式的扫描研讨，这样一件费时费力的事似乎还没有多少人来做。

这一行业领域，各类机构众多，有 A 类、B 类、C 类、D 类之说。A 类，即机关单位，比如政府、公检法机关中的与知识产权有关的部门或组织。B 类，即公司企业，包括各种公司、法人或非法人组织等市场创新主体。C 类，即高校科研，包括各种培养人才，理论研究的机构。D 类，即服务代理机构，把 IP 服务、代理企业单列出来，特别指商标代理机构、专利代理机构、版权代理机构、律师事务所等知识产权专业服务机构。有的人会从 A 类机构跳到 B 类机构或 C 类机构、D 类机构，也有的人会从 C 类机构、D 类机构流动到 A 类机构、B 类机构。可以说，知识产权这一新兴行业的流动还是很有趣的，这是一种活力的体现。

在这一行业领域，有的企业守着传统的手艺人模式，有的企业插上"互联网的翅膀"想要展翅高飞；有的力求小而美，有的追求大而全；有的高调，有的低调；有的以品牌优先，有的不以名牌为意。有的追求数量，有的追求质量。可以说，知识产权服务行业本身的创新也是一种创新。知识产权+互联网也是一种新的追求、新的业态。

我们在为客户、集团提供战略咨询、行业解决方案的同时，也在不知不觉中接触、调研多家同行、友商，关注行业数据、情报，研讨行业战略、行业前景，探寻新模式、新商机、新思维。于是，本书的框架就慢慢形成了。

本书是集体智慧的结晶，本书以中细软集团知识产权研究院的团队成果为基础，行业内外专家及研究院的专职、兼职人员都先后有所参与。

感谢中细软集团的支持，也要特别感谢在研究院先后工作过的许多同事的鼎力相助，使本书得以顺利完成。其中，古赟、李晓翠参与了部分章节的撰写，路越、许加林、孔建民等对本书有所贡献，他们或收集资料、或整理数据，或提出意见或建议等。

感谢科学出版社的莫永国老师的不断催促与鼓励，才让这本书终于坚持到完稿。一个好编辑常常会遇到拖延的作者，当然也就意味着一个"拖延症"的作者离不开一个坚持催促的好编辑。尤其是本书从 2019 年开始收集数据和资料，期间经历了突如其来的新冠疫情、组织架构的变化、团队的重组与工作的变化等，让本书的撰写过程一波三折，忽停忽行，最后终于完成终稿。当然，其中可能难免有许多不尽如人意及疏漏之处，还望读者予以谅解。

最后，我们还要感谢读者的包容和可能提出的任何意见。希望专家学者不吝批评指正，希望各位读者提出宝贵意见。如有任何意见或建议，真诚地期待能发邮件至frankgu2008@qq.com，十分感谢。

2021.7.21 于北京

彩图版

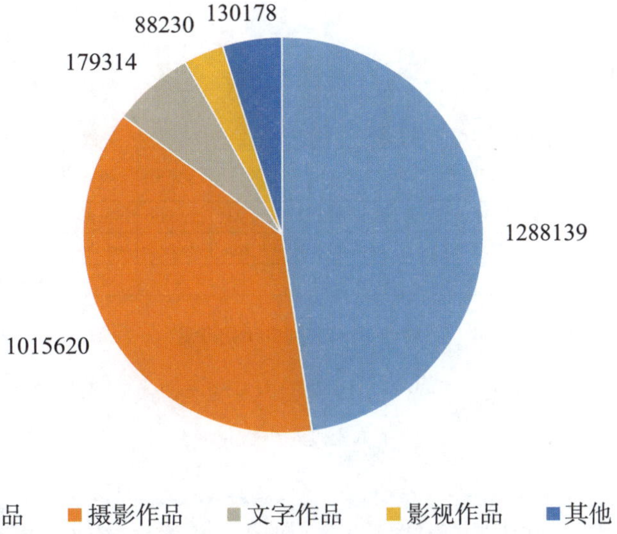

图 3-13　版权登记中的作品类型情况

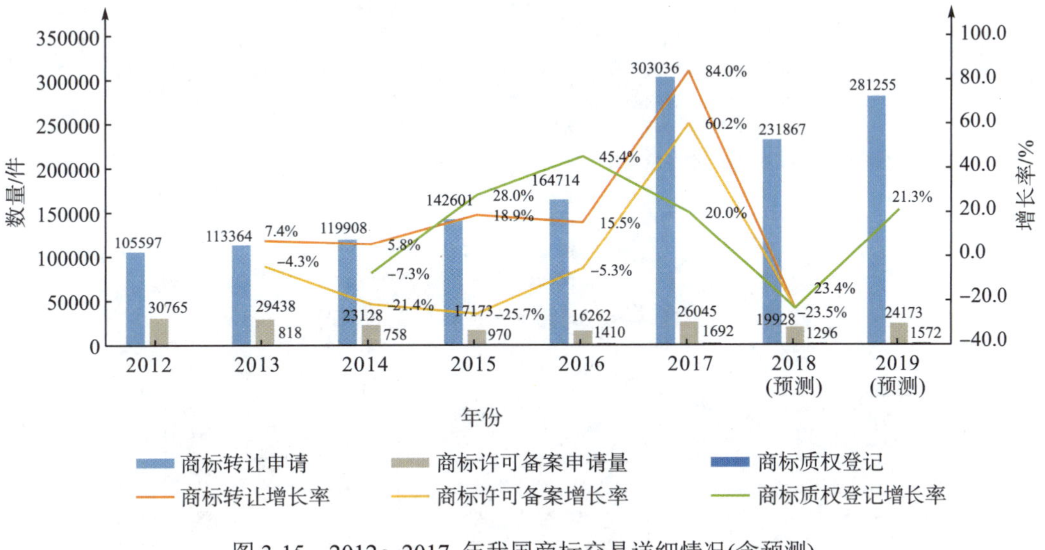

图 3-15　2012～2017 年我国商标交易详细情况(含预测)

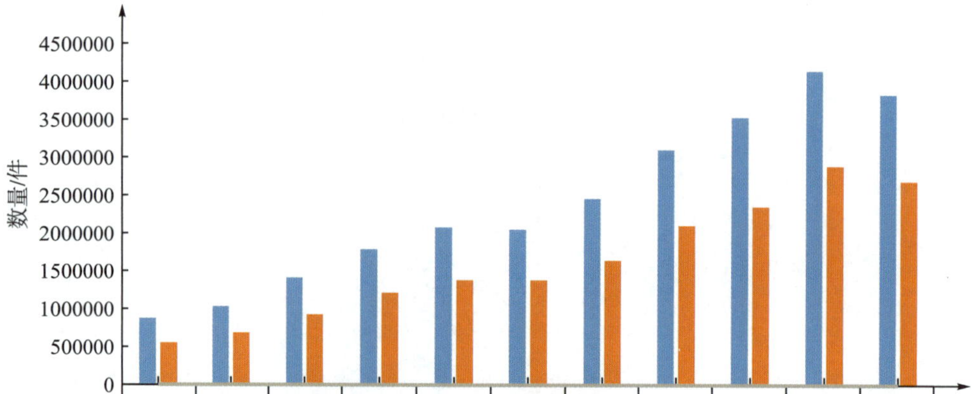

	2009	2010	2011	2012	2013	2014	2015	2016	2017	2018	2019推测
国内专利申请总量/件	877611	1032859	1411080	1792177	2083483	2053998	2461844	3103970	3536333	4146772	3835764
国内专利申请代理量/件	553760	685764	926580	1212940	1381327	1380925	1644497	2103678	2352601	2885471	2685034
国内专利申请代理占比/%	63	66	66	68	66	67	67	68	67	70	70

国内专利申请总量　国内专利申请代理量　国内专利申请代理占比

图 3-26　2009～2019 年国内专利申请代理情况(含推测)

资料来源：国家知识产权局。

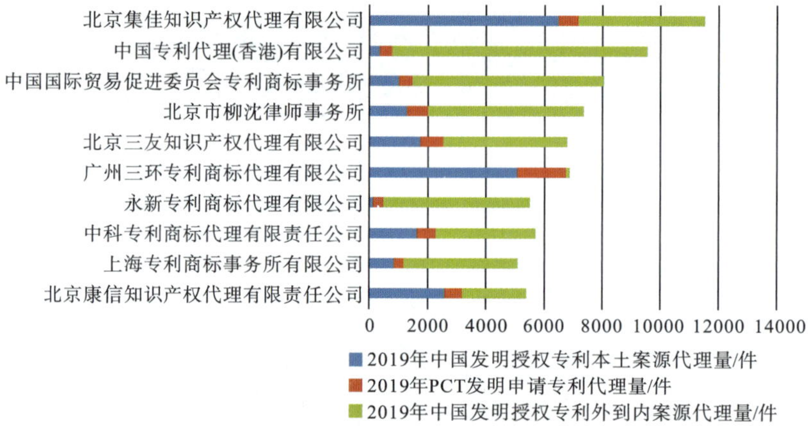

图 3-29 专利代理量和外到内的案源情况

图 3-30　2010～2019 年专利代理人考试情况

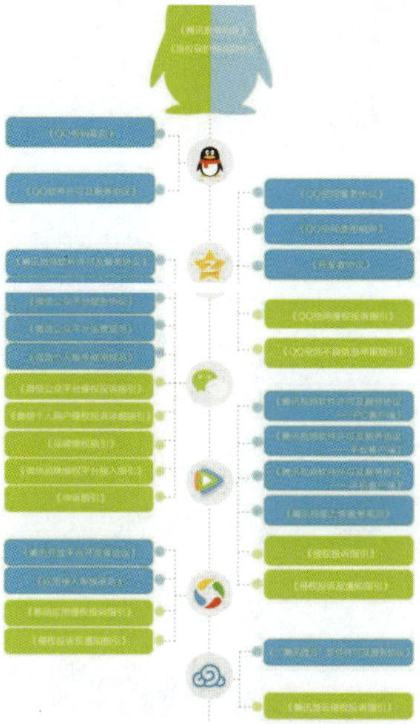

图 9-10　腾讯其他协议及政策

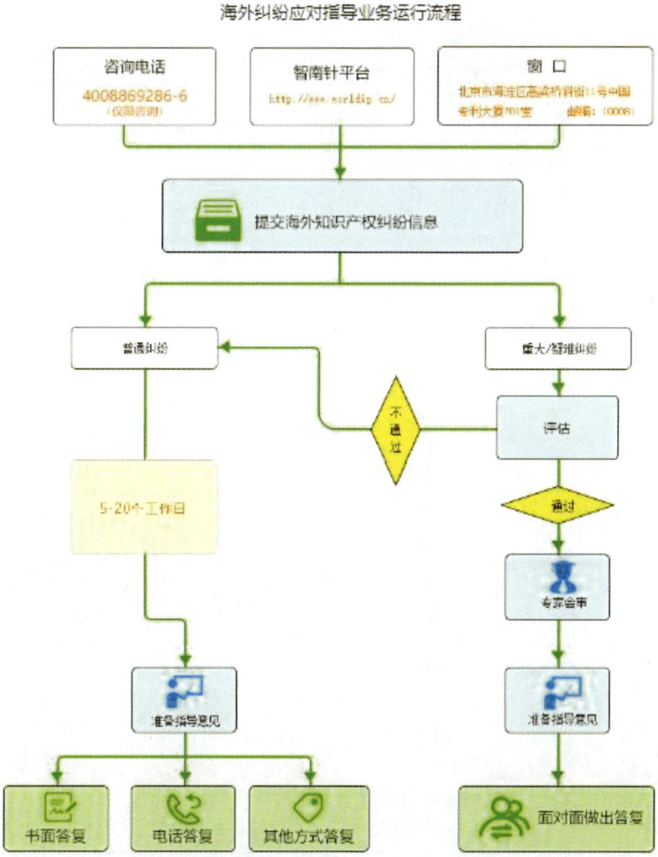

图 9-17　智南针具体的处理流程